安徽省志

Chorography of Anhui Province

粮食志

Grain and Oil

(1986—2008)

安徽省地方志编纂委员会办公室
Compilatory Commission of Anhui Chorography

方志出版社
Publishing House of Local Records

图书在版编目（CIP）数据

安徽省志．粮食志：1986—2008 / 安徽省地方志编纂委员会办公室编．— 北京：方志出版社，2017.7
ISBN 978-7-5144-1639-8

Ⅰ．①安…　Ⅱ．①安…　Ⅲ．①安徽省—地方志②粮食—商业史—安徽省—1986—2008　Ⅳ．①K295.4

中国版本图书馆 CIP 数据核字（2015）第 152766 号

安徽省志·粮食志（1986—2008）

编　　者：安徽省地方志编纂委员会办公室
责任编辑：李　静

出 版 人：冀祥德
出 版 者：方志出版社
地址　北京市朝阳区潘家园东里 9 号（国家方志馆 4 层）
邮编　100021
网址　http://www.fzph.org
发　　行：方志出版社发行中心
电话（010）67110500
经　　销：各地新华书店
印　　刷：安徽新华印刷股份有限公司

开　　本：889×1194　　1/16
印　　张：21
字　　数：369 千字
版　　次：2017 年 7 月第 1 版　　2017 年 7 月第 1 次印刷
印　　数：0001~1500 册

ISBN 978-7-5144-1639-8　　定价：300.00 元

安徽省地方志编纂委员会

曾任安徽省地方志编纂委员会成员

主　任：王金山（2006.12—2009.3）

王三运（2009.3—2012.5）

李　斌（2012.5—2013.6）

副主任：（按姓氏笔画为序）

王　信　田唯谦　仲建成　吕振凡　孙亚军　朱文根

吴　行　张武扬　张岳峰　夏邦文　董介林　谢广祥

委　员：（按姓氏笔画为序）

马新民　王　洵　王宇铭　王守亚　王佛生　王林建

王学银　王宜斌　方志华　邓顺华　叶如强　朱　宁

任兆祥　刘　泉　刘成典　刘志祥　刘战平　江刘伍

江明安　毕美家　孙永吉　李　明　李玉华　李抗美

李迎春　李明阳　李维勇　杨本清　杨绿章　肖桂兰

吴　浩　吴　静　吴韦人　吴世平　吴桂和　余　群

汪华东　汪建国　汪炳瑜　沈　毅　张　永　张少国

张正耀　张华建　陈　平　陈亚萍　陈运才　陈素伟

林　红　罗　宏　罗建国　罗曙生　金　燕　俞凤翔

周　庆　周建春　郑　宏　郎　涛　赵卫弘　胡　冰

施立业　洪治社　洪禹候　秦亚东　聂庆义　聂皖辉

莫　欣　夏育才　徐礼国　徐家声　郭　敏　郭本纯

高　莉　高俊文　高维岭　黄玉明　黄发友　黄红文

黄家华　曹承锋　崔海燕　董　庆　蒋传华　蒋福亮

楚建平　蔡建平　樊　勇

《安徽省志》总编室

主　　任：朱文根

副 主 任：刘成典　吴　静　王守亚　严　希　吴良琴　王　晖

成　　员：（按姓氏笔画为序）

王富宏　计媛媛　史五一　朱海滨　孙　平　苏爱梅

杜中文　李宇涵　杨永成　余祖本　张　军　张　慧

周小平　胡　利　胡卫星　黄志军　章慧丽

《安徽省志·粮食志》审稿组

初　　审：吴良琴　尹成林

复　　审：王守亚　许维彬

核　　审：朱文根　牛向阳

审查验收

安徽省人民政府

《安徽省志·粮食志》编纂委员会

曾任《安徽省志·粮食志》编纂委员会

主　　任： 孙良龙（2008.4—2013.11）

副 主 任： 刘　惠　戴绍勤　王用华　谢胜权　马三九

委　　员： 江　皓　英菊兰　杨振中　汪为会　石正义

许维彬　姚东春　方　进　黄　刚　柯伟民

高　娅　林　敏　范祥林　王中玉　王刘旺

徐经杰　姚志善

编辑室主任： 尹成林

撰　　稿：（按姓氏笔画排序）

王广儒　王大团　王立成　王志宏　从　文

尹成林　江兆良　朱晓薇　李　亚　李　莹

李同让　李森林　陈　霖　汪永茂　张　祁

何　易　辛治宏　吴邦成　杨振中　杨孝忠

金建国　胡荣高　桑成林　徐秋肥　钱　龙

蒋志平　童　敏　缪加珣　阚少林

安徽省粮食局办公大楼

1998年9月23日，中共中央总书记、国家主席、中央军委主席江泽民（前排右三）在淮南毛集，同农民在田间交谈

2008年1月12日，中共中央总书记、国家主席、中央军委主席胡锦涛（前排右二）在阜南考察途中，踏雪走进麦田察看苗情

1991 年 6 月,中共中央政治局常委、国务院总理李鹏(前中)视察芜湖米市

1997 年 6 月,中共中央政治局常委、国务院副总理朱镕基(前排左二)视察灵璧县黄湾粮站

1997年10月，中共中央政治局委员、国务院副总理温家宝（前排右三）视察庐江县粮食企业

1991年8月，商业部部长胡平（前排左六）在安徽考察粮食工作

2006 年 8 月，省长王金山（右）、国家粮食局局长聂振邦（左）为合肥国家粮食交易中心揭牌

2006 年 8 月 25 日，副省长赵树丛（左二）出席新农村科学储粮示范工程启动仪式

2007 年，中国粮食行业协会会长白美清（中）视察稼仙米业，省粮食局局长桂梅生陪同

2015 年 7 月 2 日，省粮食局局长牛向阳督查夏粮收购工作

2007年11月,国家粮食局局长聂振邦(左四)在利辛县调研粮食工作

粮食市场改革

安徽凤阳小岗村大包干拉开了农村改革的序幕。20世纪80年代无为县圩区农民乘木板船到粮站交售公粮

1998年滁州市农民踊跃交售余粮

20世纪90年代粮食定购合同书和国家粮食合同定购任务通知书

2003年全省粮食企业改革现场会在南陵县召开，拉开了全国国有粮食企业改革的序幕

2004年《粮食流通管理条例》颁布实施后，各地先后成立粮食执法组织

粮食市场全面放开，2008 年亳州谯城区售粮农民喜笑颜开

2003 年国有粮食企业改革后，粮食企业下岗职工创办家庭便民超市

2006 年 12 月，六安市粮食执法直属大队成立

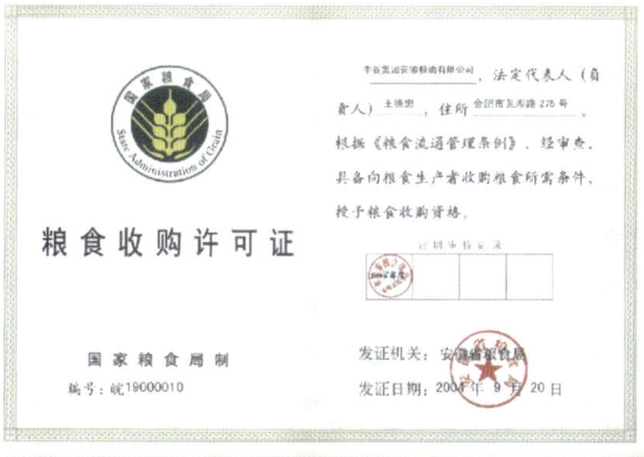

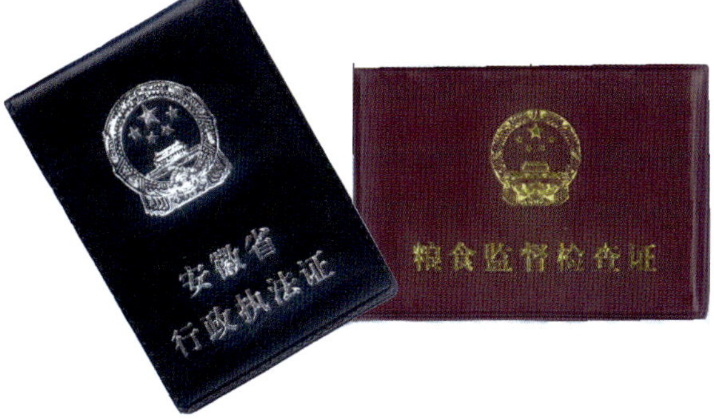

2004 年以后，粮食收购企业需持“粮食收购许可证”开展粮食收购活动。粮食行政管理人员需持“行政执法证”和“粮食监督检查证”开展市场监管

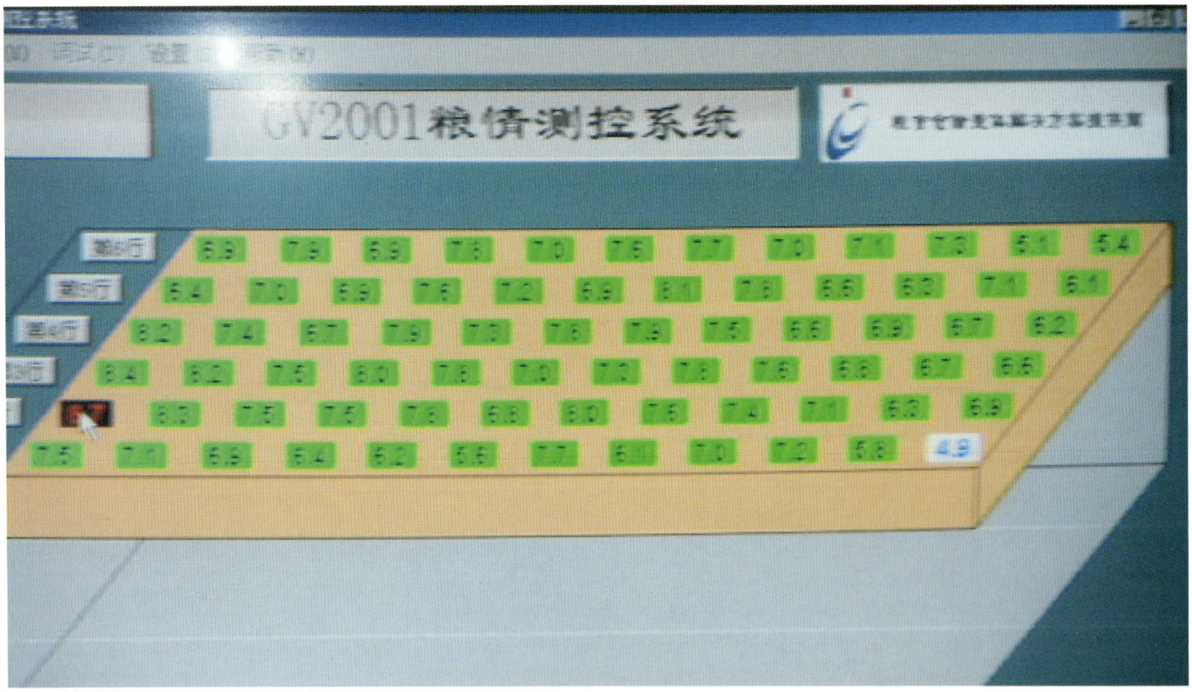

粮食仓库计算机粮情检测系统

1998年12月，芜湖市秃矶山5000吨粮食专用码头竣工。该码头总投资4668万元，为双层结构

2008 年 12 月，黄山市徽州区新建全自动智能化粮食储存立筒仓

安徽现代粮食物流中心库

亳州市谯城区瑞福祥粮食产业园区

安庆市怀宁县稼仙粮油工业园

黄山市屯溪区紫阜粮食园区

面粉生产车间

油脂生产工艺设备

大米生产线

挂面生产车间

安徽省粮食干部、技工学校

安徽粮食经济技师学院、安徽科技贸易学校（原蚌埠粮食学校）

安徽粮食工程职业学院、安徽商贸工程技师学院（原合肥粮食学校）

安徽省粮油科学研究所

安徽国家粮食质量监测中心

2007 年 10 月 27—29 日，省粮食局、省劳动和社会保障厅、省总工会联合主办的安徽省首届粮食行业职业技能大赛在安徽科技贸易学校隆重举行

2007 年，安徽代表团荣获全国粮食行业职业技能大赛团体一等奖

2006 年 3 月 20 日，全国粮食系统劳动模范（先进工作者）安徽代表赴北京参加全国粮食工作会议并登上天安门

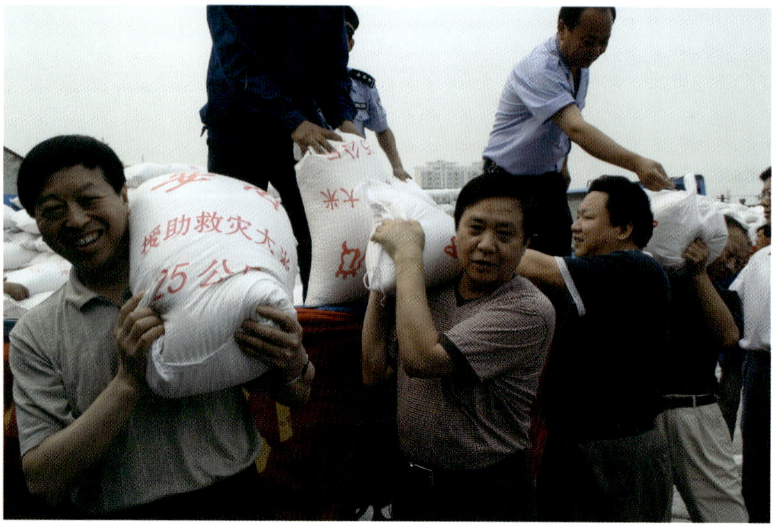

2008 年，省粮食局向四川汶川地震灾区援助大米 1 万吨

1998 年抗洪抢险时，军粮供应站第一时间将粮食送上大堤

省粮食局局长孙良龙上线“政风行风热线”栏目

2004年安徽粮食政务网开通

1997 年 6 月，安徽省粮食行业协会成立

2011 年 11 月，安徽省粮食行业协会大米、面粉、油脂分会成立

2008 年 12 月 27 日，改革开改 30 年粮食流通产业发展成果暨第四届全省粮油精品展示展销会在合肥开幕

粮油票证

1972 年版安徽省壹市两地方粮票

1972 年版安徽省壹市斤地方粮票

1972 年版安徽省叁市斤地方粮票

1972 年版安徽省伍市斤地方粮票

1972 年版安徽省拾市斤地方粮票

1972 年版安徽省伍拾市斤地方粮票

1973 年版安徽省壹市两地方油票

1973 年版安徽省贰市两地方油票

1958 年版军用供给粗粮票

1981 年版军用价购伍拾市斤粮票

1964 年版军用供给马料票

1967 年版军用价购壹佰市斤粮票

1958 年版军用供给面粉票

1967 年版军用供给大米票

1971 年版军用价购伍佰市斤粮票

1960 年版军用价购壹仟市斤粮票

总 凡 例

一、《安徽省志（1986—2005）》以马克思列宁主义、毛泽东思想、邓小平理论、“三个代表”重要思想和科学发展观为指导，坚持辩证唯物主义和历史唯物主义，全面、客观、系统地记述1986—2005年间安徽省自然、政治、经济、文化、社会等方面的情况。

二、本志贯彻国务院《地方志工作条例》《安徽省地方志工作条例》，依法修志。

三、本志遵循中国地方志指导小组《地方志书质量规定》，力求存真求实、客观公正、全面系统，寓观点于记述之中。

四、本志各分志名称为《安徽省志·××志（1986—2005）》。

五、本志记述的地域范围为2005年的安徽省行政区域；时间上限为1986年，下限为2005年，少数分志的时限根据情况作适当上溯或下延，特色分志不设时限。

六、本志采用述、记、志、传、图、表、录等体裁，以志为主。各分志一般为篇章节条目体，部分为章节条目体，个别分志根据实际需要采用条目体。

七、入志人物坚持生不立传的原则。除人物志外，各分志坚持以事系人、人随事出的原则，不设人物录、人物简介。

八、本志采用规范书面语体文、记述体。表述力求严谨、朴实、简洁、流畅。语言文字、标点符号、计量单位等使用规范，按国家规定执行。

九、本志资料由各承编单位搜集整理，文中不注明出处。

十、本志采用省统计部门公布的法定数据，没有列入统计范围的，采用业务主管部门的统计数据。

十一、本志所涉组织、机构、法律法规、文件、会议等专有名称，第一次使用时用全称，简称括注于全称之后。各类译名以新华通讯社译文为准。

十二、本志所用地图均以安徽省测绘部门和有关部门绘制或审定的为准。

十三、本志设总凡例，各分志设凡例。

凡　例

一、本志时间上限为1986年，下限为2008年，部分内容根据工作连续性作适当上溯或下延。

二、本志采用述、志、图、表、录等体裁，以志为主，随文插入图表，力求直观形象。

三、本志以粮食政策演变为主线，以粮食行业构成特点设置篇、章、节、目，按粮食购、销、调、存、加等主体业务横排门类、纵述史实。

四、粮食是传统产业。鉴于部分业务内容在首轮志书中因涉密等因素未作记载，本志对20世纪50年代以后与粮食有关的重要事宜加以补追，如军粮保障等工作。

五、本志资料主要来源于省粮食局机关档案室和直属事业单位及各市、县（区）粮食局，少数资料来自省粮食局编印的资料类书刊。志中数据基本来自《安徽年鉴》。

六、本志附录集中编录安徽省有关粮食方面政策、法规、规章和重要文件。

目　录

Main Contents

概　述

安徽一直是中国粮食和油料主产省之一。1985年全省粮食总产216.8亿公斤，油料总产5.16亿公斤。1986年后，全省粮食年总产量大幅增长，连续登上200、250、300亿公斤三个台阶，到2010年全省粮食种植面积661.6万公顷，粮食产量更是达到308亿公斤，创历史最好水平；油料种植面积94.4万公顷，油料产量22.76亿公斤。全省有47个县是全国商品粮生产基地。正常年景全省社会粮食商品量120亿公斤，国有粮食企业收购粮食100亿公斤左右，调出省外粮食80亿公斤左右。长期以来，粮食生产和流通在全省国民经济中占有重要位置，安徽为全国粮食总量平衡，为国家粮食安全作出重大贡献。

中共十一届三中全会以来，安徽粮食流通体制改革与发展与全国一样，经历从粮食统购统销到双轨制的粮食合同定购；从政策性业务、商业性经营"两条线运行"到"三项政策、一项改革"；从"放开销区，保护产区，省长负责，加强调控"，到全面放开市场，直接补贴粮农；从国有粮食购销企业改革攻坚，到《粮食流通管理条例》的颁布实施，粮食行业逐步告别计划经济体制，粮食行政管理实现从单纯的系统内行政管理向全社会粮食行业依法监管转变，逐步走上购销市场化和管理法治化的轨道。

安徽粮食部门始终坚持解放思想为先，大胆改革创新，"三项政策、一项改革"发源于安徽，粮食直接补贴改革试点起始于安徽，主产省粮食购销全面市场化发轫于安徽，粮食产业园区建设从安徽率先拉开序幕，这为全国粮食流通体制改革与发展作出了成功的探索，提供了新鲜的经验，得到了国务院和国家粮食局领导的充分肯定。可以说改革开放30年来，特别是"九五""十五"期间，是安徽粮食流通工作改革力度最大、发展步伐最快的时期。

一

以在全国率先拉开粮食主产区购销市场化改革为标志，粮食行业彻底告别高度垄断计划经济体制，全面步入开放的市场化的轨道

粮食作为特殊重要战略商品，其市场化进程略晚于其他行业。即使在整个粮改过程中时快时慢，但迈向市场化的大方向始终如一。20世纪70年代末至1997年主要是由粮食计划经济向市场经济过渡，一定程度上是由"三高"向"三多"转变，即由高度集中、高度垄断、高度单一，向多元市场主体、多条流通渠道、多种经营方式转变。1986年，省政府下发《关于认真做好1986年度粮食合同定购工作的通知》，标志实行31年的农产品统购派购制度被打破，开始形成合同定购和市场收购相结合的“双轨制”粮食流通体制。1993年，省政府印发《关于放开粮食购销和价格的通知》，决定在全省范围内放开粮食购销和价格。至此，实行40年的城镇居民粮食供应制度（即统销制度）正式宣告取消，逐步拉开粮食流通市场化改革序幕。

1998年5月，国务院总理朱镕基来安徽视察粮食流通工作，在总结安徽粮食流通体制改革经验的基础上，首次提出“三项政策、一项改革”政策，即按保护价敞开收购农民余粮、粮食收储企业实行顺价销售和粮食收购资金实行封闭运行，加快粮食企业自身改革，并在全国推开。5月29日，省政府成立全省粮食流通体制改革领导小组，领导小组办公室设在省粮食局。

1998年6月，省政府下发《安徽省人民政府关于贯彻〈国务院关于进一步深化粮食流通体制改革的决定〉的通知》，通知要求坚决贯彻执行中央关于粮食流通体制改革“四分开一完善”原则和“三项政策、一项改革”措施，“四分开一完善”：即实行政企分开、储备与经营分开、中央与地方责任分开、新老粮食财务挂账分开、完善粮食价格形成机制。

2001年，国务院下发《关于进一步深化粮食流通体制改革的意见》，赋予省级政府自主决策的权力，中央财政将粮食风险基金补贴完全包干给地方，建立粮食生产和流通省长负责制。2002年，国务院决定在安徽来安、天长两县市开展粮食直接补贴试点并取得成功。2003年6月省委、省政府决定，在全省范围内率先推行以放开粮食收购价格，放开粮食收购市场，调整对农民的间接补贴为直接补贴为主要内容（简称“两放开一调整”）的粮食流通体制改革，从此在全国拉开了粮食主产省购销市场化改革序幕，并取得显著成效，得到国务院和国家有关部委的充分肯定。2004年，全省粮食直补资金6.85亿元，2010年，增加到8.89亿元，占粮食风险基金总额的50%以上，农民直接得到粮食补贴15～35元/亩，极大地提高农民种粮积极性。

2004年8月，省政府下发《安徽省人民政府关于进一步深化粮食流通体制改革的实施意见》。意见明确提出实行粮食生产和流通各级行政首长负责制。继续巩固“两放开一调整”的改革成果，进一步完善粮食购销市场化改革；完善直接补贴机制，保护种粮农民利益；加速推进国有粮食购销企业改革，逐步实现从“计划主渠道”向“市场主渠道”的根本转变；强化粮食市场监管，建立收购市场准入制度；加强和改善粮食宏观调控，确保国家粮食安全。

二

以省政府出台《关于加快国有粮食企业改革的意见》为标志，国有粮食企业改革

全面推开，实现了脱胎换骨的历史性变化

国有粮食企业一直以来在执行国家粮食购销政策、保障军需民食、实施粮食宏观调控中发挥着重要的主渠道作用，但随着市场经济的不断发展、深入，国有粮食企业在体制机制上长期形成的积弊日益凸显，加快推进国有粮食企业改革刻不容缓。

2002 年，省政府出台《关于加快国有粮食企业改革的意见》，决定实施“两步走”改革方略，首先解决“老粮、老人、老账”（三老）问题。经过 2002 年、2003 年两年时间的强力推进，全省购销企业依法解除劳动关系 10.56 万人，职工总数减少 80%；兑付改革资金 18.64 亿元（省级补助 4 亿元）。对离开企业的职工，基本做到了结清补偿金和历史拖欠，办好养老保险证、失业证和下岗再就业优惠证，转好档案管理和党团组织关系。需财政补贴的保护价老粮库存从 2002 年高峰时的 125 亿公斤到 2004 年年初全部清仓，财政一年减少支付利息费用近 8 亿元；经审计确认政策性财务挂账 186 亿元于 2005 年 9 月底前全部从企业剥离，统一挂到市县粮食局，由省财政用风险基金支付利息。全省粮食系统实现了“老人”走得稳、“老粮”卖得快、“老账”挂得实的第一步目标。

在此基础上，省粮食局全力推进以产权改革、企业重组为主要内容的第二步改革，重点优化企业结构和布局，创新企业内部运行机制，提高企业市场竞争力。2004 年安徽国有粮食购销企业首次实现利润突破亿元大关，达到 1.32 亿元，盈利额在全国名列第一。同时积极依法处置消化企业自补挂账 33 亿元，有效减轻企业历史包袱，激发企业内在活力。到 2010 年 12 月底，全省国有粮食企业产权制度改革基本完成，粮食购销企业数由改革前的 1200 个减少到 714 个，精减了 40.5%；内部人事、用工、分配三项制度进一步完善，充满竞争活力的市场主体逐步显现。南陵企业改革成功经验被国家粮食局作为首选模式推介全国，安徽省国有粮食企业改革工作荣获全国一等奖，并被国务院办公厅《政务情况交流》单题印发全国交流。

三

以建立三级地方粮食储备为标志，粮食宏观调控体系建设取得显著成效，粮食安全得到有效保障

粮食专项储备制度是实施粮食宏观调控、确保粮食安全的重要手段。1990 年 9 月国务院作出《关于建立国家专项粮食储备制度决定》，并下达安徽省国家专项粮食储备计划。9 月 28 日，省政府在合肥召开全省专项粮食储备工作紧急会议，坚持按保护价敞开收购农民余粮。1991 年安徽省遭受特大洪涝灾害，经国务院批准动用国家专项粮食储备，对保障灾区口粮供应，平抑粮价发挥了重要作用。2001 年 1 月，国务院决定成立中国储备粮管理总公司，对中央储备粮实行垂直管理，同年 10 月中国储备粮管理总公司安徽联络处成立，在安徽省的中央储备粮业务由省粮食局移交安徽联络处管理。

1993年，省政府在《关于放开粮食购销和价格的通知》中明确提出建立地方粮食储备制度，当年安徽省即建立省级粮食储备 ** 亿公斤（涉密数据，下同）。1995年国家建立食油储备制度，实行国家食油专项储备计划与地方食油储备计划配套。省粮食局、省财政厅、省人行联合下达食油储备计划 ** 亿公斤。2004年，省政府省长办公会议决定全省建立 ** 亿公斤地方储备粮规模。2008年，省政府常务会议作出决定：建立 ** 亿公斤省级食用油脂储备。2010年底，省、市、县三级地方粮食储备体系初步形成，全省地方粮食储备 ** 亿公斤， ** 亿公斤省级食用植物油储备已全部入库。同时，省辖市按照确保当地10天以上成品粮供应量建立成品粮应急储备2871万公斤，油脂3351万公斤。

2004年5月，省政府颁布实施《安徽省省级储备粮管理办法》，随后全省有61个市县政府出台地方储备粮管理办法。储备粮管理逐步走上法治化、科学化、制度化、规范化轨道。2004年，省政府还出台《安徽省突发粮食事件应急办法》《安徽省突发粮食事件应急预案》，有67个市、县建立粮食预警系统和粮油市场价格监测预报体系，为政府科学决策、实施粮食宏观调控提供依据。分级粮食应急保障预案的具体实施方案和工作机制进一步健全。2008年6月，省政府指定省粮食局组织落实援助四川汶川地震灾区1万吨大米任务，在最短时间圆满完成招标采购、组织加工和发运工作，保障地震灾区粮食供应。

四

以机械化大库和国债三批粮库建成为标志，粮食流通基础设施建设成就显著，粮食仓储条件发生了质的飞跃

1978年，全省粮食仓容总量仅491.2万吨，其中基建仓仅占58%，其他均为简易仓和民祠仓。1978年以来，随着粮食产量的快速提高，粮食仓库的需求逐年增大，中央和省财政持续加大对粮食仓储设施的投入，1986年国家投资“三库”（粮库、棉库、糖库）建设，安徽省有芜湖县湾沚、歙县百花台、庐江、桐城、怀宁、太和、蚌埠、六安等一批粮食周转库陆续建设。特别是1992年国家动用总理基金在全国建设18个机械化骨干粮库，合肥机械化粮库（总仓容12.2万吨）就是其中之一，1998年国家分三批利用国债资金投资建设525亿公斤粮库项目，安徽省共获批准建设68个项目，总仓容达218.3万吨。同时，省财政累计投入粮食仓储设施资金达5亿多元。到2010年年底，全省粮食企业总仓容1765万吨（不含在皖的中央储备粮安徽分公司、中粮集团），其中：5万吨以上的粮库84个，具备环流薰蒸条件仓容748万吨，98%的仓容实现了机械通风。全省粮库拥有地中衡、清理筛、输送机等保粮设备10691台（套），烘干能力2200吨/小时。拥有铁路专用线18条，专用码头17个，总吨位2.78万吨。

五

以“合肥国家粮食交易中心”挂牌成立为标志，粮食市场体系建设取得了重大突破，调控和稳定市场粮价作用进一步彰显

1986年，国家对粮食市场管制仍延用1983年的规定：必须在完成粮油定购任务后实行多渠道经营，粮食出省须经省粮食厅批准。1990年12月，经省政府批复同意，成立由芜湖市人民政府和省粮油食品局共同组建和管理的省级粮食批发市场，属非营利的服务性事业单位。1998年经省计委批准成立区域性的合肥皖中粮食交易批发市场。伴随粮食购销市场化的进程，安徽省粮油批发市场体系不断加快，2001年12月，安庆市人民政府批准成立安庆皖西南粮食交易市场。

2002年，安徽粮食批发交易市场正式成立，2003年，成功承办2.5亿公斤陈化粮和部分中储粮轮换竞价交易会及3期老粮和陈化粮竞价交易会，成交粮食13亿公斤，成为国家粮食局重点联系粮食批发市场和安徽省龙头批发市场。特别是2005年省财政投入1000万元，对市场交易大厅、计算机竞价交易系统和电子商务系统等进行全面更新改造，改造后的市场交易大厅拥有300个计算机竞价交易席位，同时开展网上电子交易。安徽粮食批发交易市场以“中国粮食网”为依托，通过运用信息化、电子化等现代手段，实现了从传统的现场举牌交易到现场电子交易和远程网上交易的飞跃，形成集粮油交易中心、信息处理中心、价格形成中心、期货代理中心、电子商务中心和客户服务中心于一体综合性交易平台。2006年，该市场经国家粮食局批准，增挂“合肥国家粮食交易中心”牌子，并被国家局确定为国家临时存储粮竞价销售中心市场，到2010年年底累计成交政策性粮食1760亿公斤，交易额突破3000亿元，达到3080亿元，成为覆盖全国25个省市的粮食交易中心和国内重要的粮食价格形成中心，为亚洲最大的粮食现货批发市场和国家实施粮食宏观调控的重要载体。全省建成国家级粮食市场1个，区域性粮食批发市场7个，市县级市场36个，年粮食交易量50亿公斤以上，逐步形成一个以省粮食批发市场为中心，区域性粮食批发市场为骨干，城乡粮食集贸市场和粮食购销网点为基础的、现货与期货相结合的多层次粮食市场体系。

六

以发展粮食订单和“662强龙工程”提前完成为标志，全力推进粮食产业化经营，粮食产业经济发展空间得到了进一步拓展

20世纪80年代中期，安徽省粮办工业作为粮食附营业务得到快速发展，到1990年全省粮办工业实现产值30.27亿元，比1980年增长289%，实现利润9251万元，比1980年增长412%。到1996年全省大米年加工能力511万吨、面粉271万吨、植物油料137万吨、粮油食品33万吨、饲料279万吨。但到90年代末由于实行主附分离和粮食收购资金封闭运行，粮办工业失去政策性扶持和资金短缺，几乎面临全面倒闭。随着粮食购销市场化的不断推进，省粮食局于2001年第一次召开全省粮食产业化会议，确立“农民是我们的衣食父母，粮源是我们的生存之本，产业化是我们发展之路”的指导理念，粮食产业化的概念正式提出，从此打破粮食产供销分割的单一化组织经营方式，逐步建立起以龙头加工企业为带动、粮食产业链有机结合的综合化发展新模式。省粮食局连续九年每年召开一次全省粮食产业化会议，重点围绕建设优质粮基地、培育龙头企业、提升粮食产业组织化程度和拓展市场四个方面推进粮食产业化发展。2007年，省政府办公厅出台《关于加快推进现代粮食流通产业发展的意见》，提出加快发展现代粮食流通产业，形成以市场为导向、以粮食订单为基础、以科技为动力、以服务为手段、以龙头企业为骨干、以商业购销为网络的产购销、农工贸一体化的产业发展新格局。2009年，省政府办公厅出台《关于加快推进粮食产业化发展的意见》，明确作为全省农业产业化十大主导产业的粮食、油脂两大产业在省农业产业化领导小组领导下，由各级粮食行政管理部门牵头负责。到2010年年底，全省粮油类国家和省级农业产业化龙头企业分别达到12个、200个，居全省农业产业化十大主导产业之首。年销售收入超5亿元和亿元的企业分别达27个和211个，丰原生化、皖王集团等企业规模和实力已进入全国前列。2010年，全省规模以上粮油加工企业866个，稻谷加工能力2293.6万吨、小麦1290.7万吨、玉米285.6万吨、油料处理能力483万吨，粮油加工实绩1892.6万吨，实现工业总产值877亿元，实现利润27.2亿元，综合经济指标居全国前列。中国名牌从2006年实现“零”的突破，到2010年达到8个，占全国粮油类的8%；拥有“中国驰名商标”3个；“安徽名牌”产品74个，安徽著名商标100多个。积极培育和发展粮食中介和经济组织，健全城乡粮油服务体系。1997年安徽省粮食行业协会正式成立，到2002年成立省粮食行业协会米、面、油3个专业分会。到2010年，各类粮油专业协会等中介组织发展到61个，专业合作组织392个。2004年度安徽省粮食行业协会荣获民政部表彰的“全国先进民间组织”称号，是全国粮食行业中唯一获此殊荣的社团组织。发展城市连锁店和农村服务社6036个，有力地推进了“放心粮油”进城入乡。

七

以全面启动粮食产业园区建设为标志，积极发展现代粮食经营业态和运营网络，初步实现了由传统粮食产业向现代粮食流通产业转变

伴随着粮食产业化和新型粮食经营业态和运营网络迅猛发展，在充分调研的基础上，2006年省政府办公厅印发《关于加快建设粮食产业园区的通知》，提出以加快建设粮食产业园区为平台，以发展粮食园区经济为载体，运用现代发展理念、现代科学技术、现代经营方式、现代产业体系、现代基础设施，加速传统粮食流通业向现代粮食流通业转型。利用现有国有粮食收购、仓储、加工等企业在城区的土地和其他闲置资产，通过"退城进郊"进行出让、整合，盘活存量，并以产权为纽带，采取集团带动、股份合作和招商引资等模式，全面推进粮食产业园区建设。到2010年年底，全省启动建设或规划粮食产业园区或产业集聚区99个，总占地2.77万亩，88个园区动工兴建，完成投资44.2亿元，其中65个园区基本建成或主体工程竣工投入使用发挥效益。粮食产业园区建设呈现出"高起点、多元化、多功能、多业态"的蓬勃发展态势。同时，省粮食局、省发改委联合出台《安徽省粮食现代物流发展规划》，指导粮食现代物流体系建设，一批以粮食散装、散卸、散储、散运为主要标志的现代粮食物流中心陆续兴建。

八

以依法治粮工作机构、制度和机制逐步建立为标志，粮食行政执法体系建设迈出了坚实的步伐，粮食流通管理步入法治化轨道

1998年，国务院颁布《粮食收购条例》及《粮食购销违法行为处罚办法》，特别是2004年5月《粮食流通管理条例》的颁布，标志着中国粮食流通依法监管进入一个新时期。2001年，安徽省完成国务院组织的全国粮食清仓查库工作。从2002年起，省政府相继制定出台《安徽省省级储备粮管理办法》《安徽省粮食收购资格管理办法》等一系列规范性文件，2005年，省政府批准省粮食局成立政策法规处、监督检查处。到2010年年底从省到市县粮食局依法治粮工作机构、制度和机制基本建立并得到逐步完善，依法监管方式不断创新，"繁昌经验"在全国推广。全省批准粮食收购市场准入资格9139家，其中社会法人和其他经济组织以及个体经营者占近80%。2009年，省发展改革委、省粮食局修订出台《安徽省粮食经营者最低和最高库存量标准》，严格落实最高最低粮食库存限量。

2010年12月，安徽国家粮食质量监测中心正式挂牌，全省46%的粮油质检中心（站）纳入国家粮食质检体系，安徽粮油质量检测体系建设进一步加强。全面启动覆盖全社会的粮食统计报告新制度并取得实质性成效。定期会同工商、质检等部门依法组织开展省级储备粮管理、收购市场准入和社会统计执法大检查，有力地维护粮食流通秩序。省粮食局被授予2001～2005年全国法制宣传先进单位，粮食流通监督检查工作连续三年荣获全国先进单位。

九

以开展"三反、三正"活动为标志，大力推进行业文化和行业文明建设，实现了全系统党风、政风、行风的进一步好转

2001年，省粮食局党组按照"把风气搞正，把作风搞实，按规矩办事"的要求，高度重视党风廉政建设和干部职工队伍建设，在全系统深入持久地开展“反腐败、反违规、反造假、正党风、正政风、正行风”和创建文明行业活动，治理商业贿赂工作被国家粮食局作为“安徽经验”在全国推广。全省粮食部门始终坚持“三农为重、农民至上”的服务理念，始终坚持以保护农民利益为己任，充分发挥国有粮食企业市场主渠道作用，积极参与社会主义新农村建设。2006年省粮食局提出并组织实施“五心工程”，即：全面执行最低收购价政策，千方百计稳定市场粮价，努力增加农民收入，让农民放心；大力开展粮食订单收购，提高粮食优质率，努力增加农民收入，让农民顺心；以园区经济和对接双赢为突破口，加快发展粮食产业化龙头企业，提高加工转化率，努力增加农民收入，让农民开心；加强粮食市场监管，营造稳定、公平、开放、顺畅的市场环境，千方百计防止卖粮难和损农现象，让农民安心；积极发展村级服务社，推动放心粮油进农村，开展多形式便民服务，让农民称心。同时主动参与“小麦高产攻关活动”“水稻提升行动”“玉米振兴计划”，着力提高粮食综合生产能力。从2005年国家相继启动水稻和小麦最低收购价政策以来，全省国有粮食企业按最低收购价累计收购粮食3328万吨，全省因增产和执行粮食最低收购价政策直接为农民增收100多亿元，有效地保护了种粮农民利益。从2006年开始省粮食局连续五年实施新农村科学储粮示范工程，累计投资2600万元，惠及8.8万农户，得到党委、政府的充分肯定，受到农民和社会各界的普遍赞誉。2006年，淮北市粮食局等5家单位和葛时升等6名个人被人事部、国家粮食局授予“十五”全国粮食系统先进集体、先进工作者（劳动模范）称号，受到国务院领导的亲切接见。全省粮食系统有19个单位被授予国家级和省级“青年文明号”。高度重视行业教育与人才培养，全面启动“422”培训工程。“十一五”期间，培训全省粮食行政管理（执法）人员、经营管理和专业技术人员、技术工人总数4.4万人，其中行政管理（执法）人员4000人次、经营管理和专业技术人员2万人次、技术工人2万人次。2007年，成功举办首届安徽粮食行业职业技能大赛，并在全国首届粮食行业职业技能大赛中勇夺团体第一名和优秀组织奖，6名参赛选手荣获2金4银的骄人成绩。高度重视加强机关效能建设，效能建设在机关已深入人心，成为谋实事、快干事、干成事的自觉行动，整个系统呈现出创新、奋进、团结、和谐的良好氛围。

第一篇　粮食行政管理

1985 年起,国家逐步调整粮食购销政策。1985 年全国取消粮食统购政策,改为合同定购;1991 年将粮食合同定购改为国家定购;1993 年国家取消粮食统销,实行长达 40 年的粮食统购统销政策宣告结束。1998 年,安徽率先推进以“敞开收购、顺价销售、收购资金封闭运行三项政策和加快国有粮食企业改革”为重点的粮食流通体制改革;2004 年国家对重点地区重点粮食品种实行最低收购价政策。粮食机构逐步由行政管理与企业经营相结合的政企合一,向政企分开转变,粮食行政管理逐步由微观计划管理向宏观调控管理转变,由直接管理企业经营向间接政策指导转变,由单纯的行政管理向依法管理与行政管理相结合转变。

第一章　管理机构

粮食行政管理体系形成于20世纪50年代。1952年10月安徽省人民政府财政厅粮食局与中国粮食公司安徽省分公司合并，成立安徽省人民政府粮食局时，既是粮食行政管理机构，又是企业经营单位，政企合一。1953年7月成立安徽省人民政府粮食厅。1955年4月，安徽省人民政府粮食厅改称为安徽省粮食厅。1983年4月改称安徽省粮油食品厅，同年7月改称为安徽省粮油食品局。1995年7月，安徽省粮油食品局更名为安徽省粮食局。

自1995年安徽省粮食系统自上而下分设省级、地市级、县级粮食局。到2008年年底，安徽省国有粮食系统机构数1066个。全省国有粮食系统在岗职工26544人，其中国有粮食购销企业在岗职工21732人。

第一节　省级粮食行政管理机构

机构演变　1985年年底，安徽省粮油食品局为省政府直属机构。内设办公室、人事处、老干部处、监察处、财会处、科教处、农村购销处、城镇供应处、储运处、计划处、基建处。另直属三个行政性管理公司，为安徽省饲料公司、粮油食品工业公司和粮油议购议销公司。

1995年7月，安徽省政府部门机构改革，安徽省粮油食品局更名为安徽省粮食局，仍为省政府正厅级直属行政机构，内部机构设置：办公室、财务会计处、储运基建处、综合计划处、科技工业处、人事教育处、机关党委、审计处、离退休工作处、纪检监察室。1986年12月，省政府决定成立“安徽省饲料工业办公室”，与安徽省饲料公司合署办公。

2006年7月，省政府机构改革中，设置安徽省粮食局，为省政府主管粮食流通工作和省级储备粮行政管理的直属机构。至2008年年底，省粮食局内部机构设置：办公室、人事处、财务处、调控处、仓储处、行业管理处、政策法规处、监督检查处、离退休工作处、机关党委、省纪委（监察厅）派驻省粮食局纪检组（监察室）、军粮供应办公室（参照公务员法管理）。

内设机构　1987年5月，省编办同意撤销老干部处，设立基层工作处。

1987年6月，省粮油议购议销公司行政职能并入省粮油食品局，成立省粮油贸易公司。

1987年12月，安徽省粮油食品局审计科改为审计室（正科），单独设立。

1988年12月，设立省粮油食品局监察室（副厅级），受省监察厅和省粮油食品局双重领导。

1991年4月，设立安徽省粮油食品局审计处，为内部审计机构。

1992年2月，安徽省粮油食品局增设国家粮油储备管理处。同年5月，省饲料公司和省粮油食品工业公司由行政性公司逐步转变为经济实体，不再承担行政管理职能。

1996年4月，安徽省饲料工业办公室机构和职能划归省农业厅。省粮食局保留对粮食系统饲料企业的管理指导职能。

1997年11月，成立安徽省军粮供应办公室，为全额预算事业单位，承担全省军粮供应管理职责。1998年1月，安徽省军粮供应办公室依照国家公务员制度进行管理。

2005年2月，省编办批复增设省粮食局政策法规处、监督检查处。

1986—2008年安徽省粮食局领导班子成员更迭表

表1-1-1

姓　名	职　　务	任职时间
陶俊明	局　长	1985—1990年
汪文斌	局　长	1991—1994年
陈习文	局　长	1996—2001年
桂梅生	局　长	2002—2007年
孙良龙	局　长	2008—2013年
徐源慧	副局长	1980—1992年
傅敦智	副局长	1983—2000年
孙汝良	副局长	1983—2000年
丁达仁	副局长	1985—1993年
邱宝福	党组成员、省饲料公司经理	1983—1993年
蔡　林	副局长	1991—1995年
刘炳兴	副局长	1991—1995年
陈月明	纪检组长	1992—2005年
陈习文	副局长（主持工作）	1995—1996年
孙良龙	副局长	1995—2007年
黄　红	副局长	1999—2007年
桂梅生	副局长（主持工作）	2001—2002年

续表 1-1-1

姓　名	职　　务	任职时间
史　翔	副局长	2003—2004 年
戴绍勤	副局长	2005 年—
王用华	纪检组长	2007 年—
刘　惠	副局长	2008 年—
谢胜权	副局长	2008 年—
袁德桢	助理巡视员	1992—1994 年
郭一字	助理巡视员	1996—1998 年
牛敬华	助理巡视员	1999—2000 年
刘伯林	副巡视员	2002 年—

说明：1.1986—1995 年安徽省粮油食品局，1995 年 7 月更名为安徽粮食局

2. 在职时间依据省委、省政府等有关文件

第二节　省级粮食企、事业机构

直属企业　20 世纪 80 年代，省级粮食企业有安徽省粮油食品工业公司、安徽省饲料公司、安徽省粮油贸易公司三个行政性公司和安徽省粮食机械厂、安徽省粮食汽车大队、安徽省粮油储运站。

1987 年 4 月，安徽省粮食汽车大队成建制划给合肥市粮油食品局管理。

1992 年以后又陆续成立了安徽省粮油实业公司、安徽省粮油储运公司、安徽省基建物资公司、安徽省植物油公司、安徽省粮油购销公司、安徽省鑫州旧货交易中心、安徽省宏达经济发展公司、安徽省禾宜工贸公司、安徽省机械化粮库、安徽省中裕粮油发展公司、安徽省粮食职工疗养院、安徽省粮油经济服务公司、百川汇国际大酒店（筹）、深圳安徽粮食贸易行、上海安达粮油实业公司和海口安丰工贸公司。

1996 年 5 月，成立安徽粮食大厦有限责任公司。

省粮食集团总公司　1993 年，省政府同意成立安徽省粮食集团总公司，与省粮食局一个机构、两块牌子。1996 年省政府机构改革时要求分设。1998 年，省政府同意安徽省粮食集团总公司改制为安徽省粮食集团有限责任公司，同时组建安徽省粮食集团，并明确省粮食集团有限责任公司为省粮食集团母公司，省粮食局直属 17 户企业为其全资子公司，总资产 12 亿元，净资产 1.22 亿元，干部职工 564 人。

2001 年 1 月，省政府授权省粮食集团有限责任公司经营集团范围内的全部国有资产，暂由省粮食局代省政府行使出资人权利。

2001年6月,安徽省粮食集团有限责任公司及其所属子公司,即:安徽省粮油食品工业公司、安徽省饲料公司、安徽省粮油贸易公司、安徽省粮油实业公司、安徽省粮油储运公司、安徽省基建物资公司、安徽省植物油公司、安徽省粮油购销公司、安徽省鑫州旧货交易中心、安徽省禾宜工贸公司、安徽省机械化粮库、安徽省中裕粮油发展公司、百川汇国际大酒店(筹)、深圳安徽粮食贸易行、上海安达粮油实业公司和海口安丰工贸公司移交安徽省省委企业工委(省国资委)管理。

2004年5月,根据省国有企业与行政机关脱钩改革工作要求,安徽省宏达经济发展公司改制后注销。

事业单位 1995年12月,根据《安徽省粮食局直属事业单位分类管理实施方案》,保留安徽省合肥粮食学校、安徽省蚌埠粮食学校、安徽省粮食干部学校、安徽省粮油科学研究所和安徽省粮食职工疗养院,组建省粮食局机关服务中心。

1996年4月,成立安徽省粮油信息中心,负责全省粮油信息的收集、整理、分析和利用工作。

1997年1月,成立安徽省粮食审计事务所,承办粮食系统内审计查证、验资评估、咨询服务等业务。2000年3月,注销安徽省粮食审计事务所。

1997年4月,成立安徽省粮食局设计室,承担全省国家粮食储备库新建、扩建及其他粮、油、储运工程设计工作。2001年12月,由事业单位性质改为企业。2006年12月,经改制注销。

2002年1月,经省工商局登记成立安徽粮食批发市场。

2002年6月,合肥粮食学校更名为安徽经济技术学校。

2002年12月,成立安徽省粮油产品质量监督检测站,为全额预算事业单位。

2004年2月,安徽省粮食干部学校并入安徽经济技术学校。

2004年4月,蚌埠粮食学校更名为安徽科技贸易学校。

2004年8月,省机构编制委员会同意在省粮油信息中心增挂安徽粮食批发市场管委会牌子,主要职责:受托开展粮食批发交易市场的监管服务工作。

2004年12月,安徽省粮食职工疗养院由事业单位性质转企改制为黄山新港大酒店。

至2008年年底,省粮食局直属企事业单位有安徽经济技术学校、安徽科技贸易学校(见粮油科技与教育篇)、安徽省粮油产品质量监督检测站、省粮食局机关服务中心、安徽省粮油信息中心、安徽粮食批发市场管理委员会(见粮食调控篇)和黄山新港大酒店。

第三节 地(市)、县级粮食行政管理机构

从1986年起,全省各地、市、县(区)及基层粮食机构随着各级政府机构和国家粮

食流通体制改革相应发生变化。市、县（区）粮食行政管理机构比较稳定，有少部分县（市、区）粮食管理机构性质改革为事业单位。县以下粮油管理中心站从1998年开始管理职能逐步弱化，主要负责粮油收购、库存安全保管、粮油经营等。2002年，全省推进国有粮食企业改革改制，到2008年年底，全省市、县（区）粮食行政管理部门96个，事业单位85个，基层国有及国有控股企业877个，职工23006人。

第四节　粮食行业协会、学会组织

安徽省粮食行业协会　1997年6月26日，安徽省粮食行业协会正式成立。协会宗旨是受省政府有关部门委托，按社会主义市场经济要求，在粮食行业发挥服务、沟通、协调、监督的作用。协会是由从事粮食、油脂及粮油食品、饲料的贸易、加工、储藏、运输等企、事业单位和从事上述工作的知名人士自愿组成，并按照其章程开展活动的非营利性社会中介组织和自律性行业社会团体法人，是中国粮食行业协会的团体会员。

2004年5月，安徽省粮食行业协会成立米、面、油三个专业分会，为企业提供信息、技术等方面的服务，指导企业生产，参与推进全省粮食产业化经营。安徽省粮食行业协会自成立以来，在开展行业管理、沟通政府与企业的联系以及为企业服务方面取得了一定的成效。至2008年年底，全省有会员单位468个，行业中较有影响力的骨干企业基本上都是协会会员，具有广泛的代表性。2002年10月被中国粮食行业协会授予优秀会员单位，2003年、2008年分别被民政部授予全国先进民间组织，多次被安徽省民政厅授予安徽先进社会团体和安徽省示范协会称号。

1986—2010年安徽省粮食行业协会机构负责人更迭表

表1-1-2

年度	机构名称	届数	会长	名誉会长	顾问	副会长	秘书长
1997	安徽省粮食行业协会	第一届	陈习文	王昭耀 吴昌期 张润霞 胡　坦 汪文斌	陶俊明　程序堂　吴　越 吴炳智　邵国荷　项仕安 张华建　刘　健　葛立俊 韩柏泉　陈文浩　陈洪真 徐源慧　蔡　林　周闻望 丁达仁　刘炳兴　邱宝福 袁德桢	孙良龙　傅敦智 孙汝良　陈锦贵 陈月明　郭一字 刘柏林　包金才 许传森	许传森
2003	安徽省粮食行业协会	第二届	桂梅生		汪文斌　蔡　林　丁达仁 刘炳兴　傅敦智　孙汝良 袁德桢　郭一字　牛敬华	孙良龙　黄　红 陈月明　刘柏林 程秉洲　刘　超 张一言　关　飞 张维根	褚绪轩

续表 1-1-2

年度	机构名称	届数	会长	名誉会长	顾　问	副会长	秘书长
2010	安徽省粮食行业协会	第三届	桂梅生	孙良龙	戴绍勤 谢胜权 王用华 刘柏林	刘　惠　王华安 王言余　王德忠 关　飞　李家堂 李锐元　杨　燕 吴秀芝　余弟清 张良夫　林建清 姜一勇　郭少祥 袁文荣　葛志毅 褚绪轩　魏国平	褚绪轩

安徽省粮食经济学会　安徽省粮食经济学会原名安徽省粮食商业经济研究会，是由安徽省粮食局直属单位、各市粮食经济学会、全省粮食系统部分大中型企事业单位，以及粮食经济理论和实际工作者自愿联合组成、非盈利性主要从事粮食经济理论研究的学术团体。

1986 年 10 月，成立安徽省粮食商业经济研究会，1991 年 12 月第二届理事会更名为安徽省粮食经济学会，并创办《安徽粮食》期刊（双月）。2002 年 12 月，粮食经济学会秘书处与粮食行业协会秘书处合署办公。2007 年，《安徽粮食》期刊改月刊。2008 年，安徽省粮食经济学会注销，其承担的工作职责合并入安徽粮食行业协会。

1986—2008 年安徽省粮食经济学会机构负责人更迭表

表 1-1-3

年度	机构名称	届数	会长	名誉会长	顾　问	副会长	秘书长
1986	安徽省粮食商业经济研究会	第一届	赵家俊		周闻望	丁达仁　邱宝福 王干之　何维中	蔡传延
1991	安徽省粮食经济学会	第二届	赵家俊	胡　坦 汪文斌 陶俊明	史雅修 周闻望	徐源慧　丁达仁 邱宝福　王干之 何维中	何维中
1996	安徽省粮食经济学会	第三届	徐源慧	张润霞 胡　坦 汪文斌 陶俊明 陈习文	周闻望	傅敦智　孙汝良 刘炳兴　孙良龙 丁达仁　蔡　林 邱宝福　许传森 何维中	何维中
2001—2003	安徽省粮食经济学会	第四届	傅敦智	田维谦 张润霞 汪文斌 陈习文	徐源慧　蔡　林 桂梅生　丁达仁 孙良龙　黄　红 陈月明　邱宝福 孙汝良	刘炳兴　牛敬华 程秉洲　张一言 钱朝华	范祥林

续表 1-1-3

年度	机构名称	届数	会长	名誉会长	顾问	副会长	秘书长
2003	安徽省粮食经济学会	第四届	黄　红	田维谦 张润霞 汪文斌 陈习文	徐源慧　蔡　林 桂梅生　丁达仁 孙良龙　陈月明 孙汝良　傅敦智 邱宝福	刘炳兴　牛敬华 程秉洲　张一言 关　飞	褚绪轩

市、县粮食行业协会　2000 年 4 月，滁州市和宿州市粮食行业协会成立，到 2008 年年底，全省 17 个市有 10 个市成立了粮食行业协会。有 30 个县、市（区）分别成立了粮食行业协会，或面粉、小麦、油脂协会。全省粮食行业协会组织不断发展，基本形成了省市县三级粮食行业协会网络。

安徽省粮食会计学会　1981 年 7 月，根据原粮食部“粮食财会研究会章程”的规定，在各地先后成立研究组的基础上成立了粮食财会研究会安徽分会，属省粮油食品局领导的群众性学术团体，为全国粮食财会研究会团体会员，以开展学术讨论研究、培训粮食财会人员等为主要工作。当时未办理报批手续。

1985 年 10 月，第二届理事会将粮食财会研究会安徽分会更名为安徽省粮食会计学会，被吸收为安徽省会计学会团体会员。

1986 年 1 月，省粮油食品局向省社联、体改办申请成立安徽粮食会计学会。1991 年安徽省民政厅社会团体办公室正式批准以“安徽省会计学会粮食分会”办理了社团登记，后经协商继续沿用“安徽省粮食会计学会”名称。根据《安徽省粮食会计学会章程》，学会宗旨是：以马列主义、毛泽东思想为指导，坚持理论联系实际的原则，着重务实，贯彻“双百”方针，组织会员研究粮食财会理论，普及粮食财会专业知识，在普及的基础上提高，为创立具有中国特色的会计方法体系，为提高粮食企业财务管理水平，推动企业提高经济效益，促进粮食经济的发展，为社会主义经济建设服务。2005 年 7 月，按照要求，安徽省粮食会计学会在安徽省民政厅民间社团管理局重新办理了登记。召开了换届大会。

学会创办会刊《安徽粮食财会》，至 2008 年共编发 87 期。主要是宣传国家财经法律法规、涉及粮食财会的方针政策，探讨粮食财会理论，交流粮食财会工作经验，加强省际间粮食财会人员沟通，解决实践中的问题。

安徽省会计师事务所粮食分所　安徽华普会计师事务所成立于 1988 年 8 月，脱钩改制前名称为安徽会计师事务所。1990 年，省粮油食品局申请成立粮食分所，由当年财会处离退休老同志负责开展工作，业务上受安徽会计师事务所和省粮油食品局财会处双重指导。2000 年，受国家清理分所政策及人才缺乏等因素影响，粮食分所予以撤销。

安徽省粮食统计学会　1988年10月7日，安徽省粮食统计学会在黄山召开成立大会。学会成立后，一直积极组织会员研究粮食统计的理论和方法，通过举办粮食统计业务、微机培训班，开展全省粮食统计知识竞赛，搞好粮食统计制度改革调研，关注并密切配合粮食信息工作，组织社会粮食统计调查，有力地配合粮食行政部门，促进粮食统计工作。

学会创办会刊《安徽粮食统计》，共编发4期，1994年年底因经费紧张停办，后以《安徽粮食统计通讯》取代，不定期出刊，2004年，《安徽粮食统计通讯》转为主要刊载各地上报的高质量的统计分析。2005–2008年，省粮食统计学会配合省粮食局调控处编发多期《统计分析预测》。此外，学会每年组织粮食统计联系点举行一次研讨笔会。

1992年10月，省粮食统计学会在马鞍山召开第二次会员代表大会，选举产生二届理事会及其常务理事会。

1995年，省粮食统计学会举办微机培训班，组织计算机课题组利用办班时机，刻苦攻关，完成全国第一个用EXCEL5编制的粮食统计报表管理系统，并推广至县一级。3月在合肥召开二届二次理事会暨第四次粮食统计理论与实践研讨会，共收论文28篇，交流了19篇。

1997年9月，省粮食统计学会在合肥召开第三次会员大会暨第五次会员代表大会，选举产生三届理事会及常务理事会，修订《安徽省粮食统计学会章程》。

1999年7月5日，省粮食统计学会获得安徽省民政厅社会团体法人登记证书，是全国粮食系统第一个粮食统计法人社团。

第二章 粮食流通体制和制度

从1985年开始，粮食流通管理体制由统购统销的计划经济体制经历合同定购和市场购销相结合的“双轨制”过渡，到2003年全面实行市场化购销，到2005年实行粮食最低收购价政策，逐步形成和完善市场经济体制下的粮食流通体制和管理制度。

第一节 过渡初期管理体制和制度

1985年1月1日，中央一号文件《关于进一步活跃农村经济的十项政策》出台，改粮食统购为合同定购，标志实行31年的农产品统购派购制度被打破。当年国家对定购的粮食和按“比例价”收购的食油以及原有的库存平价粮油，仍执行“四统一”管理制度。

1986年2月15日，省政府下发《关于认真做好1986年度粮食合同定购工作的通知》。通知要求调减粮食合同定购任务，扩大市场议价收购；油菜籽、芝麻、花生实行定购；各地与粮食定购一并同农户签订合同，按“倒四六”比例价敞开收购，收料不收油；各县在保证完成合同定购任务和国家委托代购前提下，自行确定开展粮食多渠道经营，代购粮食价格随行就市，最高不超过原来的代购价。

1986年3月11日，省政府办公厅转发《省粮油食品局〈关于控制市镇平价粮油销售的报告〉》，要求严格控制“农转非”，未经批准的“农转非”人员，粮食部门一律按比例价加费用供应粮油。用粮、油票大规模采购粮油，必须由机关单位出具证明；凭粮本大量购粮，须经县（市）粮油食品局批准。

1987年3月23日，省政府批转省粮油食品局《关于进一步做好粮食工作的报告》，报告提出改革议价经营体制，明确粮食部门可以先定购，后议购，在全县完成国家定购任务后开展议购；也可以在生产年景好，确有把握完成国家合同定购任务的前提下，在适当时机定购议购同时进行。农户完成定购任务后可以卖议购粮，粮食部门应随行就市，积极收购。

1987年5月26日，省粮油食品局下发《关于改革议价经营体制实行平议价粮油统一经营的通知》。通知规定，改革我省粮食议价机构分设、平议分开经营的体制，实行从省到县平议价粮食统一领导、统一经营体制，采取“一个机构、两块牌子”，分别核算，议价经营业务和管理工作，由同级粮食局负责，对外保留议价公司牌子。县以上议价公司并入粮食局，人员编制保留，经费渠道不变，并根据工作需要，一部分并入有关处、科、股，一部分留下兴办经济实体，一部分充实加强基层。

1987年7月25日，省物价局、粮油食品局联合下发《关于加强粮油议购议销价格管理的通知》，要求各地成立以粮油为主的农副产品价格协调小组，在当地政府统一领导下，协商规定粮油最高议购价格；粮油市场价格过低时，规定保护价。在不高于协调小组规定的价格下，粮食部门按照"随行就市、略低于市价"的原则，灵活掌握。凡以粮食部门供应的议价粮油为主原料的产品（包括糕点、饮食、豆制品、工业、酿酒等）销售价格要保持相对稳定；如需上浮，要经当地物价部门批准。粮食以外部门经营粮食必须凭工商行政管理部门核准的营业执照。

1987年11月10日，省粮油食品局、省商业厅、省供销合作社联社、省工商行政管理局、农业银行安徽分行联合下发《关于印发粮食合同定购"三挂钩"管理办法的通知》。规定了粮食合同定购与供应化肥、柴油、发放预购定金 "三挂钩"（即粮食合同订购同供应平价化肥、柴油及发放预购定金三挂钩）标准，票证的印刷、发放、使用和管理，计划调拨、预购定金发放的部门责任和奖励与处罚办法。

1988年1月9日，省政府印发《关于进一步做好粮食工作的通知》。明确1988年度粮食合同定购任务不变，"三挂钩"政策不变，不再实行以小麦抵稻谷的办法。安排 "议转平"粮食收购计划，调往省外"议转平"粮食价格由产区和销区协商确定。对农户的议购价格按照"随行就市、略低于市价"的原则，由县（市）掌握。对外"议转平"调拨和议购议销统算，经营盈亏由县（市）自负。1988–1999年，省对各地、市、县实行包干，一包三年，三年统算。油菜籽、芝麻继续实行合同定购，与粮食定购任务一并落实到户。花生不再定购，改为议价购销。从事粮食经营的单位和专业运销户，必须具有相应的资金和条件，并向所在地工商行政管理机关申请登记，经核准发给营业执照方可经营。机关、团队、部队、企事业单位等，需要购买粮食自用的，可按规定自行采购，也可由议价经营单位供应或代购，但不准转手倒卖。外地、外省粮食经营者和采购粮食自用的单位到产区采购粮食，要向当地工商行政管理机关申请，并遵守当地有关规定。

1988年4月，省粮油食品局制定《1988—1999年度粮食购、销、调拨和财务包干办法》。办法规定，1988—1999年度粮食合同订购任务一包三年，在1987年的定购任务基础上加不少于5%机动数，落实到农户。合同定购粮食的品种为小麦、稻谷、玉米和大豆。分品种的合同定购数量要落实到户，并按分品种组织入库，不再搞麦稻互抵。国家对粮食合同定购继续"三挂钩"政策。各地分项粮食销售指标和其他开支包干指标可以核算。在三年包干期间，由地市分散决策压销和加强管理而少销少开支的粮食留归地市，超过包干计划多销多开支的粮食，由地市购买议价粮解决。全国和省通用粮票实行结算，差入或差出部分，由省相应增减粮食销售指标。财政供应粮按实际开支结算。超过计划多开支的粮食或比计划少开支的粮食相应增减中央粮食库存。省核定各地的调拨包干指标必须完成，实行一年一结。粮食出口计划是国家计划内安排的平价粮，必须保证完成，出口粮包括在年度调拨计划中。国家“七五”期间新建的商品粮基地县上交的粮食，在粮食包干计划之外单列。这部分上交粮食由中央财政补给差价款和加价款，调入地区顶抵现粮调入。三年包干结束后，要根据购、销、调的结算结果，核对库存的合理增减，确定库存量。省下达的“议转平”粮食收购计划以及“七五”期间商品粮基地收购计划要随同合同定购一并落实到县。食油购销调拨计划一年一定。实行购销调拨结算，一年一结，三年统算。

1989 年 4 月 5 日，省政府印发《关于加强粮油管理的决定》。明确粮油定购品种（包括稻谷、小麦、玉米、大豆、油菜籽、芝麻）按规定不变。分品种定购任务要保证完成，不准以小麦顶抵稻谷。及时兑现粮食“三挂钩”政策。继续执行《国务院关于加强粮食管理稳定粮食市场的决定》，大米（稻谷）由粮食部门统一收购，其他任何单位和个人都不得插手经营。议价大米出省须经省粮油食品局审批。其他粮油定购品种以县为单位完成定购任务后方可开展多渠道经营。农户自产的稻谷和其他粮油完成定购任务后允许进入集市贸易，调剂余缺。非定购品种，如山芋干、小杂粮、花生果等，实行自由购销。

第二节　过渡时期管理体制和制度

1992 年 7 月 9 日，省粮油食品局成立“安徽省粮油食品局体制改革办公室”。同年年末，全省黄山市等 9 个市 32 个县（市、区）试行放开粮价，占总县数的 57%。

1993 年 4 月 21 日，省政府印发《关于放开粮食购销和价格的通知》，决定从 1993 年 4 月 1 日起，在全省范围内放开粮食购销和价格。至此，实行了 40 年的城镇居民粮食供应制度（即统销制度）正式宣告取消。文件规定：建立粮食收购保护价制度，设立粮食风险基金；继续坚持粮食定购制度，定购合同要规定定购品种、数量、保护价、交售时间和优惠措施等。取消粮油平价供应，除军需（含民警）外，其他城乡居民粮油和各种专项补助粮油一律改为市场价供应。粮油票停止流通，城镇定量人口原粮油供应关系保留。粮油价格放开后，对城镇职工是否给予补贴，由市、县政府确定。取消省间和地区间粮油计划调拨，实行产销见面，签订供销合同并严格履行。粮油及其制品、粮油副产品、饲料等购销价格，由粮食企业随行就市确定。建立地方粮食储备制度。积极提倡农户储粮，积极试办“粮食银行”。国家专项储备粮、国务院市场调节粮和国家储备油，所有权属中央。建立以省级粮食批发市场为龙头，市、县区域粮食批发市场为骨干，农村初级粮食交易市场为基础的粮食市场体系。允许和支持多种经济成分、多渠道参与市场粮油经营。凡符合条件的企业、单位、个人，经工商行政管理机构核准登记，领取营业执照后，可以从事粮油批发、零售业务。国有粮油企业通过参与市场竞争，努力掌握粮油的主要批发业务。积极支持国有粮油企业转换经营机制。粮食行政管理机构按照“小机构，大服务”的原则，精简人员，转变职能。

1995 年 7 月 26 日,省政府办公厅印发《安徽省粮食局职能、内设机构和人员编制方案》,要求省粮食局要加强粮食宏观体系建设,重点建设省级储备,指导县市储备,及时掌握粮源,稳定粮食市场,协同有关部门搞好粮食市场工作,改革军粮供应体制,按照政企职责分开,将粮油经营、企业管理方面的职能分离出来,由省粮油食品(集团)总公司等企业承担。

1995 年 12 月 12 日,省政府下发《关于粮食部门实行两条线运行实施意见的通知》,要求政策性业务和商业性经营分开。两条线核心是财务分开,分账核算,两条线运行后企业不再承担政策性亏损,不得形成新的政策性财务挂账。建立灵活的粮食市场调控机制,强化定购粮食的销售管理,健全各级政府粮食储备和风险基金制度,加快省内粮食批发市场建设,政策性粮食价格由省政府确定,商业性粮食由企业自主定价。

1998 年 5 月 29 日,省政府成立全省粮食流通体制改革领导小组,领导小组办公室设在省粮食局。

1998 年 6 月 23 日,省政府下发《安徽省人民政府关于贯彻〈国务院关于进一步深化粮食流通体制改革的决定〉的通知》,要求坚决贯彻执行中央关于粮食流通体制改革“四分开一完善”原则和“三项政策、一项改革”措施,“四分开一完善”:实行政企分开、储备与经营分开、中央与地方责任分开、新老粮食财务挂账分开、完善粮食价格形成机制。“三项政策、一项改革”:按保护价敞开收购农民余粮、粮食收储企业实行顺价销售和粮食收购资金实行封闭运行,加快粮食企业自身改革。通知明确,分清各级政府粮食责权,全面落实粮食省长负责制;转换粮食企业经营机制,实行政企分开;完善粮食风险基金和储备制度,搞好粮食市场调控;建立和完善政府调控下市场形成粮食价格的机制;积极培育和规范粮食市场,促进粮食有序流通;妥善解决粮食财务挂账,加强资金管理。

1998 年 12 月 11 日,省政府下发《关于推进我省粮食流通体制改革若干意见的通知》,要求建立地方政府层层负责的粮食行政首长负责制;加快政企分开,建立和完善经营机制;强化粮食收购市场管理;积极拓宽销售渠道,千方百计实行顺价销售;妥善处理陈化粮;确保收购资金封闭运行,落实粮食风险基金;做好减员增效工作,实施再就业工程;切实加强对粮食工作的领导。

1999 年 11 月 22 日,省政府转发《国务院关于进一步完善粮食流通体制改革政策措施的补充通知》,要求适当调整保护价收购范围。从 2000 年起,将早籼稻、红小麦、玉米退出保护价收购范围。退出保护价收购的品种,继续由国有粮食购销企业按购得进、销得出的原则组织收购,或者由国有粮食购销企业实行“代购代销”。同时,在严格市场管理和报经省人民政府批准的前提下,允许粮食加工、饲料、饲养、酿造、医药等用粮大中型企业直接参与粮食收购,但仅限于自用,不得倒卖。通知还规定,实行粮食市场管理市、县、镇长负责制,加强对粮食市场管理的领导。2000 年 3 月 18 日,省工商局、省粮食局联合颁布《安徽省退出保护价收购范围粮食管理暂行办法》。

2000 年 8 月 11 日,省政府转发《国务院关于进一步完善粮食生产和流通有关政策措施的通知》,要求进一步落实粮食工作行政首长负责制;保持粮食收购价格的基本稳定,进一步落实按保护价敞开收购农民余粮的政策;拓宽收购渠道,进一步搞活粮食流通;加强粮食风险基金管理,确保资金及时拨补到位。对列入保护价收购范围的粮食品种,由国有粮食购销企业敞开收购,同时允许和鼓励经省工商行政管理局审核批准的用粮企业、粮食经营企业,按国家收购政策要求,直接到农村按保护价格收购粮食。对保护价收购范围以外的粮食,允许经县级工商行政管理局审核批准的用粮企业、粮食经营企业,直接到农村收购。农村集贸市场要坚持常年开放,鼓励农民通过集贸市场出售自产粮食,不受数量限制。允许经县级以上工商行政管理局批准的粮食经营企业和粮商(包括私营、个体粮食经营者)到农村集贸市场和粮食批发市场购买和销售粮食。

2002 年 4 月 30 日,省政府下发《安徽省人民政府贯彻国务院关于进一步深化粮食流通体制改革意见的通知》,决定从 2002 年度起,在天长市、来安县实行全面放开粮食收购、粮食市场和粮食价格,将粮食风险基金直接补贴给农民的试点。直接补贴就是把过去按保护价格收购农民余粮的对流通环节的补贴(间接补贴农民),调整为对农民实行直接补贴。直接补贴方式主要以计税农田面积或计税常产为依据,计算补贴标准直接发放给农民。直接补贴标准每亩不足 10 元按 10 元补贴。为调动国有粮食购销企业销售粮食的积极性,对现行超储补贴办法进行调整,减少储存环节的补贴,增加销售环节的补贴。同时鼓励符合资质条件的省内外多种所有制经济主体参与粮食收购和经营。凡经批准参与保护价品种粮食收购的用粮企业、龙头企业、粮食经营企业均可以在集贸市场按市场价收购粮食,不受品种、数量限制。

第三节 市场化管理体制和制度

2003 年 5 月 28 日,省委、省政府下发《关于扩大粮食补贴方式改革试点的通知》。同日,省政府下发《安徽省人民政府关于印发安徽省扩大粮食补贴方式改革试点方案的通知》,决定从 2003 年 6 月 1 日,在来安、天长两个县市试点成功的基础上,安徽在全国粮食主产区率先实行“两放开,一调整”改革,即:在全省范围内“全面放开粮食收购价格”,不再按“保护价”收购余粮,实行随行就市收购;“放开粮食购销市场”,支持和鼓励各类经营者参与粮食收购和经营,继续发挥国有粮食购销企业主渠道作用,按市场价收购农民余粮,与其他粮食经营者公开竞争,自主经营,自负盈亏;调整过去按保护价格收购农民余粮的对流通环节的补贴(间接补贴农民),为对农民的直接补贴。

2003 年 6 月 6 日,省政府下发《安徽省人民政府关于优化粮食市场环境进一步搞活粮食流通的通知》,要求为防止出现农民“卖粮难”,取消对粮食收购经营者的不合理限制,支持和鼓励省内外各类经营者参与粮食收购,取消对粮食收购经营者“资格认定”等规定;放开粮食购销市场,支持和鼓励各类经营者参与粮食收购和经营,鼓励国有企业不断创新粮食收购方式；坚持全省粮食市场统一、开放，取消省内粮食运输的一切限制，从外省进入我省的原粮、成品粮不再实行粮食运输证明检查制度，经营者要求运输粮食到外省的，县以上工商行政管理部门要简化手续，为其出具粮食运输证明。

2004年，国务院颁布《粮食流通管理条例》，赋予各级粮食行政管理部门依法监管全社会粮食流通职责，粮食工作逐步从单纯的部门管理向全社会行业管理转变，从微观管理向宏观管理转变，从单一的行政管理向依法行政、依法管粮转变。同年8月4日，省政府印发《安徽省人民政府关于进一步深化粮食流通体制改革的实施意见》，要求巩固“两放开一调整”的改革成果，进一步完善粮食购销市场化改革；完善直接补贴机制，保护种粮农民利益；加速推进国有粮食购销企业改革，逐步实现从“计划主渠道”向“市场主渠道”的根本转变；强化粮食市场监管，建立收购市场准入制度；加强和改善粮食宏观调控，确保国家粮食安全。意见指出，大力推进粮食市场主体多元化，继续支持和鼓励省内符合条件的各类经营者参与粮食收购和经营，重点扶持龙头企业、专业合作组织、购销大户和农村致富带头人从事代购代销、批零业务，促进公平竞争，搞活粮食流通。建立健全统一、开放、竞争、有序的粮食市场体系。

粮食购销市场全面放开，实现了粮食购销体制从过去统购统销到粮食购销市场化的根本性转变，粮食管理体制从过去高度集中的计划管理向国家宏观调控下的粮食省长负责制的转变，国有粮食购销企业改革不断深化，国有粮食购销企业从“计划主渠道”向“市场主渠道”的转变，粮食流通管理手段从过去的行政手段直接管理国有粮食企业向依法管理全社会粮食流通的转变，标志着安徽省粮食流通体制从计划经济体制到社会主义市场经济体制的历史性变化。

2007年11月1日，省政府办公厅印发《关于加快推进现代粮食流通产业发展的意见》，要求发展和规范粮食市场主体，建立现代粮食市场体系；推进粮食产业化经营和园区建设，建立现代粮食产业体系；加强粮食基础设施建设，建立现代粮食物流体系；完善粮食安全保障机制，建立粮食宏观调控体系；加强粮食流通监督检查，建立粮食执法保障体系；加强组织领导和政策支持，促进现代粮食流通产业和谐发展。

第三章 国有粮食企业改革

国有粮食企业改革起步于1998年,2002年全面推进。国有粮食企业改革采取“两步走”战略,重点解决“三老”历史遗留难题,推进体制机制创新,逐步建立现代企业制度。2006年,安徽省粮食局被国家粮食局授予全国国有粮食企业改革先进单位,南陵县产权制度改革模式被国家粮食局作为首选模式在全国推广。

第一节 国有粮食购销企业改革

1998年,根据《国务院关于进一步深化粮食流通体制改革的决定》精神,安徽省各级粮食部门认真开展以“三项政策、一项改革”为主要内容的粮食流通体制改革,推进国有粮食企业改革作为一项重点任务摆上议事日程。2000年年底,全省粮食系统独立核算企业2012个,其中购销企业1078个;在册职工总数高达17.8万人,其中粮食购销企业11.8万人,粮食附营企业6万多人,富余人员多,债务负担重,严重影响粮食流通体制改革和发展。

2002年2月,根据国务院关于深化粮食流通体制改革的有关规定,省政府出台《关于加快国有粮食企业改革的意见》,提出用两至三年时间完成全省国有粮食企业两步改革任务,第一步,减员分流,机制创新。第二步,资产重组,产权改革。省财政从粮食风险基金中按每解除劳动关系一人补贴5000元标准支持国有粮食购销企业改革。通过两步改革实现职工身份转变,国有产权明晰,企业机制转换,企业活力增强,经济效益提高。同时在保证社会稳定的前提下,妥善处理好企业职工的安置,确保离退休人员老有所养。

减员分流 2002年5月,省粮食局先后制定《关于国有粮食企业改革有关问题的通知》《关于下达全省国有粮食购销企业定岗定员目标的通知》和《关于国有粮食购销企业依法解除劳动关系的职工安置费用省级补助资金拨补办法的通知》等一系列指导国有粮食改革的规范性文件。各市县（区）党政主要领导亲自调研并听取国有粮食企业改革情况的汇报,召开党委常委会和政府常务会研究制定国有粮食企业改革方案和实施意见,纷纷出台改革的政策措施,多渠道筹集改革资金,动员和号召广大粮食干部职工进一步解放思想,创新观念,痛下决心,全力打好国有粮食企业改革攻坚战。改革的主要做法是先全员置换身份,再竞争上岗,实行“五个一批”分流富余人员,即:自愿解除一批：本着“政策公开、职工自愿、企业自主、规范操作”的原则，鼓励职工自愿申请解除劳动关系。企业对自愿申请解除劳动关系的职工按连续工龄每年补助一个月标准工资。择优聘用一批：按照定岗定员的原则，通过考试、考核竞争上岗、择优聘用的办法，在本企业现有职工中重新聘用一批，实行一年一聘。内部退养一批：对距法定退休年龄不足五年的职工实行企业内部退养，由企业发放一定生活费，按规定为其缴纳养老保险费，待达到退休年龄时正式办理退休手续。协保养老一批：对不符合内退条件，年龄偏大或工龄较长的职工，可以实行协议保留养老保险关系，按规定为其缴纳养老保险费，待到内退年龄时，办理内退手续，享受内退人员待遇。也可以自愿申请解除劳动关系，不参加竞争上岗。逐步脱钩一批：对既没有自愿申请解除劳动关系，又没有参加竞争上岗，既不符合内退条件，又不符合协议保留养老保险关系条件的人员，实行逐步脱钩。在职工安置中，对解除劳动关系的，做到“结清两笔账、办好三个证、转好两个关系”：结清经济补偿金和历史拖欠；办好养老保险证、失业证和下岗再就业优惠证；转好档案关系和党团关系，为职工自谋职业创造了条件。通过大力发展粮食产业化经营，组建城镇粮油连锁店和农村服务社，开拓新的就业岗位，安置下岗富余人员。对暂时没有再就业的，各地还主动负责地与劳动、民政等部门搞好衔接，使这部分职工享受失业保险金和最低生活保障待遇。

省粮食局通过下达改革目标任务、建立企业改革目标责任制等，将企业改革任务分解落实到各市县，并列入全省粮食工作年度目标考核。同时，建立领导联系点制度，分片包干，经常深入改革第一线，召开企业改革形势分析会，掌握动态，检查指导企业改革工作。省粮食局每个月对各地改革进展情况通报一次，并抄送当地党委政府主要领导。很多市县党政“一把手”专门作出批示，有的还亲自督查督办，有力地推动了全省国有粮食企业改革进程。

至2003年年底，全省粮食购销企业10.4万人依法解除劳动关系，7.9万人领取了经济补偿金，国有粮食购销企业减员分流任务基本完成，国有粮食企业改革取得阶段性成果。

产权改革　2003年12月，省政府办公厅批转了省粮食局、省财政厅、省农业发展银行《关于进一步深化国有粮食企业改革的意见》，明确全省粮食企业产权改革的指导思想、基本原则、方法要求，重点推广资产管理、集团带动、撤并重组、承包租赁、股份合作、出售转让等为主的六种改革形式，允许多种形式并存，不设固定模式，不搞一刀切。经过实践和探索，创新出多种产权改革模式：⑴盘活资产。主要代表是南陵模式，具体是：撤销原有独立核算的粮食购销企业，组建一个带有资产管理性质的国有独资县粮油购销有限责任公司，统管“老人”（内退、协保人员）“老粮”（保护价收购粮）“老账”（经营性亏损）“老资产”，承担政策性粮食经营业务。县粮油购销有限责任公司以统管的部分固定资产投资入股，成立了6个国有控股、职工参股和法人持股的股份制购销公司，其余固定资产实行租赁经营，投资、租赁收益连同政策性经营收益用于解决“老人”，消化“老账”。股份制公司设立董事会和监事会，建立企业经营业绩考核和决策失误追究制度，实行全员合同聘用制和收入分配“以岗定薪、以效计酬”制，效果很好，连续三年盈利。⑵集团带动。主要代表是金安模式，做法是：以省级农业产业化龙头企业天业集团为核心，组建天业集团金安粮食购销有限公司、天业集团粮食工业园、天业集团禽肉食品深加工有限公司。金安粮食购销有限公司实行国有独资，拥有7个国有控股粮食购销公司，主要承担政府委托的政策性业务。对原粮食储备库和粮食加工企业的存量资产进行整体开发，退市进郊，筹集资金，加快天业粮食系列产品开发，形成集粮食仓储和粮食精深加工为一体的粮食工业园。⑶股份合作。主要代表是裕安模式。具体是：裕安区国有独资粮食购销公司选择中谷集团安徽粮油有限公司为战略合作伙伴，对原粮食购销企业进行重组整合，组建新的粮食购销公司。中谷粮油集团安徽粮油有限公司以现金收购基层粮食购销企业部分有效实物资产，占51%股份；区国有独资粮食购销公司以基层粮食购销企业部分有效实物资产作价入股，占49%股份。另外，各地结合自身实际，采取撤并重组、租赁承包、出售转让等多种形式，整合区域资源，优化粮食购销企业的布局和结构。

2005年年底，全省91个市、县（市、区）国有粮食购销企业，有41个县采取资产管理模式，9个县采取集团带动模式，39个县对购销企业进行了撤并重组，264个企业实行股份制，292个企业在明确产权性质基础上，采取所有权和经营权分离，实行风险抵押租赁或承包经营。全省粮食购销企业785个，减少293个，精减27%。国有粮食企业减员分流不断推进，职工人数继续减少，全系统在岗粮食职工由17.8万多人减少到3.04万人，精减83%，其中粮食购销企业由11.8万人减少到2.37万人，精减80%；全省国有粮食企业累计依法进行身份置换13.34万人，其中购销企业10.26万人；支付经济补偿金18.64亿元，其中购销企业14.58亿元；补交养老保险费3.27亿元，失业保险费5956万元，医疗保险费4526万元。退休人员全部移交当地社保局，在岗职工养老保险参保率达99%以上。

第二节　粮食附营企业改制改革

根据国务院办公厅转发国家发展计划委员会等部门《关于实施粮食企业附营业务分离方案》精神，1998年7月，省粮食局印发《关于我省粮食企业实行附营业务与收储业务分离的通知》，规定国有粮食收储企业的附营业务必须与粮食收储业务划开，设立独立法人，实行独立核算，成为自主经营、自负盈亏、自我约束、自我发展的经济实体。粮食企业附营业务占用的贷款，一律划转到有关商业银行。当年主附分离工作进展顺利，全省有817个企业从收储企业分离出来，从农发行划转资金达55亿元。2000年12月省粮食局转发中国人民银行《关于国有粮食购销企业原附营业务贷款实行停息挂账等额核减农发行再贷款利息的批复》，对确认符合挂账停息条件的附营业务占用贷款实行专户管理,从 1999 年 12 月 21 日起实行停息。

在推进国有粮食购销企业改革的同时,粮食附营企业按照当地政府的统一部署和要求,有序推进企业改革改制。2008 年年底,全省 934 个粮食附营企业有 794 个进行了不同形式的改制,改制面达 85%。

第四章 财务管理

第一节 财务体制

统管体制 1985年4月1日起，国家改粮食统购为合同定购，同时实行粮食议购议销，即“双轨制”，但粮食财务仍实行全省统管，粮食企业继续实行定额补贴和利润留成（减亏分成）办法。会计核算上把粮油加价补贴、粮油价差补贴和销售补贴等整合为30%按统购价、70%按超购价的比例计价计算成本。当年全省粮食企业及地方财政分成总额为6847万元，其中：平价经营减亏分成1746万元，议价经营利润留成1388万元，地方财政分成1070万元。

包干体制

盈亏基数包干 1986年全省粮食企业亏损财政包干基数为6816万元，同时，当年省财政下达弥补全省粮食企业亏损指标4800万元，提价补贴指标16977万元。

1986年7月29日，省政府批准省财政厅、粮油食品局《关于粮食企业财务体制下放管理的报告》，决定从当年起，全省粮食企业财务体制下放给地、市、县管理。财务管理权限下放，但粮油商品（不含议价部分）的购、销、调、存计划、粮油加价款和简易建筑费，仍由省管理。至此，实行了30多年的由省统收统支、统负盈亏的财务管理体制结束。

财务体制下放的范围，是将省统一管理的粮食企业经营盈亏（指按照国家政策规定，经营平价粮油所发生的亏损、粮油议购议销经营利润、粮油食品工业企业利润、运输企业和饲料企业利润等）和粮油价差补贴（指按国家规定统购价与统销价的差价补贴）下放给地、市、县管理。

下划的财务指标中，粮食企业盈亏交退库指标根据1986年粮油商品流转计划，参照前两年及当年财务盈亏实绩和新的变化因素计算。粮油价差补贴根据1986年平价粮油销售计划和规定的购销差价补贴标准及新的变化因素计算。各地、市、县财政对粮食企业收入实行年终单独结算，按实际入（退）库数与下划基数的差额，省与地、市、县财政超（减）收实行四六分成（担），即省财政40%，地、市、县财政60%。各地、市、县财政每年根据省下达的财政收支指标和粮食部门编报的粮油商品流转与财务收支计划，核定粮食企业的盈亏计划，一年一定。

平价经营盈亏，在剔除减少的调拨经营费收支后，完成计划应得的人均留利，按省核定的指标留成；增盈或减亏部分再实行四六分成，即企业40%，财政60%；减少利润或增加亏损也按同比例分担。议价经营、饲料商业和运输企业实现的利润，实行全额四六分成办法,即企业40%,财政60%;原规定的议价利润分成办法不再执行。粮油食品工业、饲料工业以及合肥市的城市粮店,仍按利改税办法依法纳税,税后全留。

粮食企业(除利改税企业)盈亏交退库由地、市、县粮油食品局统一向同级财政办理结算;企业所得利润或减亏分成,均由市县粮油食品局统一管理,统一分配。

财务管理体制下放后,据当年对安庆、淮南、徽州及庐江、怀远、肥西等地、市、县调研反映:收入打得太足,特别是粮食调出满打满算;费用支出压得太紧;粮食财务下放指标当年不宜进财政包干基数等。

1987年4月,财政部下发《关于实行粮食购、销、调拨财务包干的规定》,从1987粮食年度起,中央对省实行粮食购、销、调拨财务包干。合同定购内的粮食,中央财政对地方按收购的品种、等级、数量和国家规定的计价比例结算加价款。凡比国家核定计划少销的粮食,留归地方使用,节省的价差款留给地方;凡比国家核定计划多销的粮食,由地方自行购买议价粮解决,所需议转平价差款,由地方自有财力负担。对粮食调拨、粮油加价款和议转平差价款的管理实行按计划包干和补贴等。据此省对地、市、县相应实行粮食购、销、调拨财务包干。1987年,全省粮食企业亏损财政包干基数调整为12523万元。

按照1988年7月省财政厅、粮油食品局印发的《安徽省粮食企业财务管理办法》规定,财务计划的报审程序和企业分成办法是:粮食企业独立核算单位按规定编制有关财务计划上报县(市)粮油食品局,各市、县粮油食品局根据国家的方针政策和粮油商品流转计划以及基层单位上报的财务计划,参照历史实绩及有关资料于上年末编制粮食企业财务计划,报送同级财政部门审批后,并报上一级主管部门备案,地、市粮油食品局、财政局汇总编报省粮食局、财政厅备查。同时规定企业利润(减亏)分成办法:已经按照规定实行第二步利改税的企业,按有关规定计算留利;未实行利改税的企业,按有关规定的比例计算利润留成或减亏分成。企业的利润(减亏)分成基金,应以50%作为生产发展基金,30%作为职工奖励基金,20%作为职工福利基金。

1988年8月,根据财政部《全民所有制工业企业推行承包经营责任制有关财务问题的规定》,全省粮食系统县以下企业开始试行不同形式的承包经营责任制。主要形式有:上交利润递增包干;上交利润递增承包,超收分成;上交利润基数包干,超收分成;亏损企业定额补贴包干,或亏损补贴递减承包,减亏分成;企业上交所得税后利润承包等。

1989年9月,省财政厅印发《关于完善国营商业、粮食承包企业财务管理工作的意见》,决定适当调整承包基数,原上交财政的利润不足35%的大中型商业、粮食企业,原则上调增到35%以上;帮助企业落实内部承包责任制;严格控制税前还贷;采取有效措施,克服短期行为;粮食企业的承包,可以由粮油食品局对财政实行总包,也可以分行业承包,但对从事平价、议价经营,其资金、费用与人员很难分开的企业,若分行业承包,应将平、议价捆在一起承包,有条件的地方也可以独立核算的区站承包。不论采取什么承包方式,都要有利于控制平价企业亏损,避免盈利企业包死上交,亏损企业吃财政补贴，包盈不包亏现象。

1986至1992年，粮食财务体制尽管有所变化与变革，但总体上没有脱离定额补贴、盈亏基数包干的管理体制，并且省粮油食品局每年就生产发展、技术改造、仓库建设与维修、灾害损失等安排拨付大量资金对全省粮食企业予以支持，项目安排具体到基层站、点、库。

1993年，省政府决定，当年由省财政将原核定的粮食企业补贴基数1.16亿元全额收回，核定拨补粮食亏损补贴4亿元，主要解决离退休人员经费、特困山区、库区粮食企业补贴、军供粮、甲字粮、“506”粮费用补贴和原补贴县的粮食企业人头经费。

1994年，省财政对粮食的各项补贴3.05亿元，其中：用风险基金弥补限价亏损19238万元，“506”、甲字粮费用补贴901万元，省级专项储备粮费用利息补贴1004万元，国家储备粮轮换费1861万元，商业企业离、退休人员经费3379万元，地、市、县粮油食品局机关经费补助4173万元。补贴较上年减少1亿元。另外，军粮补贴4500多万元，国家专储粮费用利息补贴1.79亿元。

1995年10月，省政府下发《关于粮食部门实行两条线运行实施意见的通知》，全省粮食部门实行政策性业务与经营性业务分开的两条线运行的财务核算体制，其核心是：财务分开，分账核算。政策性业务由市、县粮食局统一核算，向财政办理结算，县以下实行报账制。政策性财政补贴集中到县、市粮食局统一管理，在农业发展银行开设专户。

风险基金包干　1998年，省政府决定实行粮食风险基金补贴制度，对超储粮食发生的利息、费用从粮食风险基金中给予补贴。当年全省从粮食风险基金中实际获得的超储粮食利息、费用补贴10.26亿元。

1999年2月，财政部等四部门《关于1999年粮食风险基金补贴政策的通知》规定，实行粮食风险基金总包干，安徽按二类地区1.5：1的中央与地方配套比例筹集粮食风险基金，当年中央核定安徽省粮食风险基金规模15.244亿元，其中中央补助8.2142亿元。

2002年，省财政厅、粮食局《关于调整粮食风险基金补贴政策和各市粮食风险基金包干、筹集办法的通知》规定，省财政对全省粮食风险基金补贴政策和各市粮食风险基金包干、筹集办法进行了调整，原补贴标准不变，降低库存环节补贴，增加销售环节补贴，促进销售，降低库存，减少亏损。并规定以县、市为单位年底实现保护价粮食库存数量（不含陈化粮）净减少的，可按照每百斤2元计提促销压库奖励补助款。当年全省应计提销售奖励款9253万元，实际补贴到位8520万元。

同年，省政府《关于加快国有粮食企业改革的意见》明确规定，各级粮食行政管理部门所需行政经费列入同级政府的财政预算。此后，省、市、县（区）粮食行政机关经费陆续纳入地方财政预算管理。

市场化体制　2003年，省委、省政府印发《关于扩大粮食补贴方式改革试点的通知》，决定从6月1日起，停止实行省对市的粮食风险基金包干办法。粮食风险基金由省财政统一掌握，50%以上用于粮食直接补贴。把通过国有粮食购销企业按保护价敞开收购余粮间接给农民的补贴，调整为对农民进行直接补贴。同时改变补贴拨款渠道，把原来对粮食企业的间接补贴改由省财政厅逐级拨付到乡、镇财政所直至农户。“直补”政策的实施与拨款渠道的改变，直接促成粮食财务体制从包干制向自主经营、自负盈亏的市场化体制转变。

第二节　财会制度

制度建设与变革　1985年，全省粮食企业会计核算渠道分粮油商业、工业、饲料、运输和议购议销。

1986年财务体制下放后，省财政厅、粮油食品局下发《关于粮食企业财务体制下放管理后有关财务处理问题的通知》，对粮食企业的收入和成本、费用管理；财政包干基数及结算办法；财政与企业结算等其他事项作出详细规定，并随文对当年粮食企业盈亏计划和财政收支预算指标，根据各地、市上报数予以核定。

1986年12月，省粮油食品局、财政厅印发《国营粮食企业会计制度》（补充规定），适应全省粮食商业平价、议价、工业、运输、饲料企业，自1987年1月1日起与商业部制定的《国营粮食企业会计制度》一并执行，该制度于1988年1月作第二次补充规定，1990年11月再次进行修改补充。

1987年4月，省粮油食品局印发《关于议价账务移交及平议统一经营后会计核算问题的通知》，从1987年4月1日起基层议价网点并入粮站后其粮油经营从基层开始，分别平、议价粮油购、销、调凭单，按照规定的商品流转程序，向独立核算单位结报。会计核算采用平议兼营、统一商品库存、分账核算。

为进一步管好自有专用资金，充分利用外部资金，提高资金使用效益，1987年5月省粮油食品局印发《关于加强粮食企业专用资金管理的意见》，提出继续贯彻统一领导，分级管理的原则；在资金使用上保证重点，兼顾一般；量力而行，讲求经济效益等七条意见。

为适应粮食企业财务管理体制下放的需要，有利于加强宏观调控，进一步改善企业的财务管理，根据国家有关规定结合全省粮食企业实际情况，1988年7月省财政厅、粮油食品局印发《安徽省粮食企业财务管理办法》，从财务计划的编制、成本管理、流动资金管理、固定资产管理、低值易耗品管理、专用基金管理、财产损失审批权限等八个方面进行规范细化。

1989年1月，省粮油食品局印发《安徽省粮食企业现金出纳人员工作规则》，共五章十八条，从现金出纳人员要求、现金收支及结报制度、登记会计账簿和办理交接手续等方面，对粮食系统的粮油工业、饲料工业、平议价商业企业、附营企业、车（船）队、前店后坊等所有国营企业的现金出纳人员进行规范。1991年8月对该规则部分条文进行修订。规定各单位的现金支票和印章不得由同一人管理，不得将空白支票印章盖好交出纳保管等。

1989年1月1日起，基层报账单位的会计处理一律根据报账制经济业务情况执行现行核算单位使用的《国营粮食企业会计制度》和1986年12月省粮油食品局、财政厅制定的《补充规定》的有关会计科目，原《安徽省粮食商业报账单位会计制度》同时废止。

1989年8月，省粮油食品局就银行结算办法改变后粮油调拨结算问题发出通知，要求粮食系统内部省内平价粮油调拨，主要采取"委托收款"结算方式，也可采用"银行汇票"结算；粮食系统内部省间平价粮油调拨（包括"议转平"计划），原则上采用"银行汇票"结算；对系统外的粮油销售，一律采用"先款后货"的交易方式或持"银行汇票"购买。

1991年10月，省粮油食品局、财政厅印发《粮食部门附营企业财务管理办法》（试行），对附营企业的经营范围、财务管理与监督、职工工资奖金的核定、利润分配等进行规范，并自当年1月1日起执行。1992年7月对附营企业利润分配办法进行修订，附营企业实现的利润改为20%上交财政或抵亏，80%留给企业，新办的附营企业从兴办之日起，三年内免于上交财政或顶抵平价亏损，利润全部留给企业，发生亏损，一律自行弥补，不得增加平价亏损。

1992年9月，省粮油食品局《关于平、议价粮油费用分摊的通知》规定：同一企业同时兼营平、议价粮油的，商品流通费应严格按平价和议价计算分摊。可以认定的直接费用，如运杂费、利息、手续费等应直接列入平价或议价商品的商品流通费。不能直接认定的费用，按平价与议价粮油经营量的比例分摊。同一企业同时兼营平、议价粮油商品和其他商品的零售企业，所发生的费用无法分开核算时，其商品流通费可按销售额比例计算分摊。

1993年，财政部颁布《企业财务通则》和《企业会计准则》，对中国40多年来传统会计管理体制和会计核算模式进行重大改革，打破了部门、所有制界限，重新划分行业，分别制定了工业、商品流通、交通运输等十三个新的行业会计制度，并决定新制度自当年7月1日起在全国所有行业执行。省粮油食品局就新的企业会计制度几个具体问题和新编会计报表发出通知。

为顺应粮食企业实行附营业务与收储业务分离，1998年7月省粮食局发出《关于我省粮食企业实行附营业务与收储业务分离的通知》，明确国有粮食收储企业的附营业务必须与粮食收储业务划开。收储企业附营的、实行报账制的非独立核算的附属粮油、饲料、食品加工、养殖业等附营企业，设立独立法人，实行独立核算，成为自主经营、自负盈亏、自我约束、自我发展的经济实体。分离出来的企业划转相应的资产和负债，按规定有一定的资本金，并逐步充实自有资金。已经独立核算、具有法人资格的粮油加工企业、饲料企业、运输企业、各类贸易公司和其他附营企业应继续实行独立核算。通知还就资产、资金划转等作出规定。当年主附分离工作进展顺利,全省有817个企业从收储企业分离出来,从农业发展银行划转资金55亿元。

1999年3月,省粮食局印发《关于加强粮食财务管理工作的通知》,要求按权责发生制规范财务处理,严格按规定的审批权限和程序核销坏账损失,推行规范的会计委派制和财务公开制等。

2001年1月,省粮食局转发省财政厅《安徽省会计从业资格管理实施办法》,规定从当年起,全省粮食企业凡从事会计工作的人员,必须取得会计从业资格,持有会计从业资格证书,各单位不得任用不具备会计从业资格的人员从事会计工作。

2005年4月,省粮食局印发《安徽省省级储备粮财务管理和会计核算办法(试行)》,共七章十八条。对省级储备粮财务管理和会计核算原则、购进管理及进价成本核算、销售(含轮换)的核算、财政补贴的管理及核算、财务报告和会计报表上报等作出规定。同年9月,省粮食局印发《安徽省国有粮食购销企业财务会计管理办法(试行)》,共九章四十五条,就企业市场化改革后国有粮食购销企业财务管理体制、会计核算一般要求、收购资金管理、粮油商品管理、国有资产经营管理、收入和费用管理、内部会计控制等进一步规范。2006年国家粮食局发布《关于粮油有关业务会计处理的规定》,对粮食企业所涉及的一些特殊业务的核算内容进行必要补充,如补充会计科目设置等。

会计检查 根据财政部、审计署、商业部统一部署,1985年至1986年,全省开展了平转议粮食清理和套取粮油加价款检查。1985年年底,全省共清理转圈粮14738.6万公斤,套取加价款和议超差价款1649万元。1987年1月至6月,根据商业部部署对全省粮食企业非商品资金进行全面清理,全省共清理1633个独立核算企业,清理面达99.1%,清理出有问题资金7775万元,当即收回资金2070万元。1997年6月,国家粮食储备局下发《关于开展清理资金工作的通知》,以1997年6月30日为基准日,省粮食局组织对全省粮食系统所有独立核算企业和所属报账单位,以及县(市)级粮食主管部门的货币资金、结算资金、银行借款、商品和非商品资金占用进行了全面清理。2004年3月,针对当时企业改革强力推进,经济效益回升,补贴资金拨付量大,市场粮价上涨,一些地方放松了对粮食购销企业财务资金的管理,个别地方违规违纪现象突出,省粮食局下发《关于切实加强企业资金管理工作的通知》,并组织开展对资金专项监督检查;严格执行粮食收购资金封闭运行制度;建立粮食经营风险准备基金制度;严肃财经纪律,规范产权制度改革。同年7月,省粮食局就媒体反映"安徽挪用粮食收购款黑洞惊人"有关情况,全面组织专项大检查,厘清情况并向省政府报告:主要是不少企业为支付改革成本,挤占挪用收购资金(审计认定支付企业改革成本形成挂账4.97亿元);有些企业销售货款归行不及时,资金体外循环;少数企业出于无奈,挪用收购资金用于职工工资等日常费用支出。省粮食局态度坚决,进行了严肃查处。2005年7月,省粮食局部署开展全省粮食财务资金专项监督检查。重点检查老粮锁定数量、销售损耗、销售价差及其使用情况等。此后,每年定期开展全省粮食财务资金专项监督检查。

会计评比 为加强会计基础工作，提高会计工作水平，1987 年 5 月省粮油食品局印发《安徽省粮食系统会计电算化“七五”计划》，开启会计电算化时代。1991 年 1 月，省粮油食品局印发《安徽省粮食系统会计基础工作评比竞赛办法》，持续开展全省粮食系统会计基础工作检查评比，提高会计核算质量和会计人员素质，实现会计基础工作标准化、规范化，促进会计工作达标升级。2007 年 10 月，省粮食局组织全省粮食系统会计人员开展会计知识竞赛活动，经过复赛、决赛，六安市代表队获团体一等奖，淮北、安庆市代表队获二等奖，池州、芜湖、宣城市代表队获三等奖。同年 11 月，在全国粮食系统会计知识竞赛中，安徽代表队在复赛和决赛阶段分别取得团体第二名和三等奖。

第三节 收购资金管理

粮食收购资金管理随着粮食流通体制改革的推进，经历了充分供应、封闭运行、信贷政策调整三个不同时期。

充分供应 1985 年至 1993 年，粮食收购资金按省下达的粮食合同定购（1991 年改称国家定购）任务，由国有银行（包括中国农业银行、中国工商银行等）按计划保证供应，定购任务外的粮油实行议购议销，收购资金仍然由国有银行保证供给。这一期间，银行在粮油收购资金上实行的是“充分供应”政策。

1985 年，中国农业银行制定《粮油收购资金专项管理办法》，将粮食收购资金贷款单独列出，专项考核。对实行独立核算的国营粮食企业直接收购粮食的资金超计划收购的，可边贷边报，流动资金实行存款、贷款账户统一管理（存贷合一）。各县、市粮油食品局根据该办法将信贷指标分解到基层，分别核定贷款额度，由基层企业向当地银行直接办理收购资金借款。

1989 年 5 月，省粮油食品局印发《关于搞好企业内部挖潜、积极筹措粮油收购资金的通知》，对加强收购资金管理提出六条意见：⑴抽紧企业内部银根，压缩各项不合理占用；⑵重申流动资金使用原则，禁止随意挪作他用；⑶集中力量清理收回逾期货款；⑷推广内部银行办法，提高资金使用效率；⑸坚持勤贷勤还原则，合理压缩银行存款；⑹建立严格的资金管理责任制。

1992 年，国家对粮油收购资金实行财政、企业、银行共同承担，按比例筹措的办法，在收购资金贷款上实行“边贷边报”政策。1993 年银行又进一步推行“先贷后报、先垫后补、分清责任、事后算账、按期归还、违章处罚”的收购资金供应政策，以缓解向农民“打白条”压力。但由于当时经济体制和管理体制没有理顺，加上财政资金不到位，收购资金流失和被挤占问题比较突出。

封闭运行 1994 年，国家成立了中国农业发展银行，中国农业发展银行安徽省分行及各地、市、县支行相继成立，具体承担粮棉油企业资金的供应和管理工作，并实行粮食收购资金封闭运行，即在农业发展银行的监督下，对国有粮食收储企业实行“库贷挂钩”（粮食库存与贷款相符）、“钱随粮走”（收一斤粮，给一斤粮的钱；卖一斤粮，连本带息还一斤粮食的钱）的资金供应和管理办法。同时要求，粮食收储企业，只能在农业发展银行开立基本账户，不准在其他金融机构开设账户。当年年末，全省粮食企业银行贷款 141.81 亿元，其中由农业发展银行提供的贷款达 126.8 亿元，占总额的 89%。全省粮食企业银行存款 13.63 亿元，其中农业发展银行存款 5.9 亿元，占总额的 43%。

为加强企业资金管理，盘活资金存量，提高资金使用效率，制止收购资金被挤占挪用，确保粮食收购资金封闭运行，实现良性循环。1998 年 6 月，省粮食局印发《安徽省粮食企业资金管理实施办法》，共 6 章 20 条，就现金和票据、收购资金、销售货款、项目资金的管理等提出管理办法。

1998 年 6 月，按省政府要求，全省国有粮食企业收购粮食所需贷款由农业发展银行严格按照“库贷挂钩”的原则和办法供应与管理，根据收购进度，保证收购资金的供应。粮食调销坚持“钱货两清、足额还贷”的原则，及时、足额归还收购贷款本息，不得以任何形式挤占挪用收购资金，切实做到收购资金封闭运行。从粮食收储企业分离出来的附营企业所需贷款，由农业银行、工商银行等商业银行按有关规定办理，已由农业发展银行办理的按中央要求划转到农业银行、工商银行等商业银行。粮食企业主、附营业务分离，贷款业务的成功划转，从根本上为粮食收购贷款真正实行“钱随粮走、购贷销还、全程监管、封闭运行”的管理办法创造了条件。与此同时，全省各级农业发展银行从计划信贷管理、财务会计核算、稽核监督、粮食收购储存销售等多方面、多环节，加大收购资金封闭运行管理力度，在资金供应上实行库贷挂钩，收一斤粮给一斤粮的钱。在资金回笼管理上，坚持顺价销售，销一斤粮收回一斤粮的贷款本息，后又采取“以销定贷、以效定贷”的办法，同时加大监督、检查和处罚力度，多管齐下遏制收购资金流失，实现收购资金“封闭运行”。

2002 年 6 月，省粮食局转发农发总行《关于开展粮食企业贷款资格认定工作的通知》，配合省农业发展银行开展对全省粮食企业进行贷款资格认定工作，规范粮食企业贷款资格认定的范围、原则和标准，信用等级，贷款条件等资格认定制度。

2003 年 5 月，全省粮食系统按中国农业发展银行《保护价粮食收购贷款管理办法》和《非保护价粮食收购贷款管理办法》，实行保护价粮食收购贷款“钱随粮走，购贷销还，全程监控，封闭运行”；非保护价粮食收购贷款“以销定贷，以效定贷；区别对待，择优扶持；执行政策，防范风险”。

2003 年 6 月，省粮食局转发省农发行《关于支持粮食补贴方式改革加强信贷资金管理的工作意见》，提出探索订单农业与合同收购、粮食购销企业与加工企业联营等经营方式的信贷支持政策。国有粮食购销企业按照“购得进、销得出、有赢利”的原则收购农民余粮，防止发生区域性“卖粮难”，经营性亏损严重且扭亏无望的企业暂缓贷款资格，停止发放新贷款。对市、县级粮食储备所需贷款严格控制，确需建立市、县级储备的，必须在落实利息和费用补贴的前提下，报经省分行批准后执行。

信贷政策调整 2004年5月，国务院《关于进一步深化粮食流通体制改革的意见》规定，农业发展银行要保证国家粮食储备和政府调控粮食的信贷资金需要。对在农业发展银行开户的国有粮食购销企业，包括改制后落实原有贷款债务、具备贷款条件、继续从事粮食经营的企业，按企业的风险承受能力确定发放收购资金贷款。同时，对具备粮食收储资格的粮食产业化龙头企业，以及其他粮食企业，农业发展银行可以根据企业风险承受能力提供贷款支持。各商业银行对符合贷款条件的各类粮食企业和经营者，给予贷款支持。

2006年3月，省粮食局转发修订的《中国农业发展银行粮食流转贷款办法》，粮食信贷资金管理方式逐步向以贷款风险控制为核心的管理方式转变。贷款对象由单一的国有粮食购销企业到多种所有制形式并存的企业与经营者；贷款支持由单一的粮食购销环节逐步延伸扩大到整个粮油产业链；贷款方式由单一的信用贷款方式转变为信用贷款、担保贷款、抵押贷款相结合；信贷管理以捆绑式封闭管理为中心，向更高层次的渗透式监督、实物监管与财务监督相结合，以风险控制为核心。

第四节　粮食风险基金制度

粮食风险基金是中央和地方政府专项用于保护粮食生产，维护粮食流通秩序，稳定粮食市场的宏观调控资金，是国家针对关系国计民生的重要商品建立的第一个专项宏观调控基金。

制度建立 1991年，全国粮食获得丰收，粮源供应充足。1992年，国务院决定提高粮食购销价格，实行购销同价。朱镕基总理考察安徽后在全国粮食工作会议上指出："粮价放开要慎重，决不能因为放开粮价使农民收入大幅度减少，利益受到损失。放开以后要有保护价。要实行保护价，就要建立粮食平准基金。"

1993年，《国务院关于加快粮食流通体制改革的通知》和《国务院关于建立收购保护价格制度的通知》规定：建立粮食风险基金制度。9月国务院批转财政部等六部门《粮食风险基金管理暂行办法》，决定从1993粮食年度起，中央和各省、自治区、直辖市都要建立粮食风险基金。中央粮食风险基金的来源，是粮食购销同价后中央财政在三年内减少下来的粮食加价款，省、自治区、直辖市粮食风险基金的来源，是地方财政对粮食企业减少的亏损补贴以及地方的其他资金。中央对各省、自治区、直辖市的粮食补贴保留三年，逐年减少。每年减少的财政补贴，转做粮食风险基金。据此中央财政从粮价提高节省的粮食加价款中拿出一半，用于支持各省、自治区、直辖市建立粮食风险基金，同时，各省、自治区、直辖市按一定的比例进行配套。

1994年，国务院印发《粮食风险基金实施意见》，核定全国粮食风险基金最低规模是70.4亿元，其中：中央补助33.6亿元，地方自筹36.8亿元，比例是1∶1.1。粮食风险基金制度正式建立。当年，中央下达安徽省粮食风险基金规模2.6亿元。

政策执行及演变　1994年,国务院印发《粮食风险基金实施意见》,明确了粮食风险基金用于国家储备粮油、国家专项储备粮食的利息、费用支出和在特殊情况下需动用中央储备粮调节粮食市场价格时所需的开支;用于地方政府为平抑粮食市场价格吞吐粮食发生的利息、费用和价差支出;对贫困地区吃返销粮的农民由于粮价提高而增加的开支的补助。当年节余的粮食风险基金结转到下年度滚动使用。

自1995年全国粮食生产连续三年获得丰收,市场粮价持续下滑。为保护农民种粮积极性,1997年8月财政部等四部门下发《关于进一步完善粮食风险基金使用管理办法的通知》,专门调整了粮食风险基金的使用范围,对国有粮食企业收购的定购粮和按保护价收购的议价粮,其超正常周转库存部分发生的利息、费用,用粮食风险基金给予补贴。补贴范围:(1)1996粮食年度末国有粮食企业周转库存超过合理周转库存的粮食;(2)1997粮食年度新收购的定购粮、以保护价收购的议购粮食超过正常销售量的部分(计算补贴按实际销售量)。补贴标准:对列入补贴范围的库存粮食占用资金的利息,按不同品种和收购价格、同期农副产品贷款利率计算,据实补贴;费用按原粮每公斤每年0.06元进行补贴。

1998年6月,省政府《关于贯彻国务院进一步深化粮食流通体制改革的决定的通知》指出,进一步健全和完善粮食风险基金制度,省级粮食风险基金按照国务院确定的中央财政与省财政配套比例共同建立,纳入财政预算,由省财政统筹拨付到在省农业发展银行设立的存款专户,并通过专户拨补,滚动使用。省级粮食风险基金专项用于:支付省级储备粮油的利息、费用补贴;粮食企业执行敞开收购农民余粮的政策,致使经营周转粮库存增加,流转费用提高,而又不能通过顺价出售予以弥补的超正常库存的费用利息补贴。同时要求建立省、行署(市)、县(市)粮食储备制度,当年安徽省储备粮总规模6亿公斤,储存费用和利息参照中央储备粮标准,由省财政厅会同省粮食局从省级粮食风险基金专户中划拨到承储企业。

1998年7月,省政府转发省财政厅《关于筹集省级粮食风险基金的意见》指出,省级粮食风险基金是省政府调控全省粮食市场的专项基金,根据各地、市1997年的人均财力和历年拨补风险基金数额等因素,全省分为三个档次筹集:铜陵、马鞍山、淮北、亳州和合肥为一档,芜湖、淮南、滁州和宣城为二档,六安、蚌埠、阜阳、宿县、巢湖、安庆、池州和黄山为三档。

2000年,国家粮食局、财政部等部门《关于进一步做好陈化粮处理工作的意见》明确规定:处理陈化粮发生的价差亏损,中央储备粮和地方储备粮分别由中央财政和地方财政负担;粮食购销企业周转库存粮由粮食风险基金适当补助。考虑到粮食企业普遍亏损的情况,对粮食企业周转库存中陈化粮价差亏损补贴,原则上由粮食风险基金负担。

2002年,省财政厅、粮食局发布《关于调整粮食风险基金补贴政策和各市粮食风险基金包干、筹集办法的通知》,原补贴标准不变,降低库存环节补贴,增加销售环节补贴,促进销售,降低库存,减少亏损。并规定以县、市为单位年底实现保护价粮食库存数量（不含陈化粮）净减少的，可按照每百斤2元计提促销压库奖励补助款。

2004年3月，财政部印发《实行对种粮农民直接补贴，调整粮食风险基金使用范围的实施意见》，同年5月，国务院出台《关于进一步深化粮食流通体制改革的意见》，决定把通过流通环节的粮食间接补贴改为对种粮农民的直接补贴，粮食风险基金优先用于对种粮农民的直接补贴，建立和完善对种粮农民直接补贴的机制。按中央要求（占主产区粮食风险基金规模的40%），当年安徽省从粮食风险基金中安排的对种粮农民的直接补贴资金达6.91亿元。

从2003年开始“粮食直补”到2008年，通过省粮食局拨款渠道，由省财政厅安排粮食风险基金拨款支付的有：国有粮食购销企业分流人员补助金4.5亿元；每年省级储备粮、油利息和费用补贴；15个山区、库区县县级储备粮费用补贴等。

基金规模 1994年全省建立粮食风险基金2.6亿元。

1995年到1997年，省级粮食风险基金共筹集9.3亿元，其中：中央配套6.1亿元，省财政配套3.2亿元。按照当时的政策规定，用于补助山区、库区贫困人口补助3252万元，其他困难补助2168万元，用于粮食企业的8.8亿元。除省级粮食风险基金外，淮北市每年安排了粮食风险基金200万元，马鞍山市每年70万元。从1997年全省粮食风险基金规模为4 亿多元，到2002年增加到17.3亿元，地方配套的风险基金也由2.3亿元增加到7.03亿元。2003年全省粮食风险基金总规模11.57亿元，其中：中央补助6.29亿元，地方筹集5.28亿元。当年全省粮食风险基金专户实际到位金额12.47亿元，拨付支出15.43亿元，其中：直补种粮农民2.82亿元，超支2.96亿元。

2004—2008年安徽省粮食风险基金到位及使用统计表

表1-4-1　　单位：万元

项　目	2004年	2005年	2006年	2007年	2008年
当年基金专户实际到位金额	178908	53630	244312	339962	610530
其中：规模内中央补助	102566	12440	102566	102566	102566
地方自筹	74702	30462	141458	71005	71048
其中：预算内	54702	30450	70298	70298	71048
中央财政借款	20000		71160	334093	
二、当年风险基金支出	190665		240469	254316	602545
其中：直补种粮农民	68026	30615	85553	254316	521915
省级储备粮利息费用	5241	29078	13087	8467	12947
政策性挂账利息	52600	11753	55172	63663	64633

第五节　财务挂账

财务挂账是指粮食企业自身无法弥补的没有形成资产的各项开支占用的农业发展银行及其他商业银行的贷款或其他各项资金。

老挂账　指1991粮食年度末（即1992年3月31日）之前发生的，经中央清理认定的粮食财务挂账。1992年4月，省财政厅、省粮油食品局印发《关于核实粮食企业挂账情况的通知》。1995年10月，省财政厅等五部门联合核复1991粮食年度末全省粮食财务挂账296524万元，其中政策性挂账282378万元，企业挂账14146万元。16个地、市中滁县地区挂账最多，达53207万元。1995年10月，省政府《关于制止和消化粮食财务挂账的通知》指出，根据国务院要求挂账停息要具备"当年不发生新的政策性挂账；在五年内（每年不低于20%）消化老的政策性财务挂账；粮食企业政企分开，划清政策性和经营性业务，实行'两条线'运行"三个前提条件，对1991粮食年度末粮食政策性财务挂账实行停息，停息时间从省政府与各地、市签订责任书时间为起点，连续顺延五年。对省确认数以外的挂账，不予停息。同时规定将粮食政策性挂账从粮食企业划到同级财政在农业发展银行设立的专户，实行专户管理，由同级财政接受政府委托，统筹资金，负责归还。省财政按同期粮油收购贷款利率计算，将中央的贴息款，通过省农业发展银行拨付到各地财政在同级农业发展银行设立的专户用于支付政策性挂账利息。企业自补挂账由企业自行消化。该通知还就制止和消化挂账提出奖罚措施。

到1997年年底，全省共消化老挂账14.2亿元，占任务的50%，其中：1995年消化1.47亿元，1996年消化6.1亿元，1997年消化6.63亿元。芜湖、池州、黄山三个地、市完成消化任务。到2001年2月底，全省1991粮食年度末财务挂账仍有9.44亿元，其中政策性挂账9.24亿元，未能按时完成消化挂账任务的地级市10个，主要是粮食主产区。到2003年5月末，全省粮食老挂账余额91425万元，2007年年全省粮食老挂账消化完毕。

新增挂账　指1992年4月1日至1998年5月31日期间发生的，新增财务挂账和其他不合理占用贷款，经审计部门清理认定并经中央核批的粮食财务挂账，具体分为停息挂账和不停息挂账。新增财务挂账按其成因具体分为违反财经法规造成的损失、财产损失、费用挂账、地方财政未补挂账、经营亏损五种类型。其他不合理占用贷款按其成因分为附营业务、生产性固定资产、无法收回的应收账款和其他挤占挪用占用贷款。

1998年6月，省政府《关于贯彻国务院进一步深化粮食流通体制改革的决定的通知》指出，对1992年4月1日至1998年5月31日国有粮食购销企业和其他不合理占用贷款，按国务院规定，认真清理，报经审核、确认纳入消化范围的，从1998年7月1日起由农业发展银行对粮食企业实行停息。中央停息部分的本金及其1998年6月份粮食企业应支付的利息，纳入消化计划。纳入消化计划的挂账由省政府负总责，按现行财务体制分级负责，区别情况，明确责任，按期消化。

1998年下半年，省政府决定，由省审计厅牵头，会同省财政厅、粮食局和省农业发展银行，组织全省各级审计机关骨干力量，对1992年4月1日至1998年5月31日期间全省国有粮食购销企业新增粮食财务挂账和其他不合理占用贷款进行清查审计。

1999年10月，省财政厅、审计厅、计委、粮食局、发展银行五部门联合下发《关于确认新增粮食财务挂账和其他不合理占用贷款及财务处理问题的通知》，经清查审计确认1992年4月1日至1998年5月31日全省新增粮食财务挂账和其他不合理占用贷款总额为123.35亿元（含拟划转中央直属库的的粮食储备库、站），其中：纳入中央财政和地方政府贴息范围的新增粮食财务挂账和其他不合理占用贷款83.29亿元，中央不予贴息的新增粮食财务挂账和其他不合理占用贷款40.05亿元。

1999年，财政部等六部门联合下发《关于调整新增财务挂账和其他不合理占用贷款处理政策的通知》，决定给地方政府和粮食企业一个过渡期。过渡期暂定为1999年至2003年。在过渡期内，除北京、天津、上海、广东外，其他省（区、市）暂不统一要求消化，实行本金挂账。

2003年5月末，安徽省粮食新增挂账余额80.78亿元；2006年末余额80.71亿元。

新发生挂账 指1998年6月1日至2003年5月31日期间发生的陈化粮价差亏损，即1998年11月至2000年8月，经省政府有关部门批准销售的库存陈化粮以及之后按中央批准计划销售库存陈化粮发生的价差亏损；销售保护价粮食价差亏损，即放开粮食收购价格和市场、实行市场化改革之前库存的保护价（含定购价）收购的粮食，实行“新老划断、分步销售”，按国家计划销售粮食发生的价差亏损；1998年6月1日至市场化改革前国有粮食购销企业新发生的亏损，剔除陈化粮、保护价粮价差亏损后，经省政府清理、审计，认定为政策性的亏损，实行挂账，认定为企业经营性的亏损，由企业负担。

2003年7月至12月，由省审计厅牵头，会同省财政厅、粮食局和省农业发展银行，组织全省各级审计机关1300多名审计骨干，对1998年6月1日至2003年5月31日全省国有粮食购销企业新发生的粮食财务挂账进行清查审计。全省实际审计粮食购销企业895户。

2005年4月，省财政厅、审计厅、粮食局和省农业发展银行联合下发的《关于核定1998年6月以来国有粮食购销企业新发生粮食财务挂账的通知》，核定1998年6月以来国有粮食购销企业新发生政策性财务挂账96.65亿元，其中陈化粮价差亏损挂账27.94亿元、销售保护价粮价差亏损挂账24.06亿元、其他政策性亏损挂账44.65亿元。1998年6月以后企业经营性亏损和不合理占用贷款挂账5.09亿元。

从2003年起，1991粮食年度末政策性粮食财务挂账、中央和地方共同贴息的1998年5月末新增粮食财务挂账的利息，由省财政用粮食风险基金支付；对1998年6月1日以后新发生的经营亏损及1999年以来已处理陈化粮发生的差价亏损，经审计认定后，实行挂账，利息用粮食风险基金支付。

挂账剥离　2005年5月，省粮食局、省农业发展银行下发《关于剥离国有粮食购销企业粮食财务挂账的通知》，部署全省国有粮食购销企业粮食财务挂账剥离工作。要求严格政策，核实粮食财务挂账贷款。各级粮食部门和农发行按照省财政厅、粮食局和省农业发展银行联合下发的《关于确认和划转1991粮食年度末粮食政策性财务挂账和中央与地方共同贴息的1998年5月末新增粮食财务挂账的通知》和省财政厅、审计厅、粮食局和省农业发展银行联合下发的《关于核定1998年6月以来国有粮食购销企业新发生粮食财务挂账的通知》两文件规定的政策性粮食财务挂账范围，逐项、逐企业核实政策性粮食财务挂账占用农发行贷款的账面余额，并按政策性财务挂账具体类别，确认应剥离的政策性财务挂账占用贷款。经省政府审计确认后的政策性财务挂账全部从企业剥离，由县以上（含县级）粮食行政管理部门专户管理，并在同级农业发展银行营业部开设"政策性粮食财务挂账"专户，分设"老粮食财务挂账""新增粮食财务挂账""陈化粮价差亏损挂账""保护价粮价差亏损挂账""其他政策性亏损挂账"等5个明细账户，政策性粮食财务挂账的剥离，采取农业发展银行向粮食行政管理部门发放贷款，并相应收回原国有粮食购销企业政策性财务挂账贷款本息的方式，统一办理剥离手续。各级粮食行政管理部门与农发行开户行签订政策性粮食财务挂账借款合同，并填写借款借据，据此发放挂账贷款。同时，粮食行政管理部门当日通过农发行账户将全部款项划至拟转出政策性挂账的国有粮食购销企业，农发行同日收回国有粮食购销企业相应的政策性财务挂账占用贷款本息。

2005年9月底，安徽在全国率先将186亿元粮食政策性财务挂账从国有粮食购销企业剥离到各级粮食主管部门，与企业彻底脱钩。

2006年年末安徽省粮食财务挂账一览表

表1-4-2　　单位：万元

一、经审计认定尚未消化的粮食财务挂账余额	2199485
（一）1992年3月末老挂账	1220
1. 政策性	
2. 经营性	1220
（二）1992年4月至1998年5月新增挂账及不合理占用	1053535
1. 纳入中央和地方财政贴息、停息范围的	855748
其中：已认定的政策性挂账	800931
2. 未纳入中央和地方财政贴息、停息范围的	197789
（三）1998年6月至2003年5月新增亏损挂账	1144730
1. 经清理认定的政策性挂账	1058434

续表 1-4-2

陈化粮价差亏损	279413
保护价粮价差亏损	240594
其他政策性亏损	538427
2. 已清理认定的经营性挂账	50926
3. 已清理但尚未认定的新增亏损挂账	35370
二、已上划集中管理的财务挂账	1912100
1. 已上划到粮食行政管理部门集中管理的政策性财务挂账	1826912
2. 已集中到县级粮食购销公司或资产公司等部门集中管理的经营性财务挂账	85188

第六节 税收政策

增值税 1994 年财政部、国家税务总局《关于调整农业产品增值税税率和若干项目免征增值税的通知》规定，对国有粮食企业销售给军队的粮油、返销农村的粮油；国有粮食批发企业销售给国有粮食零售企业的粮油、国有粮食零售企业销售给城市居民的粮油免征增值税，农业产品的增值税税率由 17% 调整到 13%。

1996 年 8 月，省国税局印发《关于国有粮食企业免征增值税问题的通知》，决定对本省国有粮食企业实行划分比例免征增值税。对国有粮食企业销售的粮食和食用植物油按比例计算征收增值税，具体征收比例由各地、市国税局按下列原则在 10% 的浮动幅度内分县、市确定：产粮市、县征税比例为 30%；产销平衡市、县征税比例为 20%；销粮市、县征税比例为 10%。国有粮食企业仍应按规定计算销项税额、进项税额和应纳税额，并据以按期申报纳税。实行按比例征税后国有粮食企业开具的增值税专用发票的销售额超过全部销售额按征税比例计算金额的，按专用公式计算交纳增值税。该比例征免税政策自当年 6 月 1 日起执行。

1999 年，财政部、国家税务总局印发《关于粮食企业增值税免征问题的通知》，再次对粮食征免管理进行了调整完善，明确对承担收储任务的国有粮食购销企业销售的粮食免征增值税。随后省国税局下发《关于粮食企业征免增值税有关问题的通知》，就承担收储任务的国有粮食购销企业免税资格的认定、免税货物的范围、增值税专用发票的开具、免税企业的纳税申报、资格管理和政策衔接等问题作出规定，对国有粮食购销企业销售的粮食、军队用粮、救灾救济口粮、水库移民口粮等免征增值税。

营业税 1996 年财政部、国家税务总局《关于对国有粮食企业取得的储备粮油政策性补贴收入免征营业税问题的通知》规定，对国有粮食企业保管政府储备粮油（国家储备粮油、国家专项储备粮油、国家临时储备食油，以及地方各级人民政府建立的各类储备粮油和为调控粮食市场的吞吐调节粮食）取得的财政性补贴收入（国有粮食企业保管上述各项政府储备粮油从各级财政或粮食主管部门取得的贴息、费用补贴收入）免征营业税。该政策自 1996 年 1 月 1 日起执行。

其他地方税　2004 年 11 月，省粮食局转发《省地税局关于国有粮食购销企业有关税收政策的通知》，实行对有困难的国有和国有控股粮食购销企业的生产经营性用房和土地，给予减征或免征三年的房产税和城镇土地使用税优惠；对国有或国有控股粮食购销企业，需要减征或免征房产税和城镇土地使用税的，由企业向主管地税机关提出申请，主管地税机关审核后，报市、县地方税务局批准。

2008 年 6 月，省粮食局转发省地方税务局《关于延长国有粮食购销企业房产税、城镇土地使用税优惠政策执行期限的通知》，明确对国有和国有控股粮食购销企业的房产税、城镇土地使用税减免政策，继续按照《省地税局关于国有粮食购销企业有关税收政策的通知》有关规定执行，执行期限为 2008 年 1 月 1 日至 2010 年 12 月 31 日。

2008 年 9 月，省粮食局转发《财政部国家税务总局关于地方商品储备有关税收问题的通知》，规定对承担地方粮、油、棉、糖、肉等商品储备任务的地方商品储备管理公司及其直属库取得的财政补贴收入免征营业税、企业所得税。对承担地方粮、油、棉、糖、肉等商品储备任务的地方商品储备管理公司及其直属库资金账簿免征印花税，对其经营上述地方储备商品业务过程中书立的购销合同免征印花税，对合同其他各方当事人应缴纳的印花税照章征收。对承担地方粮、油、棉、糖、肉等商品储备任务的地方商品储备管理公司及其直属库经营上述地方储备商品业务自用的房产、土地，免征房产税、城镇土地使用税。执行期限为发文之日至 2008 年 12 月 31 日。

第七节　扭亏增盈

1991 年，全省粮食部门因水灾减购增销增加调进、动用专项储备粮等增加支出 5 亿多元，加上议价粮油市场仍无大的回升，成本价高于销售价，议价经营继续亏损。全省粮食经营亏损总额达 11.61 亿元。其中商业平价亏损 10.59 亿元。同时，因洪涝灾害，定购任务调减，实际收购量下降，灾民无偿还能力，预购定金全年未收回数达 10065 万元。

安徽粮食行政管理部门历来把扭亏增盈作为加强企业管理的的重中之重。各地从制度建设入手，完善内部措施，加大工作力度。从 1994 年开始，省粮食局、财政厅联合对全省粮食综合经济效益先进县、市粮食局进行表彰奖励。1994 年对扭亏增盈取得突出成效的合肥市、怀宁县等 20 个市、县粮食局进行表彰奖励，并形成制度每年坚持。

1996 年 4 月，国内贸易部、国家粮食储备局对 1994 和 1995 年度全国粮食系统扭亏增盈工作先进单位进行表彰，安徽省粮食局、濉溪县粮食局、寿县粮食局分别荣获省级、县级扭亏增盈先进单位，寿县石集油厂荣获明星企业称号。1997 年 1 月，省粮食局成立“全省粮食企业扭亏增盈领导小组”。

2002 年 5 月，省粮食局转发国家粮食局《关于进一步做好国有粮食购销企业扭亏增盈工作的意见》,从加强领导,建立扭亏增盈目标责任制;开拓市场,努力做好粮食顺价销售;转换经营机制,改进企业经营方式;改革企业用工和分配机制,切实做好减员增效;严格企业会计核算,如实反映企业盈亏等七个方面提出指导性意见。

2005年11月,省粮食局召开全省粮食企业扭亏增盈工作会议,强调:抓认识,从加强领导上扭亏增盈;抓改革,从体制机制上扭亏增盈;抓市场,从经营决策上扭亏增盈;抓制度,从微观管理上扭亏增盈;抓龙头,从对接双赢上扭亏增盈;抓内控,从反腐倡廉上扭亏增盈;抓规范,从财务处理上扭亏增盈。决定从当年开始,省粮食局、财政厅联合对连续两年综合经济效益居全省前20位的县、市(区)粮食局采取以奖代补予以表彰。

1986—1995会计年度安徽省国有粮食企业盈亏统计表

表1-4-3　单位:万元

年份	全系统利润总额	平价粮油利润	议价粮油利润	粮油工业利润	饲料工业利润	运输企业利润	商业流通费用	补贴收入
1986	3451	-8185	4097	7437	1386	373	51831	21824
1987	554	-19905	8839	9860	1552	208	56095	20711
1988	4788	-24024	15268	11205	2008	331	64952	26587
1989	12525	-31660	27617	13679	2453	436	89115	38597
1990	-98590	-81410	-26660	7786	1480	214	140212	42198
1991	-116076	-105888	-19686	7713	1640	145	162847	66381
1992	-100652	-110515	1287	8045	661	-130	148992	16916
1993	-56143	-67143	8332	2552	-321	-149	150377	24069
1994	9335	商业企业:7668		2005	-166	-143	196287	62837
1995	20779	14204		5478	1429	-297	241496	56901

说明:1993年至1995年另有“其他企业利润”分别为-19万元、-29万元、-35万元。

1996—2008会计年度安徽省国有粮食企业盈亏统计表

表1-4-4　单位:万元

年份	全系统利润总额	粮食购销企业	其中:经营性企业				收储企业流通费用	补贴收入
			商业	工业	饲料	附营		
1996	-37882	-27612	-5339	-2816	-1481	-192	241184	79379
1997	-323073	-287505	-9509	-18027	-4845	-2362	399252	157823
1998	-293227	-237732	-16282	-25983	-6671	-5673	382503	191396
1999	-116777	-80265	-11582	-17471	-4236	-2857	282025	192130

续表 1-4-4

年份	全系统利润总额	粮食购销企业	其中:经营性企业				收储企业流通费用	补贴收入
			商业	工业	饲料	附营		
2000	-97630	-68289	-10170	-13251	-2667	-2966	264574	183711
2001	-82563	-61008	-6965	-10093	-2533	-1746	257270	218585
2002	-67584	-49267	-4256	-10648	-1282	-1782	241231	203134
2003	-268638	-256392	-4877	-5067	-1424	-645	336721	183441
2004	11672	13270	-225	-981	-79	-313	119726	63416
2005	-13488	-12042	-435	-814	-26	-171	110355	68610
2006	4085	4708	-333	-136	-17	-137	117302	176796
2007	9608	9849	其他企业:-241				175222	166525
2008	10990	11653	-663				137476	129638

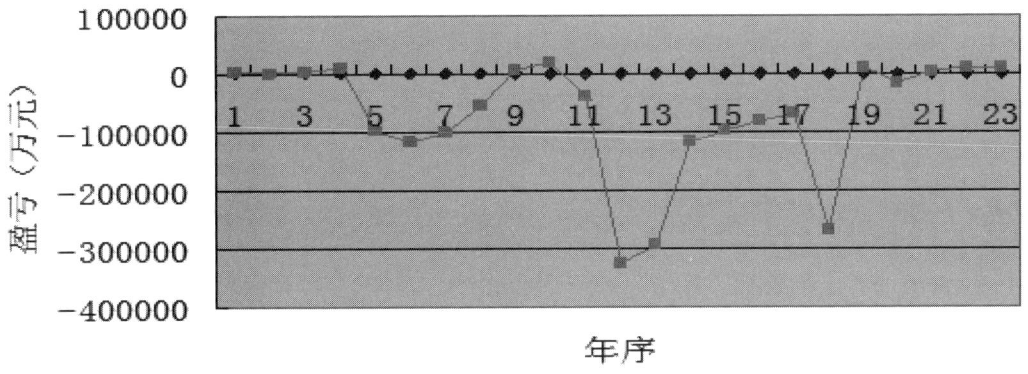

图 1-4-1 1986—2008 年安徽省国有粮食企业盈亏折线图

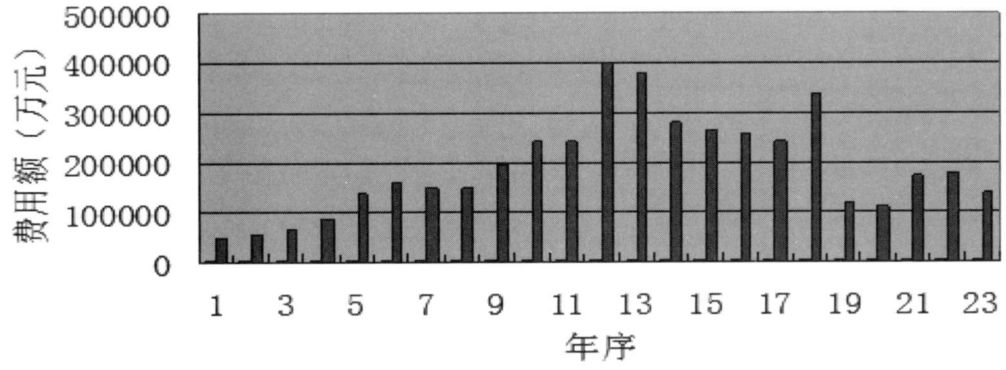

图 1-4-2 1986—2008 年会计年度安徽省粮食商业费用柱型图

单位:万元

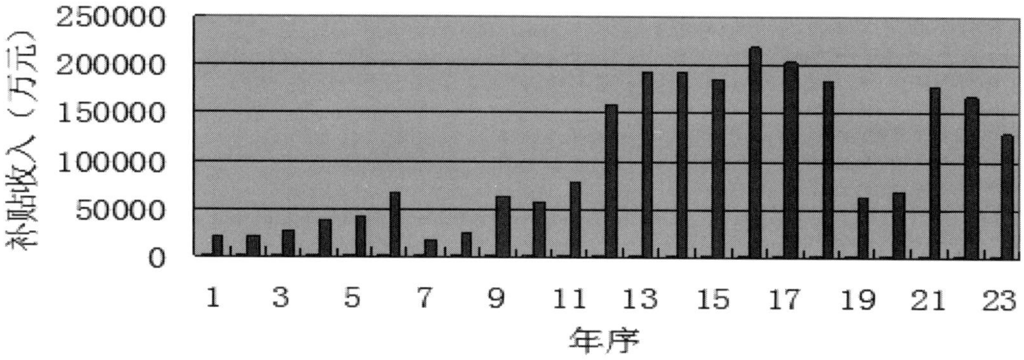

图 1-4-3　1986—2008 年会计年度安徽省粮食政策性补贴收入柱型图

第五章　粮食依法行政

从1998年国务院颁布实施《粮食收购条例》到2004年国务院颁布实施《粮食流通管理条例》,安徽省政府相继出台了一系列粮食行政法规规章和规范性文件,依法赋予粮食行政管理部门管理全社会粮食行业职责,粮食流通行政管理逐步走上法治化轨道。

第一节　粮食法规

粮食规章　2004年5月24日安徽省人民政府第13次常务会议审议通过《安徽省省级储备粮管理办法》(简称《办法》),5月30日省长王金山签署安徽省人民政府第166号令公布施行。该《办法》分总则、省级储备粮的计划、省级储备粮的储存、省级储备粮的动用、监督检查、法律责任和附则,共7章46条。这是安徽省制定的第一部粮食规章。

粮食规范性文件　2002年12月,省粮食局、财政厅、工商局、农发行联合颁布《安徽省陈化粮处理实施细则》,详细规定了陈化粮的范围、陈化粮的用途、陈化粮的销售、违约处罚、陈化粮价差亏损处理等,共16条。

2004年3月,省政府颁布《安徽省突发粮食事件应急办法》(简称《办法》)。《办法》分总则、预防和应急准备、报告与信息发布、应急处理、法律责任和附则,共六章22条。2004年9月,省政府颁布《安徽省粮食收购资格管理办法》,详细规定了适用范围、许可原则、主管部门、申请条件、申办程序、粮食许可证的效力、保持库存量要求、行政执法要求、粮食收购者跨区收购要求、社会监督、监督检查、法律责任等,共25条。

2005年8月,省粮食局、省发展和改革委员会、省财政厅、省卫生厅、省工商行政管理局、省质量技术监督局联合颁布《安徽省粮食质量监管实施细则》(简称《细则》)。《细则》分总则、粮食质量安全管理与监督、粮食质量争议处理、粮食质量监管机构与职责、罚则和附则,共六章34条。8月,省粮食局、省发展和改革委员会、省财政厅、省卫生厅、省工商行政管理局、省质量技术监督局联合颁布《安徽省粮食流通监督检查实施细则(试行)》。该《细则》分总则、监督检查的内容、监督检查的工作要求与程序、罚则和附则,共五章42条。9月,省政府办公厅颁布《安徽省突发粮食事件应急预案》(简称《预案》),该《预案》分总则、组织机构和职责、预测预警、应急响应、应急保障、后期处置和附则。11月，省粮食局颁布《安徽省粮食行政复议实施办法》（简称《办法》）。该《办法》分总则、粮食行政复议范围、粮食行政复议申请、粮食行政复议受理、粮食行政复议决定、法律责任和附则，共七章41条。

2006年3月17日，省粮食局颁布《安徽省粮食经纪人业务规范暂行办法》（简称《办法》）。该《办法》分总则、粮食经纪人的相关规定、粮食收购经纪营销业务管理、服务与引导措施、附则，共五章30条。

第二节　普法与粮食流通法制工作

1988年5月，省粮油食品局确定由监察室具体负责全省粮食系统法制工作。监察室受权从经济合同管理、经济纠纷调解、企业法律顾问、商业执法检查、法制宣传教育等工作入手，推进粮食流通法制宣传工作。1996年9月，省粮食局成立法制工作领导小组，下设办公室，与监察室合署办公。2005年2月，省粮食局成立政策法规处和监督检查处，普法和粮食流通法制工作走上制度化、规范化。

普法工作

“一五”普法　省粮油食品局根据《中央宣传部、司法部关于向全体公民基本普及法律常识的五年规划》要求，从1986年起，以局直机关干部、职工为普法教育对象，以全国普法办统编普法教材为范本，重点组织学习宪法、刑法、刑事诉讼法、民事诉讼法（试行）、婚姻法、继承法、经济合同法、兵役法、治安管理处罚条例以及其他与广大公民有密切关系的法律常识。1990年10月，省粮油食品局组织编印了《法规文件汇编》，收录粮食工作常用的法律法规和部门规章27件，重点是“八法九条例”，即行政诉讼法、经济合同法、会计法、计量法、统计法、全民所有制工业企业法、食品卫生法、民法通则和农副产品购销条例、工业产品质量责任条例、企业法人登记管理条例、全民所有制工业企业承包经营责任暂行条例、公证暂行条例、经济合同仲裁条例、现金管理暂行条例、税收征收管理暂行条例、价格管理条例等，为全省粮食行政管理部门以法治商和基层粮食企业依法经商提供法律学习材料，拉开指导全省粮食部门做好普法工作的序幕。1991年，省粮油食品局被中央宣传部、司法部评为1985-1990年全国法制宣传教育先进单位。

“二五”普法　1991年9月，省粮油食品局出台《安徽省粮食系统开展法制宣传教育的第二个五年规划》。重点对地、市粮食主管部门科级以上领导干部和县粮食局局长及企事业单位负责人、粮食系统法制机构工作人员、粮食中专学校师生开展普及宪法、专业法学习。主要普及主体法（包括全民所有制工业企业法、企业破产法（试行）、全民所有制工业企业承包经营责任制暂行条例、企业法人登记管理条例等）、手段法（包括经济合同法、价格管理条例、计量法、商标法等）、客体法（包括工业产品质量责任条例、严禁生产和销售无证产品的规定、食品卫生法等）和粮食规章（包括粮食市场管

理暂行办法、市镇粮食定量供应暂行办法等）以及商业法制工作相关规定。省粮油食品局除认真做好商业部统编普法教材的宣传发行工作外，还于1994年和1995年组织编印了《市场经济法规手册》（第一册和第二册），收录与粮食流通工作密切相关的市场经济法律法规和规章，为普及粮食流通法律专业知识提供了丰富的学习材料。据不完全统计，“二五”普法期间，全省粮食系统有10多万名干部、职工接受了普法教育。1995年，省粮食局组织对“二五”普法工作进行考核、验收、总结，在全省粮食系统表彰327个普法工作先进单位和68名普法先进个人。1996年，省粮食局、合肥市粮食局和利辛县粮食局被国内贸易部评为全国内贸系统“二五”法制宣传教育先进单位。

“三五”普法　1996年8月，根据《国内贸易部在内贸系统开展法制宣传教育的第三个五年规划》和安徽省“三五”普法工作的部署和要求，省粮食局制定了《全省粮食系统法制宣传教育第三个五年规划》。这次普法教育对象涵盖全省粮食干部、职工。普法学习内容为：社会主义市场经济和商品流通法制基础知识；现代企业制度基础知识；与粮食流通密切相关的法律法规（主要包括公司法、中外合作经营企业法、中外合资经营企业法、经济合同法、食品卫生法、产品质量法、广告法、会计法、审计法、统计法、粮食收购条例、粮食购销违法行为处罚办法等）。“三五”普法期间，省粮食局结合粮食工作实际，区分重点和一般普法对象，分别编印了《“三五”普法·粮食流通法律汇编》（24件）、《“三五”普法·粮食流通法律选编》（12件），《“三五”普法·粮食流通法律续编》（8件），同时续编《市场经济法规手册》（第三册）。省粮食局先后于1996年8月、1998年10月和2000年4月组织3次全省粮食流通法律知识测试，每次平均有10万名粮食干部职工积极参加，测试成绩平均在80分以上的达到80%以上。同时，首次组织开展普法中期考核评估和期终考核验收，授权对测试成绩合格人员和考核验收达标单位颁发全省粮食系统“三五”普法考核合格证书。2010年9月，省粮食局在寿县召开全省粮食系统“三五”普法总结表彰大会，会同省司法厅联合表彰全省粮食系统普法工作十佳县（市）10个、先进单位50个、先进个人80名。

“四五”普法　2001年9月，根据国家粮食局印发的《全国粮食系统法制宣传教育第四个五年规划》和安徽省“四五”普法工作的部署和要求，省粮食局制定《全省粮食系统法制宣传教育第四个五年规划》。普法学习内容为：邓小平的民主法制理论和党的依法治国基本方略；宪法；与粮食行政管理工作和经营管理活动相关的法律法规，包括立法法、行政处罚法、行政诉讼法、行政复议法、产品质量法、食品卫生法、公司法、破产法、农业法、粮食流通管理条例等；世界贸易组织基本法律制度等。2001年11月省粮食局统一编发“四五”普法学习读本《粮食流通法律法规汇编》和《选编》，分别收录相关法律法规32件和21件。同时根据粮食购销市场化改革的需要，2003年10月编发《粮食流通法律法规续编》，收录新颁布的法律法规和重要规章12件，其中涉及粮食流通方面的政策法规有7件，2005年1月，又专门编发了《粮食政策法规汇编》。继续组织开展普法中期考核评估和期终考核验收，授权对测试成绩合格人员和考核验收达标单位颁发全省粮食系统“四五”普法考核合格证书。2005年5月，在国务院法制办、国家粮食局和河南省人民政府共同主办的“国粮杯”《粮食流通管理条例》电视知识大赛上，安徽代表队荣获二等奖。同年9月省粮食局在黄山召开全省粮食系统“四五”普法总结表彰大会，表彰先进单位40个（含十佳单位），先进个人70名。省粮食局及其普法办主任杨振中同时被中央宣传部、司法部评为“2001—2005年全国法制宣传教育先进单位”和“先进个人”。滁州市粮食局、南陵县粮食局、安徽科技贸易学校等单位荣获2001—2005年全国粮食系统法制宣传教育先进集体。

“五五”普法 2006年6月，根据《中共中央、国务院关于转发〈中央宣传部、司法部关于在公民中开展法制宣传教育的第五个五年规划〉的通知》精神，省粮食局制定《安徽省粮食行业法制宣传教育第五个五年规划》。这次普法教育的重点是：加强对各级粮食部门领导干部、公务员、粮食企业经营管理人员的宣传教育，加强对广大种粮农民和消费者的法制宣传，在全社会营造依法管粮、放心消费的良好氛围，提高广大干部特别是领导干部依法决策、依法行政和依法管粮的能力，健全全省粮食行政机关依法行政制度，严格规范粮食行政执法行为，维护公民、法人和其他组织的合法权益。2007年9月，省粮食局组织开展全省粮食行政机关公务员依法行政知识考试，有1700多人参加，成绩优良。2008年12月，黄山市黄山区粮食局和杨家祥（省粮食局）、张李民（六安市粮食局）分别荣获全国粮食系统“五五”普法中期先进集体和先进个人称号。

粮食流通法制工作

经济合同管理 1988年5月31日，省粮油食品局转发商业部发布的《商业部门经济合同管理试行办法》，标志着粮食系统法制工作正式开展。1992年，省粮油食品局和省工商局在联合印发《关于进一步强化粮食部门合同管理，全面推进企业依法经营的通知》的同时，在合肥举办全省粮食系统经济合同培训班，对各地、市、县粮食局和省粮油食品局直属单位的百名经济合同管理人员进行集中培训。同年出台《安徽省粮食部门经济合同管理暂行办法》，规范粮食部门合同管理行为。并组织参加全省“重合同，守信用”企业考评工作，全省37家粮食企业荣获1993-1994年度“省级重合同、守信用企业”称号。2002年，省粮食局会同省工商局制定印发《粮食订单合同示范文本》，依法规范粮食订单合同当事人的权利与义务，从法律上增强合同的权威性，提高履约率。

企业法律顾问制度 按照商业部关于推行商业法律顾问制度的部署和要求，省粮油食品局以点带面，指导各地粮食部门建立企业法律顾问制度。制定《企业合同管理制度》和《合同管理员岗位责任制》，实行“法定代表人证明书”和“签订经济合同授权证书”的“两证”制度，对签订的经济合同实行统一管理，层层把关，防范合同风险。1992年，省饲料公司在省局直单位率先聘用企业法律顾问，及时为公司处理各项法律事务，规范了企业经营管理，起到了法律保障作用。2002年，省粮食局聘请两名律师为常年法律顾问，在参与重要事项决策、起草重要合同文本、处理重大经济纠纷、依法追回

外部欠款、建立重要工作制度等方面，成为授权处理法律事务的重要参谋和助手。

粮食执法队伍　根据商业部颁发的《商业部门执法检查工作暂行规定》，1990年，省粮油食品局开始实施粮食商业执法检查工作。1991年1月，公布首批兼职执法检查员名单，颁发商业部统一印制的“商业执法检查证”，在全省粮食部门建立60人的执法检查员队伍。其中省粮油食品局机关14人，地市县粮食局40人。兼职执法检查员主要履行宣传贯彻国家法律法规、依法开展执法检查工作、纠正和查处所属企事业单位的违法行为、协助审查本部门规范性文件的合法性等职责。1998年，省粮食局会同省政府法制办在合肥先后举办7期全省粮食行政执法人员资格认证培训班，共有710人获得粮食行政执法资格。此后又连续两年举办6期粮食行政执法人员资格认证培训班，至2000年年底，全省共建立1475人的粮食行政执法队伍。2003年，省粮食局在全省粮食部门聘任40名特邀执法监察员，协助开展粮食行政执法监察工作。2007年年底，安徽省粮食行政管理机关获粮食监督检查证847人。

粮食执法责任制　1998年12月，根据省政府《关于推行行政执法责任制的通知》，省粮食局成立推行行政执法责任制领导小组，领导小组下设办公室，与监察室（法制办）合署办公，出台《安徽省粮食局推行行政执法责任制实施方案》，确定粮食部门行政执法目标和责任，并逐一分解落实到有关责任处室。1999年1月，省粮食局主要负责人与各地市粮食局局长签订“安徽省粮食行政执法责任书”，建立考核机制。2000年，省粮食局采取文件发布、网络公布、编印宣传册、制作宣传栏等多种形式，带头在全省粮食部门推行行政执法公开办事制度，即公开粮食行政执法依据和法定职权、公开粮食行政管理部门行政执法机构、公开粮食行政执法程序和办事期限、公开举报投诉方式、公开粮食行政执法人员名单等，接受社会监督。2002年，省粮食局把粮食行政执法责任制工作并入全省市级粮食行政机关政风考评内容。同时，根据省委办公厅、省政府办公厅《关于做好有关文件和政府规章清理工作的通知》部署，省粮食局在明确清理范围、清理原则、职责分工和清理要求的基础上，组织各处室对1979年元月以来省粮食局发布或会同有关部门共同发布的规范性文件进行了全面清理，共废止文件276件。2004年2月，利用《安徽粮食政务网》，设置固定栏目公开粮食行政执法信息，全面实行粮食行政执法公开办事制度，不断完善粮食行政执法监督制度。同年9月，省粮食局印发《关于建立粮食行政执法案卷评查制度的通知》，指导使用54种粮食行政执法格式文书，要求按照“一案一卷”建立健全执法案卷，定期开展执法案卷评查活动，实行执法案卷材料公开查询制度。2005年2月，省粮食局法制办公室被省政府法制办公室评为“2003—2004年度全省政府法制工作先进单位”。

第三节　粮食行政许可与监督检查

粮食商业执法检查　2001年4月以前，省粮食局既开展粮食行政执法检查，也开展粮食执法监察工作。1990 年 8 月和 11 月，省粮油食品局组成 5 个检查组，到阜阳、六安等 8 个地市和 17 个县粮油食品局及所属的 51 个基层单位，对救灾粮供应与管理政策落实情况进行执法检查，及时纠正了在救灾粮发放、供应、管理工作中的违法行为，维护粮食工作纪律，保证防汛救灾保粮工作的顺利进行。1992 年，省粮油食品局在全省粮食系统组织开展 5 次执法检查活动，对贯彻《企业法》、落实救灾粮供应和粮油调价政策等情况进行执法检查；同时配合省监察厅对落实企业自主权和农产品资金到位情况进行了检查。

1994 年，省粮油食品局在全省粮食部门开展《统计法》执法检查，同时对内贸部督办的肥东县白龙粮站油菜籽掺杂使假案进行立案查处。1995 年，开展利用外资工作、国家专储粮管理、定购粮管理、粮油收购纪律、粮食部门“两条线”运行情况的执法检查。

1998 年起，省粮食局在全省粮食部门开展粮改专项执法检查，对敞开收购、顺价销售、资金封闭运行和粮食企业改革等情况逐项进行检查。同时派员对肥东、天长、淮南、凤台、南陵、霍邱等地违反粮改政策的问题进行重点督查。2000 年，会同省监察厅、财政厅、工商局等 8 部门，采取明察暗访方式，联合开展为期 7 个月的粮改执法检查，有力地保证 “三项政策一项改革”（按保护价敞开收购农民余粮，粮食顺价销售制度，粮食收购资金封闭运行；推进国有粮食企业改革）的贯彻落实。

2003 年 5 月，在防治“非典”时期，省粮食局印发《关于进一步加强粮食行政执法工作，依法维护粮食流通秩序的通知》，要求各地严格履行行政执法职责，加强对国家粮食购销政策执行情况的监督检查，督促国有粮食购销企业带头执行政策，决不允许哄抬粮价，谋取非法暴利；决不允许垄断粮源，囤积居奇；决不允许以次充好，损害消费者利益；决不允许违反政令，有粮不调，保证粮食供应正常，粮食市场基本稳定。同年 9 月，省粮食局会同省农发行，派员对凤台县 18 个国有粮食购销企业截留老粮销售款、部分企业虚报和擅自降价处理受灾粮、一些企业挤占挪用销粮款支付企业改革成本、少数企业虚列销售和虚减库存等问题进行严肃查处，累计清欠回笼资金 9006.3 万元（含正常销售老粮资金和出售受灾粮资金），加上原压库回笼资金，共计 12154.7 万元，资金回笼率达 93% 以上。责成凤台县粮食局主要负责人向县委、县政府作出深刻检查，有 2 个企业负责人受到就地免职处理，4 个企业负责人受到行政记过处分。

粮食行政许可 国务院颁布《粮食收购条例》后，2001 年 11 月，省粮食局会商省工商局出台《安徽省粮食收购许可管理暂行办法》。规定在本省行政区域内从事粮食收购活动的粮食经营单位和个体工商户，应当向粮食收购活动所在地粮食行政管理部门申请领取粮食收购许可证。同时，省粮食局统一印制“粮食收购许可证”，规范申办程序、流程图、安徽省粮食收购资格申请表、“粮食收购许可证”式样和地区代码。《安徽省粮食收购许可管理暂行办法》自 2002 年 1 月 1 日起施行。

2004 年 9 月 2 日，省政府颁布《安徽省粮食收购资格管理办法》。9 月 15 日，省粮食局发布《关于在全省实行粮食收购许可管理制度的通告》，全省粮食收购许可管理制度正式实施。同时将“粮食收购许可证”申办程序流程图、安徽省粮食收购资格申请表、“粮食收购许可证”式样和地区编码印发各地，明确许可范围、申请条件、申报材料、申请要求、审查程序、保持粮食库存量等义务规定、许可费用、社会监督等，在安徽粮食政务网上公布，明确不收取任何费用，同时受理举报，以规范粮食收购资格前置审批和收购许可证的发放工作。部分市县在行政服务中心设立办证专用窗口，采取“一站式”服务。

2005年以后，省粮食局每年组织对粮食收购许可证年度审核，实行“谁发证、谁审核、谁负责”的办法。截至2008年年底，安徽省累计办证8083份，其中：国有及国有控股企业1430家，占18%；私营企业1144家，占14%；个体经营户5509家，占68%。

2006年4月30日，省政府办公厅印发《关于公布省有关部门和机构行政审批项目清理结果的通知》，明确省粮食局保留3项行政许可，即粮食收购资格许可、陈化粮购买资格许可、军粮供应站资格和军粮供应委托代理资格认定。同年11月5日，省政府法制办公布《安徽省粮食局行政执法依据》，再次确认省粮食局该3项行政许可事项，其法律依据分别为《粮食流通管理条例》第9条和第19条、《国务院对确需保留的行政审批项目设定行政许可的决定》第440项。

2007年，国家决定建立全国粮食收购资格信息共享机制，省粮食局在安徽粮食政务网上公布。

依法监督检查　2004年，《粮食流通管理条例》颁布，省粮食局把全省粮食流通监督检查机构和队伍建设作为一项重点工作。从2005年，淮北市局率先成立监督检查科，到2008年8月25日，全省17个市、77县（市、区）粮食局全部设置监督检查机构，部分市、县（市、区）粮食局还成立粮食行政执法大队（支队）。省、市、县三级粮食流通监督检查行政执法体系形成。

2005年6月17日，省粮食局举办全省第一期粮食流通监督检查行政执法培训班，截至2008年9月9日，先后举办6期全省粮食流通监督检查行政执法培训班，经考核全省有980人获得国家粮食局监制的粮食监督检查证。

2005年9月15日，省粮食局制定《安徽省粮食流通监督检查人员行为规范》，2006年省粮食局先后制定《安徽省粮食流通监督检查信用分级监管办法（试行）》《安徽省粮食流通监督检查重大行政处罚备案审查办法》。

粮食清仓查库　2001年1月26日，国务院办公厅下发《关于开展全国粮食清仓查库工作的通知》（简称《通知》）。2月19日，省政府成立以分管副省长为组长，省粮食局、省财政厅等九个部门参加的粮食清仓查库工作领导小组。并于2月29日，安徽省政府办公厅转发该《通知》。省清查领导小组先后召开三次会议，研究制定全省粮食清查工作试点及全面实施方案，部署全省清仓查库工作。先后下发7份文件，印制《工作手册》2000余份。各市、县政府也都迅速成立相应的领导小组及办事机构，协调解决本辖区清查工作中的重大问题。2月下旬，省政府在全椒县开展清仓查库试点工作，效果较好，取得了经验。3 月 27 日，省政府召开由各市常务副市长、分管副市长，各县县长、分管副县长和有关部门负责人参加的电视电话会议，省政府常务副省长和分管副省长作了讲话，提出“严肃认真，实事求是，严肃清查纪律”的约法三章，要求各地把思想真正统一到中央精神上来，以对党、国家、对人民高度负责的态度，扎扎实实地把清仓查库各项任务落到实处。

这次粮食清仓查库是新中国成立以来规模最大、涉及面最广、要求最严的一次粮食库存清查工作。与以往相比，有四个明显特点：（1）由过去粮食部门组织的自下而上清查，变为由政府组织的自上而下清查。（2）由过去的各级粮食部门自查，变为由九个部门联合清查，地区之间还要进行交叉互查。（3）在方法上由过去实物丈量，变为实物丈量和检斤过秤相结合。(4) 由过去只查数量，变为数量、质量一并清查。主要任务是：查清国有粮食部门所有粮库、粮站、转运站、外租仓现存粮食（包括中央储备粮、地方储备粮和商品周转粮）的入库时间、数量、品种、质量情况，核清陈化粮、超期储存粮的数量，以及中央储备粮承储库点分布情况、粮食购销企业人员状况。为保质保量完成这次粮食清仓查库任务，必须坚持自上而下、上下结合、交叉互查、重点复查、明确责任的原则，确保不走过场。切实做到“有仓必到、有粮必查、查必彻底、确保准确”。

全国清仓查库的统计时点为 3 月 31 日 24 时。4 月 1 日开始，安徽省清仓查库工作同时全面展开，4 月 15 日前完成复查，4 月 25 日前各市上报结果。经费原则上由市、县（区）政府专项列支，省财政补贴。全省层层举办培训班 84 期，培训清查业务骨干 5383 人次；省清查办还对省联合清查组全体成员和各市清查办公室业务骨干进行了两次强化培训。

按照清仓查库工作实施方案，安徽省抽调业务骨干 1781 人，组成 401 个联合清查工作组，其中从省直 11 个部门抽调 48 人组成 16 个省级联合清查工作组。全省清查了 3876 个站点。从清查报表汇总情况看：3 月底全省粮食统计账面总库存为 1189.47 万吨（不含中央直属储备库和国代民储粮食库存），清查实物库存为 1179.49 万吨，差率 –0.85%。总体情况是：安徽省库存粮食账实基本相符，统计数据基本准确，粮食质量大部分完好，科学保粮成效显著。安徽省清仓查库工作得到了中央赴皖检查指导组的充分肯定。通过清仓查库，也暴露出存在的问题和薄弱环节。如部分地方存在账实不符、少数基层站库管理不规范、不少粮食企业仓容紧张、仓储条件差等。

在清查过程中，各级清查办、清查组对群众举报高度重视，严肃对待。省清查办接到温家宝副总理在国家信访局《群众反映》第 53 期的重要批示后，立即转发到各市、县清查办和省、市清查组。省清查办对与清仓查库相关的举报及时转到有关联合清查组，要求认真查处，做到一案一查，一案一报。同时，省清查办还抽调力量，积极配合中央检查指导组调查核实寿县、怀远群众举报的问题。清查期间，省清查办共接到群众电话及信函举报 15 件次，均已查结。各地对涉及人员视情节和性质的不同，给予党纪、政纪处分。

在清查过程中,省、市、县(区)政府、清查领导小组负责人经常深入清查一线慰问、指导、协调工作。4月4日,省委常委、纪委书记杨多良、分管副省长(王怀忠)等省领导分别深入芜湖、巢湖市清仓查库现场检查指导,有力推动了清查工作。省清查办编发简报12期,下发6份明传电报,及时解答,规范操作。

2002年3月26日,省粮食清仓查库领导小组授予省粮食局、省财政厅等15个单位为“全省粮食清仓查库工作先进集体”,授予张海龙等110人为“全省粮食清仓查库工作先进个人”称号,并通报表彰和奖励。

粮食库存检查　2005年4至5月,省粮食局会同省财政厅、省农发行、中储粮安徽分公司组织开展国有粮食购销企业粮食库存、重点非国有粮食企业执行国家粮食统计制度情况检查,以及中央储备粮代储资格现场核查工作。检查结果表明,全省粮食库存账实基本相符,粮食质量较好,储粮绝大多数采用“双低”保管,基本处于安全状态,仓储管理较为规范。2006年、2007年8至10月,省粮食局按照“有仓必到、有粮必查、查必彻底”的原则,对全省粮食库存开展全面的自查、复查、抽查。从检查情况看,全省粮食库存账实基本相符,粮食质量良好,绝大多数粮食采用“双低”保管,储粮基本处于安全状态,仓储管理较为规范。

2008年3至5月,省粮食局重点组织核查全省各种性质的粮食是否账实相符、账账相符、账卡相符。经过县级自查、市级复查和省级抽查,全省粮食库存账实基本相符,仓库粮温正常,绝大多数库内无虫,未发现严重虫粮、高水分粮,绝大部分站库能够认真履行各项仓储管理制度,粮食质量总体良好,储粮基本处于安全状态。

粮食收购资格检查　2005年8至10月,省粮食局组织开展全省粮食收购资格专项监督检查。对直接从事粮食收购的各类所有制企业、设点收购的个体工商户(不包括农村经纪人)和其他经济组织粮食收购资格的相关情况进行了全面检查。全省共发放收购许可证7353户,检查5215户次,对违规行为情节较轻的1158户次进行责令纠正;对违反粮食流通法律、法规情节较重的,按规定给予行政处罚:其中警告272户次,罚款2000元;对检查中发现的不属于粮食行政管理部门管辖范围的24起案件,及时移交其他部门处理,并协助其没收非法收购的粮食193吨。

2006年度,全省检查13520户次,对各类违规行为责令纠正1221户次,警告374户次,罚款6500元,暂停收购资格20户,取消收购资格11户,移交其他部门处理案件11件,协助没收非法收购的粮食124吨。

2007年度,检查17618户次,对各类违规行为责令纠正1162户次,警告304户次,罚款2200元,暂停收购资格11户,取消收购资格1户,移交其他部门处理案件19件,协助没收非法收购的粮食4万斤,注销许可174户。

2008年度,检查13814户次,对各类违规行为责令纠正1321户次,警告362户次,罚款2万元,移交其他部门处理案件14件,协助没收非法收购的粮食600吨,注销许可2644户。

托市收购情况检查 从2006年6月开始，每年省粮食局、省物价局均联合组织开展全省执行小麦最低收购价政策情况专项监督检查。主要采取：县粮食局对辖区内所有粮食收购者进行检查。市粮食局对所属县、市、区，省局对市、县检查情况进行巡查和重点抽查。2008年6月至2009年1月，省粮食局、省物价局联合开展对承担最低收购价小麦、稻谷收购、储存任务的库点（包括延伸收购点），以及其他粮食经营者执行最低收购价政策情况、最低收购价粮食储存及管理情况检查。重点检查接受委托执行最低收购价政策的收储企业、收储库点及其延伸收购点是否按照国家规定的最低收购价收购，是否在显著位置公示收购价格、质量标准和国家规定的扣价扣量办法等。

政策性粮食出库检查 2008年5月至12月，省粮食局组织开展最低收购价粮食竞价销售出库专项检查。针对“出库难”问题，2008年6月，省粮食局印发《关于严肃最低收购价粮食出库工作纪律的紧急通知》。2006年度全省共查处22起涉粮案件。主要是利辛县孙集粮食购销公司违反小麦最低收购价政策；凤阳县小溪河粮站违反国家粮食收购政策，勾结个体粮贩，抬高粮贩小麦价格，降低农民粮价问题；怀远县荆芡粮站柳沟分站未及时收购农民粮食；怀远县万福粮站违反最低收购价政策等问题。对查实案件的有关责任人依照相关规定进行了处理。

2007年、2008年度全省共受理各类涉粮案件分别是18起和27起。

2005年至2008年，省粮食局连续4年被国家粮食局评为“全国粮食流通监督检查工作先进单位”。《繁昌县粮食监督分级监管办法》被写入2006年《中国粮食年鉴》。

第四节 行业文明建设

解放思想大讨论 1988年，省粮油食品局党组在全省粮食系统开展生产力标准讨论，通过讨论，加深干部职工对生产力标准的认识，分析省情，提出管好用好粮食的办法和措施。1997年，开展“解放思想、振兴粮食”的大讨论。2002年组织局机关及直属单位开展“解放思想”大讨论，分析加入WTO后安徽粮食工作面临着七个不适应，提出“摒弃”束缚手脚的十个旧的思维方式和需要“树立”的十个新观念，明确进一步做好粮食工作的方向。2008年，在全省粮食系统开展新一轮解放思想大讨论活动，从省局机关做起，从局党组做起，并集中一个多月的时间，以各基层党组织为单位，通过学习提高、开展讨论和查摆问题、提出整改意见三个阶段进行。

政治思想建设 省粮食局历来重视加强全系统政治理论学习，注重以重大节日和纪念日为契机，通过开展各种形式的纪念活动，加强干部职工政治思想建设。1991年，省粮食局组织开展建党70周年纪念活动，举办新党员入党宣誓和“坚信党的领导，坚定社会主义信念”为主题的演讲比赛。1993年，开展纪念毛泽东诞辰100周年活动。1995年，开展纪念世界反法西斯战争和中国抗日战争胜利50周年活动，省粮食局组队参加省直机关歌咏比赛，获得第三名，省长回良玉与演唱人员合影留念。1997年，开展

“迎港归”系列活动。1998年，举办“改革开放二十年”演讲比赛。1999年，为纪念国庆50周年和庆祝澳门回归，分别举行了知识竞赛和文艺演出等庆祝活动。2001年，组织纪念建党80周年系列活动，举办“党在我心中”演唱会。2005年，组织纪念抗战胜利60周年活动，举办知识竞赛。2007年，举办“喜迎十七大，落实科学发展观”演讲比赛。2008年，组织开展纪念改革开放30周年和喜迎奥运会活动。

对口帮扶　1985年，省粮油食品局牵头帮扶临泉县发展。1994年至1995年，省粮食局投资47万元，在临泉县建设一所张营金谷希望小学。同时投资10万元，并向省希望工程争取10万元，建设一所谢集希望小学；2003年省粮食局牵头在临泉县召开省直7个单位对口帮扶工作现场会，两次组织对口帮扶单位向临泉县灾民捐款20.10万元，捐赠衣被4525件、面粉3.8万斤，其中省粮食局捐款6万元、衣被1727件、面粉2万斤；同时，开展生产救灾对口支援工作，向临泉县陶老乡捐款10万元，购买优质麦种，帮助1200多户灾民种植9000亩优质小麦。2004年，省粮食局组织省直七个对口帮扶单位到临泉县进行慰问，捐款14.80万元。2006年，省粮食局牵头组织在临泉县落实两个帮扶项目，投资41万元。牵头帮扶期间，省粮食局先后下派两位处级干部到临泉县挂职任副县长。

1998年，省里确定由省粮食局负责对口帮扶肥东元疃镇，先后选派6名干部到元疃镇挂职任副镇长。1999年，省粮食局出资30万元，在元疃镇兴建一座养猪场。2004年，出资7万元，帮助修筑一条村级公路。2005年，购买200吨石子，组织机关干部帮助元疃镇马皇村村级公路进行平整养护。

2006年，省里确定临泉县杨桥镇和单桥镇房庄村为省粮食局帮扶示范村镇。到2008年3年间，省粮食局领导共11次带队前往示范村镇进行调研指导；向示范村捐赠修路款17万元，捐赠科学储粮仓850套；向示范镇捐赠建厕款18万元，配送科学储粮仓3069套。

支援灾区和贫困地区　1991年，安徽发生特大洪涝灾害，省粮油食品局机关四次组织捐赠活动，捐款10.54万元，捐献粮票9500公斤、衣物4400件。1994年，省粮油食品局分别组织向抗旱救灾、“希望工程”和贫困地区捐赠活动，其中向抗旱捐款7.4万元，向“希望工程”捐款1.1万元，向贫困地区捐赠衣被1903件。1997年，省粮食局发动干部职工先后5次向特困企业职工、贫困县和患病学生进行捐款，共捐款21.82万元，其中向合肥粮校患白血病学生捐款9.7万元。2001年，根据省政府关于建立机关领导干部和工作人员联系困难户制度要求，经与临泉、太和两县民政部门协商，确定省粮食局40名公务员与两县44个困难户建立结对帮扶关系，并从此坚持每年春节前组织机关干部赴两县看望慰问结对帮扶困难户，为每位困难户送慰问金300元。2002–2007年，省粮食局机关干部职工先后向灾区群众捐款40多万元。

2008年5月，省粮食局承担省政府向四川汶川地震灾区捐赠大米1万吨，第一时间保质保量完成。同时积极组织机关干部捐款捐物活动，共捐款33.24万元，新棉被

330床；组织党员交纳“特殊党费”10.43万元。

文明单位创建 1997年、1998年、1999年，省粮食局在机关和直属单位中开展以优质服务、优良作风、优美环境为内容的“创三优，做人民优秀公仆”活动。连续三届获“省三优文明单位”称号。2001年，针对机关出现的一些问题，省粮食局开展加强机关作风建设学习教育活动，学习教育活动分集中学习、查摆问题和总结整改三个阶段，历时半个月时间，重塑省粮食局的社会形象。2002年，省粮食局制定了《创“三优”文明机关工作意见》。自2004年到2008年，省粮食局连续三届获得省直机关“文明单位”称号。同时，申报安徽省文明单位成功。

2000年，省粮食局在全省粮食系统开展“满意在粮站”活动，灵璧县第二购销公司尹集分公司等102个粮站获“满意粮站”称号。

2002年，省粮食局授予灵璧县杨疃粮站、界首市陶庙粮站、全椒县武岗粮站、六安市裕安区陵波粮油分站、无为县开城粮油分站、怀宁县中心粮站、固镇县瓦疃乡粮站、合肥市包河区义城粮站、淮南市潘集区夹沟粮站、旌德县庙首粮站等十个粮站为2001年度全省“满意在粮站”“十佳单位”称号。

2003年，省粮食局授予巢湖市无为县开城分站、合肥市包河区义城粮站、淮北市濉溪县双堆粮站、亳州市蒙城县永兴粮贸公司、阜阳市颍州区省级储备库、淮南市凤台县丁集粮油购销公司、滁州市全椒县武岗粮站、六安市霍邱县河口粮油收储站、安庆市桐城县青草中心站等十个粮站为2002年度全省创建“人民满意粮站”十佳单位称号。

2005-2008年，全省粮食系统有19个单位被授予国家和省级“青年文明号”。

第五节 廉政建设与反腐败

1986年2月，《安徽日报》在头版登载《我省粮食系统查处一批经济犯罪案件》的报道，引起省及各地粮食部门的高度重视。省粮油食品局在全省粮食系统组织开展“刹歪风、正党风、促商风”活动，指导各地粮食部门认真总结经验教训，剖析案发原因，采取坚决有力的措施，坚持惩防并举，强化监督检查，有效遏制经济违法犯罪活动蔓延的势头。各类经济违法案件连续三年出现大幅度下降，累计发案数只有654件，同比下降59.97%。

1987年10月，省粮油食品局转发商业部《关于粮食部门严重经济犯罪活动和违法乱纪活动情况的通报》，强调要充分认识打击经济犯罪、查处违纪案件的长期性和艰巨性，注意研究在深入改革过程中经济犯罪出现的新情况、新特点，发现问题要及时查处，以确保粮食部门各项改革的健康发展。

1989年6月，最高人民法院、最高人民检察院和监察部发布两个“通告”。在“通告”限期内安徽省粮食系统有207名违法违纪人员向当地粮食部门和监察、司法机关投案自首，坦白交代金额150多万元。据1991年年底统计，1988-1990年，全省粮食系统共查办各类经济违法犯罪案件999件,涉案金额752万元,粮油(票)168万公斤;处理粮食干部和职工1098人(其中党纪政纪处理548人,法纪处理449人,组织处理101人)。通过在粮食部门深入开展打击经济违法犯罪活动,广大粮食干部职工增强了法纪意识和政策观念,国家粮食购销政策得以顺利贯彻执行,特别是针对涉粮腐败案件暴露出来的问题,各地粮食部门通过建章立制、改善管理、加强监督、深化改革,促进了粮食行业风气的好转。

2000—2003年,全省各地粮食纪检监察机构年均查办违法违纪案件100件左右,全省检察机关年均立案侦查涉粮职务犯罪案件30多件。2004-2005年检察机关共立案203件137人。省粮食局党组痛定思痛,以黄山国有粮食企业腐败窝案典型案例为教训,在全省粮食部门持续开展"反违规、反造假、反腐败"活动、开展粮食商业贿赂行为专项治理和粮食企业财务资金大检查活动,涉粮职务犯罪案件连续3年出现大幅度下降,年均发案数不足41件, 2007年和2008年分别为30件和28件。

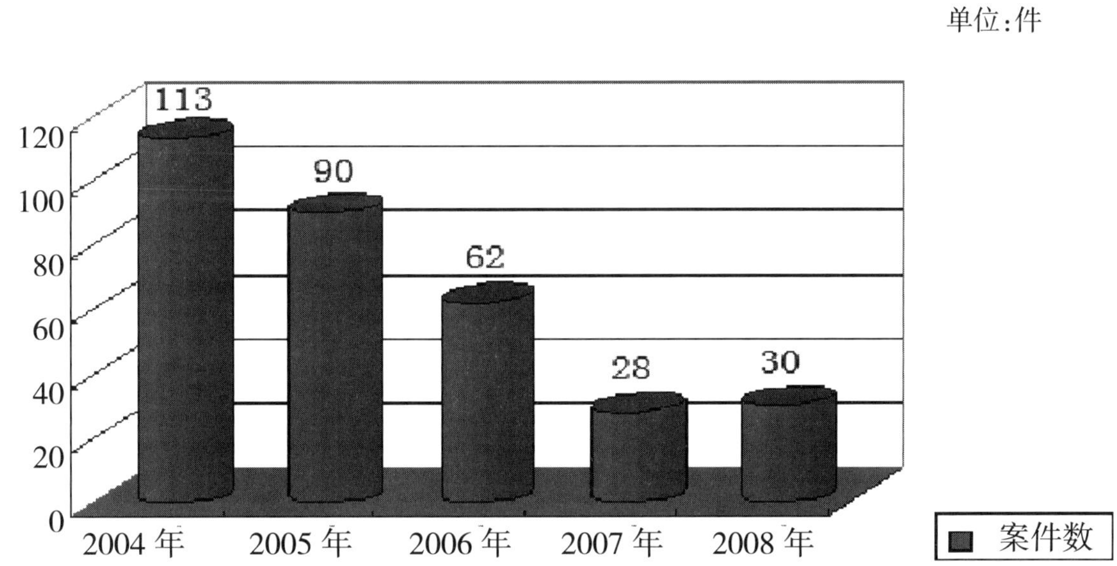

图1-5-1　2004-2008年安徽省涉粮贪污受贿图

粮食行业廉政文化建设　2004年2月,《安徽粮食政务网》开办《廉政之窗》。2005年10月,由省纪委、省监察厅驻省粮食局纪检组监察室主办创刊《安徽粮食纪检监察简报》,推进粮食部门廉政教育、加强廉政文化建设等方面发挥了舆论宣传作用。2005年12月,省粮食局首次举行局直机关廉政歌曲演唱活动,唱响《八个坚持、八个反对》《公仆赞》《一身正气走天下》《党的宗旨永不忘》等廉政歌曲,让廉政意识深入人心,廉洁自律成为从政规范。开展问卷评廉。2006年12月,驻省粮食局纪检组面向全省市县粮食行政机关工作人员,首次开展了"廉政与作风建设"问卷调查活动,回收有效问卷628份。统计结果显示，基层粮食机关工作人员对省粮食局机关廉政与作风建设的满意度指数为90.32点（最高点为93点，≥85点为“满意”等次）。此后连续开展此项调查工作。2008年10月，省粮食局出台《安徽省粮食流通领域惩治和预防腐败体系建设实施意见》，明确提出组织开展廉政文化进机关、进站库、进学校、进网站活动，在全省粮食系统营造廉洁从政、廉洁从业的良好氛围。

经营管理环节预防腐败 1986—1999年，针对粮食收购环节私开假凭证贪污案件易发多发的问题，省粮食局推行“五员（验质、计量、开票、复核、付款）收购一条龙”工作法，针对少数人员在粮食经营活动中暗中收受回扣等问题，指导各地粮食部门严格粮食经济合同管理，建立企业合同档案和管理台账，实行合同签订与合同管理“双岗分立”，并加强财务监管，杜绝 “阴阳”合同，控制了廉政风险。针对少数基层粮食站（库）“一把手”擅自决定粮食销售价格、从中谋取私利的问题，结合推行站务公开，完善粮食销售价格集体决策制度，严禁“一把手”非经授权，擅自签订粮食购销合同。针对少数地方基层粮食企业管理比较薄弱、贪污受贿等案件频频发生的情况，推广部分地方检察院在粮食部门建立派驻检察室的做法，有效预防和打击了涉粮职务犯罪活动。

预防腐败与粮食购销市场化改革 2003年5月，省粮食局印发《关于严明粮食工作纪律，确保粮食购销市场化改革顺利进行的通知》，严明粮食购销市场化改革工作10条纪律；7月10日下发《关于规范老粮销售行为，严明销售纪律的通知》，有针对性地提出老粮销售“八不准”纪律要求。对违反政策和纪律规定处理老粮，造成国有资产流失的，追究单位有关领导和责任人的责任，触犯刑律的移送司法机关依法处理。

发挥派驻纪检机构职能 2005年12月，省粮食局党组认真贯彻落实派驻纪检监察机构实行统一管理的规定，形成“四个自觉一视同”。即党组和行政领导班子要自觉接受监督，自觉搞好配合，自觉搞好服务，自觉抓好反腐倡廉工作；对驻局纪检组监察室部署的工作，局直机关各单位要视同省纪委省监察厅部署的工作认真抓好贯彻落实的共识。2006年5月，党组和驻局纪检组联合制定《关于落实派驻纪检监察机构统一管理工作的实施意见》，明确党组抓好反腐倡廉建设的主体责任和驻局纪检组监察室的六项工作职责。同年6月，印发《安徽省粮食局2006—2007年惩防腐败体系建设重点工作安排意见》。2008年，省粮食局以全省反腐倡廉制度建设推进年活动为契机，通过“立、改、废”，进一步完善了与反腐倡廉建设相关的各项制度。据12月底统计，全省各级粮食部门共建立反腐倡廉制度1800多件，其中省粮食局制定23件，内容涉及党风廉政建设、惩防腐败体系建设、政风行风建设、作风与效能建设、治理商业贿赂、推进依法行政、政务公开、服务承诺、行政问责、大宗物品采购、粮食财务管理、纪检监察工作等诸多方面，在预防腐败中发挥着制度保证作用。驻局纪检组监察室按照“加强监督是本职、疏于监督是失职、不善于监督是不称职”的要求，强化党内监督和行政监察，采取切实可行的措施，防止决策失误、权力失控、行为失范、干部失足，促进全省粮食系统党风廉政建设和反腐败工作。

第二篇　粮油购销

改革开放以来,中国粮食生产有了很大发展,粮食供需呈现总量基本平衡、丰年有余的格局。中国又是个自然灾害频发的国家,粮食丰歉都会在市场上有反映,造成市场的波动,影响社会经济的稳定。1985 年前国家实行粮油统购统销政策。从 1985 年国务院决定取消粮食统购,实行合同定购,到 1990 年秋将合同定购改为国家定购;从 1997 年实行按保护价敞开收购农民余粮政策,到 2004 年中央出台一系列惠农强农政策,稳定发展粮食生产;从 2005 年首次决定在包括安徽在内 6 个粮食主产省实行稻谷最低收购价政策,到 2006 年实行小麦最低收购价政策, 2008 年开始对部分品种粮食实行临时收储政策。粮食购销政策随着改革开放的深入和经济的发展,不断进行变化和调整。实行统购是解决粮食少的问题,取消统购,实行合同定购,是解决粮食平衡问题。多年来,国家围绕粮食"多了少了",不断推进和深化粮食流通体制改革,其核心就是更大限度地发挥市场机制的调节作用,充分调动和保护种粮农民的积极性,稳定发展粮食生产,进一步完善粮食宏观调控体系,实现粮食供需总体基本平衡,确保国家粮食安全。安徽作为全国粮食主产区,严格按照国家粮食流通政策改革而改革,为促进农民增收,保障市场价格稳定,保障粮食安全发挥积极作用。

第一章　粮食购销

1985—1992 年，境内实行计划收购为主、市场调节为辅的政策，国有粮食企业没有完成定购任务前，不允许其他企业和个人收购。1987 年收购实行“双轨”制，即定购一块，议购一块。1988 年，外省到皖购买粮食，要经过省级粮食主管部门批准。1993 年，粮食购销价格和市场逐步放开。1997 年，国家实行按保护价敞开收购农民余粮政策。2003 年，安徽在全国粮食主产区率先实行粮食购销市场化改革。2005 年以后，国家在包括安徽在内的部分粮食主产省实行稻谷、小麦最低价收购政策和临时收储政策。

第一节　粮食收购

政策性收购

合同定购　1985 年，中共中央、国务院发布《关于进一步活跃农村经济的十项政策》，对粮食政策作了重大调整，从 1985 年 4 月 1 日起，取消粮食统购，实行合同定购。定购品种为稻谷、小麦、玉米和主产区大豆，其他品种农民可以自由购销，实行多渠道经营。如果市场价低于原统购价，国家按原统购价敞开收购。当年，中央核定安徽省粮食定购计划贸易粮 490 万吨（折原粮 595 万吨）。为贯彻落实这项政策，安徽省人民政府下发了《关于认真做好粮油合同定购任务的通知》。全省抽调大批干部深入农村，宣传政策，落实任务，签订定购合同。在落实合同定购时，城市郊区不安排定购，贫困地区少安排定购。方法是自上而下安排定购数量，协商到户，张榜公布，再自下而上报落实数，经县审定后，由基层粮站直接与生产单位或农户签订合同。经过三个月的努力，全省定购工作于 4 月底结束。当年全省共与 835.8 万户农民签订定购合同，占农户总数的 85.4%。全省 74 个县（市）有 72 个县安排定购任务 491.85 万吨（折原粮 600.15 万吨），其中，小麦 210.3 万吨，稻谷 364.6 万吨，玉米 15.9 万吨，大豆 10 万吨，绿豆 0.25 万吨。实际收购定购原粮 492.31 万吨，超额完成定购计划。实行定购的当年，安徽粮食播种面积下降到 6058 万亩，产量下降到 282 亿公斤。这种局面持续了 5 年。

1986 年，国家决定适当减少合同定购任务，扩大市场收购比重。安徽省定购任务（贸易粮）由上年的 490 万吨调减为 350 万吨（折原粮 430 万吨）。同时，每交售 50 公斤原粮供应平价优质化肥 5 公斤，贷款优先考虑。当年收购粮食 381.82 万吨，其中定购原粮完成 375.38 万吨。省政府发贺电表彰完成国家定购任务及国家委托代购任务较好的宿县地区、淮北市粮食局,省粮油食品局通报表扬并分别奖励宿县地区3000元、淮北市1000元。

1987年,合同定购任务实行分级负责包干制。定购任务调减为贸易粮289.5万吨(折合原粮356.5万吨)。国家对合同定购范围内的粮食,实行与化肥、柴油、预购定金挂钩,每50公斤(下同)贸易粮拨付优质标准化肥6斤,小麦、大豆、玉米拨付柴油3斤,稻谷供应平价柴油2斤。上调中央的合同定购粮食,每50公斤贸易粮再拨给优质标准化肥10斤。预购定金,由粮食部门按合同定购粮食价款的20%发放,在农民交粮时扣回,利息由中央财政负担。但由于合同定购价与市场价差价越来越大,收购难度仍然很大。全年实际收购粮食362.01万吨(其中合同定购360.35万吨),占任务的99.54%。

1988年,粮食定购任务在1987年的基础上加2%机动数,为省对地市定购包干指标。同年,收购原粮357.2万吨。其中定购完成356.43万吨。

1989年,定购任务在1987年的基础上加5%的机动数。其中,省掌握2%,地(市)县掌握3%。6月3日,正当小麦开镰收割之际,淮北地区高温并普降中雨,持续下了半个多月,降水量达150~300毫米, 60%以上的小麦发芽、霉变,未发芽的也色泽灰暗且有异味。省政府决定放宽定购小麦收购标准,将芽麦和霉变小麦不完善粒放宽到15%以内。后因按此标准仍然收不到小麦,又将不完善粒放宽到20%以内,收购进度仍然缓慢。随后再次放宽到40%以内,容重不低于710克/升。上报进度时, 20%以内报定购, 20%以上报议购。后省政府决定,不完善粒24.1%~40%,都可以报定购,转议价销售,再用议价销售款购买其他定购品种的粮食补上国家库存。同年,定购粮食实际入库355.1万吨,完成任务的97.6%,比上年多购1.89万吨。

1990年,继续贯彻粮食定购量、奖售办法、奖售标准“三不变”。为保证粮食定购任务的完成,沿淮秋季不保收的地方可以小麦顶抵稻谷定购任务,淮北可以小麦顶玉米,但不能顶大豆。在收购中严格划分定议购界限,农民完成定购以外的粮食,一律作为议价购进,转“专项储备”。这一年,全省平价粮收购365.34万吨,其中定购入库363.3万吨,占任务的99.85%。同年,秋粮收购开始,中央将粮食合同定购改为国家定购,作为农民应尽的义务,必须保证完成。

1991年,小麦成熟、收获期间,遭受了特大的暴雨洪涝灾害,夏粮大幅减产,秋粮收成也不好。当年安徽粮食定购任务由513.34万吨减为363.84万吨,减少159.5万吨。粮食收购实绩191.1万吨,其中定购完成185.85万吨,占任务的51.08%,较上年减少177.45万吨。

1992年,粮食定购任务356.5万吨(原粮),加5%机动数(其中省2%,地、市、县3%,县以下不准加机动数)。每定购50公斤稻谷、小麦、玉米,奖售优质标准化肥10公斤,定购50公斤大豆,奖售优质标准化肥15公斤。当年全省收购粮食314.5万吨,其中定购完成300.62万吨,占任务的84.3%。

1993年,根据国务院《关于加快粮食流通体制改革的通知》精神,省政府决定,从

4月1日起，在全省范围内放开粮食购销价格和市场，实行多渠道经营。全省坚持“保量放价”原则，即原来的定购任务不变，仍由基层粮站和农民签订定购合同，价格原则上随行就市；当市场价格低于原定购价和国家、省规定的保护价时，仍按保护价收购。当年全省粮食部门与1589个乡镇1038.6万户农民签订定购合同，定购粮为356.25万吨（折原粮），定购品种为小麦、稻谷、玉米、大豆。实际落实合同定购粮356.2万吨。其中，小麦117.88万吨，稻谷223.48万吨，玉米7.69万吨，大豆7.15万吨。发放预购定金3.9亿元（含利息），其中，发放现金3.07亿元，代金券3000万元，贴息折定金5300万元（部分地方银行不能及时提供足够的现金改发放代金券）。农民凭代金券可到供销社购买生产资料和生活资料。代金券由供销社和银行结算。当年，全省粮食收购667.74万吨，其中定购完成346万吨，占任务的97.2%

1994年5月9日，国务院发出《关于深化粮食购销体制改革的通知》，强调要确保国家掌握必要粮源，要求粮食部门收购社会商品粮的70%~80%，即9000万吨左右（贸易粮），其中5000万吨为国家下达的任务（含农业税行征实），农民应尽的义务，各级政府要落实到生产单位或农户，确保完成。当年安徽省粮食收购计划为375万吨，其中定购粮（折原粮）356.25万吨。实际收购粮食596万吨，其中定购入库303.5万吨，占任务的85.1%。

1995年，国务院印发《关于深化粮食棉花化肥购销体制改革的通知》，实行“米袋子”省长负责制，规定国家定购粮的粮权属于国家，由省一级政府使用，主要用于当地城镇居民、部队和农村需要救助人口的基本口粮供应。同时强调要加强粮食市场管理，以县为单位，未完成粮食定购任务的，除承担粮食定购任务的国有粮食部门外，其他任何单位和个人不准直接到农村从农民手中收购粮食。当年，省政府下达给地市的定购任务为356.18万吨，落实到户为320.03万吨。实际入库318万吨，其中农业税征实15.3万吨。

1996年，省政府下达粮食收购计划375万吨，其中定购任务357万吨，落实到户为355.79万吨。阜阳、宣城、池州、黄山、淮南、铜陵、淮北等7个地市如数落实省分配的任务；宿县、六安、滁州、合肥、芜湖、马鞍山等6个地市，不仅完成了省分配任务，还增加了机动数。当年省政府出台定购粮与化肥挂钩政策，肥源由省自行解决，挂钩标准为每50公斤原粮奖售8公斤标氮，折尿素4公斤。

保护价收购　1997年，粮食出现暂时供大于求，市场粮价低迷。为保护农民利益，国家出台了按保护价敞开收购农民余粮的政策，定购价与保护价并轨，同时确定玉米、大豆退出定购。在秋粮收购中，省粮食局推广灵璧、泗县、全椒等县《预约售粮卡》办法。该三县在夏粮收获前，粮站职工在乡村干部配合下，逐村逐户登记农户粮食产量、留用量和余粮数量，收购中做到心中有数。同时，把保护价的好处真正给农民，防止农民卖“过头粮”，杜绝小商贩卖粮食。当年全省收购农民余粮954.5　万吨，较上年增加152.7万吨。其中，定购粮348.6万吨，市场粮465.4万吨，国家专项储备粮127.9万吨，地方储备粮12.6万吨。

1998年6月，国务院发布《粮食收购条例》，加强粮食收购管理，规范粮食购销活动。10月，中共十五届三中全会的决议中提出“三项政策、一项改革”，即按保护价敞开收购农民余粮、粮食购销企业顺价销售、粮食购销资金封闭运行，加快国有粮食企业自身改革，确立企业自主经营、自负盈亏的新机制。在粮食收购中，省粮食局要求做到“八坚持、八不准”（坚持预案规定原则，不准违反政策收购；坚持依质论价原则，不准克扣卖粮群众；坚持敞开收购原则，不准拒收限收余粮；坚持资金管理原则，不准挤占挪用粮款；坚持收粮付款原则，不准违规扣缴费用；坚持实事求是原则，不准虚报瞒报数量；坚持责任主体原则，不准霉变短少粮食；坚持以人为本原则，不准推诿刁难粮农），设立“常年磅”和样品台；粮食收购主体实行许可证审批制度。全省收购粮食585.5万吨，其中定购294.9万吨，完成任务的92.1%。

1999年，省政府调减定购任务为224.1万吨。其中，小麦82.3万吨、稻谷141.8万吨。当年全省定购粮收购入库200.9万吨，占任务的89.6%。

2000年，全国粮食丰产，数量上来了，品种质量下降。国家决定调整保护价收购范围，南方早籼稻、江南红小麦和安徽玉米退出保护价收购范围，实行自由购销。当年全省收购粮食675万吨，其中，保护价收购352.2万吨，国家定购187.2万吨。

2002年9月，省政府决定在来安县、天长市进行“粮食直补改革”试点，将国有粮食购销企业按保护价敞开收购农民余粮的间接补贴，调整为对农民直接补贴。2003年，安徽省在全国率先放开粮食市场和粮食购销价格，不再按保护价收购农民余粮，实行随行就市收购。当年部分地区遭受严重自然灾害，粮食产量下降，收购数量减少，全年收购粮食438.8万吨，较上年减少268.9万吨，减少38%。

最低收购价收购　2004年，中央一号文件出台一系列扶持粮食生产、促进农民增收政策措施。5月31日至6月1日，全国粮食流通体制改革工作会议在京召开，决定在全国范围内放开粮食价格和购销市场，对种粮农民实行直接补贴。在稻谷产区江西、湖南、湖北、安徽四省主产区，实行早籼稻最低收购价政策，对收购主体进行指定。当年市场价高于最低收购价，预案没启动。同年，国家取消农业税、对主产区良种、农机实行补贴等措施，激发农民种粮积极性，粮食增产，粮食部门收购增加。当年全省收购粮食650万吨，比上年增加171.2万吨，仅小麦收购一项就使农民增收15亿元。

2005年，国家对稻谷实行最低收购价政策。早籼稻最低收购价收购预案执行时间为7月28日至12月31日。实施范围为江西、湖南、湖北、安徽四省主产区；中晚稻最低收购价收购预案执行时间为9月20日至12月31日，实施区域为吉林、黑龙江、安徽、江西、湖北、湖南、四川等7省。当年安徽省启动早籼稻、中晚稻最低收购价收购执行预案，按最低收购价收购粮食267.5万吨（其中早籼稻21.59万吨，中晚籼稻245.88万吨）。

2006年夏收前，国家发改委等六部门下发《关于印发2006年小麦最低收购价执行预案的通知》，对河北、江苏、安徽、山东、河南、湖北6个省小麦主产区实行最低收购价政策。执行时间为6月1日至9月30日。7月25日，省政府决定在全省启动早籼稻最低收购价预案，委托收储的企业126个，收购库点1446个。9月28日起，启动中晚籼稻最低收购价预案。执行中晚籼稻收购预案的有75个县，367个委托收储企业，1487个收购库点。当年收购政策性粮食654.4万吨。

2007年，小麦、稻谷继续实行最低收购价政策。全省第一批小麦委托收储企业16个，收购库点330个；第二批47个县区，收储企业238个，收储库点579个；收购政策性小麦500万吨。早籼稻因为市场价格高于最低收购价格，预案没启动。

2008年，小麦最低收购价执行预案时间调整为5月21日至9月30日。全省委托收储库点18个，收购库点1777个，收购政策性小麦698万吨。稻谷由于市场价高于最低价，预案没有启动。

2008年11月，为掌握粮源，保护种粮农民利益，国家在稻谷主产区安徽、江西、河南、湖北、湖南、四川等省实行临时收购政策。安徽当年收购稻谷106.8万吨。

国家委托代购　1986年国家为了平衡粮食收支，分配安徽省代购200万吨贸易粮（限定购品种）。代购的粮食价格随行就市，最高不超过原来的超购价。当年代购粮食77.49万吨。

“议转平”　为了平衡国家粮食收支，1986年度在合同定购任务以外，从各地议价收购的粮食中上交国家1850万吨，由国家统一安排使用，即“议转平”。“议转平”的粮食品种，只限于大米、小麦、玉米和主产区调出的大豆。省内安排各地的就地“议转平”粮食指标，主要是解决部分缺粮地区一面调进平价粮，一面又将收购的议价粮向外销售，造成粮食对流的不合理现象，以及弥补1987年出口大米所减少的周转库存。全省“议转平”指标15.7万吨，其中，小麦5万吨，稻谷10.7万吨。中央协调“议转平”计划10.5万吨（其中，议价出口朝鲜大米5万吨）。同年，共收购议购粮食374.71万吨，超过定购收购量。1988年，全省“议转平”粮食63万吨，其中，稻谷46.5万吨，小麦15万吨。

“异地指标划转”　1988年，在保证完成中央和省“议转平”计划以后，仍有多余需要议销的粮油，数量在500吨以上，食油在50吨以上，符合国标，须调整流向，进行议价粮油指标异地划转。1992年，省粮食局为防止粮油迂回、对流、重复装卸等不合理运输，开展了“异地指标划转”和“平、议价粮油互抵”等工作。

市场调节粮　1989年，国务院委托商业部中国粮食贸易公司（简称“中粮贸公司）代购一部分议价粮食调剂市场。经与中粮贸公司商定，第一批在安徽省代购市场调节粮小麦7.5万吨，大米10万吨。粮权属于中央，各地不得擅自动用和划转。

非政策性收购

议价收购　粮油议价收购，从1962年开始，“文化大革命”期间中断，1978年恢复。1985年年底，全省议价经营企业共有职工3116人，独立核算的营业所、门市部262个，自有仓库（容量）12万吨。由于取消粮食统购，实行合同定购，粮油议购数量骤然增加，当年议购粮油及副产品146.1万吨。

1986年，为了平衡国家粮食收支计划，在合同定购以外，各地开展了议价收购，当市场粮价过低时，按比例价下浮10%收购。共收购议价粮食266.14万吨，占全省粮食收购总量的41.07%。

1987年，省对各地粮食部门议价收购的粮食实行分成，省占50%，地（市）占10%，县（市）占40%。同时，实行粮食收购“双轨制”，改革议价经营体制，从省到县平议价粮食统一经营，统一领导，当年议购粮食374.7万吨。

1988年，省政府规定议价粮食的最高限价或最低保护价。全省议价收购粮食384.5万吨，超过定购粮的收购数量。

1989年，全省议价粮收购384.3万吨。

1990年，议价收购粮食223.9万吨。

1991年，国家对议价粮油经营实行指导性计划管理。全省收购粮食225.7万吨。

1992年，安徽取消议购粮油出省审批制度。议价收购粮食335.2万吨。1993年，全省议价收购321.7万吨。

市场粮收购　1995年，全省粮食政策性业务和商业经营性分开，建立两线运行机制，由粮食部门“统一领导，两线运行，明确职责，分别核算”。同时加强对粮食市场管理。粮食集贸市场和县以上批发市场要坚持常年开放。销区粮食批发企业出省采购粮食，只能到县以上粮食批发市场购买，不准直接到产区农村抢购。全年市场粮收购557.1万吨，其中，小麦收购190.5万吨，稻谷306.5万吨，大豆17.4万吨，玉米31.1万吨。

2003年，市场粮价虽然出现较大波动，但全省市场粮仍收购431.1万吨。2005年，粮食行政管理职能转变，由行业管理转变为全社会粮食管理。当年市场粮收购459.4万吨，其中，企事业单位收购301.6万吨，转化企业收购92.7万吨。2006年，收购市场主体增多，除粮食部门外，最大的买主是粮食转化企业。同年，粮食转化企业和其他收购主体收购粮食355.2万吨。2007年，市场价收购粮食279.7万吨。2008年，粮食增产，政策性收购增多，市场粮收购也多于上年，共收购321万吨。

第二节　粮食销售

1985年，粮食销售实行包干办法。城镇粮油供应仍实行分等定量供应，按统销价不变；农村定销，改按实际缺粮情况核定，指标一年一定，实行购销同价供应。1993年，安徽取消粮油平价供应，除军粮外，城乡居民和专项补助粮油等，一律改为按市场价格供应。1994年以后，城乡居民口粮，全面进入“市场销售”时期。2000年之后，由于种种原因，库存粮食出现陈化，对确认的陈化粮，在批发市场公开拍卖销售。2003年，对商品粮库存进行锁定，限定销售价格，分期分批销售。2005年至2008年，粮食销售全部通过安徽粮食交易批发市场公开竞价销售。

城镇粮食销售

非农业人口供应　1985年，全省非农业人口650万人，专业菜农30万人，共销售粮食295.45万吨。其中，非农业销售178.99万吨，定量口粮销售144.87万吨，食品业销售22.76万吨，副食酿造5.86万吨。供应市镇人口的口粮价格，仍按统销价不变。食品、饮食、糕点、副食、酿造用粮和饲料粮，按统销价供应的部分，仍按统销价供应，按议价供应的部分，继续按议价供应。

1986年，对持大量粮、油票购买粮油超过50公斤的，由机关单位证明，经县（市）粮食局批准。压缩定量外粮油补助，除县和县以上召开的百人以上大型会议、离休干部、科技干部、医院住院病员和大夜班生产工人夜餐等五项粮油补助继续保留外，其余的平价粮油补助予以取消。火车、轮船、飞机等旅客餐厅和火车站台用粮（油），从1986年4月1日起，全部改为议价供应。当年非农业销售200.7万吨，其中，定量口粮157万吨，食品业用粮28.9万吨，副食酿造业用粮6.7万吨，事业用粮1.7万吨，非农业饲料用粮2.6万吨，其他用粮3.3万吨。

1987年，省政府办公厅下发《必须严格控制市镇粮食供应人口的增加》通知，将年度指标（除特重灾区口粮、水利补助粮外），下达到地市包干使用。强调副食、酿造用粮，按定量人口（含菜农）每人每月0.75公斤标准用粮。同年年底，全省吃商品粮人口为718.48万人，比1986年增加29.09万人。其中，城镇人口增加6万人，农业人口转吃商品粮人口21.38万人。同年，非农业销售197.6万吨，其中，定量口粮销售154.3万吨，食品业用粮28.4万吨，副食酿造业销售6万吨，事业用粮3.8万吨，非农业饲料1.2万吨，其他用粮销售3.9万吨。

1988年，粮食销售实行三年包干，非农业销售指标按基数（含菜农）每年递增1.5%。农业销售除特大灾害和水利民工所需的粮食外，不再增加指标。全省非农业销售214.4万吨，其中，定量口粮175.9万吨（较上年增加供应销售21.6万吨），食品业用粮24.1万吨，副食酿造业用粮6.6万吨，事业用粮3.5万吨，非农业饲料1.8万吨，其他2.3万吨。当年，全国部分地区出现程度不同的抢购粮油现象，为控制抢购，合肥市从5月25日开始实行城镇居民口粮凭票证限购当月粮办法。

1989年，全省实行凭证凭票限购当月口粮以及米面搭配供应办法。全省非农业销售203.8万吨，其中，定量口粮175.5万吨，食品业用粮销售17.5万吨，副食酿造业用粮5.8万吨，事业用粮销售2万吨，非农业饲料1.5万吨，其他销售1.5万吨。

1990年，全省非农业销售指标按1988年基数递增1.5%。非农业销售192.8万吨，其中，定量口粮销售168.1万吨，食品业用粮14.3万吨，副食酿造业销售6万吨，事业1.7万吨，非农业饲料1.5万吨。

从1991年4月1日起，国家开始压缩平价粮油销售范围:（1）城镇居民定量15公斤以上的（除大学、大专、中学，中专、技校在校学生和部队武警），每人每月压缩1公斤;（2）工种粮和夜餐粮等各项补助粮改为议价供应;（3）酱油、醋等酿造用粮，改为议价供应;(4)奶牛饲料实行凭粮票供应,其他饲料改为议价供应。(5)食品业中糖果、糕点等辅料用粮及冷饮用粮改为议价供应。(6)供应富强粉(特一粉)每公斤加收粮票0.2公斤;(7)工业用油和食品行业用油改为议价供应(工业用油从1月1日实行)。全年非农业销售217.9万吨,其中,定量口粮191.7万吨(较上年增加23.6万吨),事业用粮销售2万吨,行业用粮21.4万吨,其他用粮2.8万吨。同年,因灾粮食包干销售指标有缺口,中央采取"议转平"弥补,全省"议转平"籼稻28.35万吨。

同年,为解决只提高粮食定购价而销售价格不动形成的粮油购销价格倒挂,国务院决定从5月1日起,提高粮食销售价格,同时给城镇职工及赡养人口以补贴,由暗补变明补。1992年4月,国务院决定,再次提高国家粮食定购价,在全国范围内实现粮食购销同价。

1993年4月1日起,取消粮油平价供应,停止使用粮油票证,仅保留居民粮油关系。除军粮外,其他城乡居民粮油和专项补助粮油,一律改为按市场价格供应。居民到粮店买粮,按照市场价格,任意选购。

工商行业用粮　1985年以前,工商行业用粮,包括工业、饮食业、糕点、副食和酿造业用粮等,实行按定额和计划核定粮油供应数量,发给供应证,凭证购买粮油。为了逐步缩小市镇粮食统销范围,国务院决定:从1984年7月1日起,将所有酿酒用粮全部改为议价供应,不再供给平价粮食。从1985年度开始,将酒精、溶剂、制药、浆纱、味精、淀粉等项工业用粮和其他工业产品用粮,全部退出平价供应范围,一律改为议价供应。1985年以后,工业用粮改为按比例价供应,之后厂家有的自行在市场上购买原料粮油,国家供应逐年减少。1991年4月1日起,所有各类工商行业用粮全部退出计划内平价供应范围。

事业用粮　国家投资兴修水利、铁路、公路等工程用粮,除民工自带口粮外,国家给予适当粮油补助,每年省根据工程计划逐级下达供应指标,各地粮食部门掌握,专粮专用,工程结束后进行结算,节余指标上交。不属于国家投资,群众自办的农田水利工程用粮,国家不予补助。

农村粮食销售

从1985年粮食年度(4月1日)起,调整农村粮油购销价格,粮食销售价格提高到与购价一样。对农村缺粮、受灾、经济作物区(山区、库区)等地所缺口粮及民工补助粮(兴修水利),由定销改为按实际缺粮情况进行安排。至此,结束了农村粮食销售按统销价的历史。1991年安徽省发生特大洪涝灾害,灾区缺粮户较多,开展了灾民借粮。1993年对农村的粮食供应,按市场价格供应。对常年缺粮区、山区、库区、棉区、茶林山区、灾区按实际情况核定供应,发证到户,专粮专用,当期使用(4月至次年3月),过期作废。1995年实行两线运行后,粮食实行地方首长负责制,对发生特大自然灾害的地区,确需国家帮助时安排救助粮。

农业人口口粮　1985年,国家供应农村缺粮人口的口粮、各种补贴粮、种子粮、饲料粮、救灾粮以及农村的其他用粮，销售价格一律调整到比例收购价，实行购销同价。国家收购生猪、棉花、糖料以及其他农副产品的奖售粮取消。因取消奖售粮而缺粮的，由粮食部门按比例收购价供应。同年，农业销售86.98万吨。其中，统销口粮61.23万吨，种子1600吨，民工补贴3800吨。食用油销售2.03万吨，其中，统销食油9400吨，其他1.09万吨。

1986年，农业销售94.08万吨，其中，农业口粮销售84.45万吨，农业饲料销售7.61万吨。专项用粮销售75.14万吨，其中生猪37.68万吨。

1987年，实行粮油购销调包干办法，农村粮食销售指标规定包干到市县，结余不作废，次年可以继续使用。农业人口口粮，主要用于缺粮山区、水库淹没区及一般灾区的口粮供应；除特大灾情和兴修水利所需的补助粮食外，不再增加指标。比例价饲料用粮，不供应原粮，用比例价粮食加工的饲料实行计划管理，不敞开议价供应。农业比例价用粮指标，可以相互调剂使用，重点保证缺粮户口粮。同年9月，取消了中价油供应，改为议价供应。

菜农口粮　1985年农村粮食统销改按粮食定购比例价供应。对菜农粮食供应的规定是：蔬菜价格放开的，按比例价供应，没有放开的及实行粮菜挂钩的，仍按统销价供应。1991年，调整粮油统销价格后供应菜农的粮油执行提高后的统销价，1993年全面放开粮食购销和价格，菜农的粮油供应由国家平价包销的历史结束。

渔民、船民口粮　凡是城镇户口吃市镇定量供应粮的仍按统销价不变，其他船民、渔民，从1985年4月1日起，按比例收购价供应。

农林四场口粮　凡是在册的国营农林四场正式干部、职工（包括离休、退休的干部、职工），其工资列入银行总额管理，按月领取固定工资的，按统销价供应口粮。户、粮关系在场的干部、职工家属子女，按进入农场时的户粮关系确定，是非农业户口按统销价，是农业户口转入的按比例收购价供应。对缺粮的劳改农场犯人、劳教人员，看守所、收容所的在押人员以及收审人员口粮仍按统销价格供应。以上供应价格，从1985年6月20日起，按统销价供应。国营农林四场所需要的饲料粮，种子粮以及其他用粮按比例收购价供应。

其他人员口粮　对按超购价加费用供应的其他各类人员，如从农民中招收的矿山轮换工、乡邮递员、驻段线务员、国营建筑企业的合同工，以及农民进入集镇务工经商、办服务业的人员，一律改按比例收购价加费用供应。农民持全国通用粮票和地方粮票买粮，仍按统销价供应。

农村救灾用粮　1985年以前，省对农村灾区用粮，在征购同时，及时安排，采取由国家拨粮、余缺调剂、储粮自救等三种办法解决。1985—1990年，对农村缺粮、受灾、经济作物区等地所缺口粮及民工补助粮（兴修水利），由定销改为按实际缺粮情况进行安排。指标一年一定，年初预拨，由各地掌握安排，基层粮站核实缺粮数量，逐级上报审核，经省核准后下达供应计划，经地市和县市分配到区乡，粮站按照上级下达的计划，发证到户，分月供应，当年有效（原粮食年度4月至次年3月），过期作废，专粮专用，购销同价。

1987年，全省有22个县遭受不同程度的自然灾害，对重点受灾县通过调查核实，省里安排6.5万吨救灾粮。

1989年，淮北地区小麦遭受自然灾害，秋粮一些地方又受插花灾，农民生活确有困难，安排春荒救灾缺粮9.05万吨，一次安排，发证到户，分月供应，重点安排五保户、烈军属和无自救能力的缺粮缺钱双缺户、特困户。

1991年，淮河和沿江一带遭受特大洪涝灾害，缺粮户较多，对暂时因灾缺粮又无钱购粮、以后有偿还能力的灾民，实行借粮，新粮登场时归还，借粮利息实行由县（市区）财政贴息。借粮手续：灾民申请，行政村核实，分户造册，加盖村委会公章和村负责人私章，乡政府审核后，分户立据盖章，基层粮站发给借粮证，分月供应。借粮实行"三公开"（借粮指标、对象、数量），张榜公布，接受群众监督。到1991年12月底，全省共安排救灾粮250万吨（贸易粮下同），其中，口粮225万吨，水毁工程用粮3.5万吨，治淮用粮4万吨，灾区牲畜过冬饲料粮6.5万吨。对行蓄洪区、破圩区和内涝淹没区特重灾民全部发证到户，一次安排到1992年5月底，稻产区安排到7月底。

从1993年4月1日起，农村因灾缺粮需要国家救助的，须逐级上报，由上级核实下达救助指标，县、市根据各地受灾程度，将救灾指标分配到乡镇，由乡镇政府通过粮站安排到村、组、户。

1994年，安徽遭受特大旱灾，重点安排重灾、特重灾和深山区的灾民，第一批救灾粮安排10.1万吨。

1995年，入夏以后，部分地区发生洪涝灾害，安排了救灾粮供应。截至12月底，救灾粮销售33.8万吨。

1996年，部分地区遭受严重洪涝灾害，对"三光户"和暂时因灾无钱购粮但有偿还能力的灾民安排借粮。借粮利息，由县财政负担贴息。救灾粮供应14.9万吨。

1998年，长江流域发生特大洪涝灾害，其他地方也遭受各种自然灾害。按照"省掌握到重灾县（市），市（地区）掌握到重灾乡镇，县（市）掌握到重灾村，乡（镇）掌握到重灾户"的原则，摸清重灾区灾民缺粮情况。受灾严重的地区有宿县、六安、池州、滁州、安庆、淮南等6个地市，安排救灾粮6400吨。

2000年，春夏连旱，受灾严重的阜阳、宿县、宣城、池州地区及马鞍山市、亳州市民政部门用救灾款购买口粮，供应粮食2500吨。

2002年，开始清理灾民借粮归还情况，全省因灾借粮47.92万吨，截止到2002年10月，尚有31.33万吨借粮尚未收回，占借粮的65%。长丰、肥西等45个县区，一斤未收回。2003年，六安市裕安区地方政府担保，粮食企业统一贷款采购，借粮救济灾民。

2003年7月12日，省政府成立全省生产救灾工作指挥部，指挥长是分管副省长，成员有粮食局等单位，指挥部下设办公室和7个工作组，粮食局为灾民安置及生活救济组、查灾核灾组成员。

2003 年 11 月，市场粮油价格出现波动，省粮食局、财政厅、农发行等部门就做好当年粮油市场监控，保障粮食供应发出紧急通知，以县为单位，按照城镇 6 个月消费量掌握粮源，全省 24 个重灾区县对灾民开仓借粮的粮源作了充分准备。各地还制定粮食应急预案，根据粮食应急加工需要，指定粮油应急加工企业。

2004 年，省财政对受灾群众历年借粮给予一定减免，按借粮数量和占用农业发展银行贷款总额的 30% 给予减免。对五保户、孤儿、丧失劳动力的灾民、特困户和死亡户借的粮，全部豁免，并张榜公布。

2005 年 2 月 18 日，省粮食局与省财政厅就开仓借粮减免进行核定。截至 2003 年 5 月末，全省未收回借粮 28.76 万吨，6 月以后借粮 8.16 万吨，累计借粮 36.98 万吨，经核定减免 11.09 万吨，减免贷款挂账 1.3 亿元。

2005 年，对灾区口粮供应，采取明码标价，挂牌销售。网点不足的，增设网点。政府确保救济对象和借粮群众，每人每天一斤成品粮。

2008 年 1 月，安徽省部分地方遭遇暴风雪，给居民特别是山区群众生活带来严重影响。省政府召开全省抗雪防冻救灾电视电话会议，要求各地做好防灾救灾工作。省粮食局要求，各地粮食部门在确保受灾群众口粮供应的同时，加强值班检查，积极处置险情，抢救受灾粮食，清除易遭雪灾的几类设施上的积雪，确保人粮安全，并做好灾损处理和灾情上报工作。

为做好雪灾后的粮食供应，黄山市各县区及时调运大米 50 多吨运往山区；泾县汀溪乡桃岭村，地处深山区，道路中断数日，车辆开不进去，县粮食局协调加工企业加工大米 5000 公斤送往山区，以低于市场粮价 0.04 元 / 公斤，供应缺粮山民。根据政府指令，又加工 5000 公斤早籼米，以 2.40 元 / 公斤的价格供应缺粮群众。

其他政策性粮食销售

1985 年到 1993 年，粮食销售的主要对象为城镇居民和农村缺粮户。1993 年，市场经营主体增多，市场竞争激烈，国有粮食部门充分发挥主导作用，保证市场粮油供应。全省粮食销售量达 866.2 万吨，其中，零售 174 万吨（城乡居民销售口粮 173.3 万吨），对生产经营者批发 108.3 万吨（工商行业销售 71.6 万吨），对国内贸易业批发销售 573 万吨，出口 10.8 万吨。

1994 年，根据国务院负责人指示精神，安徽省抛售 171.42 万吨稻谷市场调节粮，动用 5 万吨大米，由国有粮店（站）挂牌销售，平抑市场粮价。全省销售粮食 790.5 万吨。其中，城乡居民销售 178.9 万吨，工商行业用粮 36.8 万吨。

1995 年，为抑制通货膨胀，动用部分国家专项储备粮，标二米、标准粉继续挂牌销售。全省市场粮零售 61.5 万吨，其中，城镇居民 34.3 万吨，农村居民 27.2 万吨；定购粮销售 301.1 万吨，其中城镇口粮销售 184.3 万吨，农村口粮销售 83.6 万吨。

1996 年，全省市场粮零售 41.2 万吨，其中，城镇居民 26.8 万吨，农村居民 14.4 万吨。

定购粮销售 181.4 万吨,其中城镇口粮销售 120.8 万吨,农村口粮销售 57.4 万吨(救灾销售 14.9 万吨,山区销售 26 万吨)。

1997 年,粮食销售 334.6 万吨,其中,城镇销售 35.6 万吨,农村销售 17.6 万吨,对生产经营者批发中食品业销售 12.7 万吨,工业销售 22.5 万吨,其他销售 246.2 万吨。

1998 年,安徽省长江流域发生洪涝灾害,世界粮食计划署承诺援助怀宁、望江、宿松和东至四个重灾区大米 4 万吨。农业部协商,由安徽省先垫支 3.5 万吨, 2000 年追加援粮 0.45 万吨,援助金寨、霍邱、岳西、太湖、潜山县。

同年,国有粮食企业执行粮食顺价销售政策。全年粮食销售量 415.4 万吨,其中,市场粮销售 306.3 万吨,定购粮销售 109.1 万吨。定购粮销售中城镇口粮 23.6 万吨,农村口粮 17.1 万吨。

1999 年,全省推行"全员联销联利计酬"的销售办法,扩大粮食销售。当年全省销售粮食 626.7 万吨,较上年增加 211.3 万吨,其中,市场粮销售 411.6 万吨,定购粮销售 215.1 万吨。

"陈化粮"处理　2000 年,省粮食局、省财政厅、省农业发展银行颁布《陈化粮处理细则(试行)》《陈化粮竞价交易细则》, 2002 年又颁布《安徽省陈化粮处理实施细则》。经过鉴定,确定为陈化的粮食在批发市场公开拍卖销售。处理陈化劣变粮,实行分级负责制,中央负责中央储备粮,省级负责省级储备粮,地(市)、县负责本级储备粮及商品周转库存中的陈化粮。2000 年 6 月 20 日,商品库存陈化粮销售批准权收回省管理。2000 年 9 月 28 日,国家 4 部委要求停止陈化粮销售。2001 年 8 月 9 日,陈化粮销售审批权收归国务院,分别在郑州、大连粮食批发市场竞价销售,安排安徽省 25 万吨稻谷。2004 年 6 月 1 日,安徽省通过竞价交易累计销售陈化粮 239.23 万吨。2000 年、2001 年、2002 年、2003 年 2004 年全省陈化粮销售分别为 140.72 万吨、1.89 万吨、17.78 万吨、58.26 万吨、20.58 万吨。

"老粮"销售　对原定购价和保护价收购的商品库存粮食(以下简称老粮)。2000年,全省粮食库存突破历史最高记录,库存总量 1358.41 万吨。粮食购销企业开展"等量对冲",以当年收购价格为成本,顺价销售库存商品陈粮,其销量与当年收购量相符,以达到价格、质量相互置换。2001 年,省粮食局与省财政厅、省农发行根据省委和省政府会议精神,开展"促销压库"工作,解决粮食收储矛盾,缓解主产区粮食库存压力。以 2001 年 10 月底商品粮食库存为基数,按照 12 月底商品粮食库存数量净减少数为销售补贴依据,以县为单位,分品种(小麦、稻谷)进行考核。以新粮价格销售老粮,以提高在库粮食的品质,实现粮食质量的轮换。2002 年,省政府在天长市、来安县实施粮食补贴方式改革试点,由省里直接安排 9.627 万吨库存商品粮(其中天长市 5.613 万吨、来安县 4.0142 万吨稻谷),在芜湖大米批发市场进行公开竞价销售。

2003 年,"非典"疫情期间,个别地方粮食市场出现波动,安徽粮食库存充裕,粮食市场和供应未出现异常。同年,经省政府同意,省粮食局与省财政厅、省农发行联合下达《关于做好我省库存老粮处理工作的通知》,规定:一、锁定库存,新老划断。由县粮食局、财政局、农业发展银行成立联合小组,共同对库存老粮品种、数量、生产年限、库存均价和占用贷款等进行锁定。二、处理老粮发生的价差亏损占用的贷款,省政府承诺,实行“先销后补”的办法处理。即价差亏损实行挂账,挂账利息由省用风险基金支付;挂账本金三年消化。三、分年限价,竞价销售。四、限期销售,适当补贴。必须在当年12月31日前处理完毕。对锁定的老粮,销售补贴每50公斤2元标准。销售困难的,必须在2003年11月20日之前正式文件上报省财政厅、省粮食局、省农发行,由省统一组织拍卖。从2004年7月1日起,对库存政策性老粮实行全省统一集中竞价销售。最后一批294.81万吨库存老粮于2004年8月13日竞价销售。

“退耕还林”粮食供应　2002年,省粮食局根据国家退耕还林要求,与省财政厅、省林业厅、省农发行、省发改委5家制定《安徽省退耕还林工程管理暂行办法》,各地粮食部门主动服务,保障退耕还林工程建设。截至2006年9月18日,全省退耕还林740万亩,其中退耕地还林320万亩、荒山造林360万亩、封山育林60万亩,供应粮食17.15万吨。

“竞价拍卖”销售　对最低收购价粮食,国家实行公开拍卖销售,确定安徽粮食批发交易市场承担2005年以后最低收购价稻谷的竞价销售权。当年,安徽省累计销售粮食527万吨,其中销往省外183万吨。全省商品周转库存397万吨,同比增加102万吨。2006年1月21日,国家有关部门在江西省九江市南方粮食交易市场,举办一次最低收购价早籼稻竞价交易会,满足国内早籼稻加工经营企业的需要。同年,国家发改委、国家粮食局、财政部、中国农业发展银行联合下发《关于下达第一批2005年最低收购价稻谷出口供货计划的通知》,分配安徽省27万吨。其中,早籼稻7万吨,中晚籼稻20万吨;第二批下达1.04万吨和0.37万吨竞价销售计划;第三、四批下达竞价销售出库计划17.85万吨、12.16万吨。2008年,国家粮食局、财政部、中国农业发展银行三家印发《关于下达中央储备稻谷竞价销售总量计划和第一批销售出库计划的通知》,安徽32万吨。2006—2008年,最低收购价粮食全部通过国家指定的省级以上批发市场分期、分批竞价销售。

票证管理

城镇居民粮油供应和农村粮食销售使用过种类繁多的票证,主要有:全国通用粮票,安徽省地方粮票,料票,油票,军供粮票,军供粮证,市镇居民粮食供应证,工商行业供应证,市镇饲料供应证,市镇居民粮油供应转移证,粮油供应支拨书等,1955年实行城镇粮食定量供应时启用,1993年停用。只有军供票证继续使用。居民粮油关系,2001年5月1日,停止使用。

对票证管理不同时期国家粮食局、省粮食局做出过具体规定,地市县局分别设有保管票证的库房,区粮站以上粮食部门配备专职粮票管理人员,并制定严密的收支手续制度。为了制止粮食投机活动,1986年,对持大量粮、油票购买粮油的,要有机关单位证明，凭粮本购粮的一次持票购粮超过50公斤的，须经县（市）粮食局批准。非合同定购品种一律不准兑换粮票。1988年，省粮票的发放按城镇定量人口发放，全国粮票控制在定量总量的25%以内，印制粮票的市控制在5%左右。粮油票证的领拨、上缴要有两人以上同行，数量大的要有专职保卫人员押送。

全国通用粮票　为出省流动人口到达地购粮就餐备用的，在省内亦可通用。全国粮票平时不发放，只有出省时可以兑换。需要者必须持有证明，干部职工凭单位介绍信，居民凭街道办事处介绍信，携带粮食供应证或地方粮票，到县市粮食局限定的兑换粮站进行兑换，每兑换15公斤全国粮票，扣除定量供应食油0.25公斤。办理兑换全国通用粮票的粮站，一般集中在城关粮站，个别县曾规定区镇粮站也可办理。

安徽省地方粮票　1985年前，安徽省地方粮票有1972年版、1973年版。1972年印制新版安徽地方粮票，于1973年7月发行使用。1983年2月，经省政府批准，合肥、蚌埠、芜湖、安庆、淮南、淮北、马鞍山等市，先后印制市内粮票，在本市范围内使用。

油票　油票没有全国与地方之分，全省使用的是1973年改版的《安徽省油票》，全省通用。新版油票没规定使用期限，可长期使用。油票平时不发放，只有外出一个月以上需要在到达地购油时，可以凭粮油供应证到粮站兑换，油票限在当地购油，出省无效。油票管理办法同粮票。

侨汇专用票证　专为对外优惠和居住外藉的侨属回国探亲时购买粮食、粮食制成品、油脂、油料使用的凭证。1985年印制的“侨汇物资供应证”用完后，1987年新印制的“侨汇物资供应证”面额分为5元、10元、50元、100元四种，新版供应证每百元人民币发放侨汇购货券和副食品券25张、粮票10公斤、油票1公斤。从1987年6月1日启用，使用期2年。

地方通用粮票　各地市县根据各地情况自行印制的地方通用粮油票证。

粮油供应凭证　分为购粮（油）凭证和粮油供应关系转移两大类。两种迁移证由省粮油食品局统一印制，地市粮油食品局持介绍信到省局领取，然后县市区局到市局登记领取使用，视同粮票管理。

粮油供应凭证，全省广泛使用、时间较长的有“市镇人口（居民）粮油供应证”“工商行业用粮供应证”“城镇饲料供应证”“军用粮油供应证”，其次有“农村缺粮油供应证”“农村回销粮供应证”。这类供应证分别由县区市粮油食品局印制，加盖公章，统一编号，由粮站按规定要求填发给居民或用粮单位，并加盖粮站和负责人印鉴。供应证使用期限不同时代不同地区有不同规定，80年代以后多是一年换发一次，年度内有效，结余未买粮油允许结转入新证，旧证一律收回，各种供应证视同粮票进行管理。

此外，还有特殊情况下临时使用的“粮油供应通知单”，由县市区粮油食品局根据上一级局下达的“粮油供应支拨书”开列，由指定的粮站供应粮油，粮站视同销售回笼粮票一样，按月向县市区局结报。

粮油关系转移证　分为“市镇”“农村”两种。1986年商业部统一制定《市镇居民粮食供应转移证明》新格式，在市镇转移证的上端规定一律加盖市、县粮食局公章，市镇转移证的左下端，加盖签发单位票证专用章，右下端加盖签发人的印章。定量供应的非农业人口异地转移时，使用“市镇粮油关系迁移证”，办理时，必须先到公安部门迁移户口，凭户口迁移证到粮站办理粮油关系迁移证。农村人口迁移，用“农村粮油关系迁移证”，同样凭户口迁移证到粮站办理粮油迁移证，迁移证须注明缺粮户、余粮户或自给户，余粮户和自给户必须将自家口粮卖出，由到达地供应到接上新粮收获为止。

从 1992 年 6 月 1 日起，启用商业部新的《市镇居民粮食供应转移证明》（以下简称《市转证》），市镇居民迁往外省，使用新的市转证。《市转证》签发和接收及市镇粮食定量人口册藉的管理，由县级或相当于县级粮食局办理，基层粮店、粮库不再办理。

1994 年 1 月 1 日，启用《农村粮食关系转移证明》（简称《农转证》。

1998 年，省局新版《农村粮食关系转移证明》（简称《农转证》），1 月 1 日起启用。4 月 1 日起，启用新的《粮食关系准迁证》和《粮食关系转移专用章》（以下简称准迁证、专用章），准迁证、专用章由省局统一制发，准迁证由市、县、区局签发。

从 1999 年 12 月 1 日起，启用新制发的 126 个县级以上粮籍签发单位“市镇居民粮食供应转移证明专用章”。

2001 年 5 月 1 日起，取消市镇居民粮油关系。

粮站（店）经营管理 1985 年以后，粮站（店）除做好城镇居民口粮供应外，还开展多种经营，直到 1993 年粮食购销价格放开。

1986 年，城镇粮店向“本业为主，综合经营”的方向发展。同年，全省开展“文明粮油食品店”“优秀营业员”活动，到 1993 年结束。

1987 年，全省应用 SYJ ～ 04 型销售专用机，促进粮油零售技术的进步。

1989 年，省粮油食品局制定《城镇粮油供应目标责任制（试行）》。当年全省粮油食品生产经营和综合经营产值达 1.33 亿元，较 1988 年增长 18.7%，实现利税 0.29 亿元，较 1988 年增长 11.3%。蚌埠从青岛引进的电烤饼机加工的多风味油饼深受市场青睐，顾客排队等购，供不应求。1984 年前，农村粮油食品生产经营和综合经营还是空白，截至 1989 年年底，产量已达 4.96 万吨，产值 0.4336 亿元。为支持前店后坊食品生产，丰富市场，省粮食局拨出 1.5 万吨粮食指标，发展前店后坊食品生产。

1990 年，针对“农转非”过快增长情况，将“农转非”的审核权收到行署、市政府，报省审批。对超过“农转非”指标的要停止办理，并要限期查报，同时还要扣减 1991 年度“农转非”指标。

1993 年，粮食价格和经营放开后，国有粮食部门继续发挥主渠道作用。集体、个体纷纷开店经营，市场竞争激烈，各级粮食部门根据市场变化和人民生活改善的需要，搞活经营机制，积极组织货源，品种创新，质量求精，包装改小，大力开发各类营养、卫生、适销对路的粮油食品，丰富城乡市场供应。主要粮油品种，国有粮店统一限价挂牌销售。

1995 年，国务院《关于粮食部门实行两条线运行实施意见的通知》强调：农村粮管所（站）是粮食部门的基层单位，负责国家粮油收购、储存、救灾用粮和水库移民口粮的供应等，不得下放，不搞国有民营，不实行个人承包，凡下放的都要收归县（市）粮食局管理。大中城市粮店（前店后坊）逐步发展成为连锁经营店。

1997 年，安徽省粮食系统连锁经营开始起步，省粮食局积极争取在资金、税收、网点用房上的扶持，争取省财政资金 300 万元，发展全省粮食企业连锁经营，改造连锁店 60 个。对连锁经营进行补助：合肥 80 万元（16 个连锁店），蚌埠 70 万元（14 个连锁店），芜湖 60 万元（12 个连锁店），安庆市 50 万元（10 个连锁店），宣州市 40 万元（8 个连锁店）。

安徽省粮油种植面积、总产量统计表

表 2-1-1　　　　单位：万亩、万吨

年度	粮食作物播种面积				粮食作物产量				油料作物播种面积			油料作物产量		
	总面积	其中			总产量	其中			总面积	其中		总产量	其中	
		小麦	稻谷	玉米		小麦	稻谷	玉米		花生果	油菜籽		花生果	油菜籽
1985	8847.9	2932.5	3209.6	335.9	2168.0	605.9	1162.9	65.7	1634.7	207.0	1166.8	51.6	24.2	107.9
1986	9077.4	2931.5	3277.1	369.1	2371.9	656.6	1222.3	79.0	1655.7	211.2	1151.9	46.3	28.1	90.7
1987	9226.5	2979.3	3311.8	435.9	2428.7	717.9	1189.2	100.2	1870.7	194.2	1428.5	53.1	26.0	115.3
1988	9232.7	3024.8	3276.3	432.6	2310.3	617.6	1170.2	104.1	1420.7	198.3	1031.3	31.9	28.8	50.2
1989	9305.7	3031.3	3409.2	500.5	2424.7	602.7	1290.8	136.6	1486.1	186.7	1110.4	35.7	27.0	68.5
1990	9369.1	3111.5	3468.5	622.3	2520.1	568.4	1379.1	174.4	1499.0	174.7	1160.9	46.4	26.2	95.4
1991	8931.8	3094.9	3374.7	642.9	1749.1	285.5	1036.0	165.4	1624.6	141.5	1345.6	36.8	15.0	76.4
1992	8809.3	2947.9	3366.4	654.0	2341.9	614.0	1228.8	176.1	1571.5	174.6	1241.7	50.3	27.9	104.8
1993	9057.3	3127.4	3254.7	693.5	2661.6	712.5	1325.6	230.6	1495.6	230.6	1123.2	157.2	44.2	106.2
1994	8819.3	3024.9	3168.5	723.6	2269.9	716.5	1234.3	160.7	1632.4	267.0	1229.8	154.5	42.8	104.2
1995	8778.7	2989.0	3234.2	828.6	2767.5	758.1	1328.2	296.5	1895.2	272.3	1486.7	59.8	57.8	142.5
1996	9021.9	3355.7	3097.4	925.9	2944.6	850.1	1423.7	286.6	1648.3	0.0	1276.6	56.8	49.2	119.0
1997	9045.9	3206.4	3318.1	768.3	2802.7	1018.4	1165.2	260.0	1702.7	279.4	1258.9	205.0	53.6	139.7
1998	8987.1	3143.7	3257.3	854.7	2590.5	631.4	1423.9	260.3	1837.9	357.0	1308.2	176.5	82.3	82.4
1999	8902.3	3085.6	3218.2	882.7	2771.2	948.1	1209.7	286.1	2001.7	412.5	1397.3	268.1	152.3	102.6

续表 2-1-1

年度	粮食作物播种面积				粮食作物产量				油料作物播种面积			油料作物产量		
	总面积	其中			总产量	其中			总面积	其中		总产量	其中	
		小麦	稻谷	玉米		小麦	稻谷	玉米		花生果	油菜籽		花生果	油菜籽
2000	8348.4	2896.8	3008.2	729.9	2472.0	730.3	1195.1	247.3	2186.0	500.9	1447.0	285.1	111.2	156.8
2001	7948.2	2614.1	2846.5	835.8	2500.3	776.4	1176.8	272.4	2123.1	450.9	1429.0	298.8	104.0	177.9
2002	8184.3	2753.0	2857.5	917.7	2765.0	730.1	1322.3	341.8	2179.8	426.9	1503.4	282.3	113.0	152.3
2003	8107.4	2665.2	2740.1	965.3	2214.8	657.1	1049.9	222.9	2118.9	409.5	1521.8	231.4	69.4	152.9
2004	8590.2	2759.4	3347.1	887.4	2743.0	793.3	1369.9	284.9	2070.3	381.5	1505.0	299.7	95.4	190.4
2005	8982.1	2984.3	3432.9	892.6	2605.3	808.1	1317.2	235.0	1954.6	357.8	1430.5	270.7	79.3	182.3
2006	9252.5	3201.5	3485.8	904.8	2860.8	966.8	1372.1	278.6	1733.1	327.6	1253.3	261.6	84.9	165.8
2007	9716.7	3495.4	3307.8	1065.6	2901.4	1111.3	1356.4	250.0	1296.5	259.1	929.7	199.2	61.8	130.0
2008	9841.7	3520.1	3328.5	1057.7	3023.3	1167.9	1383.5	286.7	1405.0	291.7	1005.6	228.0	77.9	140.3

说明：油料总产量中，1985—1992 年、1995—1996 年为料折油，其余年份为油料

安徽省粮食收购销售统计表

表 2–1–2　　　　单位:万吨

年度	粮食收购量			粮食销售量				
	合计	其中政策性收购	非政策性收购	合计	其中政策性销售	非农业口粮销售	农业口粮销售	其中救灾粮
1985	607.0	492.3	114.7	433.0	295.0	144.87	61.23	11.54
1986	731.0	381.8	349.2	524.7	369.9	157.43	84.45	12.85
1987	751.6	362.0	389.6	515.2	302.1	154.27	78.95	7.63
1988	764.6	357.2	407.4	559.5	328.5	175.94	96.67	14.63
1989	741.8	356.5	385.3	442.3	307.9	175.5	99.01	15.64
1990	624.1	365.3	258.8	440.0	299.9	168.14	99.7	27.12
1991	464.1	191.1	273.0	537.5	406.9	191.71	173.47	159.89
1992	714.9	314.5	400.4	757.3	547.8	130.52	321.83	178.77
1993	926.6	346.0	580.6	888.7	41.27		41.27	41.27
1994	932.4	303.5	628.9	776.2	26.39		26.39	26.39
1995	875.1	318.1	557.0	782.3	301.1		28.36	28.36
1996	801.8	353.8	448.0	527.0	181.4		7.48	7.48
1997	864.2	348.6	515.6	448.3	113.7		2.95	2.95
1998	675.2	304.5	370.7	415.5	109.1		0.64	0.64
1999	741.4	206.4	535.0	626.7	215.1		1.37	1.37
2000	826.6	539.5	287.1	788.0	247.4		0.25	0.25
2001	725.1	640.8	84.3	635.1	0.0		—	—
2002	837.9	683.4	154.5	955.9	0.25		0.25	0.25
2003	478.8	148.2	330.6	1215.9	0.0		—	—
2004	650.0	0.0	650.0	516.0	0.0		18.91	18.91
2005	735.9	276.5	459.4	680.5	0.0		0.15	0.15
2006	1009.6	654.4	355.2	436.2	0.0		—	—
2007	723.2	443.5	279.7	896.7	0.0			
2008	1028.9	707.9	321.0	1037.7	0.0			

说明:1.1985 年按粮食年度（4–3）整理,以后年份按日历年度（1–12）整理

2.1992 年以前政策性收购指平价,市场性收购指议价。定购到 2003 年结束

3.1995–1998 年,市场购销中包括调拨

安徽省食油收购销售统计表

表 2-1-3 单位:万吨

年度	食油收购量	从生产者购购进	政策性收购	市场性收购	食油销售量	政策性销售	市场性销售
1985	34.6	34.5	27.1	7.5	5.0	0.0	5.0
1986	29.0	28.3	17.8	10.7	19.6	11.0	7.3
1987	33.6	32.7	21.3	11.4	17.8	8.7	7.3
1988	19.4	17.6	6.2	11.4	19.9	7.5	10.8
1989	19.0	17.9	7.1	10.8	15.3	6.9	7.8
1990	27.9	26.6	18.9	7.7	17.1	6.6	10.5
1991	25.2	23.9	10.9	13.0	16.5	5.9	10.6
1992	24.6	20.9	5.9	15.0	26.4	9.5	16.9
1993	26.3	16.1	0.0	26.3	29.5	0.0	29.5
1994	29.3	19.2	0.0	29.3	22.4	0.0	22.4
1995	37.3	25.5	9.3	28.0	29.4	2.1	27.3
1996	27.2	17.7	3.7	23.5	34.5	3.9	30.6
1997	23.2	18.8	1.5	21.7	27.2	2.6	24.6
1998	18.7	11.1	0.6	18.1	21.6	0.6	21.0
1999	10.6	8.0	0.0	10.6	10.9	0.2	10.7
2000	7.2	6.4	0.0	7.2	6.6		6.6
2001	7.7	6.9	0.0	7.7	7.7		7.7
2002	6.8	6.4	0.0	6.8	7.3		7.3
2003	4.4	4.1	0.0	4.4	4.6		4.6
2004	10.2	9.8	0.0	10.2	7.1		7.1
2005	7.2	6.5	0.0	7.2	9.8		9.8
2006	2.7	2.1	0.0	2.7	3.5		3.5
2007	0.0	0.0	0.0				
2008	0	0					

说明:1.1985 年按粮食年度(4–3)整理,以后年份按日历年度(1–12)整理

2.1992 年以前年政策性指平价,市场性收购指议价;定购到 2003 年结束

第三节 粮食产销衔接

为适应市场经济新形势，积极探索省际间粮食产销协作新思路、新机制，出台扶持政策，鼓励企业开展协作，采用“政府引导、企业运作”的方式，通过签订长期的购销合同、发展订单农业、设立基地、共同投资开发等多种形式，按照优势互补、互利、互惠、自愿合作的原则，不断巩固和加强产销区间粮食产销协作关系，加大合作力度，拓宽合作领域，深化合作层次，搞活了流通，稳定了市场，对全国统一、开放、竞争、有序的粮食市场的形成起到了积极的推动作用。安徽省从2001年组织参与全国粮食产销交易(订货)会；从2005年参与组织了七省粮食产销协作洽谈会，到2008年共参与举办了四届产销洽谈会。

粮食产销交易（订货）会 2001年，安徽省粮食局下发《关于召开中国芜湖米市招商入市会议的通知》，推动加快建设和培育全省粮食市场体系，沟通产销渠道，进一步完善芜湖米市的整体功能。

2001年，省粮食局转发《国家粮食局办公室关于组织参加全国粮食秋季交易会的函》的通知，提出提高粮食流通组织化、规范化程度，加强产销区之间衔接，培育粮食企业市场竞争意识，促进国有粮食企业改革。安徽省参加经国家粮食局、河南省人民政府批准，2001年10月29日至31日在郑州举办的全国粮食秋季交易会。

2002年，为贯彻落实中央销售工作会议和全国粮食工作会议精神，进一步做好粮食产销区衔接工作，促进粮食销售，元月，安徽省粮食局在浙江举办了“2002年度安徽粮油（浙江）订货交易会”；2003年3月安徽省粮食局与浙江省粮食局在台州举办了粮食产销协作会。进一步拓宽与江浙省份粮食产销协作的渠道。

2004年9月15-16日，中国郑州小麦交易会由农业部、国家粮食局和河南省政府共同主办，是中国粮食市场全面开放后举办的第一次规模大、规格高的小麦交易盛会。安徽省粮食局和部分粮食企业参加了小麦交易、成果展示、信息发布、产销衔接和专题论坛等。

粮食产销洽谈会 2005年7月16日，在福州由福建、山东、安徽、江西、吉林、河南、黑龙江省粮食局共同举办首届七省粮食产销协作会，来自七省300多家粮食企业云集福州，安徽省参加此次洽谈会企业达60多家。在七省粮食产销协作福建洽谈会上，安徽省粮食企业共签订购销合同和意向协议105.16万吨，签约量居七省第二位，其中大会现场签约达30.5万吨，推介粮食合作项目83项，位居七省之首。

继七省粮食产销协作福建洽谈会之后，同年7月18日省粮食局又与广东省发展和改革委员会共同举办了皖粤粮食贸易广州恳谈会。会上，安徽省粮食企业与广东省储备粮管理总公司和粮食企业共签订购销合同和意向协议25万吨，现场签约达5万吨。

2006年7月16日，第二届七省粮食产销协作福建洽谈会在泉州市召开，来自山东、江西、吉林、安徽、河南、黑龙江、福建等七省政府和粮食企业的代表1000多人参加了洽谈会，省粮食局党组书记、局长桂梅生出席大会并发表致辞。合肥、蚌埠、淮南、滁州、巢湖、宣城、安庆等市各种经济成分的粮食经营企业和产业化龙头企业参加贸易洽谈。七省共签粮食购销合同和产销合作项目72个，粮食签约335万吨，其中安徽省大会签约项目17个、粮食81万吨，位居七省之首，进一步巩固和发展了皖闽粮食产销协作关系。

2007年7月16日，第三届七省粮食产销协作福建洽谈会在福州市召开，来自山东、江西、吉林、安徽、河南、黑龙江、福建等七省政府和粮食企业的代表1200多人参加了洽谈会。省粮食局副局长戴绍勤出席大会并发表致辞。合肥、滁州、六安、巢湖、宣城、芜湖、安庆等市粮食经营企业和产业化龙头企业参加贸易洽谈。安徽省共签订粮食购销合同和产销合作项目约80个，粮食签约150万吨，占七省粮食签约总量28.2%。其中安徽省大会签约项目12个、粮食62.5万吨，位居七省之首。

2007年11月18—20日，国家粮食局和浙江省人民政府在浙江衢州共同举办"中国（衢州）粮交会"，省粮食局副局长孙良龙出席大会并主持安徽省粮油产销新闻发布会，重点推进粮食电子商务诚信交易体系的建设和应用，开展粮食网上竞价交易，探索粮食流通的新途径、新模式，保障粮食市场体系建设健康、稳步发展。

2008年7月16日，由粮食主销区福建省和山东、江西、吉林、安徽、河南、黑龙江等6个粮食主产省共同举办的第四届七省粮食产销协作福建洽谈会在武夷山市召开。合肥、滁州、六安、巢湖、宣城、芜湖、安庆等市60多家粮食购销企业和产业化龙头企业近百人参加了现场贸易洽谈和项目推介活动。本次粮食产销协作福建洽谈会安徽省共签订粮食购销合同和产销合作项目97个，粮食签约数量181万吨，占七省粮食签约总量的32.8%，位居6个主产省之首，其中：台上签约项目9个，粮食合同数量53.85万吨。

第二章　油脂油料购销

安徽食用油料品种多，分布广，主要品种有油菜籽、花生、芝麻，山区有油茶籽，淮北地区大豆亦用于榨油。全省三大品种（油菜籽、花生、芝麻）播种面积稳定在1500万亩上下，产量1985年至1993年年均在131万吨左右。1995–1998年150万～200万吨，1999年起超过200万吨，最高2004年达到299万吨。1982年5月，国家改进油菜收购办法，从1983年起，40%按统购价，60%按超购价结算付款，实行计划收购控制办法。1984年取消计划控制，一律按比例价敞开收购。1985年，取消油料统购，改为合同定购，仍按比例价收购，继续实行收料不收油、敞开收购的办法。1993年，实行市场价格收购。1994起，省粮食局恢复定购收购计划，1999年结束定购收购。2000年至2002年，按保护价收购，2003年，按市场价格收购。2008年国家委托中央储备粮食管理公司实行临时收储政策。

第一节　油脂油料收购

油脂油料收购政策　1985年，取消油脂、油料统购，改为合同定购。1986年，省政府规定，油菜籽、花生、芝麻同粮食一样列入合同定购，既是经济合同，又是国家任务，按“倒四六”比例价敞开收购。

2008年，国务院办公厅出台了《关于促进油料生产发展的意见》，中央财政对农民种植油菜每亩补贴10元。同年国家委托中央储备粮管理总公司实行临时收储政策，确保农民增产增收。

油脂油料收购实绩　1985年，全省落实到户的收购计划26.5万吨，实际完成收购27.1万吨。1986年，全省平价收购食油（含料折合，下同）17.83万吨，议价收购10.71万吨。1987年，全省食油收购入库21.98万吨，占计划的82%，比上年同期多收4.4万吨。

1988年，花生退出定购，改为议价购销。食油收购计划为21.53万吨。实际收购17.6万吨，其中，平价食油6.16万吨，议价食油11.44万吨。

1989年，全省收购食油17.92万吨，其中，平价收购7.13万吨，议价收购10.79万吨。

1990年，全省平价收购食油18.93万吨，议价收购7.69万吨。

1991年5月下旬，滁县地区连续阴雨，油菜籽霉烂、出芽，省粮油食品局出台文件，规定放宽油菜籽收购标准，水分放宽到9%，霉变粒最高不超过5%。当年平价收购食油 10.91 万吨,议价收购 13 万吨。

1992 年,全省平价食油收购 5.91 万吨,议价食油收购 15.01 万吨。

1993 年,粮油价格虽然放开,省粮油食品局仍下达 30 万吨油菜籽定购计划,并要落实到户。农户完成定购任务后,粮食企业本着"购得进,销得出,保本微利"的原则,开展议价收购。当年,实际收购 26.32 万吨。其中纯购进 16.1 万吨。

1994 年,全省食油收购计划为 20.45 万吨,其中,折为油菜籽 55 万吨,芝麻、花生各 2.5 万吨。全省收购食油 29.32 万吨。其中纯购进 16.65 万吨。

1995 年,全省食油定购任务 30 万吨,实际收购 25.54 万吨,其中定购 9.29 万吨。

1998 年,全省收购食用油 11.08 万吨,其中,市场收购 10.48 万吨,定购 0.58 万吨。

1999 年,全省收购食用油 8.02 万吨,其中,市场收购 8 万吨，　定购 0.02 万吨。

2000 年,全省收购食油 7.22 万吨,其中从生产者购进 6.37 万吨。

2001 年,全省收购食油 25.63 万吨,其中从生产者购进食油 18.8 万吨。

2002 年,收购食油 19.53 万吨,其中,从生产者购进 16.1 万吨。

2003 年,收购食油 8.18 万吨,其中从生产者购进食油 6.13 万吨。

2004 年,全省油菜籽增产,总产达 175 万吨,比上年增长 17%,但收购市场冷清。截至 6 月 8 日,全省收购 31.33 万吨。省粮食局组织力量对 7 个主产市的 14 个县的油菜籽收购情况进行调研,搞清主要是农民想卖高价,不急于出售等原因,并采取得力措施,加快收购进度。同年,全省收购食油 11.88 万吨,其中从生产者购进 10.62 万吨。

2005 年,全省油菜播种面积为 1484.5 万亩,同比减少 20.5 万亩,减幅 1.4%。当年全省收购食油 18.25 万吨,其中,从生产者购进食油 8.55 万吨,非国有企业购进 8.98 万吨。

第二节　油脂油料销售

城镇油料供应　1985 年,食用油(含料折油)销售 11.29 万吨,其中,非农业销售 9.26 万吨(含定量口油 5.45 万吨),食品业 1.42 万吨,其他 1.17 万吨。1986 年,平价销售 10.95 万吨,其中非农业销售 8.99 万吨。议价销售 7.31 万吨。1987 年,实行粮油购销调包干办法。根据计算口粮供应的定量人口(包括吃统销价粮食的菜农),按定量标准及现行政策规定的定量外补助用油安排。食品业、事业、工业用油,按 1986 年计划安排。按照以上几项合计数给各地 5% 机动数,用于人口迁移增长、油票回笼等。中价菜油按粮食定量人口(含菜农)每人每月 0.25 公斤安排,从 1987 年 4 月 1 日起执行。1993 年以后,省粮食局制定粮油购销指导性计划,用以指导各级粮食部门粮油企业开展收购经营活动。1994 年,国家安排安徽省动用中央食油储备 2.95 万吨。其中,调给天津、上海、浙江、江西四省市各 5000 吨,省内就地销售 9500 吨。1995 年,全省食用油销售 27.31 万吨。其中,定购油销售 2.09 万吨,纯销售 8.46 万吨,省外 6.23 万吨。1998 年,销售食用油 15.19 万吨。1999 年,销售食用油 4.88 万吨。2000 年,销售食用油 6.58 万吨。

其中，纯销售6800吨，对生产经营者批发销售3.68万吨，其他商业销售2.25万吨。

农村食油销售 从1993年4月1日起，全省取消平价食油销售，放开食油购销和价格。

安徽省食油收购销售统计表

表2-2-1 单位：万吨

年度	食油收购量	从生产者购进	政策性收购	市场性收购	食油销售量	政策性销售	市场性销售
1985	34.6	34.5	27.1	7.5	5.0	0.0	5.0
1986	29.0	28.3	17.8	10.7	19.6	11.0	7.3
1987	33.6	32.7	21.3	11.4	17.8	8.7	7.3
1988	19.4	17.6	6.2	11.4	19.9	7.5	10.8
1989	19.0	17.9	7.1	10.8	15.3	6.9	7.8
1990	27.9	26.6	18.9	7.7	17.1	6.6	10.5
1991	25.2	23.9	10.9	13.0	16.5	5.9	10.6
1992	24.6	20.9	5.9	15.0	26.4	9.5	16.9
1993	26.3	16.1	0.0	26.3	29.5	0.0	29.5
1994	29.3	19.2	0.0	29.3	22.4	0.0	22.4
1995	37.3	25.5	9.3	28.0	29.4	2.1	27.3
1996	27.2	17.7	3.7	23.5	34.5	3.9	30.6
1997	23.2	18.8	1.5	21.7	27.2	2.6	24.6
1998	18.7	11.1	0.6	18.1	21.6	0.6	21.0
1999	10.6	8.0	0.0	10.6	10.9	0.2	10.7
2000	7.2	6.4	0.0	7.2	6.6		6.6
2001	7.7	6.9	0.0	7.7	7.7		7.7
2002	6.8	6.4	0.0	6.8	7.3		7.3
2003	4.4	4.1	0.0	4.4	4.6		4.6
2004	10.2	9.8	0.0	10.2	7.1		7.1
2005	7.2	6.5	0.0	7.2	9.8		9.8
2006	2.7	2.1	0.0	2.7	3.5		3.5
2007	0.0	0.0	0.0				
2008	0	0					

说明：1.1985年按粮食年度（4—3）整理，以后年份按日历年度（1—12）整理

2.1992年以前年政策性指平价，市场性收购指议价；定购到2003年结束

第三章　军粮供应

军粮供应是粮食部门一项保密性与政策性极高的重要工作任务。军粮供应相关政策和管理工作对外公开仅限止1994年。在1952年9月和12月中央先后召开的第一次和第二次全国粮食工作会议上，首次明确军粮供应与管理由政务院粮食部负责。安徽省由省粮食部门负责。

第一节　军粮供应政策

50年代军粮供应政策　新中国建立后，军粮供应工作由战时的支前供应转向平时供应。军粮供应政策都是全国统一制定的，各省只有执行权，个别不明晰的地方由各大军区联合所辖省制定补充规定。1950年安徽建立按月召开军粮供应会议制度，由粮食局负责召集协调军粮供应有关问题。

1952年1月27日，安徽省财政厅粮食局、省军区后方勤务部联合下发通知，就马料供应比例作出要求：每50公斤马料按50%玉米、30%麸皮、20%黄豆、绿豆或豌豆比例供应。主要以各地区所产杂粮为主。并规定麸皮、玉米、红粮、豌豆斤兑斤马料，黄豆32.5斤折马料50公斤，绿豆42.5斤折马料50公斤。

1952年6月，安徽省财政厅、粮食局召开的供应会议决定：各部队所需的面粉、大米数量于上月10日前编造预算分送当地粮食局及省局。部队移防时须预先通知粮食局取得省局转移供应介绍信。各购粮部队装粮麻袋原则上自行解决，必须借用时按华东军区规定扣收押袋粮并须在限期内归还。由粮食局负责运至师及军分区单位，在30公里以内的由部队自运，粮食局负责过渡费，军校及伤病员医院运费由粮食局负责。供应比例：滁县军分区面粉30%，六安军分区20%，阜阳、宿县二分区小麦粉80%，大米20%，江南地区野战部队面粉25%，地方部队9%，地方医院八八米50%，二号粉35%，九二米15%，野战医院二号粉75%，八八米25%，军校八八米、二号粉各半。

1952年12月中央粮食部印刷发行“行军粮票”，并印发了《关于1953年度行军粮票使用办法》，规定“行军粮票”发行权属粮食部，由总后勤部军需部凭需粮计划领取，发给部队使用，本年度内在全国通用，并由粮食部与总后勤部结算。同时财政部、粮食部还规定自1953年1月1日起，除志愿军和康藏部队粮食供应发实物外，其余部队所需粮食发50%的代金，马料改发10%的代金，并规定细粮不发代金。拨发粮代金部分均以粗粮计算。

1953 年 1 月 1 日，华东军政委员会财政部、粮食局、华东军区后勤部联合通知：安徽地区 50 公斤按 50% 折代金、面粉 35%、大米 15%。在实领面粉内配发 25% 二号粉，在实领大米内配发 10% 八八米。同年 12 月 1 日，华东军区后勤部、粮食部华东粮食管理局下发联合通知：部队团营以上后勤部门必须按月编造准确需粮计划送当地粮食部门；部队以 50% 代金购粮，只限于有拨证户头者，准购拨证等量之粮食，其购粮价格一律按当地零售价；部队供应粮一律按加工供应市场之标准米面供应。安徽粮食比例为面粉 30%，大米 20%，大米代金 50%，安徽马料供应比例是麸皮 40%，杂粮 40%，豆饼 20%，代金购买部分按部队购料计划售给各种杂粮，不受比例限制。

1953 年 11 月 5 日，粮食部《关于军粮拨至各大军区的通知》规定：1954 年度不再印发部队“行军粮票”，部队仍以现金购粮，并规定自 1954 年 3 月 17 日起实行食油统销，取消食油自由市场和建立部队、机关、市民的计划供应办法。

1954 年 3 月 31 日，粮食部、总后勤部颁发 1954 年军用粮计划规则，确定全军年度需粮计划由总后勤部军需部分大军区编造，送粮食部。同年 12 月 2 日，粮食部、总后勤部下发《1955 年度部队粮食供应暂行办法》，规定拨证粮各省的细粮比例和粮食质量，从 1955 年 1 月 1 日起执行。12 月 23 日财政部、总后勤部规定薪金制和工资制的人员伙食费由本人自理。

1955 年 2 月 17 日，粮食部、总后勤部决定自当年 1 月 1 日起，部队拨证供应面粉的面袋，改为随粮拨付给部队。面袋款随粮价一起结算。原借袋或押金的办法一律作废。

1955 年 6 月 1 日，商业部、总后勤部联合下发《关于部队食油供应的通知》。粮食部 11 月 25 日规定供应志愿军的粮食，粗细粮比例从 1956 年 1 月 1 日起改为大米 50%、面粉 30%、粗粮 20%。同年 12 月 30 日，国务院批转总后勤部《关于军事系统各类人员粮食定量暂行规定》和《军事系统各类人员粮食定量的说明》，规定军事系统的用粮数量，由后勤部门按实有人数和定量分季度报送需粮计划，经粮食部门核准后供应。为了保守军事机密，现役军人和军事工厂的职工人数，可不报粮食部门。各类人员的粮食定量为：士兵（包括特勤灶的干部）按给养供应标准；团以下部队的校官每人每天 22 两（16 市两制，下同），尉官 23 两，师以上机关的校级以上军官 20 两，尉官 22 两。

1956 年 6 月 18 日，粮食部、总后勤部联合下发《关于拨证马料粮食品种搭配比例的通知》。安徽马料粮种比例为：杂粮或糙米 50%，豆类 25%，麦麸或米糠 25%，自 1956 年 9 月 1 日起执行。

1956 年 8 月 11 日粮食部、总后勤部联合下发《关于改进拨证粮等价折付办法的通知》，规定如当地无部队的拨证粮种，经商军区后勤部同意，可等量交换；在北方如当地无粗粮，需大米和面粉顶替时，报粮食部和总后勤部批准后执行；马料粮种搭配，相互不折合，以斤顶斤拨付；部队节余粮需调换品种时，等量交换，按质互找差价。

1956 年 8 月 17 日，粮食部、总后勤部联合下发通知规定：部队标准内确有余粮并必须出售时，凭团以上后勤机关证明，按当地统购价售予当地政府粮食部门。

1956年10月，粮食部、总后勤部在北京联合召开全国第一次军粮供应工作会议，会议研究制定军粮供应的五个办法，即《军用粮定额支票使用管理办法》《编送军用粮油计划的规定》《军事系统粮食、食油供应办法》《供应部队的粮食质量标准的规定》《军需马草供应暂行办法》，1957年1月1日起执行。

1956年12月14日，安徽省粮食厅、安徽军区后勤部联合下发《关于贯彻军用粮供应工作几个办法的联合通知》，规定在中央尚未最后确定供应部队粮食质量标准前，按过去规定，即当地中等质量粮食供应部队，在可能的条件下给予照顾，同等规格粮食中选择较好的拨给部队。驻安徽地区部队人员的粗细粮比例数，除定额支票按票面规定付给外，军官和相当军官的职员按米60%，面粉40%，其他各类价购粮按大米80%，面粉20%供应，在有条件地区，根据库存情况，可以给予适当照顾。

1956年12月14日，粮食部、总后勤部下发《1957年军粮供应质量试行标准的通知》。规定供应部队的军用大米为标准一等，面粉为标准粉，高梁米二等，小米二等。

1958年3月14日，粮食部、总后勤部颁布《1958年军事系统粮油供应办法》，规定从4月1日起，副食大豆供应以定额支票领取和价购主食粮总数的5%范围内供应，伤病员按实际需要购买。部队行军所需食油仍以现金购买；所用的粮食，供给制人员用军用粮定额支票领取，薪金制的军官、在编职工等人员以现金购买。同年11月10日，两部又下发《1959年军用粮定额支票使用管理与结算的几项规定的通知》，规定1958年发行的军用粮定额支票，1959年继续使用；县市粮食部门，每月按当地粮食统销价减税作价，编制出库报单，逐级汇总报粮食部向总后勤部结算。

60年代军粮供应政策　1960年3月14–24日，粮食部、总后勤部在北京召开第二次全国军粮供应工作会议。5月30日颁发《军队粮食、食油、饲料的供应与管理办法》，明确粮食与饲料粮标准（草案）和食油采购定量，粮食品种供应比例，军用粮定额支票使用管理办法，粮油供应管理办法，新兵入伍、老兵复员、军官转业退伍粮食供应办法和马草供应规定等。自1960年9月1日起执行。其中粮食供应比例，主产杂粮地区细粮比例面粉降低10%，大米增加10%；马草作价的销售价（或收购价），改为按成本价加运费、损耗计算。

1960年10月5日，粮食部、总后勤部在石家庄联合召开第三次全国军粮供应工作会议，研究军官粮食由按计划供应改为凭粮票购买。会议制订了《军用价购粮票使用与管理办法》。并于同年11月15日颁发《军用价购粮票使用与管理办法》，从1961年1月1日执行。办法规定价购粮票只限军官、在编职工、士兵（指粮食折款供应者）使用。

1960年及三年自然灾害期间，总后勤部决定从当年9月1日起，执行军委批准的全军节粮方案：校以上军官粮食定量每人每月降为16公斤，节约2.75公斤；尉官降为18公斤，节约2.625公斤；马料每匹每月降为75公斤，节约10%；士兵每人每月22.5公斤不降。

1961年底，粮食部、总后勤部联合下发《关于调整军官、在编职工的粮食定量问题的联合通知》，规定军官粮食定量一律调整为19公斤；在编职工轻体力劳动为19公斤，重体力劳动为22.5公斤。

1962年5月4日，国务院下发《关于加强军需马草供应工作的通知》，规定马草的收购与供应，由粮食部门经营管理。粮食部门经营马草，以不赔不赚为原则，军队按实报销。

1962年10月18日，粮食部下发《关于做好中国人民武装警察部队粮油供应工作的通知》，明确把武警部队所需的粮油按照解放军的标准纳入粮食部门供应。

1963年3月4日至14日，粮食部、总后勤部在北京召开第四次全国军粮供应工作会议，修改了《军粮供应与管理办法》，主要内容有：军用粮料，由粮食部发行"军用粮定额支票"和"军用价购粮票"，部队凭票按规定办法领购粮料；军用食油，凭批准计划供应；副食黄豆，按规定比例供应；马草实行派购，凭计划供应；部队领取粮油，所需油桶、麻袋一律自备，机制面粉的袋皮，可采取借袋押款或价拨的办法；部队凭"军用粮定额支票"和"军用价购粮票"向粮食部门领购的粮料，距离部队驻地30华里以内由部队自运，超过30华里由粮食部门负责运送。

同年9月7日，安徽军区后勤部、安徽省粮食厅联合下发《关于"军粮供应与管理办法"补充意见的通知》规定：士兵粮食供应品种比例：大米80%，面粉20%，可适当搭配部分鲜薯类，淮北地区也可搭配杂粮或杂粮粉，但总的比例不得超过实购粮总数的10%。凭价购粮票兑换全国或省内流通粮票者，一律扣减食油计划，团或相当团以上单位兑换时，每15公斤粮票扣油0.5公斤，营及营以下单位兑换时，每22.5公斤粮票扣油0.5公斤。在省内出发或回乡探亲的，应兑换省通用粮票。供给部队的副食大豆，按规定标准，随每次购粮按比例供应。部队领取粮油所需的油桶、麻袋，一律自备，面粉袋皮除统一由粮食厅价拨一部分给军区分配外，一律采取借袋押款办法，超过时间按每条袋每天扣折旧费5分。

1966年7月1日，中国人民公安部队撤销并归军队建制，纳入中央财政粮供应。

70年代军粮供应政策　1970年9月10—27日，商业部、总后勤部在河北省张家口市联合召开第五次全国军粮工作会议。会议修改《军粮供应办法》和《军用战备粮管理办法》。会后，周恩来总理在北京接见了这次会议的全体代表，并作了重要讲话。

修改后的《军粮供应办法》规定：部队所需供给粮由总后勤部通过商业部拨付和办理粮款结算，改为由军区直接向省级粮食部门办理拨付和结算。总部、军兵种驻各军区的单位，由军区拨付和办理结算。供给粮供应比例：东北三省的细粮由50%改为60%，华北地区改为65%。伙食单位领购油、豆，由过去的四道手续，改为凭"供应证"供应的办法，"供应证"全国通用。在商业部没有印发全国通用"供应证"以前，各省、直辖市、自治区商业（粮食）部门印发的"军用食油、副食黄豆供应证"，可以跨省、直辖市、自治区使用。部队全年所需马草一次买足储足，价格按"不赔不赚"的原则，改为军需马草由粮食部门、部队、社队三结合的办法储存,部队随用随拨,价格要稳定,按统一价格付款。部队领购面粉自备面袋或借袋押款,改为粮食部门一次价拨,以后如有缺损,粮食部门价拨补充。部队生产粮调剂由部队自己调运,改为可以自己调运,也可以由粮食部门兑换,即甲地交粮,乙地取粮。军粮供应价格,按当地统销价计算,军粮供应质量标准、品种、比例等详见附表。

这些规定,当时是在“文化大革命”和全面贯彻毛泽东主席“备战、备荒、为人民”,全民办后勤的时代下制定的,共四章十五条(款)。办法侧重于供应,手续简化。

80 年代军粮供应政策　1980 年 12 月 8 日,粮食部、总后勤部在北京召开全国第六次军粮工作会议,对 1970 年制定的《军粮供应管理办法》进行修改。新的《军粮供应与管理办法》共十五条六十款,主要修改有:原来由省军区和省粮食厅(局)办理军用供给粮拨付和结算改为由总后勤部和粮食部办理,将周转金改为预付款;副食大豆原按标准供应,改为按实领购口粮的比例供应,并规定油、豆当月不买作废;调整粮食比例,长江以北地区降低粗粮、大米各 5%~10%,长江以南地区降低大米 5%~10%,均相应增加面粉。安徽省供应品种比例:面粉 20%,大米 80%。主产大米的地区大米为粗粮,主产杂粮地区,面粉、大米为细粮。凭全国通用粮票和地方粮票购粮,分别按上述比例供应。部队领购面粉以袋换袋,粮食部门可在每次每袋二分钱以内收折旧费等条款。

1981 年 7 月 13 日,粮食部文件规定:军队农副业生产的粮食(含油脂、油料)及其副产品和国家粮食部门供应军队的粮食、食油、副食黄豆等节余部分,不能进入农贸市场和向国家议价出售,也不能将制品(如粉条、豆腐、豆芽等)拿到集市出售;军队不能自行通过外贸部门出口粮食、油料、油脂;军队不能以农副业生产的粮食去以粮易物和请客送礼;军队交售给国家的粮食及其副产品一律按当地统购价结算。

1981 年 9 月 14 日,总后勤部、粮食部下发《关于部队复员、转业和新兵入伍所需全国通用粮票问题的通知》,规定复员、转业和新兵入伍所需全国通用粮票,由军区归口向省粮食厅编制用粮计划,省粮食厅(局)下达指标后,部队持师以上单位介绍信按计划到指定地点用军用价购粮票兑换。

1982 年 3 月 13 日,粮食部、总后勤部联合下发《军粮供应与管理办法中几个具体问题的补充规定》,明确军用粮票的拨付截止 1982 年 3 月底,从 4 月 1 日起实行新的拨付办法。清理军用粮周转金,4 月 1 日以后军粮出库价款由各省、市、自治区上报粮食部结算;前运粮、油、面粉价款,单独列军粮出库报单上报粮食部,向总后勤部结算;干部退休交地方安置的,带 6 个月的通用粮票;军队交售的生产粮,不再转为国家战备粮,作为地方的零散收购粮统计上报。

1983 年 3 月 17 日,商业部粮食储运局、总后勤部军需部下发《关于基建工程兵部队办理集体转业时粮食供应几个具体问题的通知》,规定集体转业时,干部、在编职员按本人原定量由地方供应 3 个月,从第四个月起,按当地粮食定量供应;战士、在编工人按当地同工种粮食定量接供,不发粮票。

1984 年 12 月 31 日，商业部、总后勤部下发通知，规定驻“三北”地区边境县和山东、辽宁的海岛部队，取消粗粮，全部供应细粮。其他北方地区粗粮供应比例一律降为 10%，减少的粗粮比例改供面粉。

1985 年，国家提高部分军粮供应质量标准，要求粮食加工部门必须按国家规定标准加工成品粮，保证质量；粮食部门不准将不合规定标准的粮食供应部队；对海军潜艇人员和空勤人员全部供特等米，特制粉；非生产大豆的省、直辖市、自治区要积极组织货源，保证部队供应；油、豆供应由当月作废改为隔月作废。

1986 年 9 月 16 日，商业部、总后勤部联合在西安市召开全国第七次军粮工作会议，再次修订《军粮供应与管理办法》。规定军供大米等级为标准二等，面粉为标准粉，有条件的地区可供应部分优质米面。空勤和海勤中的潜艇人员全部供应优质米面。食油是二级食用植物油，大豆是中等标准；部队干部、在编职工粮食供应比例：大米 80%，面粉 20%，如当地货源许可，允许选购。凭军用价购粮票售给部队的成品粮和标准内的油、豆均按国家规定的当地统销价收取现款。1987 年南京战区六省市联合制定了《军粮供应与管理办法补充规定》。

1987 年 4 月 15 日，经国务院、中央军委批准，商业部、总后勤部印发《关于预备役部队粮油供应标准的通知》，规定在训练期间，粮食每人每天 800 克，食油每人每月 500 克。

1988 年 8 月 27 日，财政部、商业部、总后勤部联合下发《关于认真做好军粮供应工作的通知》，强调各地在进行地区性粮食改革时，必须继续执行《军粮供应与管理办法》，不得自行修改有关规定；必须按军队标准保证官兵的粮、油、豆供应；对部队标准内的粮油豆，一律按统销价供应，不得以任何理由提高价格。因灶别变动的而增供的油豆部分，其提价补贴和费用，按现行财政体制由地方财政解决。

1989 年 9 月 15 日，国务院办公厅、中央军委办公厅转发国家计委、财政部、商业部、总后勤部《关于解决军粮供应中存在问题报告》规定：军粮供应必须贯彻“先前方、后后方、先军队、后地方”的供应原则，以高度的政治责任感，认真做好军粮供应工作；军粮管理和财务收归中央统一管理；供应军队的大米、黄豆和其他粮食，首先在合同定购和进口粮解决，不足部分由“议转平”解决。一定要优先保证军粮供应。以统销价供应军队；军粮财务收到省级财政部门，不得再向下层层包干；军队各类人员的粮、油、豆定量标准不得违背和擅自修改。军官、文职人员和在编职工在探亲休假期间的口粮凭军队开出的供应介绍证，按居民口粮的价格、品种比例和军人的定量供应。食用油每人每月按 750 克供应；各级人民政府要把搞好军粮供应工作作为拥军优属的一项重要内容，定期进行检查。

1989 年 10 月 16 日，商业部发布《军用粮票管理试行办法》，对军用粮票的收、付、核销、取送、安全管理以及奖惩措施等都作了具体规定。

1989 年 12 月 7 日，商业部、财政部、总后勤部联合下发《关于非稻谷、非黄豆主产区军粮实行专项补贴具体实施办法的通知》，规定了非稻谷主产区的大米，每50千克平均补贴24.34元；非黄豆主产区每50千克平均补贴27.10元，经费每年年初由国家财政通过各级粮食部门专项拨到基层供粮单位。

90年代军粮供应政策　1991年5月15日，商业部粮食储运局、总后勤部军需部联合下发《关于粮油统销价格调整后军用粮、油、豆供应有关问题的通知》，通知对军供的粮、油、豆按国家调整后的价格结算等问题作了具体规定，解决了粮食部门的实际困难，也保障了部队供应。

1992年9月21日，商业部、财政部、总后勤部下发《关于在粮食流通体制改革中做好军粮供应工作的通知》，强调军队是高度集中统一的武装集团，其供应政策和办法必须保持全国范围的统一；在粮食流通改革时，对军粮供应要严格执行现行统销价格，并负担由此产生的亏损，不得随意加价和收取不合理的杂费；继续贯彻"先前方，后后方；先军队，后地方"的供应原则，按部队定量标准保质保量供应好。

1992年12月，全国军粮工作座谈会提出"粮随人走、钱随粮走、限价供应、差价补贴"的军粮供应改革原则，具体是：改革军供用粮分财政粮和事业粮的作法，全部军粮（含食用油、副食大豆、马料）纳入财政粮供应指标；改革军粮财务包干到地方的办法，采取预决算方式，军粮财务实报实销，由中央财政负担；粮价放开的地区，对军粮实行限价（即统销价）供应，统销价与市场价的差额部分和经营费用由中央财政补给供应部门；军粮供应渠道仍按现行办法，由粮食部门负责。

1993年3月11日，商业部、总后勤部下发《关于提高军供小麦粉、大米质量标准和调整北方军粮供应比例等问题的通知》，决定从1993年4月1日起，军供小麦粉标准提高到特制二等粉，大米由标准二等提高到标准一等；取消北方部队粮食品种中的粗粮，原军粮供应比例中10%的粗粮改供大米；海勤、空勤人员和伤病员、休养员全部供应特制一等小麦粉和特等大米。部队仍使用现行供给粮票和价购粮票到粮食部门领购粮食，军粮价格按当地现行统销价计算。

1993年12月17日，总后勤部、商业部、财政部在充分调研的基础上，联合向国务院、中央军委呈报《关于改革军粮供应体制的请示》，建议改革现行军粮供应体制，粮食部门筹措议价粮源，按统销价供应部队，军粮"议转平"供应部队，差价由中央财政和省财政各分担总额的50%等。

1994年2月6日，国务院、中央军委颁布《关于改革军粮供应体制的通知》，决定实行议价筹措粮源，按统销价供应部队；军供粮、油、豆的统销价与零售价之间的差价实行补贴，由中央财政和省级财政各负担50%；启用新的军用粮票，不再划分财政用粮和事业用粮的性质；军粮财政实行专项、专户、专账管理，军粮财务统一上收到省一级财务管理，并与大粮食财务脱钩；粮食部门作为军粮供应的职能部门，成立军粮供应专门机构，设立军粮供应网点。

1994年3月2日，全国第八次军粮工作会议在北京召开。国务院副总理李岚清、中央军委委员、总后勤部部长傅全有代表国务院、中央军委接见会议全体代表并作了指示。会议修订新的《军粮供应与管理办法》,会议决定从 1994 年 6 月 1 日起,按新办法执行。

第二节　军粮质量

军粮质量是军粮供应工作的生命线,是检验军粮供应工作水平的标志。军粮供应质量标准国家有严格的明细规定,同时随着经济的发展与生活水平不断提高,供应品种、质量标准和供应价格也随之发生变化。

安徽省军粮供应质量、价格表

表 2-3-1

品种 质价 年份	面粉		大米			食油		黄豆		供应比例（%）		
	质量	价格	质量	籼米价格	粳米价格	质量	价格	质量	价格	面粉	大米	粗粮
1952	—	当地市场零售价	—	当地市场零售价	当地市场零售价	—	当地市场零售价	—	当地市场零售价	20 左右	20 左右	其余粗粮各地不等
1953	标准粉	当地市场零售价	标准米	当地市场零售价	当地市场零售价	—	当地市场零售价	—	当地市场零售价	30	20	50
1954	标准粉	16.96	标准米	9.77	当地统销价	—	当地统销价	—	9.82	30	20	50
1955	标准粉	16.96	标准米	9.95	当地统销价	—	当地统销价	—	9.96	30	20	50
1956	标准粉	16.96	标准一等	10.17	当地统销价	—	当地统销价	—	9.84	30	20	50
1957	标准粉	16.96	标准一等	10.21	当地统销价	—	当地统销价	—	9.95	20	80	
1965	标准粉	16.96	标准一等	12.01	13.79	—	当地统销价	—	12.82	20	80	
1966	标准粉	17	标准一等	13.93	15.53	—	当地统销价	—	14.46	20	80	
1970	标准粉	17	标准二等或以上	13.93	15.53	—	当地统销价	中等或二级以上	14.46	20	80	
1981	标准粉	17	标准二等	13.93	15.53	—	当地统销价	中等	14.5	20	80	
1986	标准粉	17	标准二等	14.2	15.8	二级	77.09	三等	14.51	20	80	
1989	标准粉	17	标准二等	14.2	15.8	二级	77.09	三等	14.51	20	80	
1991	标准粉	17	标准二等	25	29	二级	208	三等	37	20	80	
1992	标准粉	39	标准二等	36	45	二级	208	三等	55	20	80	
1993	特制二等	39	标准一等	36	45	二级	208	三等	55	20	80	
1994	特制二等	39	标准一等	36	45	二级以上	208	三等以上	-	20	80	

说明：1.1952–1953 年，粮油没有实行统购统销，军粮供应价格均按当地市零售价执行

2 .1953 年 11 月以后，粮油实行统购统销，军粮供应价格均按当地统销价执行，但各地区、各品种并不完全统一。

3.1989 年 12 月 7 月，商业部、财政部、总后勤部联合发文规定，对非稻谷、非黄豆生产区军粮实行专项补贴，非稻谷主产区的大米每百斤平均补贴 24.34 元；非黄豆主产区的黄豆每百斤平均补贴 27.10 元。

4. 食油和大豆质量当时没有等级规定的，用“—”表示

第三节 军用粮票

军用粮票既是部队领购粮食的凭证，又是粮食部门结算的依据。军用粮票只限于部队使用，不准在社会上（包括军人服务社等）流通，粮食部门也不得向部队以外的持有军用粮票的单位和个人供应军粮。

1951 年，中央人民政府财政部印制发行全国通用的“军用支粮证”，即行军粮票，可分为大米、细粮、粗粮、马料四种，是早期军用粮票。

从 1957 年至 1994 年，粮食部、商业部和国内贸易部先后七次印制、发行过不同版面的军用粮票。其中，1957 年和 1958 年，中华人民共和国粮食部正式印制发行军用粮定额支票，品种有面粉、大米、粗粮、马料四种，面额分别为 50 斤、100 斤、1000 斤、5000 斤，票面有编号，是部队领粮、领料的凭证。从 1960 年起，为了方便带薪的军官和军队在编职工及粮食折款供给的士兵购买口粮，中华人民共和国粮食部又印制发行了军用价购粮票。其面额有 2 两、3 两、1 斤、5 斤、30 斤、100 斤、500 斤、1000 斤。不分粮食品种，并规定此票仅限于军官、在编职工及粮食折款供给的士兵购粮使用。

马料票最后出现于 1971 年版，使用 10 年后，1981 年军用粮票再次改版，马料票退出了历史舞台。

到 2007 年 1 月，军用粮票已全部停止使用，并已在全国范围内基本上全部销毁，留下的一点只作档案资料和研究资料之用。

第三篇　粮食计划与调控

计划经济时期,国家主要通过计划指令等方式实施粮食调控,保持粮食供需总量总体基本平衡。社会主义市场经济体制下,主要通过经济的、法律的和必要的行政手段实施粮食调控,建立和维护健康的市场秩序,保障粮食市场供应和价格的基本稳定,实现粮食市场的平衡发展,确保地区粮食安全。粮食调控核心是调节市场粮食供求平衡状况及其关系,它包括三个方面的平衡:一是社会粮食商品的总供给和总需求之间的平衡。二是保持社会商品结构上供求基本平衡。三是保持动态的供求基本平衡。安徽作为粮食主产省,认真执行国家粮食计划与粮食宏观调控政策,积极推进粮食储备体系、粮食市场体系、粮食应急体系建设,有效保障了省内粮食市场供应和价格的基本稳定,确保了地区粮食安全。

第一章　粮食计划管理

1985年至1992年，粮食收购、销售主要实行计划管理。1990年前国家采取合同定购方式，国有粮食企业没有完成定购任务前，不允许其他企业和个人收购。粮食销售实行计划包干办法。1990年后改为国家定购，逐步实行计划收购、市场调节并重的政策。1993年开始在全省范围内放开粮食购销价格和市场，粮食购销计划管理弱化直至取消。

第一节　粮食购销计划

合同定购计划、国家定购计划（略，详见第二篇第一章第一节）

其他计划收购

国家委托代购　1986年国家为了平衡粮食收支，分配安徽省代购200万吨贸易粮（限定购品种）。代购的粮食价格随行就市，最高不超过原来的超购价。当年代购粮食77.49万吨。

“议转平”　为了平衡国家粮食收支，1986年度在合同定购任务以外，从各地议价收购的粮食中上缴国家185万吨，由国家统一安排使用，即“议转平”。“议转平”的粮食品种，只限于大米、小麦、玉米和主产区调出的大豆。

国家弥补平价粮食收支差额所需要的粮食，用议转平的办法解决。省安排各地的就地“议转平”粮食指标，主要是解决部分缺粮地区一面调进平价粮，一面又将收购的议价粮向外销售，造成粮食对流的不合理现象，以及弥补1987年出口大米所减少的周转库存。全省“议转平”指标15.7万吨，其中，小麦5万吨，稻谷10.7万吨。中央协调“议转平”计划10.5万吨（其中，议价出口朝鲜大米5万吨）。同年，共收购议购粮食374.71万吨，超过定购收购量。

1988年，全省“议转平”粮食63万吨，其中，稻谷46万吨，小麦15万吨。

“异地指标划转”　1988年，在保证完成中央和省“议转平”计划以后，仍有多余需要议销的粮油，数量在500吨以上，食油在50吨以上，符合国标，须调整流向，进行议价粮油指标异地划转。

1992年，省粮油食品局为防止粮油迂回、对流、重复装卸等不合理运输，开展了“异地指标划转”和“平、议价粮油互抵”等工作。

“市场调节粮”　1989年,国务院委托商业部中国粮食贸易公司(简称“中粮贸公司)代购一部分议价粮食调剂市场。经与中粮贸公司商定,第一批在安徽省代购市场调节粮小麦7.5万吨,大米10万吨。粮权属于中央,各地不得擅自动用和划转。

第二节　粮食计划调拨

粮油计划管理实行“四统一”,粮油调拨主要实行分年度、季度、月度三种,在服从全国统一调拨的前提下,由地(市)县分级编报,经省平衡后组织调运,实现粮油从生产到消费的流通。实行粮油调拨一般分为平衡调拨、品种调剂、季节调剂三种情况。

粮油调拨计划　根据商业部、财政部购销调拨包干办法,安徽省制定《1987年粮油购销调拨包干和财务包干办法》,1987年4月1日执行。调拨的依据以1987年当年购销差、加工差、及损耗的差额作为粮食调出、调入的计划。各地市下达的粮油计划指标要报省粮油食品局。当年,食用油调拨根据中央确定安徽省调拨计划,参照各地的购销差,全年一次安排。因灾减购,在季度调拨计划中调整。

1989年,商业部、经贸委下达安徽省第二季度自营出口特二粳米1万吨。分地市安排:巢湖地区4500吨,宣城地区1000吨,安庆市2000吨,马鞍山市1500吨,芜湖1000吨。同时下达《关于下达1989年第三季度中央“议转平”大米对口调拨计划的通知》,计划为13.5万吨。安排滁县地区5.5万吨,六安地区2万吨,宣城地区0.7万吨,巢湖地区1.4万吨,池州地区5000吨,安庆市9000吨,淮南市5000吨,合肥市1万吨;另增加调北京市5000吨。安排省粮贸公司买断稻谷中央“议转平”大米2万吨,安排滁县地区1万吨,合肥市1万吨,发往天津市。另外,商业部三季度从安徽省调出平价芽麦2.75万吨,其中,发往天津、内蒙、辽宁、吉林、陕西各5000吨,山西2500吨。安排阜阳地区、蚌埠市5000吨,宿县地区1.75万吨,其发芽率控制在24%以内。商业部确定安徽省第四季度中央“议转平”大米调拨计划14.5万吨;另外中央买断大米5000吨。

同年,下达第四季度省自营出口大米计划,出口标一籼米9600吨。其中,滁县地区7000吨,宣城地区2600吨。根据《关于下达1989年第四季度平价芽麦调出计划的通知》调出计划6万吨,其中天津、内蒙、甘肃各1万吨,辽宁、吉林各2500吨,山西1.25万吨,陕西7500吨,黑龙江5000吨。根据安徽省粮油食品局《关于下达1990年第一季度中央“议转平”大米对口调拨计划的通知》,调拨计划15万吨。

1990年,粮油调拨计划分季度下达,分省内、省外及出口。

1991年,三年粮食包干期结束,省确定购销调拨包干再延续两年。同时决定:取消原定非农业销售每年递增1.5%的规定。取消省间“议转平”大米调拨的指令性计划和销区调入每公斤大米增加3分钱补贴的规定。

1993年度,安徽省调给贵州省市场调节粮大米5万吨,调往四川以工代赈用粮2.5万吨。同时为平抑市场粮价,抛售171.42万吨稻谷市场调节粮,由调入县向省局结算,由省粮油食品局统一向中央结算。

1994 年，为平抑市场粮价，保证市场供应，省政府下达定购粮食调拨任务，销区调入 58.35 万吨，产区调出 42 万吨。省外安排调往广东专储小麦 3 万吨。黄山市从江西调入专储大米 5 万吨用于救灾。国家粮食储备局安排安徽省第二批储备油 2.5 万吨，调给天津、上海、浙江、江西四省。

1995 年，国家安排安徽省从吉林省分二批调入 8 万吨专储玉米，第一批 1.5 万吨，用于救灾；第二批 5 万吨，用于保护生猪生产，宿县地区从山西调入移库玉米 1.5 万吨。

1996 年，省安排粮食调拨计划为 69.25 万吨。其中，小麦 30.5 万吨，稻谷 38 万吨，大豆 0.75 万吨。

1997 年，国家粮食储备局下达安徽省国家专储大米出口共 6 批 7.1 万吨。同年，省内定购粮调拨计划为 38 万吨。其中，小麦、稻谷各 19 万吨。调出省外计划 50 万吨，其中，小麦 30 万吨（调北京、天津各 10 万吨，上海、浙江各 5 万吨），大米 20 万吨（调上海 15 万吨、广西 5 万吨）。

1999 年，安徽省第 9 ～ 11 批专储大米部分直管储备 60 万吨，作专储出口处理。第 10 ～ 17 批专储大米直管储备 13.96 万吨，作专储出口处理。第 1 ～ 2 批专储大米直管储备 2 万吨，作专储出口处理。

2007 年，安徽省粮食局、省农发行、中储粮安徽分公司联合转发国家发改委等 6 部委下达《关于下达最低收购价粮食第二、三批跨省移库计划的通知》，第二批小麦 61.90 万吨，早籼稻 4.02 万吨，中晚籼稻 14.06 万吨；第三批小麦 40 万吨。

2008 年，国家发改委等 6 部委下达第二批中央储备玉米跨省移库计划，安徽调入玉米 10.5 万吨；第 5 批移库安徽调入玉米 9 万吨。

粮油调拨实绩 1985—1992 年，省内粮油调拨，除保证军粮供应外，还要保证缺粮地区的口粮供应，即用于遭遇特大自然灾害地区的粮食救济。省外粮油调出大部分调往上海、天津等大城市。

安徽省粮食平议价调往省外统计表

表 3-1-1 单位：万吨

年度	粮食调省外		
	合计	平价	议价
1985	222.18	192.00	30.18
1986	224.95	188.11	36.83
1987	195.83	59.03	136.81
1988	149.93	23.27	126.65
1989	199.90	14.44	185.46

续表 3-1-1

年度	粮食调省外		
	合计	平价	议价
1990	214.36	24.19	190.17
1991	-386.06	-306.03	-80.03
1992	43.93	-12.86	56.79

1993 年，取消省间和地区间粮油计划调拨，实行产销见面，签订粮油供销合同。调出省外最多的地市是阜阳、宿县、滁县地区及省直公司，共签订粮食合同调出 72.19 万吨，占全省的 62.94%；菜油调出 1.955 万吨，油菜籽调出 3.05 万吨（含自营销售合同）。省内供销双方签订粮食合同 56.9 万吨，签订合同最多的地市为宿县地区 19.4 万吨、滁县地区 14 万吨、阜阳 13.85 万吨，占省内合同计划的 83.57%。调出品种主要是小麦和稻谷，占 49.38% 和 37.17%。调入地区大多为缺粮地区、山区、矿区等。

1994 年，遵照中央关于做好“总量平衡，地区平衡”的指示，将定购内和计划收购的粮食油脂动用权收回省，由省统一平衡，按计划组织调拨。实行粮食、油脂对口调拨，安排小麦计划 31.5 万吨，稻谷 39 万吨，食用油 3 万吨。实际粮食调出（粮食年度，下同）106.45 万吨，调入粮食 89.59 万吨；食油及料折油调出 3.26 万吨，调入 2.29 万吨。

1995 年，对省内定购粮调拨实行财政补贴，调出粮食的地市县，由调入地方财政每 50 公斤补贴 6 元。当年，净调出粮食 44.65 万吨。

1997 年，辖区外市场粮调入 2.51 万吨，调出辖区外市场粮 70.65 万吨，省内定购粮调出 13.59 万吨。同年，省粮食局等 6 部门，为解决国有粮食企业仓容不足的困难，对最低收购价粮食实行跨省移库。

1998 年，市场粮省外调入 1.5 万吨，调出 63.79 万吨；省内定购粮辖区外调出 14.37 万吨，调入 4.46 万吨。

同年，实行政策性与商业经营性分开，粮食销售按“购得进、销得出”的原则，实行顺价销售政策。粮食的调拨（移库）只有发生特大的自然灾害或其他情况时，国家实行计划调拨。

第二章 粮食储备

粮食储备是实施粮食调控的物质基础和重要载体。中国粮食储备体系包括中央储备、地方储备和其他储备三级体系。建立和完善中央储备粮和地方储备粮体系是构建现代粮食宏观调控体系的关键。中央和地方储备粮油通过直接收购、政策性（平价）和非政策性（议价）粮油转入、进口粮油转入、调入建立，通过储备粮油的动用来调节市场、救灾和战备等。安徽省政府根据国务院的统一部署，1994年开始建立省级储备粮，2004年决定建立市县粮食储备制度，并颁布《安徽省省级储备粮管理办法》。

第一节 储备制度建立

中央储备粮 国家在实行计划经济时期建立的用于备战备荒的国家储备粮油（也称特种储备即“506”“甲字”粮油）、改革开放后粮食生产快速发展时期建立的国家专项储备粮（含商品储备油）和国家临时储备粮油，统称为中央储备粮油。其所有权、动用权属国务院（“506”粮动用权归国务院和中央军委），由国家粮食行政主管部门管理（“506”粮军政共管）。未经国务院批准，任何地区、部门、单位和个人都不得擅自动用。

1985年年底，安徽省代国家储备粮食25万吨。1987年，安徽在定购任务连续两年调减（1986年调减430万吨，1987年调减356.5万吨）后，计划外收购数量增加。

1990年，全国粮食生产形势转好，夏粮和早稻产量都超过预期，主产区出现农民卖粮难问题。为保护农民种粮积极性，在保证完成国家定购任务的同时，敞开收购议价粮，满足农民出售余粮的要求，促进粮食生产持续稳定发展，9月16日，国务院发布《关于建立国家专项储备粮制度的决定》，建立国家专项粮食储备，增强宏观调控能力，搞好丰歉调剂，保证粮食市场供应和粮价的基本稳定。同年，成立国家粮食储备局，负责国家粮食储备的管理工作。同年9月21日，全国专项粮食储备工作会议在武汉召开，确定本年度计划收购国家储备粮各品种数量。9月28日，省政府在合肥召开全省专项粮食储备工作紧急会议，坚持按保护价格敞开收购农民余粮。8月至12月，根据商业部、财政部通知，省粮油食品局分别下达多购转“专项储备”计划各品种粮食数量。粮权归中央，由商业部代国务院管理。多购转“专项储备”的小麦，是指在完成合同定购任务和保证各地市场正常周转以外多购而上交中央的部分。多购转专项储备早中稻、晚稻、玉米必须是在完成国家粮食定购任务和省间“议转平”以后，除去本地正常供应和周转需要以外的多余部分。按照国家下达的计划转为国家专项储备，必须是 4 月 1 日后从农民手中收购的余粮。当年全省多购转“专项储备”粮食 ** 万吨、食油 ** 万吨。（计划按粮食年度下达，实绩按日历年度统计，下同）

1991 年全省继续多购转“专项储备”粮食 ** 万吨、食油 ** 万吨。

从 1992 年开始，国家直接安排专项储备粮油收购计划。省对各地下达 1992 年度国家储备粮收购计划，其中含山区缺粮县市专项指标、弥补出口专储。规定必须是当年收购的新粮，重点安排已命名挂牌的国家粮食储备库。到 12 月底，安徽省共收购国家专储粮 ** 万吨。

1993 年 5 月，由国家粮食储备局安排，省粮油食品局下达计划，宿州国家粮食储备库从山西省调进 1.5 万吨国家专项储备玉米。

1994 年 8 月，国家粮食储备局以粮综联字号下文，省粮油食品局、财政厅、省人民银行（下简称省人行）、省农业银行（下简称省农行）以粮备联字下达 1994 年度国家专项储备小麦收购计划 ** 万吨，由宿州等 35 个国家粮食储备库和省级储备库承担全部收购任务，实际入库 ** 万吨。

1995 年国家建立食油储备制度，实行国家食油专项储备计划与地方食油储备计划配套。省粮食局、省财政厅、中国人民银行安徽省分行（下简称省人行）、中国农业发展银行安徽省分行（下简称省农发行）联合下达食油储备计划 ** 万吨，费用标准每年每公斤补贴 0.4 元，当年全部完成。解决油菜籽产区卖油难，稳定食油市场，增强对食油调控能力。

1996 年 1 月，省粮食局、省财政厅、省人行、省农发行以粮备联字号联合下达 1995 年度第二批食油储备计划，由省机械化粮库收储，入库结算价格按不超过每公斤 8 元，据实结算，所有权属中央。3 月，根据国家 5 部委计划，省粮食局、省财政厅、省计划委、省人行、省农发行联合下达 1995 年度国家专项储备粮食收购计划，安排收购专储大米，全部由命名挂牌的国家、省级储备库承储，结算价 80 元 /50 公斤，计划执行到 3 月底止。同时，规定分配的专储粮不准加价收购，密切注意市场价格动态，如果出现市场粮价上涨，立即停止收购，避免出现市场价格波动。

1997 年，全国出现粮食供大于求，市场粮价低迷。国家出台按保护价敞开收购农民粮食的政策。3 月，省粮食局、省财政厅、省农发行印发《关于下达 1996 年国家直管储备粮分库计划的通知》，安排国家直管储备粮收购计划，明确这批收储的小麦、晚籼稻谷由国家粮食储备局确定的指定库和省规定的代储点（省机械化库等 30 个库）收购并实行直接管理，3 月底前，全部集并到省下达的代储库，挂牌建账，专仓保管。10 月，省粮食局下达 1997 年度国家专项储备粮食收储大米计划，10 月底前收购、集并完毕。

2000 年 5 月，省粮食局转发国家粮食局《关于切实做好新建粮库装粮工作的紧急通知》，下达新库装新粮任务计划。省粮食局在省粮改执法领导小组领导下成立“安徽省新库装新粮执法检查小组”，各市县粮食局和新建国家库也成立领导小组，制定《新粮收购环节暂行规定》《新粮收购品种和质量标准》《新粮收购后勤保障有关规定》《新粮收购工作违章违法行为处罚办法》、《新粮收购十不准》等规章制度。

同年，省粮食局印发《关于中央储备粮划转问题的通知》，核定全省18个（安徽省机械库、中谷皖公司、湾址库、秃矶山库、铜陵库、桐城库、巢湖北郊库、庐江库、六安库、黄山直属库、怀宁库、肥东库、滁州库、涡阳库、阜阳库、凤阳库、凤阳国储库、宿州国储库、淮北库）新建粮库（包括中谷双凤库和黄山直属库）收购的新粮，全部划转为中央储备粮并实行垂直管理，同时将全省原存储中央储备粮等量划转为地方商品粮。

2001年，中国储备粮管理总公司（简称中储粮，下同）下达安徽中央储备粮收购计划（小麦、稻谷），从农民和国有购销企业购进，不允许从其他单位或私商粮贩手中收购。

2002年2月1日，全省“甲字、506”粮油销售工作会议在合肥召开。会议根据2001年全国粮食清仓查库结果，确定全省“甲字、506”储备粮销售计划（含中储粮蚌埠直属库、宿州直属库），品种有小麦、稻谷和特种储备菜籽油。省成立“甲字、506”粮油销售处理工作办公室，实行省财政、粮食、农发行联席会议制度，办公室设在省粮食局财务处。

2003年4月，根据国家粮食局国粮调〔2003〕50号通知精神，中储粮安徽联络处下达特种储备粮定点储存方案，方案按照军民结合、平战结合和国家储备兼顾战时军队需要的原则，安排安徽省从宣城、淮北、六安、黄山、蚌埠直属库现有库存中央储备粮油中划转部分小麦、稻谷、大豆、食油为特种储备粮。

2004年，全国夏粮、早稻均出现恢复性增产，为做好中央储备粮出口补库和新建压仓装粮工作，国家粮食局印发《关于下达部分中央储备粮收购计划的通知》，安排安徽省收购中央储备稻谷**万吨。其中，铜陵国家粮食储备库**万吨、阜阳中谷国家粮食储备库**万吨、安徽中谷国家粮食储备库**万吨，收购当年新粮。中央储备粮收购通过在省级以上粮食批发市场公开招标采购方式进行。同时，国家批复安徽中央储备粮轮换计划（国产小麦、稻谷，食油）。

2005年，全国夏粮和稻谷产量均比上年增加，国家粮食局下发《关于在新粮收购期间暂停中央和地方储备稻谷轮换出库的通知》，规定：在新粮收购期间暂停各级储备稻谷轮换出库，不得组织储备粮集中拍卖，以稳定稻谷市场价格。同年10月，省粮食局印发《关于当前粮食收购和储备粮入库工作有关问题的紧急通知》，规定：入库的省级储备稻谷，按每50公斤中等质量标准72元直接挂牌收购，不得抬高价格。在新粮收购期间暂停中央和地方储备稻谷轮换出库。

2006年12月，国家粮食局批复安徽2007年度中央储备粮（小麦、稻谷、食用油）轮换计划。粮用油出库期截止到2007年12月底。中央储备粮的轮换原则上应当通过规范的粮食批发市场公开进行。

2007年2月，根据国家发展改革委等部门印发的《关于进口小麦转为国家临时储备通知》,中储粮安徽分公司2004年进口的小麦38.8万吨,转临时储备24.7万吨、临时储存14.1万吨。

2008年3月,国家粮食局印发《下达进口豆油转中央储备计划》,安排安徽进口的2.15万吨豆油转为中央储备。12月,国家粮食局批复安徽2009年度中央储备粮油(小麦、稻谷、玉米、食用油)轮换计划。10月,省粮食局发出《关于做好国家临时存储稻谷收购工作的通知》,实行国家临时储备收购政策,临时存储稻谷实行计划收购,相对集中储存。执行临时存储稻谷收购任务的企业为中央储备库直属库、具有中央储备粮代储资格的企业和其他具有一定规模和库容量、仓房条件符合《粮油储藏技术规范》要求,具有较高管理水平和良好信誉的国有粮食企业。按中等质量96.5元/百斤,统一挂牌收购。安徽两批计划收购**万吨,年底完成**万吨,第二批计划完成时间延迟至次年1月份。

安徽省国家专项储备贸易粮粮油购销调存表

表3-2-1　单位:贸易粮　吨

年度	收购	销售	净调出	库存
1990	2458725			2458725
1991	1167431			422517
1992	676408			1066552
1993	608260	15683	-1232	1663041
1994	189566	953077	97984	816527
1995	25000		-146045	763735
1996	606600			1333855
1997	1278785		-993	2984816
1998				2096142
1999				1618414
2000				1356143

说明:1997年库存含地方储备

中央储备粮动用　1991年,江淮流域发生特大洪涝灾害,粮食大幅减产,价格趋升。7月,经国务院批准,省粮油食品局明传电报,将阜阳、蚌埠、淮南、合肥、淮北市25万吨国家专储小麦转为平价粮食库存,以确保灾区和城市居民口粮供应。9月,省粮油食品局制定《向灾区抛售国家专项储备粮预案》并报经国务院批准,省粮油食品局下发《关于批准动用专储、甲字粮的通知》,动用专储小麦32.5万吨、大米25万吨、甲字小麦9.4

万吨，10月转入平价库存，以解决各地救灾用粮，平抑粮价、稳定市场。11月，省计委、省粮油食品局印发《关于下达1991年度以工代赈用粮的通知》，安排3.5万吨粮食，其中：调节粮大米2.1万吨，专储玉米1.4万吨。以工代赈，时间截至1992年3月底。12月，为解决安徽因灾减购增销平价粮食出现的缺口，经国务院批准，省粮油食品局分别下达计划动用专储籼米59.5万吨、专储粮101. 1万吨（贸易粮），12月底前一次转入平价库存。

1993年，11月，经国务院批准，省粮油食品局、财政厅、省人行联合下发《关于动用专储粮安排以工代赈工作的通知》，动用专储粮开展以工代赈，国家安排安徽动用专储大米6万吨，用于水毁、淮河治理。计划安排至1994年3月底止。

1994年，安徽粮食总体丰收，但局部地区灾情较重，为确保灾区和贫困地区“雨雪关”“春荒关”的口粮供应，根据商业部指示精神，经省政府同意，2月省粮油食品局印发《关于下达灾区救灾粮指标的通知》，安排4万吨（贸易粮）救灾指标，动用中央1992年3月底以前的专储粮，重点安排岳西等26个重灾县和阜南、临泉2个贫困县灾供指标。同时下文通知，同意桐城县动用1250吨专储粮（稻谷）用于救灾。同月，根据商业部通知，省粮油食品局下发《关于动用食油商品储备计划的通知》，动用中央食油储备2.5万吨。其中，调给天津、上海、浙江、江西四省市各5000吨，省内就地动用5000吨，用于平抑市场油价。3月，根据商业部紧急通知，省粮油食品局印发《关于抛售专储粮平抑市场粮价的通知》，下达有关地市动用5万吨专储大米用于市场抛售，平抑市场粮价，保证市场稳定。重点保证军粮和大中城市、重要工矿区以及重灾区人民生活的粮源供应。4月，省粮油食品局印发《关于动用专储粮安排灾区生活和平抑粮价的通知》，通过国有粮站、店按省政府规定的销售价格挂牌销售专储粮，稳定市场，重点安排城市工矿区、大专院校和灾区供应。6月，省粮油食品局印发《关于下达再次安排商品储备粮油销售计划的通知》，就地销售中央食用油商品储备二级菜籽油4500吨，以稳定食用油市场。动用中央储备粮18.9万吨。其中，小麦4.96万吨、大米13.98万吨，挂牌销售。8月，接商业部通知，省粮油食品局下发《关于安排专储小麦调往广东的通知》，安排阜阳、宿县、滁州、蚌埠共3万吨专储小麦调往广东。9月，部分地区粮食库存已降至危险点，经省政府同意，省粮油食品局下发《关于安排储备粮紧急移库的通知》，安排专项储备粮就近移库计划3万吨。其中，籼稻1.5万吨、粳稻1.5万吨。无为等11个县（市、区）调出，蚌埠等11个市调入，以充实库存，10月上旬完成。同月，省粮油食品局再次下发《关于安排储备粮紧急移库的通知》，安排专项储备粮紧急移库5000吨（籼稻），滁州市调出，黄山市调入。10月，省粮油食品局下发《关于就地解冻国家专储粮的通知》，就地动用专项储备粮1.975万吨。其中，籼稻1750吨，粳稻3000吨，小麦1.5万吨。11月，省粮油食品局下达救灾粮指标11万吨（小麦4万吨、稻谷7万吨），动用国家专储粮；同时下达9—12月专储粮挂牌销售计划，安排合肥2万吨（大米1万吨、小麦1万吨）。12月，省粮油食品局印发《关于下达专储粮调入计划的通知》，安排黄山市接收从江西调入救灾专储大米5万吨，重点摆布在交通不便的深山区、水库淹没区和贫困地区。同时增加就地抛售国家专项储备粮计划，就地解冻籼稻6500吨。同月，省粮油食品局下发《关于下达抛售专储粮和专储小麦移库计划的通知》，安排各地就地抛售专储稻谷4.6万吨和小麦移库1.47万吨到省机械化粮库，保证定购粮食库存平衡。

1995年1月，省粮油食品局印发《关于再次下达专项储备粮救灾计划通知》，下达7.50万吨（小麦5万吨、大米2.5万吨）专项储备粮救灾计划，重点安排深山区和重灾区。2月，以《关于动用国家专项储备粮弥补定购粮调拨缺口的通知》，动用国家专项储备粮1万吨（小麦、大米各5000吨），弥补定购粮调拨缺口。5月，以《关于下达夏荒救灾口粮计划的通知》，动用中央专储小麦4万吨，稻谷2万吨，玉米1.5万吨（第一批接收3万吨），用于全省夏荒救灾。6月，中央决定动用国家专储玉米，平抑饲料价格，保护生猪生产。第二批安徽从吉林调入玉米5万吨，省政府分配给各地市，由省粮食局安排接收点和货款结算等。省政府下发《关于抛售国家专储玉米平抑饲料价格稳定生猪生产的通知》，对5万吨玉米作了分配：宿县肉厂1.5万吨、淮北肉厂1.25万吨、合肥肉厂1万吨、阜阳肉厂7500吨、利辛肉厂5000吨。对抛售的这批专储玉米实行专员、市长负责制，严格执行国家规定的零售价格，在规定的时间内，直接供应到最终用户单位；不准加价倒卖，不准改变用途；供应的重点是规模养猪场、种猪场、种鸡场。

同年5月下旬，安徽西南、沿江地区接连发生洪涝灾害。经省政府批准，动用国家专储粮4500吨（稻谷500吨、玉米4000吨），重点解决破圩和倒房的断炊户，保障灾民应急口粮。分配计划：宣城地区500吨玉米就地动用，池州地区东至县250吨稻谷，黄山市休宁县250吨稻谷，500吨玉米（机械化粮库调给），铜陵市1500吨玉米就地动用，安庆市1500吨玉米（1230吨就地动用，另270吨由合肥市二库调给）。9月，省粮食局印发《关于安排饲料加工玉米指标的通知》，安排各地1.36万吨专储玉米，直接发到饲料加工企业，按略低于市价销售，严禁转手倒卖，9月底前出库完毕。同时下发《关于下达专项储备粮救灾计划的通知》，动用专项储备粮5万吨（小麦、稻谷各2.5万吨），解决入夏以来部分地区洪涝灾害造成的缺粮，重点安排破圩区没有抢种上的重灾区。11月，以《关于安排专储移库玉米就地销售的通知》，安排宿县地区从山西移库的专储玉米1.5万吨，就地销售。

1996年1月，省粮食局印发《关于将江西移库专储稻谷就地转作销售的通知》，将江西移库黄山市专储稻谷7.14万吨（含省局已安排动用4.24万吨，下余2.91万吨）就地转为定购库存，用于城乡供应。

1997年6月，省粮食局下达1997年度国家专储粮移库计划，将5万吨国家专储小麦，调往重庆市。同年，国家安排出口专储大米计划5.18万吨，分四批安排完成。

1998年，长江流域发生特大洪涝灾害，个别地区出现抢购粮油现象。8月省粮食局安排六安地区商品储备油500吨，就地抛售。同时，国家安排动用国家专储粮加工出口。5月24日全省专储大米出口会议在合肥召开，分解1998年国家专项储备粮出口31万吨大米计划。省粮食局先后 17 批安排到各地市，当年实际完成 35.76 万吨。

1999 年 1 月，省粮食局下达 1999 年第 1 批国家专项储备粮出口计划 6.85 万吨大米。3 月，以皖粮明电 10 号安排第 18 批专储出口杂交米 6100 吨。4 月，下达 1999 年度第 1 批专储大米出口计划 1.4 万吨（杂交米）。8 月，下达 1999 年第 2 批国家专项储备粮出口计划 1.1 万吨大米。

2001 年 2 月，省粮食局以明传电报下达原国家储备粮划转为商品粮的第一批出口大米计划 13 万吨；下达原专储小麦、玉米划转为商品粮销售，全省小麦 27.89 万吨（其中老储备 15.78 万吨、直管储备 12.11 万吨）、玉米 9200 吨。并委托阜阳市举办划转小麦销售竞价交易会，由县农发行监督出库，定站定仓销售，实行严格的计划管理。3 月，以明传电报下达将原国家储备稻谷 79.44 万吨（其中老储备 58.52 万吨、直管储备粮 20.92 万吨）划转为商品粮，安排出口 24.29 万吨，销售 55.15 万吨。由县（市）农发行监督出库，报销售月报表。

2007 年 9 月 28 日，国家发改革委等有关部门在安徽粮食批发交易市场举办中央储备食用植物油竞价交易会。10 月国家粮食局下达 2007 年中央储备食用植物油竞价销售出库计划 20 万吨。其中安排安徽 1.65 万吨菜籽油竞价销售。

2008 年 3 月，国家粮食局下达进口豆油转中央储备计划，安徽 2.15 万吨。6 月又下达中央储备稻谷竞价销售总量计划 300 万吨，其中安徽 32 万吨。12 月，国家粮食局下达 2008 年第五批玉米跨省移库计划 134.6 万吨，安徽调入 9 万吨；批复 2009 年度安徽轮换中央储备粮油计划 79.3 万吨，其中：小麦 23.66 万吨、稻谷 47.74 万吨、玉米 7.9 万吨、食用油 3.73 万吨。

地方粮食储备 1990 年，国务院决定建立国家专项粮食储备制度的同时，要求各省级人民政府根据实际情况，建立本地区的粮食储备。

1993 年，国务院印发《关于加快粮食流通体制改革的通知》，确定将国家平价粮油周转库存下放地方管理。其中 60% 转作地方储备。12 月，省政府常务会议决定建立地方粮食储备制度，省粮油食品局、省财政厅、省人行、省农行、省工行联合下发《关于下达 1993 年度省级专项粮食储备计划的通知》，安排部分平价库存粮食划转为省级专项储备粮食，12 月底前全部入库，并集中储存在县以上交通便利的骨干粮库，结算价 0.80 元 / 公斤，补贴标准每年每公斤 0.08 元。重点安排在高寒、山区县，所有权、动用权属省政府。

1994 年 7 月，省粮油食品局印发《关于平价粮库存划转为省级储备粮的通知》，决定以 1993 年 3 月底库存为基础（除去省局安排的异地划转指标以及 1993 年的平价出口、财政供应和部分悬账），将各地平价粮库存全部划转为省级储备。当年再次划转部分小麦和稻谷。8 月，省粮油食品局印发《关于动用省级储备安排灾区和贫困地区口粮的通知》，动用省级储备小麦 1 万吨、稻谷 8500 吨，安排灾区、贫困地区口粮。同时下发《关于储备粮挂牌销售的通知》，安排各地动用省级储备 8.4 万吨（小麦 3.7 万吨、大米 4.7 万吨），挂牌销售。12 月 8 日，省粮食局印发《关于重新确定各地保留省级储备粮数量的通知》，安排动用 13.92 万吨，其中挂牌供应 10.36 万吨（贸易粮 8.4 万吨）、救灾和军供粮铺底 3.56 万吨。根据财政安排省级储备粮费用补贴额度，确定保留省级储备粮 ** 万吨，其余安排挂牌供应、救灾和军供铺底、就地抛售。各地保留的省储备粮就近集并到国家粮食储备库保管，由省按期给予费用、利息补贴。

1995 年，国务院印发《关于深化粮食棉花化肥购销体制改革的通知》，明确全面落实粮食省长负责制，中央只负责严重自然灾害的救助和全国性粮价波动的平抑，一般性自然灾害的救灾用粮和区域性的市场粮价波动，由各省（区、市）动用地方储备粮解决。各地必须按照“产区不少于 3 个月的销量，销区和大中城市不少于 6 个月的销量”规模，建立地方粮食储备。8 月，省粮食局、省财政厅印发《关于将 1994 年度定购粮食调拨节余划为省级储备的通知》，决定将 1994 年省政府下达的定购粮调拨计划节余部分（其中阜阳 5000 吨、滁州 8000 吨小麦）划作省级储备粮。

1996 年，国务院印发《关于做好当前粮食收购和储存工作的通知》，进一步强调地方粮食储备水平。10 月，省粮食局、省财政厅等部门下发《关于 1995 年度新增省级粮食储备有关问题的通知》，1995 年 12 月底，通过定购粮食就地划转的省级储备粮全部集并到省和国家储备库，费用、贴息从 1996 年 1 月 1 日起计算。根据省政府部署，各地开始建立市县粮食储备，当年全省建立市县级粮食储备 ** 万吨。

1997 年 4 月，省粮食局下发《关于下达 1997 年全省粮食总量平衡计划的通知》，将按政策核减部分市县定购任务，调整省市县级储备规模，国家有关部门要求安徽省当年地方储备应达到规定的规模。省政府确定，从 1997 年开始，省级粮食储备、市县级粮食储备进行了调整，1998 年 3 月底全面完成。

2002 年，省政府批准，决定用两年时间对省级储备粮进行轮换和布局调整，以达到管住管好、保质保量、结构优化、布局合理。12 月，省粮食局等有关部门下发《关于下达省级储备粮布局调整及轮换计划的通知》。

2003 年 4 月，省粮食局、省财政厅、省农发行印发《关于 2003 年度省级储备粮轮换计划的通知》，明确按照相对集中的原则，结合布局调整安排轮换，由各县自行组织限价销售，销售价差由省财政补贴，轮出粮食在 6 月底前销完，新轮入小麦在 8 月底前、稻谷在 10 月底前完成。

2004 年 3 月 16 日，省长办公会议专题研究省级储备粮问题，决定全省地方储备粮规模数。4 月 19 日，省粮食局、省财政厅、省农发行联合下发《关于建立和充实市、县粮食储备的通知》，全省按照“最低 3 个月销量”需要，明确省级、市县地方储备粮的数量，用两年左右时间落实到位。屯溪区、黄山区、徽州区、歙县、休宁、黟县、祁门、石台、绩溪、宁国、岳西、金寨、霍山、太湖、砀山县等 15 个山区、库区和经作物区县（市、区），按省级储备与县级储备 2:1 的比例建立和充实；17 个省辖市和其他县（市、区）按最低“3 个月销量”需要建立粮食储备。确定 17 个市、15 个山（库）区县（市、区）最低规模。

12 月，省粮食局、省发改委、省财政厅、省农发行联合下发《关于下达 15 个严重缺粮山区、库区省级储备粮收购计划的通知》，15 个库（霍山、金寨、岳西、歙县、祁门国储库，砀山、宁国、绩溪、石台、太湖、黄山区、徽州、休宁县、黟县省储库，屯溪汪家山粮库）新增一定量省级储备粮，于 2005 年 1 月 18 日在安徽粮食批发市场公开招标采购。

2008 年 1 月，全省重点城市成品粮储备工作现场会在合肥召开，重点落实各地成品粮储备。到 2008 年年底，全省 17 个省辖市和 60 个县（市、区）建立地方粮食储备制度，实际市县粮食储备占省核定规模的 72.4%。全面落实市县粮食储备的 6 个市、31 个县（区），部分落实市县粮食储备的 11 个市、29 个县。省级粮食储备达 ** 万吨，市级粮食储备 ** 万吨，县级粮食储备 ** 万吨。地方粮食储备品种增加到小麦、稻谷、大米、面粉、食用油脂五个品种，部分城镇和缺粮山区建立了小包装成品粮油应急储备。

其他储备

国代民储　1985 年开始，安徽省部分县基层粮站零星开展代农户储存粮食。1995 年 4 月 20 日，省粮油食品局在蒙城县召开国代民储现场专题会，总结推广蒙城县等地的经验，在全省开展国代民储工作。当年年底，全省累计代储粮食 31.8 万吨。其中，小麦 24.3 万吨、稻谷 7.5 万吨。当年农民提走粮食 14 万吨，年末库存 17.8 万吨。1996 年省粮食局对蒙城等 8 县国代民储先进单位进行表彰。1997 年对完成 1996 年度国代民储计划，且代储粮食实绩在 1000 万公斤以上的 6 个县（区）粮食局予以表彰。同时在全省粮食系统大力开展“两代一换”工作。1995 年全省国代民储粮食库存达到最高之后，逐年减少，2005 年起，省粮食局鼓励农户储粮，实行藏粮于民。

单位：万吨

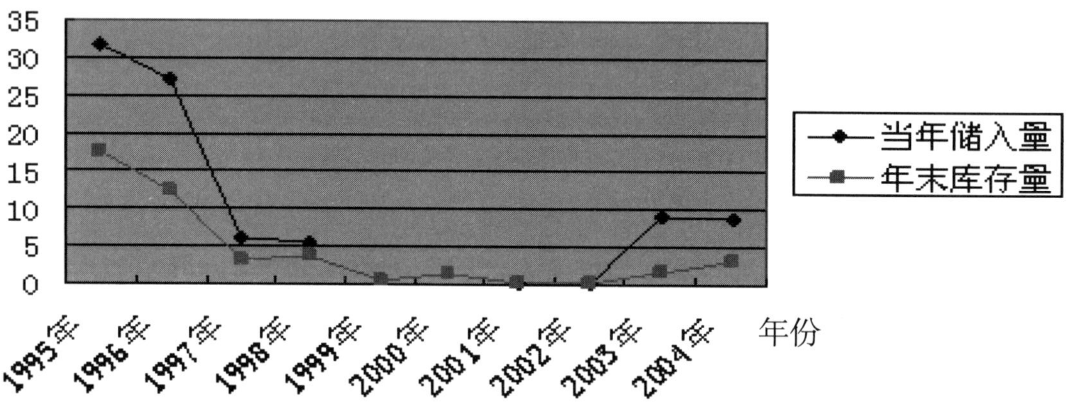

图 3-2-2　安徽省国代民储统计图

农户存粮　据每年全省社会粮食供需平衡调查统计，农户存粮量总体呈稳中有升趋势。具体情况见附表。

安徽省农户年末存粮情况调查汇总表

表 3-2-3　　单位:原粮万吨

年份	2005 年	2006 年	2007 年	2008 年
农户存粮	879.3	823.8	881.7	1199.3

第二节　储备管理

中央储备管理体制　1985 年至 1991 年,国家储备粮油由国家委托地方管理存储于国有粮食企业的。从 1990 年开始,国家新建第一批储备库 50 万吨。

1992 年 8 月 9 月,国家粮食储备局印发《关于国家粮食储备库命名挂牌的批复》,命名安徽 40 个粮库(其中 3 个待建库)为国家粮食储备(中转)库(名单附后)。省粮油食品局在蚌埠召开命名挂牌大会。1993 年国家又命名安徽 13 个粮库为国家粮食储备库。

1994 年,国家粮食储备局决定在安徽进行全国粮食储备库计算机联网试点工作,省粮油食品局成立"全省粮食储备管理信息建设领导小组",并在 24 个国家粮食储备库全面展开计算机联网试点,实施粮食储备管理信息系统建设。

1995 年,省粮油食品局在来安举办国家粮食储备库计算机应用培训班,从 6 月开始传送电子报表;对计算机应用水平较好的合肥城东、蚌埠国家粮食储备库通报表彰。

1996 年,国家对安徽蚌埠国家粮食储备中转库、屯溪国家粮食储备库作为试点单位,无偿划转为国家粮食储备局直属库(站)。

1997 年,中央直管粮实行指定库存储。

1998 年 5 月,国务院印发《关于进一步深化粮食流通体制改革的决定》,提出完善粮食储备体系,实行储备和经营分开,中央储备粮实行垂直管理体制,国家粮食储备局负责中央储备粮管理,组建若干中央储备粮管理公司,中央储备粮财务实行垂直管理。中央通过资产整体划转方式上收部分原已储备中央专储粮的粮库作为中央直属粮食储备库。地方粮库和社会仓储设施储存中央储备粮,实行资格审核制度。同年,开始 2500 万吨中央直属储备粮库建设, 2001 年又新增 1000 万吨储备库建设。

2000 年 1 月,国家成立中国储备粮管理总公司,设立若干分公司,上收部分粮库为中央直属粮食储备库。实行"总公司 - 分公司 - 直属库"三级架构、两级法人、层级负责的垂直管理体制。对非直属库的中央储备粮采用资格审核和经济合同方式进行管理。安徽省成立中储粮上海分公司安徽联络处,安徽省有关中央储备粮的管理业务移交联络处负责。

2004年12月1日，国家发改委和财政部联合发布实施《中央储备粮代储资格认定办法》，对中央储备粮代储企业标准、申报审核程序、资格管理等进行规范。同时，国家粮食局出台《实施细则》等配套文件。安徽省有108个仓储企业获得中央储备粮代储资格，其中粮食类102个，油脂类6个。

地方储备管理体制 安徽省1993年建立省级储备，1995年建立市县级储备，地方储备粮粮权归地方各级政府，其管理由地方政府的粮食行政管理部门负责。

1995年12月，省粮食局批准并命名临泉县粮食局直属库等71个粮库（站）为安徽省级粮食储备库，合肥市粮食局第一仓库等3个库（站）（阜阳、巢湖、合肥省级油脂储备库）为安徽省级油脂储备库。省粮食局对命名挂牌的省级粮食、油脂储备库实行统一领导、分级管理体制。所有资产均属国有资产，未经省局批准，任何单位和个人不得擅自占用、改用、外借、出卖储备库的地皮、仓房、油罐等设施。

1998年，建立省、行署（市）、县（市）级粮食储备制度。省级储备粮管理实行统一领导、分级负责制。省级储备粮轮换通过安徽粮食批发交易市场公开进行竞价销售、招标采购和定价收购方式。

2004年《安徽省省级储备粮管理办法》出台，规定省粮食局、省财政厅、省农发行按照各自职责，加强对储备粮数量、质量、资金、利息费用监管。省粮食局内部实行“3+2”管理模式，即由调控处、财务处、仓储处和监督检查处、省粮油质检站，按照各自分工，密切配合，协同管理。明确市、县粮食行政管理部门和承储企业职责，规范业务操作程序，确保各项制度和办法落到实处。严把承储资格关，实行资格准入制度。省粮食局印发《关于授权设区的市粮食局协助管理省级储备粮的决定》，明确自2005年1月1日起，授权设区的市粮食局协助管理省级储备粮，并对本行政区域内存储的省级储备粮的数量、质量和储存安全负全责，确保省级储备粮储得进、管得好、调得动、用得上。

2007年，省粮食局颁布《安徽省省级储备粮承储资格认定办法》，该办法对申请承储省级储备粮企业资格条件、监督管理、责任义务等作出具体要求。根据该规定，当年，安徽双凤粮食储备库等70户企业取得安徽省省级储备粮承储资格。

储备粮管理规章 国务院、省、市、县人民政府和相关部门出台一系列加强储备粮管理的法规和部门规章及政策文件，是各级粮食部门加强储备粮管理的依据和手段。

1991年，国家粮食储备局下发《国家储备粮油管理暂行办法》，自8月1日起执行。省粮油食品局转发各地、市、县执行。同时省粮油食品局规定，专项储备县内移库，由地市局批准，报省粮油食品局备案；县外移库，报省粮油食品局批准。

1992年，省粮油食品局制定《国家储备粮油管理实施细则》《国家粮食储备库管理试行办法》和各种储备粮报表。

1993年，省粮油食品局印发《国家储备粮油管理办法实施细则》（试行）。1995年，省粮食局下发《国家储备粮油“一符、三专、四落实”规定》，“一符、三专、四落实”即：凡有储备粮油的地方，都必须做到账与实物相符，统计账、会计账与保管账相符，保管账与仓内专卡相符。

2002年，国家粮食局印发《中央储备粮油轮换管理办法（试行）》。

2003年8月15日，国务院颁布《中央储备粮管理条例》。

2004年5月19日，国务院颁布《粮食流通管理条例》。5月30日，安徽省人民政府公布《安徽省省级储备粮管理办法》，对省级储备粮计划制定、组织实施、承储资格、费用补贴、轮换办法、日常管理、奖惩制度等作出明确规定。

2004年，省粮食局出台《安徽省省级储备粮财务管理和会计核算办法（试行）》，3月印发《特种储备粮管理办法》。

2006年，省粮食局印发《安徽省省级储备粮入库验收规程》，明确入库验收程序、验收内容、验收方法和验收部门、人员责任。

2007年5月，省粮食局印发《安徽省省级储备粮业务管理办法》，明确职责分工、出入库管理、轮换管理、储存管理、质量管理、设施管理、库区管理、安全管理、信息化管理、监督检查。印发《安徽省省级储备粮轮换管理办法》，明确轮换粮食品质的认定、轮换时间规定、办法制度和方式、职责权限、成本和费用、奖惩。后又印发《安徽省省级储备粮承储资格认定办法》。

储备粮管理活动　2003年9月，省粮食局将《中央储备粮管理条例》列为全省粮食系统“四五”普法学习内容，组织学习和开展培训活动。2005年12月，省粮食局在合肥召开全省储备粮管理工作会议暨省储粮承储库主任培训班，强化省级储备粮管理的法制意识、责任意识和安全意识，全面提高省及地方储备粮管理水平。2007年1月，省粮食局在全省粮食系统开展“储备粮管理年”活动，出台《2007年全省储备粮管理年活动实施方案》。3月，开展省级储备粮示范库建设活动，做到企业管理制度化、库区管理规范化、日常管理标准化、储粮管理精细化，重视企业文化建设。省粮食局组织市县粮食局和10个省级粮食储备库负责人到山东省专题考察学习，借鉴先进管理经验，提高储备粮管理水平，规范储备粮管理行为，实现管理　“法制化、科学化、制度化、规范化、精细化”。同年9月5日，省粮食局与省财政厅联合在合肥召开部分市县储备粮落实工作会议，落实粮食工作行政首长负责制的要求，明确职责、分级负责、兑现承诺，确保市县粮食储备在规定的时间内建立到位。

第三章 粮食市场

粮食市场是粮食流通中重要的一个环节，是粮食价格形成和发现的重要场所，全国统一、开放、竞争、有序的市场体系建设对粮食资源配置发挥基础性作用，是实施粮食宏观调控的有效途径。20世纪80年代中期，安徽粮食集贸市场交易逐步繁荣，90年代初，省政府批准恢复"芜湖米市"，建立"安徽芜湖大米批发市场"，粮食批发市场建设步伐明显加快。粮食市场主要包括以粮食收购市场、城乡粮食集市贸易市场、粮食零售市场和粮食批发交易市场为主体的粮食现货市场和期货市场体系。

第一节 粮食市场体系建设

随着粮食购销市场化改革的深入，安徽重视加强粮食市场体系建设，不断提升市场信息化、电子化、网络化建设水平，培育新型市场业态，完善市场综合服务功能，形成以省批发交易市场为龙头、区域性粮食批发市场为骨干、城乡批发交易市场为基础的多层次、多形式有机结合和网络化的粮食批发市场体系。

安徽芜湖大米批发市场 1990年12月20日，经省政府批复同意，恢复"芜湖米市"，建立由芜湖市人民政府和省粮油食品局共同组织和管理的省级粮食批发市场，属非营利的服务性事业单位。1991年，省政府发布《安徽芜湖大米批发市场交易管理试行办法》。1月15日，芜湖大米批发市场正式开业。2001年，由芜湖市政府和省粮食局共同组织召开中国芜湖米市招商入市会，沟通产销渠道，进一步完善芜湖米市的整体功能。2002年，省粮油食品局在芜湖米市举办2002中国（芜湖）粮油交易会，扩大安徽与各粮食主销区之间的贸易合作，搞好产销衔接，搞活粮食流通，实现优势互补，共同发展。

安徽粮食批发交易市场（合肥国家粮食交易中心） 1992年5月，省粮油食品局成立"商业部全国粮油饲料信息电讯网安徽省工作站"，挂靠省粮油食品局计划处。并于6月25日召开"商业部全国粮油饲料信息电讯网安徽省工作站"成立大会。地市局设立分站，聘任各地市分站长。12月，省粮油食品局成立"商业部商业信息中心安徽省粮油信息分中心"。1993年芜湖大米批发市场成立"批发市场信息网络"，作为安徽省粮食信息中心分中心的分支机构，负责搜集、反馈省内外粮油价格行情，测报大米批发市场成交价格，为国内贸易部商业信息中心和省粮油信息分中心提供信息。1996年，国家粮油信息中心批复"国家粮油信息中心安徽培训中心建设方案"，国家投资

700万元。9月,与庐江县粮食局合资在汤池建立安徽省粮食干部培训中心(由“国家粮油信息中心安徽培训中心”更名),聘任首批地、市、县粮油信息中心主任,10月,聘任第二批主任。

2002年1月22日,经省工商局登记成立“安徽粮食批发交易市场”。2003年,安徽粮食批发交易市场成功承办25万吨陈化粮和部分中储粮轮换竞价交易会及3期老粮和陈化粮竞价交易会,成交粮食130万吨,成为国家粮食局重点联系粮食批发市场和安徽省龙头批发市场。2004年,被安徽省工商局评为省级“文明市场”。

2005年,省粮食局决定成立安徽粮食批发交易市场管理委员会,将原新安国际大酒店(四星级)划归批发市场管理委员会管理,作为批发市场专用交易场所。同年,省财政投入1000万元,对市场交易大厅、计算机竞价交易系统和电子商务系统等进行全面更新改造,改造后的市场交易大厅拥有300个计算机竞价交易席位,同时开展网上电子交易。当年被安徽省农业发展银行评定为全省粮食系统唯一一家AAA级资信单位。2003年至2005年,先后举办15次粮食交易会,交易总量260万吨,成交总金额28亿元。安徽粮食批发交易市场成为辐射全国、功能齐全的大型区域性批发交易市场之一。

2006年安徽粮食批发交易市场成立期货营业部。同年4月,安徽粮食批发交易市场一举中标国家发改委、财政部、农发行、国家粮食局、中央储备粮管理总公司确定的稻谷产销区最低收购价稻谷竞价销售定点市场。8月,经国家粮食局批准,在安徽粮食批发交易市场的基础上挂牌成立“合肥国家粮食交易中心”,实行一个机构两块牌子,率先在全国开通网上交易, 实现现场电子竞价、分会场和远程网上交易同步进行。12月,国家粮食局确定“合肥国家粮食交易中心”作为政策性粮油交易的中心市场,受托负责整个竞价交易活动的组织协调。当年被安徽省创建文明行业活动指导委员会评为“安徽省文明窗口”,被安徽省商务厅评为“安徽省重点农产品批发市场”。

2007年,安徽粮食批发交易市场投资300万元,对原有的软、硬件交易系统进行再改造、扩建、升级。

2008年,安徽粮食批发交易市场推出“合肥国家粮食交易中心价格指数”,建立和编制稻谷、小麦、玉米等政策性粮食竞价分类销售价格指数,通过中国粮食网、安徽粮食政务网、中国粮油信息网《中外粮油信息(安徽版)》等渠道发布。12月,在河北、山东、江苏、江西、湖南、湖北、天津、辽宁、广东、福建、甘肃、陕西、上海、吉林、四川等21个省(市、区)设立分会场,覆盖25个省(市、区)。2006年8月至2008年12月,安徽粮食批发交易市场完成陈化粮、库存商品老粮、企业自有商品粮和储备粮、最低收购价粮食竞价销售及中央和省级储备粮招标采购等各类粮食交易会近20次,成交量达300多万吨,成交额30多亿元。被安徽省人民政府授予“数字安徽五年建设先进单位”称号。

合肥皖中粮食交易批发市场 1998年经省计委批准成立的区域性粮食批发市场,为全国粮食批发市场行业分会的理事单位。在以合肥市政府副秘书长任主任,合肥市粮食、财政、税务、工商、物价、技术监督、公安等部门领导为成员的市场管委会指导下工作，提供粮食市场信息、粮食质检、粮食铁路中转、汽车运输服务。2006 年 4 月，列入国家粮食局重点联系大中城市成品粮批发市场。

安庆皖西南粮食交易市场 2001 年 12 月 31 日，由安庆市人民政府批准设立，在安庆皖西南粮食交易市场管委会的领导下，由安庆皖西南粮食交易市场股份有限公司负责经营管理，提供质检、信息和结算等较为全面的市场配套服务。2006 年 4 月，列入国家粮食局重点联系大中城市成品粮批发市场。

第二节 市场管理

粮食市场准入制度 1985 年，国家对粮食市场管制仍延用 1983 年的规定：必须在完成粮油定购任务后实行多渠道经营，粮食出省须经省粮食厅批准。

1987 年，实行粮食收购“双轨制”，改革议价经营体制，从省到县实行平议价粮食由同级粮食局负责统一经营，统一领导，议价收购多渠道经营必须在全县完成国家粮食合同定购任务后方能进行。7 月 25 日，省物价局、省粮油食品局联合下发《关于加强粮油议购议销价格管理的通知》，规定粮食部门以外部门经营粮食必须凭工商行政管理部门核准的营业执照。

1988 年 1 月 9 日，省政府《关于进一步做好粮食工作的通知》规定：从事粮食经营的单位和专业运销户，必须具有相应的资金和条件，并向所在地工商行政管理机关申请登记，经核准发给营业执照方可经营。机关、团体、部队、企事业单位，以及用粮食做原料的工商企业（包括粮油工业、饲料加工企业），需要购买粮食的，可按规定自行采购，可以由粮食议价经营单位供应或代购，但不准转手倒卖。在市场粮价暴涨、暴落时，规定议价粮食的最高限价或最低保护价。9 月，国务院发出《关于加强粮食管理稳定粮食市场的决定》，安徽省人民政府发布《关于加强粮食管理抓好秋粮收购的通知》，规定对稻谷、大米实行由国家粮食部门统一收购，其他任何单位（包括粮食工业、粮食运输企业）和个人均不得经营。在定购任务和“议转平”计划完成后，允许少量上市，在指定交易市场由生产者和消费者进行余缺、品种调剂。外省到安徽省购买议价稻谷、大米，必须凭商业部或该省粮食部门介绍信，经省粮油食品局审批后，到指定地购买。未经省批准，委托代购所汇资金银行予以冻结。油菜籽、芝麻不准销往省外。整船、整车（拖拉机）及 5 吨以上稻谷、大米销往省外，要经省政府粮食协调小组（办公室设在省粮油食品局）审批，并签发外运许可证。完成国家定购后允许多渠道经营的小麦、大豆、玉米及其他非定购品种的粮食和油脂、油料，外销需经县（市）政府粮食协调小组审批，凭批准证明外运。

1989 年 4 月，安徽省政府《关于加强粮油管理的决定》规定：继续执行大米（稻谷）由粮食部门统一收购，其他任何单位和个人都不得插手经营。议价大米出省须经省粮油食品局审批，其他粮油品种以县为单位完成定购任务后方可开展多渠道经营。农户自产的稻谷和其他粮油，完成定购任务后允许进入集市贸易。

1990 年 3 月，省粮油食品局将委托地市办理“安徽省外运议价粮油许可证”的办法改为委托县市粮油食品局办理。从 10 月份起取消议价大米（含稻谷）、小麦（含面粉）、玉米、大豆外运出省审批手续。

1991 年 8 月，安徽省小麦因灾普遍生芽霉变，质量严重下降，有不少等外小麦，既不能食用，粮食部门又不好收购，省粮油食品局允许粮食合法经营单位向省内外议销。

1992 年，省粮油食品局取消议价粮油出省审批制度，并宣布《关于完成国家定购任务后非国家粮食部门申报运输有关问题的通知》停止执行。

1997 年，国家实行按保护价敞开收购农民余粮政策。省政府规定，除承担国家粮食收购任务的国有粮食企业外，其他任何单位和个人，都不准直接到农村收购粮食。

1998 年 6 月 23 日，安徽省政府《关于贯彻国务院关于进一步深化粮食流通体制改革的决定的通知》规定：稻谷、小麦、玉米的收购主要由国有粮食收储企业承担，严禁私商和其他企业、单位直接到农村收购；粮食批发实行准入制度，粮食批发企业应具备的条件：必须有 50 万元以上的自有经营资金；有银行出据的资信证明；有固定的仓储设施和相应的质量检测手段；执行丰年最低库存量和歉年最高库存量的规定；承担政府规定的调剂市场余缺和平抑市场粮价等责任和义务。由县（市）粮食部门会同工商行政管理部门对从事粮食批发业务的企业，进行资格审定，依法办理营业执照，并定期审核。对未经批准，擅自从事粮食批发业务的，严肃查处，予以取缔。7 月，省粮食局、经委、工商局联合下发《关于加强粮食运输管理的通知》，对小麦、稻谷、玉米三个品种的原粮运销实行管理，经县（市）粮食局盖章认可，方可外运。不符合规定的粮食运销一律不予办理。8 月，省粮食局印发《关于对粮食收储、批发企业核发经营许可证的通知》，明确核发经营许可证是落实前置审批制度；核发许可证的范围是国有粮食收储企业、具备条件的粮食批发企业（包括粮食加工企业）。12 月，省粮食局印发《关于审查部分国有粮食收储企业收购资格的通知》，对企业性质不明，资格不清的宿县地区粮食局粮贸公司等 56 家粮食收储企业进行再次审查。

同年，省粮食局、省工商局印发《关于重审粮食收储、批发企业经营资格和建立县（市）级粮食交易市场的通知》，提出按《国务院收购条例》审定国有粮食收储企业、审查粮食批发企业经营资格，以县为单位，组建粮食交易市场，采取先挂牌经营，后规范动作，实行批发准入制度。到年底各地相继组建粮食交易市场，安徽省粮食交易市场、合肥皖中粮食交易批发市场等 94 家挂牌经营。

1998 年，省粮食局印发《安徽省粮食交易市场管理办法》和《粮食交易市场交易规则》。

1999 年，省规定：跨县（市）运销稻谷、小麦、玉米，必须出具国有粮食收储企业或县以上粮食批发交易市场增值税专用发票或粮食销售统一发票（承运联）和县以上粮食行政管理部门出具的准运证。以县为单位，属地办理。对没有合法凭证已承运的粮食，工商行政管理部门依法没收，并给予处罚。

2000 年，国家对退出保护价粮食品种，允许并鼓励经省级或地（市）级工商行政部门会同粮食行政管理部门批准的粮食加工、饲料、饲养、酿造、医药等各种用粮企业和粮食经营企业直接收购、经营；对保护价粮食品种，必须经省级工商和粮食部门审批。

最低最高库存量管理 2004 年，省政府下发《安徽省粮食收购资格管理办法》，规定粮食收购者在丰年粮食最低库存量不得低于现有仓容量的 30%，歉年冬令春荒期间最高库存量不得高于现有仓容量的 20%。全省各级粮食行政管理部门在核发收购许可证时，根据企业申报的仓储情况按省政府文件规定核定最低和最高库存量，并在收购许可证年审时根据当年仓容变化情况重新核定，一年一定。

2008 年，省政府组织重新修定《安徽省粮食经营者最低和最高库存量标准》，规定：在粮食市场供过于求、价格下跌过多，造成农民卖粮难和谷贱伤农，损害种粮农民利益，启动主要粮食品种最低收购价执行预案时，粮食收购企业和加工企业的原料最低库存量不得低于现有仓容量的 30%。在粮食市场供不应求、价格上涨较多，需要启动地方突发粮食事件应急预案时，粮食收购企业和加工企业的原料最高库存量不得高于现有仓容量的 20%。省辖市所在地和县城城关的贸易性批发企业及加工企业的成品粮最高库存不得高于上年批发量的 20%。鼓励粮食经营者正常年景保持一定的库存量。上述由政府根据粮食市场变化情况确定实施并向社会公布。凡在省内从事粮食收购、销售、加工的经营者必须履行最低和最高库存量义务。

陈化粮销售管理 1995 年后，全国粮食生产连续 5 年丰收，国家按保护价收购大量的高价位粮食，粮食顺价销售难以实现，库存急骤增加，粮食大量陈化。

1999 年，国家粮食局印发《粮油储存品质判定规则（试行）》《粮食陈化鉴定管理办法》，明确陈化粮处理批准权限、陈化劣变粮的鉴定程序、销售价格和价差亏损归属，公布第一批粮食陈化鉴定检验机构。销售处理陈化粮坚持在县以上粮食批发市场公开交易，只能销售给酿造、饲料等工业用粮企业。

2000 年 4 月，省粮食局出台《陈化粮处理实施细则》和《陈化粮竞价交易细则》，规范陈化粮处理程序，加强陈化粮销售管理，将商品库存陈化粮销售批准权限收归省里统一管理。在陈化粮处理中发现有的企业好粮当做陈化粮处理、擅自处理陈化粮等违规行为，6 月 20 日起，全省紧急叫停处理陈化粮，进行自查自纠。未经省批准，违规、擅自处理的陈化粮，其价差亏损自负。1999 年至 2000 年 5 月，安徽省共处理陈化粮 358.2 万吨，价差亏损 20 亿元。

2000 年 9 月，国家紧急通知停止陈化粮销售处理工作，陈化粮的处理工作由国家统一考虑。

2000 年至 2002 年，省粮食局先后印发《关于做好处理陈化劣变粮食工作通知》《关于严格按照国家有关规定销售处理陈化粮的紧急通知》等 7 个政策性文件，就陈化粮处理的批准程序、定价、销售、会统计处理、价差损失等方面作出明确、详细规定，同时制定违规处罚办法，明确六条纪律，实行严格计划管理，严把出库质量关。加强对陈化粮储存、销售、运输、加工等环节的监管，确保按规定用途使用，追踪监管，监督到户。全省各地陈化稻谷通过国家级批发市场公开竞价销售，共处理陈化粮 19.7 万吨。

2003 年 1 月，国家批准安徽粮食批发市场首次进行陈化粮竞价交易。2003 年至 2004 年，共处理陈化粮 78.8 吨。至此陈化粮处理基本结束。

2006 年，全省重新办理"陈化粮购买资格证"，实行年检制度。

库存"老粮"销售管理　2001 年 6 月，全国粮食清仓查库结果显示，4 月底安徽省商品粮库存 1179.5 万吨（通称老粮），其中，超期储存 40.6 万吨、陈化粮 119.9 万吨。

2001 年，安徽省实行老粮统一集中竞价销售。2002 年，国家粮食局同意天长、来安库存商品老粮在芜湖大米批发市场公开竞价销售。

2003 年，安徽省商品库存老粮统一委托安徽粮食批发交易市场竞价销售。到 2004 年年底，全省共销售 239.24 万吨。2005 年以后，国有粮食企业开始执行最低价收购政策，全省政策性粮食销售，统一由国家指定的批发市场竞价销售。

第四章 粮食应急

安徽省从20世纪90年代建立粮食安全预警制度和体系，对粮油市场动态和各种有关信息进行跟踪、采集、分析和预测，适时发出警讯。2004年起分级建立粮食应急保障体系，进一步完善粮食安全应急预案和应急保障措施，保障各种突发情况下的粮食应急供应，避免粮食价格大起大落，确保粮食安全。

第一节 粮食安全预警

粮油价格监测 1993年以前，粮食价格主要是由国家对粮油品种实行统一定价。粮油价格监测主要是对粮食集贸市场价格的监测。1994年，全省粮食部门组织开展粮油价格的自查、自纠工作。1996年，国家粮食储备局在全国10个主产省建立粮食集贸市场价格监测站，确定在安徽省长丰、庐江、定远、芜湖县粮食局设立粮食（杂交稻）集贸价格监测站。1998年，省粮食局决定从5月开始，实行粮油价格定点测报制度，确定24个县市区为安徽省粮油价格定点测报点。测报油菜籽、小麦（红、花、白）、早籼稻、杂交稻、粳稻、玉米、大豆、二级菜油、特二粉、标一早籼米、标一杂交米、标一粳米的集市贸易成交价格。测报县市区粮食局根据调查品种要求，选择2 ~ 3个城乡重点市场，每个市场选择有代表性的3户粮食经营商进行定点、定时采价。每月15日、30日上午9时，采集此期间的成交金额、成交数量，进行加权平均后，上报省粮食局调控处。

2003年，省粮食局决定实行粮油购销价格预警预报制度，文字报表由周报改为日报。小麦收购区域选定灵璧等15个县为收购价格测报点，其中8个县(灵璧、泗县、萧县、谯城、临泉、界首、阜南、全椒)除上报本地价格外，还需上报与外省接壤县的小麦市场收购价格。省粮食局每周两次发布本省与毗邻省份接壤县小麦市场收购价格。

2004年开始，省粮食局选择31个县级粮食局作为粮油市场价格监测点，对14种粮油品种的收购价、出库价、批发价、零售价格进行监测，每县选取3个以上固定监测点，监测价格以算术平均数作为依据。每周二通过中国粮食网上报上周粮油价格。早稻收购中建立重点县联系制度，无为等12个县将收购进度、收购价格及存在问题，每周一、三、五上报省局（含全社会粮食收购），并密切监测市场行情。11月，国家粮食局在安徽省选取18个粮食价格监测点。其中，县级粮食部门16个，粮食批发市场3个，粮食加工企业8个，经营企业3个。省粮食局为这49个测报点配备计算机、传真机等设备，实行价格信息定点、定人、定时、定品种网上直报制度，在中国粮食网和安徽粮食政务网上建立粮食价格信息网页，对收购、出库、批发、零售四大环节价格，每周定期发布。

2006年5月，国家粮食局建立粮食市场监测直报制度，安徽省18个直报点通过网络（国家粮食局政府网站）向国家粮食局报送价格信息。直报点周一采集价格信息，周二24时前报送国家粮食局。12月，国家粮食局对各省粮油市场价格直报点进行了调整，安徽省由18个调整为13个，主要以县级粮食局作为国家粮油市场监测点。同时，省粮食局选定灵璧等10个县粮食局为全省小麦收购价格重点监测点，实行收购价格日报制度。

2007年，国家粮食局建立重点食用植物油企业统计信息报告制度。安徽中纺粮油蚌埠油脂有限责任公司等10家企业列入其中。同年12月，安徽市场粮油价格出现较快上涨，省粮食局对粮油价格监测节实行假日值班制度，安排专人值班，设立24小时值班电话。17个山区、库区重点县坚持每日信息报告制度，结合当地库存、销售、加工数量对粮食供需形势及变化趋势进行分析，加强粮油市场价格监测和预警预报工作。

2008年，受国际油价和严重雪灾及“5·12”汶川强烈地震影响，全国部分地区出现粮油价格上涨幅度较大，省粮食局启动粮油价格监测日报制度，监测大中城市大米批发、零售价格，日产200吨规模以上加工企业（怀宁稼仙米业等39家）大米的日生产量、销售量、库存量、出厂价格，重点粮食批发市场（合肥周谷堆粮油贸易市场、芜湖大米批发市场、皖西南粮食交易市场）销售量、库存量，及时掌握动态，完善应急措施，确保灾区及军队粮油供应。

粮食预警机制　2004年，省粮食局针对濉溪等14个县3月底国有粮食企业商品库存不足5000吨，最低零库存难以有效应对突发粮食紧急事件，发出预警通知，责成濉溪等县加强市场监测，及时进行预警预报，做好各项应急准备工作，发挥国有粮食企业主渠道作用，采购粮食，充实储备，保持合理粮食库存，增强宏观调控能力。落实粮食工作市县长负责制。2006年，安徽省秋粮收购仓容缺口达198万吨，定远等12个主产县缺口就达141万吨，收购与仓容矛盾突出。省粮食局就秋粮收购仓容不足发出预警通知，要求各地采取措施，确保不出现“卖粮难”。

第二节　粮食应急预案与应急保障

粮食应急工作机制　2003年，安徽省在全国率先放开粮食购销市场。为监测和防控市场放开引起的市场异常波动，保证粮食市场供应，省粮食局设立粮食应急办公室，明确调控处值班监测粮油市场动态，掌握情况，跟踪研究，协调沟通，提出对策，落实措施。各市、县粮食局长、分管副局长、调控科科长的手机保持24小时畅通。

2004年，省政府印发《安徽省突发粮食事件应急办法》。2005年，省政府出台《安徽省突发粮食事件应急预案》，作为省级22项骨干专项应急预案之一印发各地。规定以省政府分管领导为总指挥，省政府分管副秘书长、省粮食局主要领导为副总指挥，以省粮食局等16家省直部门为成员，成立安徽省粮食应急指挥部，下设办公室，办公室设在省粮食局。各地市先后按照应急管理和《安徽省突发粮食事件应急预案》要求，分级编制当地粮食应急预案。同时省政府宣布原《安徽省突发粮食事件应急办法》废止。截至2008年，全省有60个市、县以政府文件出台粮食应急预案。

2007年，国家粮食局建立重点食用植物油企业信息报告制度，落实最低、最高库存量规定，完善应急加工供应网点，充实成品粮油及小包装粮油地方储备库存。省粮食局制定《应对粮油市场价格异常波动处置预案》，经省政府同意印发各地执行。同年在黄山举办全省粮食应急工作培训班。

粮食应急保障 1993年以前，粮食救灾、平拟粮价等应急粮食供应采取计划调拨供应。1993年至2003年出现的市场价格波动及救灾，主要是通过国有粮食部门动用国家专储粮油和政策性周转粮抛售和供应，平抑市场粮价，保障灾民口粮、重点城市、院校、工矿供应。

2004年，各地在落实《安徽省突发粮食事件应急办法》和2005年《安徽省突发粮食事件应急预案》过程中，确立并逐步建立应急加工、供应网络，特别是大中城市都具体落实到指定企业。到2008年，全省指定粮食应急加工企业164家，粮食应急供应企业233家，承担应急加工和应急供应任务，粮食应急供应网络初步建立。

2008年，安徽省遭受雨雪冰冻灾害，皖南山区、大别山区和淮北地区先后发生暴雨洪涝灾情。黄山各县（区），宣州市的旌德、绩溪和泾县及金寨、霍山等县区启动抗雪救灾应急预案，国有粮食企业加大粮食加工数量，投放市场，平抑粮价，稳定市场。

第五章　粮食流通统计

粮食流通统计,既是各级政府和粮食工作者执行国家粮食政策结果的集中反映,更是国家制定粮食政策,实行粮食宏观调控,保障国家粮食安全的重要依据。省粮食部门根据《中华人民共和国统计法》和《粮食流通统计制度》的要求,制定实施细则,开展业务培训,提高统计人员的素质,保证统计数量的全面、真实,发挥粮食流通统计工作的服务和监督作用。

第一节　统计制度

制度沿革　1985 年起,粮食系统内部经营粮油的实物量、价值量由商业统计综合汇总,统一结报。按照商业部的要求统一增设了 3 种类型的报表,即“粮食系统经营食品及其他商品购销存月(年)报表”“粮油食品、饲料企业商品购销存月(年)报表”“集体所有制粮油企业商品购销存月(年)报表”。

1990 年,商业部所称粮食商品流通统计(简称粮食统计),主要包括:粮食、油脂平价和议价商品流通统计;粮食统计资料收集整理;粮食统计分析;粮食统计质量检查;粮食统计机构和统计队伍建设等。其适用的范围是各级粮食行政管理部门、全民所有制粮食企业、事业单位。粮食统计的基本任务是对粮食商品流通活动进行统计调查,开展统计分析与统计预测,提供统计资料,实行统计监督,为加强粮食管理,改善企业经营提供服务。

1992 年 4 月 1 日起,执行《粮油价格统计报表制度(试行)》, 3 月省粮油食品局在全省推广应用天长县“粮油分品种分点库存表”。

1993 年 4 月,粮食购销价格放开,平、议价粮食购销统一在粮食报表中统计。1994 年 7 月增设“定购粮食收支存月(年)报表”。

1995 年 6 月,增设“国代民储粮油收支平衡月(年)报表”,主要统计“两代一换”(国代民储、代农加工、原粮兑换成品粮)粮食经营情况,

1996 年,现代化办公制度要求实现两个突破,即实现无纸化办公,不上报纸质月报表,编制统计资料;计划台账制度化。

2005 年,安徽省粮食统计制度将粮食统计分为粮食流转统计、粮食仓储设施统计、粮油加工业统计、粮食行业机构人员统计四部分。粮食流通统计的对象主要包括:凡从

事粮食收购、销售、储存、加工、进出口业务的经营企业，以及以粮食为生产原料的饲料企业、工业企业和养殖企业，都必须按照制度要求，向当地粮食行政管理部门报送粮食统计资料。

统计指标体系 1997年，分设三套独立的统计指标体系，反映粮油政策性业务、经营性业务和储备粮油收支存情况。国家专项储备粮增设库存分价指标，储备粮报表报送办法也进行调整。增设“保护价粮食收支存月（季、年）报表”和“国家专项储备粮油分价位库存季报表”。

1998年，国家粮食储备局直属库统计不再与所在县市汇总，增设“国家直属储备粮油库存表、粮统表”，增设“国家专项储备（新储备）粮食分点库存年报表”，增加省间定购粮调拨指标。

1999年，国有粮食企业实行主附营分离，增设“国有粮食附营企业收支存月（季、年）报表”，1999年—2000年，国代民储库存在总库存表中反映。

2001年，将国家专项储备粮、“甲字粮”“506粮”和国代民储粮合并在“国有粮食购销企业代保管粮食库存月（季、年）报表”中集中反映。增设 “陈化粮销售月（季、年）报表”，反映陈化粮的新增、销售和库存情况。

2002年，国家出台退耕还林补助粮食政策，增设了“退耕还林用粮”指标。根据正常粮食保管年限增设“超期储存库存”指标。国有粮食购销企业（包括省属储备库）购进储备库轮换出的中央和地方储备粮，进入商品粮库存，建立储备粮轮换购销存辅助账，专账管理，不与按保护价收购的商品粮混淆。同年“甲字粮”“506特种储备粮”销售处理结束，统计处理在皖粮统表（代保管粮库存表）作“支出”处理。

2003年6月1日，安徽省全面放开粮食购销市场，调整粮食补贴方式。粮食统计工作随之增设“老粮销售情况季报表”，实行纸质、电子双报送。在原皖粮统表中“定购粮销售”改为“老粮销售”、皖粮统表中期末市场库存中的“定购库存”改为“老粮库存”，老粮销售通过上述指标进行反映。下半年粮食价格出现恢复性上涨，粮食库存减少，建立粮油购销存统计旬报和价格日报报告制度，并开展灾民借粮统计工作。该年，特种储备粮并入中储粮管理体制，特种储备粮的统计报表和实物台账按《2003年度中央储备粮油统计管理制度》规定，在“中央储备粮收支平衡月年报表”“中央储备粮库存月年报表”“中央储备粮实际库存月年报表”的“战略储备”中反映。同年起，统计制度有效期定为2年，粮食统计年度由粮食年度（当年4月1日至翌年3月31日）和日历年度（当年1月1日至12月31日）改为日历年度。

全社会粮食统计制度 2005年1月1日，省粮食局启动面向全社会粮食行业统计工作。中国粮油食品（集团）有限公司、中谷粮油集团公司等中央所属企业按属地原则开始向所在地粮食行政管理部门报送商品流通统计报表，中央储备粮和中储粮直属企业的商品粮报表报送由中储粮总公司汇总后直接向国家粮食局报送，不再向地方粮食局报送。增设“非国有粮食经营企业商品粮油平衡月（年）报表”“重点粮食批发市场粮油交易月（年）报表”“连锁超市购销存月（年）报表”和“转化用粮企业收支平衡月（年）报表”。取消“国有粮食购销企业代保管粮食库存月（季、年）报表”、国有粮食附营企业收支存月（季、年）报表和季报表。中晚稻收购时,启动最低收购价收购预案,在统计报表中增设“受国家委托收购”指标,反映最低收购价粮食收购数量,增加“国家按最低收购价委托收购早籼稻购销存月报表”。

2007年,删除“退耕”“借粮收回”及粮食经营企业中的“转化用粮”等指标。“受国家委托收购”指标在国有粮食经营企业商品粮报表中不再反映,单独新增“国有粮食经营企业最低收购价收支平衡月(年)报表”。将商品粮和商品油分开,单独设立“商品油脂平衡月报表”。新增“粮食流通基础设施投资情况统计表”和“粮油加工业主要产品生产量汇总表”。增加“重度不易存”“本期粮食交易均价”等指标。国有粮食经营企业商品粮中的部分重要指标实行旬报。地方粮食行政管理部门和中储粮系统建立报表抄送制度,实现信息共享。

2008年,粮食行政管理部门加强油料和食用植物油基础数据统计工作,对辖区内规模较大的食用植物油企业建立定期直接报告制度,增加食用植物油流通和油脂油料供需平衡统计内容。增设“重点食用植物油企业油脂油料统计月报表”“社会食用植物油及油料供需平衡调查表”“粮食和油脂油料折合率年报表”和“重点粮食批发市场最低收购价等国家政策性粮油竞价拍卖表”。同时,增加粮食统计品种,在大豆的分类品种中增加“豆饼和豆粕”,在最低收购价、临时存储粮油收支平衡表中增加“食油及料折油”。为全社会粮食统计需要修改了统计表式,将原“国有粮食企业商品粮和最低收购价销售流向月报表”改为“全社会粮食和油脂油料省际间流向月报表”。

第二节　统计业务管理

按时编报粮食统计报表和收购进度是粮食统计的基础性工作。做好粮食统计原始记录,提高统计数据质量,实现统计基础工作规范化。

基层业务处理程序　1990年,商业部出台《粮食商品流通统计基础工作规范化暂行规定》,要求健全基层粮食企业统计机构,充实统计人员,实行统计工作责任制,规范粮食商品流通统计基础工作。安徽省粮食统计工作从建立健全原始记录和统计台账制度、统计报表管理制度、统计资料管理制度入手,严格执行统计法规和统计制度,逐步实现统计数据处理现代化,逐步建立起一套规范的粮食商品流通基层业务处理程序。1992年10月,《安徽省商业企业统计基础工作规范化建设办法》出台,规范基层业务处理程序和手续,做到收有凭、支有据。

1996年,省粮食局对全省粮食统计基础工作规范化和基层业务处理程序建设情况进行检查,并制定《安徽省粮食基层业务处理程序》目标,经省统计局验收通过。1997年,省粮食局成立“安徽省粮食经济数据库建设领导小组”,开始建立安徽粮食经济数据库，时间跨度为1978年至1995年12月底，完成省市县三级库的合并工作，系统规范各类指标数据，实行信息资源科学管理，为领导决策提供可靠的依据。

1998年，省粮食局建立粮食统计库存台账，县以下粮食统计库存实现计算机管理，可以动态掌握全省粮食库存分布情况。

2001—2002年，80%县市区使用统一的《安徽省粮食商品流转业务处理程序》，并健全会计、统计、保管三账核对签字制度，建立统计库存管理制度，基层业务处理程序较为规范。

2004年，加强国有粮食购销企业库存监管工作，明确凡销售行为成立的，只要粮食实物发生转移，不论粮食销售款是否回笼，企业都要及时做销售账务处理，企业保管人员要依据出入库凭证登记保管卡、账，并做到逐笔、序时，确保账、卡、表相符，全、统、保三账相符。加强报表审核工作，督促国有粮食购销企业完善库存管理制度，健全粮食购销存业务处理程序。依据同年3月粮食统计资料，部分县3月底国有粮食企业商品库存不足5000吨，有的为零库存，难以有效应对突发粮食紧急事件，省粮食局对这部分市县粮食库存发出预警信号。加强社会粮食库存管理，逐步规范粮食批发和零售企业最低库存义务，落实骨干加工企业，确保市场粮源。

收购进度报送 从1985年开始，每年5月20日起报送油菜籽进度（报告累计数，下同）；6月10日起，报送小麦收购进度(2005年提前至6月1日)；8月10日起，报送早稻收购进度（2001年提前到8月1日）；9月20日起，报送秋粮收购起报送全年收购进度。9月20日前的收购进度统计企业在粮油收购旺季从生产者收购的数量（含购自省外），其中油菜籽按实际油菜籽和菜籽油折籽之和计算。

2003年，粮食购销政策改变后，粮油收购进度上报时间和要求，根据实际情况，不断进行调整，与制度规定略有变化。同年6月6日起，上报小麦进度时，包含系统内多种渠道、多种形式收购的粮油数量，报送频率每周二次（周二、周五上午下班前）；10月14日起，每周二上午上报借粮进度表，首次实行零报告制度；中晚稻收购时，将收购进度表调整为周报。

2004年5月20日起，上报小麦、菜籽收购进度表，报送频率每周二次（周二、周五上午下班前），报送范围包括国有或国有控股企业（含粮油加工等附营企业）收购的数量。从8月20日起，上报早稻、小麦收购进度表，增设“其他社会主体收购”，反映其他社会主体收购的小麦和早稻。收购进度报送从基层站点开始，凡从生产者购进的粮油均需上报，并把收购数量和收购进度上报工作纳入全年粮食收购工作目标考核。执行最低收购价收购站点收购的粮食报送中储粮直属库的同时上报县级粮食行政管理部门，不报进度者不享受国家相关利息费用补贴和收购资金贷款支持政策。

2005年早籼稻收购进度报送开始，旺季粮食收购进度统计报送时间，由周报改为五日报，收购进度是全社会粮食企业收购量。最低收购价各委托收储站点，在向中储粮直属库或监管库上报最低收购价收购进度时，严格按照“同一时点、同一口径、同一数据”的原则同时上报县粮食局，并与中储粮直属库联系，核对一致后上报。具体报送时间，为逢五日、十日期后第二天中午12时之前，即每月1日、6日、11日、16日、21日和26日中午12时之前，节假日和休息日顺延。收购进度中单独统计“省外”和“国有粮食经营企业”收购量。

2007年，报送小麦在收购进度的同时，密切关注粮油市场价格，及时采集粮价信息，全面分析和掌握收购工作情况，通过对收购数量、质量、仓容、多渠道入市收购情况及市场价格走势情况的调查分析，及时反映收购工作动态。每个县每旬至少上报一篇市场分析材料，市局每月上报一篇，以指导收购工作。

2008年6月6日起，报送小麦价格日报（全省10个小麦主产县）和收购进度，加强统计分析，及时反映收购动态。

统计报表 从1996年4月起，市粮食局不再向省粮食局报送纸质月报表，改用传输上报（包括所属各县市月报表、资料）。年报、月度资料、计划台账季报在传输上报后打印上报省粮食粮食局。要求月报及简明资料，于次月5日下午报到省局，休息日及年度末的一个月延迟至6日上午；表式月报及简明资料、计划执行情况表，于次月13日前上报省粮食局；日历年报和粮食年度报表分别于次月16日、20日前报到省粮粮食食局；各种统计月报、资料，上报时间遇国务院规定的节假日不顺延；在报送的同时应抄送同级统计局一份。1999年增加统计季报（2005年取消），报送时间为季后13日前。月报分县资料、台账，市粮食局留存不再上报。2005年，调整为月后5日前，网上传输，遇国务院规定的节假日顺延。

省粮食局在每个年度终了都择期进行粮食统计报表汇编（2003年及以前分粮食年报和日历年报汇编两次，2004年按日历年度汇编一次），汇总年度报表、整理年度统计资料，全面、准确、及时反映全省粮食系统一年的粮食流通情况，并通报本年度粮食统计工作，研究、布置下年度统计工作。各市县粮食年报资料必须经市、县（区）粮食局负责人审核签字后方可报出。年报一经报出，经省局审核汇总后，即为定案数字。

第三节 统计调查与分析

省粮食局根据粮食流通管理工作需要，每年确定统计调查任务和调查方案，制发统计调查表，组织力量采取多种统计调查方式搜集统计资料，检查与统计资料有关的原始记录和凭证，并形成调查报告。

粮食产购销调查 1985年，安徽省开展社会粮食商品流通调查试点工作，了解多渠道经营粮食情况和粮食商品率，进一步研究粮食产销平衡和流通问题。1986年，省粮食局在全省开展社会粮食产需、供求预测工作。对社会粮食消费量及消费构成，主要粮食品种的生产、社会消费和余缺量，社会粮食商品流通量（包括国家粮食部门平、议价经营数量和多渠道流通数量）进行调查分析。

粮食经营实行“双轨制”后，省粮食局定期组织开展专题统计调查活动。1986年、1987年，组织开展社会粮食商品流通调查工作。1988年，开展食品业用粮供应情况调查。1990年，分别开展粮食消费情况和粮油加工专题调查。1995年，组织对社会粮食贸易业经营情况进行调查。

从1997年开始，实行粮油预产预购情况定点调查报告制度。确定油菜、夏粮（小麦）调查县市（区）各15个，早稻调查县市10个，秋粮调查县市30个。根据调查品种，划分好、中、差三种类型，定点调查各种类型的粮（油）播种面积、预计总产量、预计收购（交售）量。（每个调查县（市）调查3个乡镇，每个乡镇调查3个较大的自然村，每村调查3个农户，调查新粮（油）登场前市场粮（油）价格情况，预测粮食部门开展收购（政策性或市场收购）应出台的价格水平，为做好粮油收购提出政策性建议。调查报告时间为，油菜籽每年4月30日，夏粮（小麦）5月15日以前，早稻6月20日，秋粮9月10日。

2003年以后，粮油产购销调查根据各地粮油生产的变化情况，预产预购调查点进行了部分调整，将调查点所在市粮食局也列为调查单位；2008年，油菜籽调查点为7市、15县，小麦调查9市、16县，早籼稻5个市、7个县，秋粮调查30县（区）。根据产购形势，调查的内容进行了充实，粮食生产成本、新粮上市收购价格和后期走势、粮食收购存在的问题及解决办法，都纳入了调查范围。

全社会粮油供需平衡调查 1985年起，每年都进行《粮油生产成本与收益调查分析》，1995年终止这项工作。1994年，根据国家统计局“国内批发零售贸易业”统计制度要求，安徽省率先在全国推出改革方案，正式将农户粮情调查列入粮食统计制度，在全国起到带动作用。1995年，根据《1994年粮食统计制度》规定，安徽省在全国率先开展农村粮食收支情况抽样调查，初步获得成功。

从1996年起，该项调查被列入《安徽省粮食统计制度》，规定每年三月，在全省粮食统计会议上单独召开调查县会议，进行布置，完善调查方案。调查年度为粮食年度。安徽省地理复杂，粮食主产区集中在皖北皖东，在抽取一级样本时，按粮食作物生产品类区域抽样，淮北平原小麦主产区选4个县市，皖东江淮丘陵稻谷主产区域4个县市，沿淮之间稻麦兼作区域4个县市，沿江两岸稻油棉产区域4个县市，皖西山区2个县市，皖南山区2个县市，基本上代表了全省粮食生产布局的状况。4月，根据《安徽省粮食统计制度》要求，开展非全面调查工作，在全省20个县（市）开展“农户粮食收支”“城市居民粮食消费”抽样调查，涉及14个地市，20个县市，736个行政村，3780户，17629人，了解粮油生产、农村粮油流向、农民的粮食消费及余粮油情况。

2002年，社会粮食产销主要项目调查表改为社会粮食供需主要项目调查表，调查时间改为日历年度。省粮食局和省统计局联合下发关于开展社会粮食供需平衡调查主要项目统计调查的通知，制定《安徽省社会粮食供需平衡主要项目统计调查方案》。按全省农户总数万分之五的比例抽样6000个农户；城镇人口口粮抽样调查选择6个地市，调查了200户；粮食加工企业转化企业粮情调查 分为加工、工业、饲料、食品、酿造、养殖6类,随机抽样;系统外粮食经营企业粮情调查 ,经营量5000吨(含5000吨)以上的进行全面调查,5000吨 以下的抽样调查;全省选择6～10家国有购销企业进行粮食流通环节损失损耗调查。

从2002年起,每年定期开展社会粮食供需平衡主要项目统计调查工作,以掌握全社会粮食供需状况。2003年至2006年,社会粮食供需平衡调查项目不断进行完善和调整,调查项目由2002年的农户粮情收支情况抽样调查、城镇人口口粮抽样调查、粮食加工企业转化企业粮情调查、系统外粮食经营企业粮情调查、粮食流通环节损失损耗调查5项,调整为农户粮情收支情况抽样调查、城镇人口口粮抽样调查、国有粮食经营企业收支平衡调查、非国有粮食经营企业收支平衡调查、转化用粮企业收支平衡调查和省际间粮食流向情况调查6项。其中:2003年粮食供需平衡调查覆盖到全省各市县;2004年正式要求建立粮食加工、经营、转化企业目录库,并每年进行动态更新,各市县粮食局根据麦产区按2~3个月、稻产区按4~5个月销量的标准,上报《粮食供需平衡计划表》;2005年,新增霍山、金寨、岳西三县贫困缺粮县粮食供需典型调查;2006年建立农户粮情固定调查点,全省29个县4000个调查户建立农户粮情固定调查点数据库,发放粮食收支台账簿,调查经费由中央、省、县三级共同承担。

2007年,根据国家粮食局通知,开展玉米深加工规模及其发展趋势的统计专项调研工作。7月,各农户粮情固定点县按照粮食供需平衡调查部署,选择不少于30个农户,开展典型调查,内容包括:常住人口口粮、饲料用粮、种子用粮、年末待售余粮情况。

2008年3月,针对受国际油价上涨和国内雪灾的影响,食用植物油价格上涨较快情况,省粮食局组织对各大超市、商场销售价格、供应量、库存,生产厂家油脂加工、库存等情况进行调查。

统计分析 包括购销分析、调查分析、价格监测分析。1995年,省粮食局下发《关于加强粮食计划检查和统计分析预测工作的通知》,并在全省建立统计分析联系点制度,定期指导联系点的统计分析工作,及时收集、综合点上的分析材料,明确各地市每月至少上报一篇统计分析报告。同时每月对各地统计工作质量情况进行通报。

1998年,省粮食局印发《安徽省粮食统计分析联系点工作办法》,并确定天长市、贵池市、怀宁县等17个县市为联系点,联系点接受省局委派任务,提供调查分析报告,省粮食局根据联系点工作实绩,予以奖惩。

2004年,省粮食局再次对统计分析上报工作提出要求,规定各县每月至少上报一篇粮食统计分析给市局,市局每月至少上报两篇给省局。省粮食局对各市上报的统计分析材料,按月进行考核。

2005年,全社会供需平衡调查分析认为:全省粮食供需平衡有余,国有粮食企业继续发挥主渠道作用,全省多元粮食市场主体已经形成,非国有粮食企业成为粮食加工业的主力军,城乡居民口粮消费呈下降趋势,但粮食安全仍不容乐观。

2006年,全社会供需平衡调查分析结论:当年全省粮食增产,消费增加(主要是饲料和工业用粮），粮食市场多种收购主体并存，国有粮食企业发挥主渠道作用，非国有企业成为我省粮食输出的重要载体，社会粮食库存增加，供需平衡有余，国家粮食宏观调控手段增强。

2007年，开展了玉米深加工规模及其发展趋势的专项调查、社会粮食供需平衡抽查指标体系设计和粮食收购价格指数设计调查，并在调查基础上，分别撰写了调查分析报告。

统计质量检查 统计质量检查是统计数据“准在基层、清在原始”，全面、准确、及时完成粮食统计工作的监督保证。安徽省每年都制定统计质量检查方案，定期组织监督检查工作。

1997年，根据省统计局等单位《关于开展全省统计执法大检查的通知》，全省粮食系统开展统计执法大检查，净化统计环境。1998年，基层粮站、库及其他存粮点的购销调存动态数据库建立，省粮食局从5月份起，开始随机抽查粮食统计库存。2000年3月，省粮食局抽调24名统计检查人员，对利辛县粮食统计库存进行随机抽查。并针对检查中发现的问题，出台《关于加强粮食库存管理的通知》，规范粮食库存管理。2001年，省粮食局从基层统计人员中抽调13人分成2个组对阜南、广德县2001年粮食收支存、促销压库计划完成情况、统计基础工作、统计监督服务工作、受灾地区灾民供应、收购政策执行等情况，进行重点检查，并形成专题检查报告。2002年，按照国家粮食局统一部署，省粮食局组织开展全省粮食统计质量检查，采取先县局自查，后市局抽查，省局组织人员重点查金安区。从检查情况看，全省粮食账实基本相符，各地统计组织健全，人员稳定，素质较高，大多具有中专以上学历。能严格执行《安徽省粮食基层业务处理程序》，统计基础工作较为规范。

从2004年起，每年的统计执法和统计质量检查模式相对固定，主要由市县自查、省局抽查。2005年4月，省粮食局组织开展全省全社会粮食行业统计监督检查工作。重点检查国有粮食经营企业、非国有粮食经营企业、转化用粮企业的粮食经营统计台账建立和报表档案管理情况；对粮食统计业务工作和统计分析、网络数据传输以及新的国家粮食统计信息系统软件使用等情况进行督查。粮食收购许可证年度审核发现，未及时向主管单位上报统计业务报表和未建立统计台账的企业，“暂缓通过年度审核”。

2007年，针对少数地方国有粮食企业统计数据不全，非国有粮食经营单位统计数据不准，统计工作经费不足，统计服务水平不高等现象，当年粮食统计质量检查在上年的基础上，增加粮食统计监督、服务情况检查，统计分析、统计监督、统计软件使用和网络数据传输纳入检查范围。11月以县为单位集中开展全社会粮食统计检查，对以各种理由拒报、瞒报、虚报、漏报、迟报统计报表和未建立粮食统计台账的粮食经营企业，严格按照《中华人民共和国统计法》和《粮食流通管理条例》规定给予处罚。维护粮食统计的严肃性、权威性，确保非国有粮食经营企业统计工作的顺利开展。

第四节 统计队伍建设与统计信息化

1985 年,安徽省粮食商业统计人员 4247 人。人员构成:专职的 1125 人,占 26.5%,兼职的 3122 人,占 73.5%;文化水平:大专 11 人,占 0.26%,中专、高中 1737 人,占 40.9%,初中 2499 人,占 58.84%;从事统计工作年限:20 年以上的 360 人,占 8.5%,10 年～20 年的 451 人,占 10.6%,5 年～10 年的 859 人,占 20.3%,5 年以下的 2573 人,占 60.6%。针对这种现状,多年来,各地在省粮食局的指导下,采取长会短训、汇编培训、专题理论培训和电大函大自考等方式,大力开展统计培训。同时,坚持开展统计工作劳动竞赛,推动统计工作比学赶帮,不断提高统计人员的业务素质和专业能力,保证粮食统计工作的正常开展。

统计队伍建设 1999 年 10 月,省粮食局下发《关于进一步加强粮食行业统计管理工作的通知》,要求建立统计机构,充实统计人员,提高统计人员业务能力。年底统计,全省市、地、县粮食行政管理机关 92 个,有 89 个设置了统计机构,82 位统计人员列为国家公务员,机关所有统计人员都取得了上岗证和计算机初级证资格,各中心站、分站和附营企业配有专兼职统计,有明确的分管领导,全省粮食统计机构健全、队伍稳定,渠道畅通。

2001 年,粮食统计质量检查报告显示,全省统计人员文化、业务素质有所提高,大中专学历占 80%,持证上岗 90%。2004 年 7 月 22 日,安徽省粮食局、发改委、农委、工商局、质监局、商务局、统计局联合发文,要求建立覆盖全社会粮食经营者的粮食统计报告制度,市级配备 2 名专职统计人员,县级配备 1~2 名,独立核算粮食企业至少有 1 人,负责粮食统计工作。2006 年起,各地将粮食流通统计工作经费纳入本级财政预算,改善统计工作条件,保障数据源头质量。

统计培训 随着改革的不断深化,统计工作的内涵不断扩大,统计手段也越来越现代化。省粮食局根据国家粮食局的要求,对所有从事统计工作者包括分管统计工作的领导进行培训,以提高统计工作质量。1992 年 6 月 10 日,省粮食局在庐江县汤池镇举办统计分析培训班。1995 年 7—9 月在来安举办三期粮食统计信息计算机系统建设培训班。1996 年 5 月,在潜山举办了县级以上粮食统计人员(共 80 多人)业务培训班。1999 年 4 月,举办全省粮食统计人员上岗证培训班,重点培训县以上粮食行政主管部门统计负责人和购销公司统计主办。1998-1999 年共举办 5 期计算机培训班,其中微机普及应用班三期,培训人员近 400 人。2003 年 2 月 17 日 -26 日,在安徽粮食培训中心举办两期抽样调查业务知识和计算机应用专题培训班,全省 270 多名统计人员参加培训。2004 年 2 月,在蚌埠粮校举办市县区统计人员和 43 个省储库统计人员培训班,学习统计抽样调查理论、“全国粮油统计抽样调查软件”、安徽省粮油统计抽样调查方案和安徽省粮油统计制度。同年 11 月,在安庆召开全省粮食统计工作会议,各市分管副局长、调控科长、统计主办，县分管副局长、统计主办，中储粮安徽分公司、中谷安徽有限公司、安徽粮食集团、安徽粮油进出口集团公司分管领导、统计主办到会。学习新《安徽省粮食统计》、培训《安徽省粮食统计报表软件系统》、汇报社会粮食供需平衡调查工作。2005年，在合肥举办两期粮食统计业务和应用软件培训班，市县区统计人员、承担储备粮任务的国家及省级储备库、县级粮食购销公司统计人员参加培训。各地还普遍采用以会代训的方式，对纳入统计范围的各类粮食经营企业统计人员就新制度和统计报表软件进行培训，一些市、县还邀请省局和金财软件公司专业人员到会讲课和演示。

2007年12月，省粮食局在合肥召开10家重点食用植物油企业和所在地县局统计人员会议，贯彻落实《国家粮食局关于建立重点食用植物油企业统计信息报告制度的通知》精神，对报送食用植物油统计信息报表的方法和上报统计信息报表流程进行了业务培训。

统计信息化 1988年，商业部开始推广计算机在粮食商品流通统计工作中的应用，提出1991年前，建立和完善粮食商品流通统计信息管理系统，分步骤、分层次实现部、省、地、县四级计算机远程通讯网络化。应用和开发电子计算机应用技术，及时、准确、全面搜集、加工、整理、分析粮食商流统计信息，实现粮食统计工作现代化。

1987年，省粮食局统计工作就正式使用计算机。1988年，开始为各市、县配置计算机。至1991年年底，全省17个地市全部安装计算机通讯联网电话，省粮食局与各地市计算机通讯网络建立，开展统计报表、资料联网工作，实现月报表等资料通过电话线路（调制解调器）联网传送。

1995年，省粮食局全面更新地市县粮食统计信息计算机，提高计算机应用水平。10月16日，在宣州市召开全省粮食统计计算机通讯联网工作会议，出台《安徽省粮食统计信息系统通讯联网协议》。10月底，实现省—地—县及县间数据、文字、图表等信息资源的交流与共享。

1997年，全省粮食经济数据库（1978年—1995年）正式建立，涉及办公室、人事、财会、工业、饲料、教育、科技、储运、基建科等。

1998年，省粮食局在县以下单位（粮站、库）开展计算机配备工作。当年，县以下单位粮食统计库存台账实现计算机管理。

1999年初，省局的安徽省粮食经济网正式建成并投入使用。为确保全省粮食经济网正常运行，各地市对计算机的硬软件进行更新，绝大多数县以上单位的计算机达到586级别，全省新购置计算机42台，升级计算机48台，实现统计报表、简明资料、库存台账、粮食经济数据库全部通过网络传输。全省的月报、季报与上年相比提前了2天。县级统计机构已全部使用计算机处理统计业务，并向中心站一级普及，有7个县的中心站配备计算机。六安地区粮食局率先在全省实现基层核算单位业务处理程序计算机化。

1999年，省粮食局在庐江县汤池举办粮食统计计算机应用能力中级证书培训班。

2002年，统计检查显示，全省有有一半左右的基层独立核算单位统计人员能够运用计算机处理统计报表和日常工作,统计效率进一步提高,为全面推广计算机管理基层统计报表资料和购销台账打下基础。

2003 年,省粮食局给各市级统计人员配备笔记本电脑。从 4 月 1 日起,省、市、县局统一使用“安徽省粮油统计报表管理系统”,省局规定各市上报的粮食旬报和价格日报,一律通过省粮食局统计网络传输。

2005 年,在财政厅的大力支持下,省粮食局再次为各县(市、区)局统一配置了专用计算机。同时,全面更新粮食统计报表软件,启用国家局统一招标采购的《国家粮食统计信息管理系统》,分为管理版(县以上粮食局用)和录入版(企业用)。

2006 年,粮食统计年报编制工作方式增加,既可在 EXCEL 中编制,又可在《国家粮食统计信息管理系统》编制。

统计工作评比　1986 年,安徽省粮油食品局制定粮食统计工作相关评比竞赛办法,并连续开展全省粮食统计评比表彰工作。安徽省粮食统计工作多次在全国评比中荣获先进表彰。1988 年,石台县、蚌埠市粮油食品局被商业部授予“全国商业统计先进集体”;1989 年、1990 年,安徽省粮食局为全国粮食统计竞赛年度全面优胜单位。1991 年,安徽省粮食局获商业部粮食统计竞赛统计分析先进单位。1993 年,省粮油食品局荣获全国储备粮油统计工作先进单位。1994 年度全国粮油信息网先进工作站评比,安徽省工作站获一等奖。1997 年,安徽省粮食局被省政府命名为全省第一次基本单位普查先进集体。1992—2008 年,省粮食局连续 17 年获得“全国粮食统计工作综合评比一等奖”。

第四篇　粮油仓储物流

粮油仓储是粮食流通的重要基础环节。1986年以来安徽粮油仓储基础设施、粮油储存技术、粮油质量管理等方面有很大发展变化。到2008年年底,全省粮食总仓容1693.2万吨,比1986年增长近一倍,油罐15.05万吨。特别是2006年全省启动粮食产业园区和现代物流中心建设,累计投资14.07亿元,初步建成52家集收购、储存、加工、物流为一体的粮食产业园区,安徽现代粮油仓储物流体系逐步形成。

第一章　粮食仓储基础设施建设

从1986年国家投资兴建“三库”（粮库、棉库、糖库）开始，安徽省先后几次大规模进行粮油库（罐）建设、改扩建、维修。2004年后，一批民营粮食经营企业和粮食产业化龙头企业投资兴建粮油库（罐）。安徽省粮食仓储等基础设施规模扩大，烘干、除杂、输送等相关设备配套，整体功能水平明显提高。

第一节　粮油库（罐）建设

1986年，省粮油食品局设计室集体设计完成“8601”建仓图纸。这是对原苏式仓的一次技术突破，跨度12～16米。内容全面，技术规范、质量较高，适用性覆盖全省。这套图纸是适逢安徽省粮食连年丰产增收，农民卖粮难，全省需要建仓点多面广的情况下设计编制完成的。同年6月，商业部直供项目凤阳临淮关、定远炉桥粮库竣工验收。其中凤阳临淮关项目完成5000吨立筒仓和2.13万吨房式仓、150吨/日产面粉厂，1.1公里铁路专用线；炉桥项目完成5000吨立筒仓、3.5万吨房式仓、150吨/日产大米加工厂、1.5公里铁路专用线等设施。12月，合肥双墩集粮库2万吨食用植物油罐建成投产。

“三库”建设　1986年国家进行大规模投资建设“三库”，安徽省有芜湖县湾沚、歙县百花台、庐江、桐城、怀宁、太和、蚌埠、六安等一批粮食周转库陆续建成。这批粮库属于“合资”建设，至1990年安徽共有22个粮库陆续建设完成。这批粮库大都建设在铁路沿线、码头、公路沿线交通便利的区域，十分有利于粮食的调进调出。1990年，合肥粮食二库设计建成1万吨仓容的利浦钢板筒仓，600万公斤仓容的33米跨度的网架仓；屯溪安东粮库建成6000吨仓容的三层楼房仓，丰富安徽省粮库仓型。

机械化粮库建设　1991年5月，国务院批准在全国建设18个机械化粮库，投资形式为国家投资（总理基金）与银行贷款相结合。1992年国家粮食储备局批准安徽合肥机械化粮库立项，批准投资1.09亿元（实际投资），建设仓容5万吨（立筒仓1万吨，拱板平房屋盖仓4万吨）、铁路专用线1.1公里以及配套附属生产、生活设施，于1995年正式建成投入使用。1998年，国务院总理朱镕基到该库视察时肯定说：“建库就要建成这样的粮库”。

世界银行贷款项目建设　世行贷款粮食流通项目是解决中国北粮南调的一项战

略工程。1993年，国内贸易部印发《中华人民共和国与国际复兴开发银行贷款协定》。1994年，国内贸易部批复芜湖秃矶山粮食中转库项目投资3486万元，属于长江走廊项目，下辖南陵许镇、芜湖湾沚、庐江兆河3个收纳库。1998年，国家计委调整世行贷款项目投资，安徽芜湖秃矶山中转库、3个收纳库世行贷款项目投资调整为7235万元，建设5000吨级长江码头1座，仓容6万吨，其中立筒仓1万吨，其余为房式仓。2000年年底陆续建成投产。

国家粮食储备库建设　1993年，从阜阳地区国家粮食储备库扩初设计批复建设后，宿州地区、淮南望峰岗、肥东、蚌埠、合肥三库等一批国家粮食储备库陆续布局分批建设。这批国家粮食储备库建设投资形式一般为国家承担生产性设施投资，地方承担土地和生活设施投资；建设内容一般具备铁路专用线、码头、铁路罩棚等流通设施，仓型一般是18～21米跨度，部分粮库建设了少量的立筒仓，沿专用线两侧建设大跨度周转仓。1995年，省粮食局设计室完成“9501”设计通用图纸。这套图纸适应建设国家粮食储备库建设大跨度仓型的需要，跨度为18米，其内容和适用性覆盖全省。1997年国家计委、财政部出台《关于中央级“拨改贷”资金本息余额转为国家资本金的实施办法》。至此，国家投资建设粮库项目的投资形式以及项目管理模式发生变化。

国家三批国债粮库建设　1998年国务院实施积极的财政政策和稳健的货币政策，重点以加强基础设施建设，拉动国内需求。粮库建设是国家重点安排的六大基础设施项目之一。1998、2000、2001年先后三批安排国债投资建设粮库，批准安徽省建设粮库项目68个，投资13.2亿元，其中新建粮库8个，扩建粮库60个，建设仓容44亿斤仓容（建设2亿斤浅园仓，其余均为高大平房仓）。投资形式为国家承担建仓资金，地方政府、粮食局、项目单位提供土地及减免税费，以及投产需要完善的生活设施等。

2002年3月，国家粮食局印发《2000年和2001年两个200亿斤国家储备粮库项目竣工验收办法》的通知，首次出台国家粮库比较规范的验收办法，内容、表格可操作性比较强。并组织对三批国债粮库进行投资概算调整、装粮压仓；安排填平补齐项目，省粮食局配合组织项目验收工作。

2003年8月29日，国家粮食局在北京召开小型烘干机专项建设工作会议，要求在国家粮库建设小型烘干机设施。安徽省上报第一批望江、庐江、枞阳等12个国家粮库的小型烘干机建设专项设计方案，批准24台小型烘干机及设施建设项目。

2004年5月，国家粮食局批复《肥西国家储备粮库功能提升项目初步设计》。随后，有合肥机械化粮库等一批国家粮库上报功能提升项目并得到批准实施。

2004年8月，省粮食局组织编制完成《安徽省“十一五”粮食基础设施专项建设规划》，并报国家粮食局。

2006年，省粮食局下发《关于安徽省最低收购价稻谷库存仓库维修的通知》，全省共下拨维修资金3480万元。其中中央财政补助2900万元维修资金，省财政配套资金580万元。中央财政第一次下拨仓房维修专项资金。

2007年，安徽省各地加大粮食流通基础设施建设投资，当年全省粮库项目投资43633万元，粮食物流设施项目投资21749万元，仓房维修改造项目投资17233万元（其中中央财政拨付3718万元，省财政370万元），新增仓容137.78万吨。另据不完全统计，仅2007年民营企业建设粮库投资20768万元，仓容182.2万吨。

2008年，省粮食局继续组织实施最低收购价粮食收储仓房维修改造，全省共下拨维修资金2139万元，其中中央财政补助1919万元，省财政配套资金220万元，维修仓容182.8万吨。

粮库仓型

高大平房仓　仓房跨度在21米以上，堆粮线高度在6米以上。储粮一般配置机械通风、粮情监测、环流熏蒸和密闭门窗等设施。

浅圆仓　一般内直径在25～30米，仓壁高度与仓内径之比小于1.5的筒式仓。平面布置可单个设置或双排，功能适用于中转和储备。与平房仓相比，具有机械化程度高、占地面积小、仓内有效容积大、密闭性能好、结构受力合理、抗震性能好等特点；与立筒仓相比投资较低。比较适宜小麦、玉米储存，稻谷次之。储粮设施配置通风、熏蒸、测控、冷却等保粮安全设备，储粮安全。

2008年年底，安徽省粮食仓储企业998个，总仓容1693万吨（有效仓容1478万吨、占87%），其中：平房仓仓容1450万吨、立筒仓仓容22.8万吨、楼房仓仓容1.7万吨、地下仓仓容4万吨；全省粮食仓储企业简易仓75.4万吨；全省铁路专用线22条，总长度20.1公里，有效长度9.67公里；专用码头19户，泊位26个，总吨位2.16万吨；运粮汽车293辆，专用火车皮10节。

2008年底，安徽省共有装备环流熏蒸系统仓容648万吨、占有效仓容44%；装备粮情测控系统仓容428万吨、占有效仓容29%；实现机械通风仓容1316万吨、占有效仓容89%。全省共配烘干设备315套，谷物冷却机4台，汽车衡1324台，输送机4243台，清理设备2436台，其他移动式设备1008台，检化验设备11192台（套）。

安徽省国有粮食企业仓储设施情况统计表

表4-1-1　　单位：万吨

年　份	站点个数	总仓容	有效仓容	需大修	待报废	油罐个数	罐　容
1985年	3117	836.40	734.2	76.1	26.1		15.70
1986年		862.72	764.0	74.2	24.6	2087	18.58
1987年		858.86	759.8	74.2	24.9	2374	18.45
1988年		892.40	784.3	82.3	25.8	2129	18.80
1989年		927.90	796.1	102.6	29.3	1649	18.91
1990年	3446	1003.41	853.9	106.1	43.4	1558	20.06

续表 4-1-1

年　份	站点个数	总仓容	有效仓容	需大修	待报废	油罐个数	罐　容
1991 年	3531	1108.87	948.2	109.2	51.5	1702	20.94
1992 年	3534	1140.42	990.1	100.7	49.7	1671	21.50
1993 年	3534	1129.68	978.4	100.9	50.4	1603	21.40
1994 年	3597	1133.83	992.0	98.6	43.2	1363	20.53
1995 年	3603	1141.16	995.7	99.8	45.7	1507	20.84
1996 年	3593	1159.13	1005.0	101.4	52.7	1319	22.31
1997 年	3666	1211.96	1025.3	122.0	64.7	1075	20.34
1998 年	3641	1225.51	1044.6	121.2	59.7	1068	21.98
1999 年	3706	1228.12	1007.6	147.1	73.5	954	18.83
2000 年	3657	1323.10	1083.8	151.0	88.2	705	15.55
2001 年	3637	1358.52	1123.6	149.6	85.3	682	14.95
2002 年	3638	1227.92	1068.3	116.7	43.0		
2003 年		1157.90	956.0	140.7	61.2	180	9.99
2004 年		1422.91	1188.2	160.9	73.8	191	8.65
2005 年	3081	1453.6	1205.3	179.3	69.0	311	12.40
2006 年	3047	1511.3	1303.7	153.9	53.7	261	12.90
2007 年	3057	1616.3	1422.7	145.4	48.2	244	12.86
2008 年	3117	1693.2	1478.2	172.7	42.3	318	15.05

第二节　粮食现代物流设施建设

安徽省粮食现代物流发展规划　2005 年，省粮食局开始组织有关人员开展全省粮食物流发展情况专题调研，8 月牵头编制《安徽省粮食现代物流发展规划》。该规划首次提出建设阜阳、宿州、蚌埠等 13 个大型物流中心，加快建设淮北地区小麦、江淮地区小麦、稻谷和长江流域稻谷三大流通通道及 45 个中小型物流节点项目。2007 年 5 月，省粮食局联合设计咨询单位，重新调整安徽省粮食现代物流发展规划，并经过调研和有关专家论证，于 2008 年 7 月会同省发展改革委员会正式出台《安徽省粮食现代物流发展规划》。规划建设六类项目：内河港口散粮中转库及专业化码头、内陆散粮中转库、散粮运输工具、散粮接收发放设施改造、粮食物流信息系统、粮食检验检测设施，提出项目具体布局，并纳入安徽省“861”项目库。现代粮食物流建设进入起步阶段。

粮食物流项目实施 2008年，国家发展改革委员会批准合肥粮食物流产业园、无为国家粮食储备库物流中心项目建设，并获得国家资金补助800万元。同年申报2009年芜湖县省级粮食储备库、太湖省级粮食储备库、阜南县粮食物流大市场物流中心项目，获国家资金补助1100万元。

第二章　粮油储存

粮油储存的科学管理和新技术的运用是确保粮油储存安全的关键。安徽省粮食部门注重健全和完善仓储管理制度，规范行业管理，总结推广储藏新技术，特别是大力实施农户科学储粮示范工程，不断推进粮食安全储存制度化、科学化、规范化。

第一节　仓储管理与技术

仓储管理制度

国家粮油仓库管理办法　1987 年 6 月 22 日，商业部颁布《国家粮油仓库管理办法》，自 1987 年 10 月 1 日起执行。同年商业部出台《粮油储藏技术规范（试行）》，对粮油储藏设施及其管理、粮油储藏质量标准、粮油接收与堆存、粮油储藏技术、粮情检测、不安全及受有害物质污染粮油的处理、虫粮处理原则和防治、鼠雀的防治、化学药剂使用管理及安全防护等进行规范。安徽各地及时开展专项培训，规范粮油仓储管理工作。同时废止《储粮虫霉鼠雀防治办法》。

露天堆储粮管理办法　1990 年安徽粮食大丰收，为满足农民卖粮难，缓解仓容不足的压力，各地兴建一批露天堆。省粮油食品局出台《露天堆储粮管理办法（试行）》，包括露天堆建造、露天堆“六防一通”、粮情管理等共五章 28 条。明确要求定期开展储粮安全普查，规范露天堆储粮管理，提高露天储粮的管理和技术水平。2006 年省粮食局对该办法进一步修订规范，进一步明确露天堆储粮“一通、二空、六防”总体要求，在全国影响很大，多省借鉴。

机械通风储粮技术规程　1991 年省粮油食品局转发商业部《机械通风储粮技术规程》，该《规程》4 章 17 条，就粮食机械通风的适用范围、通风功能、技术条件、风机的选择、操作条件及降温、降水、调质的通风条件、系统的操作与管理等都作明确的规定，促进机械通风储粮技术在安徽省推广应用。

粮油仓库仓储设施管理试行办法　1992 年省粮油食品局转发商业部《国家粮油仓库仓储设施管理试行办法》，重点强调国家粮食仓库、油罐属国家财产，未经批准，不得擅自划拨、转让、拆除和报废。粮油库站在保证完成国家和省确定的储存、流通任务前提下，按照符合安全的要求，积极开展经营，在粮食系统内部实行栈租制。

“四无粮仓”评定办法　“四无粮仓”（无虫、无霉、无鼠雀、无事故）活动是基层广大粮食仓储职工从工作实践中总结出来的科学管理经验。1983年商业部印发《关于“四无粮仓”“四无油库”的若干规定》,将“四无粮仓”“四无油库”内容分别更改为“无害虫、无霉变、无鼠雀、无事故”和“无变质、无渗漏、无混杂、无事故”,并将“四无”标准进行修订。安徽省积极响应,在全省范围内组织创建“四无粮仓”活动。1991年,商业部修订发布《“四无”粮仓和“四无”油罐评定办法》,规定“四无”粮仓标准、“四无”油罐标准、“四无”单位条件、“四无”检查评定和管理。安徽省粮油食品局在该办法所规定的原则基础上,制定出台补充办法。1994年,国家粮食储备局颁发《“四无”粮仓和“四无”油罐评定办法补充规定》。安徽省各级粮食部门和各储粮单位按照通知要求,认真贯彻执行“以防为主、综合防治”的保粮方针和各项保粮制度,加强技术培训,提高保粮人员素质,不断总结储粮经验,推广储粮先进技术,积极改善仓储条件,促进仓储管理水平不断提高,确保储粮安全。

储粮安全管理

粮油安全普查　1986年根据商业部部署,开展了粮油大普查,组织1798人参加,检查了3011个站点,查仓容75亿公斤。其后在每年冬季、春季省里均统一组织粮油安全大普查,坚持有仓必到、有粮必查、查必彻底,普查以县局为主,地区重点抽查,省局负责督查,在普查结束后进行情况通报,督促整改问题。

防汛保粮　全省汛点粮库（站）约400多个,特殊的地理气候环境,导致每年6～7月份各级粮食部门均要开展防汛保粮,以确保储粮安全。1991年,安徽省遭受特大洪涝灾害,为确保粮食安全,全省各级粮食部门组织抢险队3256个，7.3万人参与抗洪保粮,先后转移粮食9.45万吨,保证了500多万吨国库存粮的安全。

消防安全管理　全省各级粮食部门认真贯彻“以防为主、防消结合”的工作方针,每年开展消防安全大检查,加强对火源、电源管理,排查消防安全隐患,制定整改措施,保障冬季消防安全。商业部、省粮油食品局定期组织开展粮食仓储管理工作评比、表彰工作。1992年全省评比表彰了粮油保管先进单位40个,先进工作者40名。

储备粮库存管理

储存资格　2004年,国家发改委和财政部联合发布《中央储备粮代储资格认定办法》,对中央储备粮代储企业标准、申报审核程序、资格管理等进行了规范，2004年12月1日起施行。国家粮食局随即出台了《实施细则》等配套文件。安徽省108户仓储企业获得中央储备粮代储资格,其中粮食类102户,油脂类6户。2007年,省粮食局颁布《安徽省省级储备粮承储资格认定办法》,对申请承储省级储备粮企业资格条件、监督管理、责任义务等作了具体要求,根据该规定,当年安徽双凤粮食储备库等70户企业取得了安徽省省级储备粮承储资格。到2010年全省获得省级储备粮承储资格的企业达118家。

专仓储存　一个仓内不准储备粮与非储备物资混存。储备粮仓外要挂牌,用代号标明储粮性质，“甲字”用“J”代表，“506”用“W”代表,国家专项储备粮用“ZZ”

代表。牌子挂的部位、尺寸、横竖全省必须统一。

专人保管　各级粮食部门有专门的机构、专职管理人员管理。储备粮油保管人员要定编、定岗、定责任、定奖惩。

专账记载　地（市）、县（市）、库（所、站）逐级建立储备粮专账、专卡，对调进、调出、轮换的粮食要准确、及时地在账卡上反映。

数量落实　国家储备粮油是国家宏观调控的重要物资，所有权、动用权在中央，未经国务院批准，任何部门、单位和个人都不得擅自动用。

质量落实　国家储备粮油储存时间相对较长，因此收购入库作为储备的粮油，其质量要求必须是国家中等以上的新粮，油脂必须是二级（中等）以上的新油。

品种落实　国家储备粮油的品种是按需要配置的，不得随意变更，必须严格按国家下达的计划落实。

地点落实　国家储备粮油的布局是一个战略问题。储存地点一经确定，不得随意变动，地（市）间调整库点，要报经国家粮食局批准。

粮油储藏技术

常规储藏　20 世纪 80 年代，安徽省基本采取常规储藏措施来储存粮食。常规储藏是在常温、常湿条件下，在粮食入库前、入库时、入库后以及出库时，粮库采用的全部技术措施与管理措施。粮食收购入库时的主要措施按其业务程序，有接粮入库现场的管理、验质、定等、清理现场等方面。入库后的主要措施有粮情检查（检查温度、湿度、水分、粮质）、处理高水分粮、自然通风、常规密闭、防止结露、粮食保管损耗和费用的管理等。基层粮收纳库一般采用常规储藏。

"双低"和"三低"储藏　20 世纪 80 年代后期，安徽省逐步推广双低储粮、三低储粮方法。双低储粮，是运用低氧、低药量的储藏技术，所谓低药量系指低剂量的磷化铝药量。三低储粮，是运用低氧、低药量、低温储藏的技术。通过多年储粮实践，安徽省取得双低和三低的多方面实际效果，除了在不同粮种上应用和实行规范化以外，还总结了不少技术经验，如塑膜的气密性要好，剂量应视粮种适当调整，粮堆要低而疏松，施药必须将粮面施药改为堆内施药等经验。

"四项储粮"新技术　"四项储粮"新技术是指粮情测控、机械通风、环流熏蒸和谷物冷却机低温储粮。2000 年，国家粮食局下发《关于做好谷物冷却机冷却储粮等四项新技术生产试验和专题培训工作的通知》和《关于下发落实谷物冷却储粮等四项新技术重点试验实施计划工作会议纪要的函》，在全国组织落实 4 项新技术的试验工作，开始推广应用。安徽省粮库开始并普遍采用计算机粮情测控、机械通风和磷化氢环流熏蒸三项新技术。

粮情测控系统是利用现代电子技术来实现粮食储藏过程中对粮情变化的实时检测、对实时检测数据进行分析与预测、对异常粮情提出处理建议和实施自动控制的措施等装置。机械通风是利用通风机产生的压力，将外界空气送入粮堆，实现外界空气置换出粮粒间空气的技术。即利用机械将外界冷空气送入粮堆或将粮堆内湿热空气抽出，使粮堆保持低温干燥。冬季通风后密闭的粮仓，夏季粮温一般不超过25℃，达到了粮食安全度夏的目的。1984年，安徽省开始利用机械通风技术储存粮食。1986年，省粮油食品局下达机械通风仓和低温隔热仓专项费用55万元，建设“两仓”12.75万吨。根据安徽气候、粮食品种、仓型等储粮环境条件，研制了“圭”字型风道通风技术，在全国具有创新推广意义。环流熏蒸是指在仓外或仓内配置环流导气管，通过环流管道把风机、仓内地下或地上通风道、毒气扩散部分连接成一个密闭环流熏蒸回路，使熏蒸气体在气密的状态下借助环流风机所产生的动力，强行在粮堆内循环，快速均匀分布，达到完全杀死害虫的目的。该项技术首先在天长国家粮食储备库试验，后逐步扩大试点、省内全面推广。

低温储粮是利用谷物冷却机冷却处理收获后的粮食，是一种实现绿色储粮保鲜的重要技术措施，是保持和改善储粮品质，提高储粮安全稳定性的一种重要方法。2000年，国家粮食局利用安徽省机械化粮库基础设施、人员和技术优势，在合肥组织谷物冷却机应用实验，集中全国进口、国产机型和各方面专家，通过反复实验不同品种、仓型粮食冷却储藏数据和方法，获得成功。

第二节　农户科学储粮

农户储粮调查　2006年年初，省粮食局组织对全省民间储粮情况进行全面调查，通过对淮河以北小麦产区、长江流域水稻产区和山区缺粮地区分类调查，基本搞清全省民间储粮数量、储存方式、损失情况。调查结果显示：安徽农户民间年储粮总量约占总产量的三分之一，储存方式原始，储存方法简陋，霉变、虫害、鼠害等损失严重，损失率在6%-8%。2006年3月23日，省长王金山在省粮食局《关于安徽省民间粮食储备情况的调研报告》上批示：“调查报告很好。有根有据，有分析，有对策，应当转发各级相关部门认真阅研，解决问题。”

新农村科学储粮示范工程　2006年8月，根据省政府省长王金山指示精神，省粮食局决定在全省开展新农村科学储粮示范工程，并在合肥大圩村举行首期新农村科学储粮示范工程启动仪式，省政府副省长赵树丛出席启动仪式。工程主要内容是为农户提供“五个一”服务，即每户免费赠送一套储粮仓、一本科学储粮手册、一份储粮药剂、一张宣传画，一张科普光盘。首期科学储粮示范工程争取省财政投入资金110万元，在43个县（区）的45个村，发放4521套储粮仓。这在全国尚属首创，得到省政府和国家粮食局充分肯定。省粮食局决定从此每年坚持实施新农村科学储粮示范工程。同时通过科学储粮示范工程项目推动、示范引领，特别利用广播、电视、报纸、网络等媒体宣传，帮助农户掌握科学储粮技术。

2007年，省粮食局在总结经验的基础上，采取省财政和地方财政支持和农户自愿申请出资等方式，共同筹资280万元，其中：省财政投入200万元，农户（或地方财政、粮食部门）配套80万元。在61个县（区）的96个村，发放10062套储粮仓。2008年，省财政和农户共同筹资462万元，其中省财政投入300万元，农户筹集162万元。在52个县（区）的176个村，发放20504套储粮仓。

2006—2010年，省粮食局实施五期科学储粮示范工程，累计投资2600万元，惠及8.8万户，取得很好的经济效益、社会效益，并在全国示范推广。

第三节　仓储事故纪略

伤亡事故

1986年4月25日，铜陵市在建粮库土方倒塌，死亡1人。

1986年8月29日，来安县水口粮库施工队违章操作，造成八榀梁屋架倾倒，轻伤6人，死亡1人，重伤1人。

1989年1月6日，祁门县城安分站装卸米时发生米包倒塌，1人被压致死。

1989年9月11日，宣州市直属库建造消防池，由于墙体过于单薄，打水时发生倒塌，压死1名在消防池打水的农民工。

1989年12月12日，潜山县某粮站露天堆装粮时稻谷散落，压死2名儿童。

1997年6月17日，太和县大新粮站在小麦收购中发生仓房山墙突然倒塌，粮食外溢，致使2名售粮群众埋入粮堆，一死一伤。

2001年7月3日，五河县小溪粮站因小孩进站割破麻袋偷粮，造成露天粮堆倒塌，造成2名儿童被压死亡。

火灾事故

1987年11月13日，定远县观寺粮站露天堆熏蒸发生磷化铝起火，烧毁粮食125吨。

1990年11月13日，繁昌县横山中心粮站仓库发生火灾事故，150余平方米仓库被烧，库内大糠、混合糠被烧毁，折合经济损失约2万元。

1990年11月20日，灵壁县议价公司仓库发生火灾，烧毁600吨简易仓的屋面、门窗、麻袋2万条、花生仁30吨，折合经济损失约15万元。

1990年12月4日，来安县水口粮库熏蒸残渣处理不当引起火灾，烧毁屋面3间。

1992年5月12日，东至县龙泉分站熏蒸露天堆，漏雨致磷化铝自燃造成火灾，损失折款5000余元。

1992年6月30日，定远县青山粮站值班员执明火巡查露天堆，引起火灾事故，烧毁5个露天堆，以及各种器材，造成直接经济损失4000余元，受影响粮食约150吨。

储粮事故

1987年5月28日，宣城县直属粮库运输粳米船底部发热霉变8.1吨。

1987年　8月14日，颍上县陈桥粮站460多吨油菜籽发热变色，出油率降低，加工出油脂酸价增高，不符合卫生标准，造成严重的经济损失。

1992年，灵璧县黄湾粮站“506”小麦发生霉烂事故，损失小麦18吨。

1995年，涡阳县储备库6–1仓库小麦发生霉烂变质事故，造成约150吨小麦不能食用，定向销售用作饲料。

1997年5月，五河县城南粮贸公司小麦发生霉烂事故，直接损失小麦13.5吨，降价处理小麦19.5吨。

管理事故

1995年3月，望江县储备库议价购稻谷，明知粮贩子掺入了大量土石，依然作入库处理，造成8号、10号仓共1340吨稻谷掺杂严重。经随机抽包筛查，有的土石杂质含量竟达19%。

1998年6月8日晚，中央电视台《焦点访谈》对肥东县“私售国储粮，亏空挂国账”问题进行了曝光，肥东县粮食局局长和肥东国家粮食储备库主任被撤职。省粮食局会同合肥市粮食局赴肥东县国家粮食储备库召开了中层以上干部会议，宣布国家粮食储备局决定，收回国储库印章，并摘牌。

其他事故

1987年6月11日，含山县运漕粮站运输粳米发生沉船事故，损失粮食54吨。1990年12月8日，庐江县东桥区陈埠分站发生一起被盗案件，损失现金16.45万元。

第三章　粮油调运

粮油调运主要是在计划经济时期，包括“双轨制”运行时期，由粮食行政部门统一组织对省际和省内粮油总量、品种调剂调拨运输，对平衡粮食需求，保障粮食供应发挥了重要作用。随着粮食流通体制改革的推进，粮油调拨运输由指令性计划逐步向市场调节转变，从单一的传统运输方式向现代粮食物流转变。

第一节　粮油运输

粮油运输管理　1986 年 7 月，商业部等部委印发《关于开展联合运输若干问题的暂行规定》，规定要求各地商业、粮食等部门铁路专用线、船队、码头、起重设备等运输设施，在保证完成商业、粮食运输任务的前提下，有条件的都要积极参加当地计委统一组织的铁路专用线、专用码头、装卸机械等设施的有偿使用，挖掘运输潜力，向社会开放。10 月 1 日起使用传真机传送粮食储运业务单。

1987 年，省粮油食品局强调粮油调运工作：协调平议粮运输；开展合理运输节约费用开支；增加油脂散运量，提高散运效益；加强粮油装具管理，保证调粮需要。

1988 年，强化粮食运输计划管理，省间运输要求有商业部发给的准运证，省内运输要由省局发给准运证，无准运证的铁路、交通部门一律不运。由于安徽省沿江和江淮之间玉米紧缺，严格控制议价玉米出省。9 月 27 日，《国务院关于加强粮食管理稳定市场的决定》要求铁路、交通部门对国家调拨的粮食要优先安排运输，各级政府要顾大局、守纪律、服从中央对粮食的统一调度和安排。商业部、铁道部、交通部联合下文《关于加强粮食运输管理的联合通知》，要求对国家调拨的粮食，粮食部门要服从统一调度，按时间向铁路、交通部门提出年度、季度调拨计划和加盖“粮食运输专用章”的月度要车、要船托运计划表。对国家调拨的粮食优先安排。1988 年粮食运力紧张，采取水陆并进方针，增加玉米南运海上运力。

1989 年，省粮油食品局转发商业部、铁道部、交通部下发的《关于粮食运输管理问题的补充通知》，将原议价小麦（含面粉）玉米、大豆出省由地、市粮食协调小组审批。地市粮油食品局办理外运手续的规定从 1989 年 1 月 1 日起，由县、市粮食协调小组审批，县、市粮食局办理外运手续，即在月度要车、要船计划表或许可证上加盖“××县（市）粮油食品局出省粮油运输专用章”。商业部颁发《粮油调运管理规则》和《进口粮接运管理办法》，规定了粮油商品调拨、运输的工作程序及粮油发运、接收、中转单位的权利、义务和责任，保护发、收、转各方的合法权益，确定粮油运输定额损耗率和事故处理办法。

1990 年，省粮油食品局《关于加强粮油公路运输管理工作的通知》要求贯彻执行商业部《粮油调运管理规则》，坚持计划运输、合理运输、安全运输。

1991 年，省粮油食品局召开全省粮油运输企业管理工作会议，要求加强全省粮油运输企业的管理，特别提出完善企业承包经营责任制。下发《关于铁路敞车运输粮食实行定型装载的通知》，规定了 50 吨、60 吨敞车合理装载包装大米、稻谷的方法。

1994 年，转发国家四部委《关于国家调拨粮油运输实行归口管理办法通知》，国家调拨的粮油运输归口省粮油食品局管理，要车计划表加盖"安徽省粮油食品局运输计划专用章（圆形）"和"国家计划调拨章（长方形）"。省间合同粮运输需在计划表上加盖"安徽省省间合同粮运输专用章（长方形）"。

1996 年，省粮食局转发《国家粮油运输实行归口管理的通知》，规定：安徽省实行运输归口管理的国家粮油系指国家和省级储备粮油，国家进出口粮油，国家定购粮油，国家指定紧急调运的粮油，以及用于总量平衡的省间调剂粮油。粮油运输计划表上需加盖"安徽省粮油运输专用章"和"国家计划粮油"印章，同时废止原"安徽省粮食局运输计划专用章""安徽省省间合同粮运输专用章""国家计划调拨章"。

1997 年，《国家粮食储备局粮食运输管理规则（试行）》发布，1989 年商业部《粮油调运管理规则》废止。

1998 年，国家粮食储备局印发《关于加强粮食运输管理的通知》，规定对运销实行管理的只限小麦、稻谷、玉米三个品种的原粮，国家和省统一安排调拨的粮油继续实行由省粮食局统一编制运输计划并加盖运输专用章，其他粮食销售运输县（市）粮食局盖章即认可。1998 年，省粮食局出台《关于加强粮食运销管理的通知》规定，实行运销管理的粮食只限小麦、稻谷、玉米、大米和面粉，其他粮油品种实行自由运销，凭销售发票和准运证运销。

1999 年，省粮食局印发《关于取消粮食运销准运证的通知》，鉴于国家有关部门对粮食运销手续的规定已趋完善，安徽省粮食销售统一发票已普遍使用，规定从 1999 年 5 月 10 日起，取消粮食运输准运证。此前所发文件中关于粮食运输准运证方面的规定一律废止，各地已印制的粮食运输准运证就地封存。

2000 年以后，特别是全面放开粮食收购和销售市场，实行粮食自由流通，国家对粮油运输管理重点转移到散粮装卸和完善运输设备上，着重解决降低粮食流通费，减少途中时间，减少中间环节，降低损失、损耗，大力发展粮食现代物流。

安全运输 1987 年，全省粮食调运工作强调粮油调拨要开展合理运输，节约费用开支。1988 年，国务院成立粮食货源组织和调运领导小组，负责组织粮源安排调运，搞好计划协调，检查落实工作。1989 年，省粮油食品局转发商业部《关于粮油公路运输安全行车奖励暂行规定》，该文件对安全行车的单位、个人表彰进行了规定。商储（粮）

字第 12 号公布了全国粮油公路运输《安全行车无事故先进单位》和《安全行车百万公里标兵》的通知，安徽省有 3 个单位、10 名个人获得表彰。

1990 年，省局下发《关于加强粮油公路运输管理工作的通知》指出，全省拥有 77 个粮食专业车队，但有 32 个车队亏损，经营利润比上年同期下降 56%，造成亏损是由于个体户的竞争和相关管理部门禁止粮食专业车队承运粮油以外的货物等多方面原因。商业部出台《粮油公路运输安全行车奖励规定》，规定安全奖励从 1990 年起每 3 年进行一次。

1996 年，按照粮食合理运输原则，国家对四个主要粮食品种玉米、小麦、大米（稻谷）、大豆实行新的《省间粮食运输合理流向》规定。

2001—2005 年，安徽年调出省外粮食总量 600 ~ 700 万吨，主要调往福建、广东、浙江、上海、江苏、山东、北京、天津、广西、云南、内蒙、湖南、湖北等省市，品种主要是稻谷、小麦、玉米、大豆，其中稻谷占 55%、小麦占 40%、玉米、大豆占 5% 左右。出省粮食铁路运输占 41%，水路运输占 31%，公路运输占 28%。

粮油运输工具及装具　1986 年，商业部《关于 86051 植物油罐车供需合同分割单的函》分配安徽省植物油散运火车 6 节。1991 年在粮油调运中推广麻袋缝口机，比之以前的人工缝口提高了工作效率，减少了运输中的粮食撒漏损失。当年，商业部下发《关于对粮食系统各类汽车进行全面普查的通知》，对全国粮食系统各类汽车进行全面普查，加快车辆更新。

2004 年，铁道部《关于铁路粮食运输严格执行包装标准的通知》规定：通过铁路运输袋装粮食时，其包装符合国家和行业标准及技术条件，否则，可不予受理。其中粮食的包装中应符合国家《一般货物包装通用技术条件》（GB1974-88），麻袋应符合《粮食包装—麻袋》（LS/T 3801-1987），面粉袋应符合《粮食包装—面粉袋》（LS/T3802-1988），塑料编织袋应符合《塑料编织袋》（GB8946-1998）。通过铁路运输的袋装粮食必须按上述标准和技术条件的规定方式封口，其中塑料编织袋必须使用机械缝口。车厢应进行铺垫处理。麻袋片铺垫的长度不少于 7×3 米，不少于 2 片，塑料片长宽不少于 17×3 米，围火车帮的铺垫物，麻袋片长宽不少于 5.85×3.4 米，塑料片长宽不少于 15×3.5 米。

第二节　粮食物流

传统粮食物流　1986 年至 1995 年，安徽省公路、铁路、水路食用油散运经国家和省局大力推广，呈快速增长，中长途运输基本实现散运。但粮食物流不论是铁路、水运、公路都采用传统的包装运输，严重制约了粮食流通效率。

20 世纪 90 年代以来，安徽粮食物流基础设施建设取得了长足发展。1992 年建设合肥机械化粮库，建设世行贷款项目芜湖秃矶山中转库及其南陵、芜湖县、庐江县分库，1998、2000、2001 年国家三批国债资金建库中，安徽省新建仓容 373 万吨，优化了粮库布局，提升了粮食仓储现代化水平，为发展粮食“四散”（散装、散运、散卸、散储）奠定了一定基础。到2006年年底，全省有效仓容1304万吨，装备环流熏蒸仓容520万吨，装备粮情测控系统仓容332万吨。粮食铁路专用线21条，总长度20.4公里。粮食专用码头20座，泊位36个，总吨位3.5万吨。专用散粮汽车245辆，总吨位5000吨。

原粮散运 2004年，安徽省在《安徽省“十一五”粮食基础设施专项建设规划》中提出完善散粮装卸和运输设备，在粮食流量大，交通区位优，现有设施条件较好的合肥、芜湖、蚌埠、滁州、阜阳建设集储备、加工、配送、运输四位一体的现代物流中心。2004年开始，省粮食局连续几年宣传推介粮食散运，国有粮食企业先行先试，民营物流、加工企业积极跟进，2006年、2007年、2008年、2009年全省原粮散运比例分别是6.6%、10.6%、15.9%、22.5%，发展势头强劲。

2004年11月，省粮食局上报《关于请解决铁路粮食运输困难的请示》，请求国家局帮助解决安徽省粮食运输困难的问题。2004年全年省粮食局全力协调国家粮食局、省政府、上海铁路局、蚌埠铁路分局、合九铁路公司等部门，帮助粮食收储企业、粮油加工企业解决铁路运力紧张问题。

2006年8月，省粮食局上报《关于请求协调解决皖王面粉铁路发货问题的请示》，请求省政府帮助协调解决省内规模较大的面粉加工企业铁路发货运力问题。

2008年6月，省粮食局印发《安徽省关于加快推广散粮运输的意见》，当年散运比例15.9%，达到全国平均水平。《国务院关于完善粮食流通体制改革措施的意见》和《中共中央国务院关于切实加强农业基础建设进一步促进农业发展农民增收的若干意见》都对加强粮食现代物流体系建设提出了明确要求。同年，国家发改委发布了《粮食现代物流发展规划》，确定六大跨省（区、市）散粮物流通道，即东北流出通道（辽宁、吉林、黑龙江及内蒙古）、黄淮河流出通道（河北、河南、安徽、山东）、长江中下游通道（湖南、湖北、江西、安徽、四川、重庆、江苏）华东沿海流入通道（江苏、上海、浙江、福建），华南沿海流入通道（广东、广西、海南）以及京、津流入通道（北京、天津、河北、山西）以及政策及建设方面的规定。省发改委、省粮食局随即出台了《安徽省粮食现代物流发展规划》，结合安徽省的粮食流通情况规划安徽省的粮食现代物流总体布局为“依托一网两河五线，建设两通道七节点”。“一网”是指全省公路网，特别是高速公路网；“两河”是指淮河及其支流，长江及其支流；“五线”是指京九线、京沪线、宁西线、皖赣线和沿江铁路干线。“两通道”是指淮北小麦流出通道（属国家黄淮海小麦流出通道）、长江流域稻谷（小麦）流出通道（属国家长江中下游稻谷流出和玉米流入通道）。“七节点”是指合肥、阜阳、芜湖、蚌埠、宿州、滁州、安庆七个节点。为实施好规划，根据安徽省粮食现代物流2015年发展目标，从六个方面规划了一批粮食现代物流项目，总投资68亿元。新建改扩建仓容400万吨，建设粮食专业化码头泊位69个，购置散粮汽车、火车、船舶总吨位6万吨，完成主要粮库和粮食加工企业散粮接收发放设施改造，建立全省粮食物流信息平台和检验检测体系，项目按照政府引导、企业主体、市场运作的原则，主要依靠企业投资建设。

第四章　粮油质量管理

粮油质量管理是粮食行政管理部门的重要职责。粮油标准是质量管理和贸易的依据和基础，质量管理包括行政监督和技术监督两个方面。1986年以来，安徽粮油质量管理工作制度、粮油质量监督检查、粮油质检体系建设逐步健全完善。

第一节　粮油质量标准

从1986年夏粮收购开始，安徽省粮食收购统一按国家标准的分等计价办法执行。当年商业部颁发了《绿豆》《蚕豆》《芝麻》等25个粮油标准和“粮油检验方法”50个国家标准，自7月1日起执行。省粮油食品局制定了地方标准《优质稻谷》（试行）皖D/LS19–86。1988年，省标准计量局发布了《优质稻谷》（B/LS20–88）标准修订稿。

粮油国家标准　1987年，商业部《转发“国家标准局批复粮食油料和食用植物油十二项国家标准函”》并出台《〈关于执行粮油国家标准有关问题的规定〉的通知》，明确稻谷（GB1350–86）、小麦（GB1351–86）、大豆（GB1352–86）等十二项新标准自1987年4月1日起执行。十二项标准是稻谷（GB1350–86）、小麦（GB1351–86）、大豆（GB1352–86）、玉米（GB1353–86）、大米（GB1354–86）、花生仁（GB1533–86）、花生果（GB1532–86）、油菜籽（GB1536–86）、精炼棉籽油（GB1537–86）、大豆油（GB1535–86）、花生油（GB1534–86）、小麦粉（GB1355–86）。省粮油食品局发布《安徽省执行粮油国家标准的补充规定》。

1994年，国家技术监督局会同有关部门对1993年4月30日前批准发布的强制性国家标准进行复审，确定粮食行业强制性国家标准为12个，其余改为推荐性国家标准。

1997年4月，省粮食局转发国家技术监督局、国内贸易部、轻工总会、全国供销总社联合下发的《关于深入贯彻实施〈包装商品计量监督规定〉的通知》，要求在粮油生产流通环节必须执行《定量包装商品计量监督规定》和《零售商品称重计量监督规定》。1997年4月，国家粮食储备局发布《关于玉米不完善粒检验的有关规定》，省粮食局部署在全省执行。

1997年7月，国家粮食储备局、国家技术监督局修订发布《关于执行粮油质量标准有关问题的规定》，要求凡规定质量等级的原粮油料，一律实行“半等级半增减价制度”。1999年，省粮食局、省技术监督局印发了《关于执行粮油质量标准有关问题的补充规定》，对政策执行的有关问题作了具体规定。

1999年6月，国家粮食储备局、国家技术监督局出台《粮油储存品质制定规则》（试行），规定了稻谷等8个粮油品种的储存品质控制指标和试检方法。该规则适用于中央储备粮油、定购粮油、保护价收购粮油，其他性质的粮油亦可参照使用。

1999年11月，国家质量技术监督局发布新修订的稻谷（GB1350-1999）等8项国家粮食质量标准，分别是稻谷（GB1350-1999）、优质稻谷（GB/T17891-1999）、小麦（GB1351-1999）、优质小麦强筋小麦（GB/T17892-1999）、优质小麦弱筋小麦（GB/T17893-1999）、玉米（GB1353-1999）、淀粉发酵工业用玉米（GB/T8613-1999）、饲料用玉米（GB/T17890-1999），2000年4月起实施。省粮食局组织新标准的学习、贯彻工作，并印发《安徽省执行新的国家粮食质量标准有关问题的规定（试行）》。2004年，新的《花生油》（GB1534-2003）和《大豆油》（GB1535-2003）开始实施。

参与国家粮油标准制修订 20世纪80年代，安徽省参加“芝麻”“芝麻油”“绿豆”“小豆”“油菜籽”五个国家标准的起草工作，其中牵头起草“芝麻”“芝麻油”两个国家标准，“芝麻油”国家标准获得国家标准化科技进步四等奖。1989年，省粮油食品局制定《优质大米》、《四号粉》省地方标准，发布《关于调整杂交稻（米）执行标准的通知》，规定各地杂交籼稻（米）的调拨、加工标准，一律按早籼稻（米）标准执行。1991年，出台《安徽省执行粮油质量标准补充规定》，将杂交籼稻的标准根据品质分别归属。

2000年，省粮食局参加国家粮食局组织的《粮食定等感官检验辅助系统的研制》“十五”国家科技攻关项目和五省优质小麦调查研究，较好地完成了修订、调查、测定任务。

2007年，国家粮食局修订、发布新《小麦》（GB1351-2008）标准，自2008年5月1日实施。省粮食局举办了4期新标准培训班，对全省小麦收储和加工企业的行政管理和质量检验人员500多人进行全面培训。

第二节 粮油质量监督

粮油食品卫生检测 1986年，全国第一次食品卫生工作会议之后，安徽省即着手抓粮油食品卫生检测工作，制订出台《安徽省防止食品污染规划》（1986—1990年），把防止粮油的霉变污染和农药污染作为主要内容之一。1986年11月商业部召开了全国粮油食品卫生检验工作会议，明确黄曲霉毒素B1含量、有机氯、有机磷农药残留，食用植物油酸价、浸出油中溶剂残留为粮油食品卫生检测的必检项目。

1987年，省粮油食品局召开全省粮油仓储检验工作会议，对市、县粮油食品局、大中型粮库和中转任务较大的粮食经营单位质检机构卫生检验能力和任务作具体规定。同时要求粮食部门内部调拨的粮油必须经过卫生检验，不符合卫生标准的粮油不准调拨。此规定从1988年1月1日起执行。期间，各地粮食部门在收购前开展质量调查与预测,收购中检查入库粮油质量,收购后进行质量验收。据巢湖地区粮食局统计, 1986年至1987年两年在菜籽收购中,由于质量预测做得好,避免价款损失500多万元。阜阳地区在收购中,各县、市中心化验室每年都要安排1000多份标准样品发放至基层,指导收购,基本做到了质价相符。同时加强对城镇粮油供应质量的监督检查,维护消费者的利益。仅据阜阳、宿县、巢湖、滁县、合肥、蚌埠、淮南、黄山、马鞍山等9个地市的统计, 1988年市场抽查粮油质量样品3447份, 1989年1–3季度抽查样品2848份,对稳定销售粮油质量起到积极的作用。

粮油加工产品质量监测　1989年5月开始,省粮油食品局决定每月对100个定点厂家的粮油加工产品实行质量监督检验。1990年,省粮油食品局部署开展全省粮食中有机氯农药污染调查工作,参加抽样调查的县市共59个,占全省县市总数的81.3%,共抽取检测样品476份,代表粮食数量174147万公斤,占库存数的74.3%。

1992年元旦前夕,省粮油食品局组织全省各地市检验人员,对省辖市及地区所在地的市场销售粮油质量情况进行一次抽查,共抽查103个单位,取样品357份,经检验合格样品268份,合格率为75.1%。对抽查出的问题,采取了整改措施。同年,省粮油食品局组织对浸出油脂的溶剂残留量进行抽样检查,共检查15个地市的155个储油单位的240份样品,代表数量77840吨,符合标准的样品231份,占96.2%,省粮食局要求各地对溶剂残留量超标的油进行回炼,符合标准后才能出厂。

1996–1998年3年中,省粮油产品质量检测站根据省粮油食品局安排,对全省50家浸出油厂(车间)成品油的溶剂残留指标,每年进行一次全面普查。

原粮质量监测　1990年,省粮油食品局部署开展全省粮食中有机氯农药污染调查工作,参加抽样调查的县市共59个,占全省、市总数的81.3%,共抽取检测样品476份,其中小麦204份、晚稻256份、玉米16份、代表粮食数量174147万公斤,占库存数的74.3%。在476份被测样品中,六六六检出的样品180份,检出率37.8%,滴滴涕检出的样品25份,检出率5.2%。小麦晚稻中六六六、滴滴涕残留量均未超过标准,检出未超标率100%。玉米有2份样品滴滴涕超过标准,检出超标率22%。

1990年,秋粮入库期间,由于仓容严重不足,露天存放的粮食越来越多,省粮油食品局发出《关于严格把好入库粮质量关,防止给安全储粮增加新的隐患的紧急通知》,要求各收储企业必须坚持国家规定的质量标准,严格把好入库质量关。同年,省粮油食品局转发商业部《关于对生产、储存、调拨、销售浸出油品进行严格管理的通知》,并组织对全省47个浸出油厂的溶剂残留进行检测工作。

1991年5月,在小麦收获时期,安徽省连续遭受暴雨袭击, 80%以上小麦发生不同程度生芽、霉变。对此省粮油食品局和省卫生厅联合下发《关于灾区农民食用生霉小麦处理意见的通知》,对不同程度的霉变小麦提出处理要求,确保群众饮食安全。

1994年7月至12月,省粮油食品局对全省储备粮油质量进行一次全面检测,以县为单位,统一抽样、集中检验,全部合格。1995年三季度,省粮油食品局对全省浸出油生产的成品油进行残溶含量检验，共检验 53 个，合格的 40 个。

安徽省成品油溶剂残留抽样测定表

表 4–4–1

年份	取样企业 / 个	取样数 / 个	合格个数 / 个	合格率 /%	溶残平均值 /mg.kg–1
1996	54	111	99	89.2	31.7
1997	53	111	96	86.5	32.2
1998	45	45	40	88.9	32.4

1996 年 8 月，省粮食局下发《关于进一步加强粮油质量管理的通知》，要求各级粮食部门加强对粮油质量工作的领导，健全质量监督管理机构，提高质量监督管理队伍素质，加强粮食流通各环节的质量监督管理工作。同年 11 月，国家粮食储备局印发《粮油质量管理办法（试行）》，该办法对粮油必检项目重新做出规定。

2002 年，国家粮食局下发《关于做好夏粮收购入库质量工作的通知》，省粮食局及时转发并要求所有收购站、库都要将国家主要粮食质量标准和价格在醒目位置公布，做好收购粮食质量检验工作。阜阳市、金安区、全椒、东至等市县（区）粮食局还制定《粮食入库质量奖惩办法》，从站领导到保管员都有明确的质量责任。全省当年抽检入库粮油 2000 多份，结果表明，80% 以上达到中等质量，确保了储粮安全。

2003 年，全国放开粮食购销市场和收购价格，实行粮食直接补贴改革。为了适应粮改的形势，保证粮食质量安全，一方面认真宣贯质量管理法律法规，培训质检人员，另一方面加大质量监督抽查力度，对 17 个市 50 多个县的油菜籽、小麦、稻谷收购质量进行调查，共抽取样品 670 多组，取得检测数据近 5000 个。

2005 年 8 月 11 日，省粮食局、省发改委、省财政厅、省卫生厅、省工商局、省质量技术监督局联合下发《安徽粮食质量监管实施细则》，规定从事粮食收购活动的经营者（指法人和其他经济组织，个体工商户除外）必须具备粮食质量检验能力，能力认定由县级以上（含县级）粮食行政管理部门实施。

第三节　粮油质量检验体系建设

1986 年，商业部部署对全国粮油质检系统的机构、人员、设备情况进行调查摸底。省粮油食品局在组织调查摸底的基础上，对全省粮油工业检验人员进行技术考核，统一命题，由地市为单位负责组织考核，全省参加考核的 2180 多人。1986 年年底，全省地、市、县已经建立的中心化验室达 65 个，其中接受省局考核发证的有 57 个，有不少中心化验室在开展检验工作方面做出成绩，合肥、亳州两个中心化验室受到商业部粮食储运局的表彰。当时为解决部分地（市）县没有检验机构，已建中心化验室人员不足、设备简陋等问题，省粮油食品局要求各检验机构做到人员编制、仪器设备、资金经费三落实，规定各级中心化验室开展工作所需经费纳入所在地粮食局财务预算内开支，化验室在完成本系统粮油检验任务后，可以面向社会开展技术服务，收取检验费用。蚌埠市粮油中心化验室每年社会服务收费在5000元左右，阜阳、合肥、安庆等地也开展面向社会服务业务。

1987年，省粮油食品局印发《安徽省粮油产品质量监督检验机构验收条件》，并组织力量对全省已经建成的粮油检验机构进行一次检查验收，共有70个检验机构申请验收，验收合格的59个，11个县市的检验机构不合格，不具备承担监督检验的职能。自1988年下半年之后，省粮油食品局对验收不合格及新组建的检验机构，采取成熟一个验收一个的办法，至1989年年底，已验收发证的粮油质量检验机构达78个，占地市县数（包括屯溪、黄山区）的86.6%。

1989年，省粮油食品局出台《安徽省粮食系统粮油产品质量监督检验机构工作暂行办法（试行）》，对各级检验机构的职责权限、工作制度、检验人员、仪器设备、经费来源、奖惩方法等做出进一步明确规定，并决定每年对地、市级检验机构的工作情况进行一次检查评比，对工作成绩突出的检验机构进行表彰奖励。

1990年，省粮油食品局统一订购英国进口罗维朋比色计23台，装备给各级粮油质检机构。

1992年，经省粮油食品局批准，省粮油科研所在原分析技术研究室的基础上，组建省粮油产品质量检测站，检测站与科研所实行一个机构两块牌子。同年，通过省标准计量局的计量认证。

1995年，国家粮食储备局成立标准质量中心，为司级事业单位，同时以“国家粮食储备局标准质量管理办公室”名义，行使粮油食品标准、质量归口管理的行政职能。1996年11月，国家粮食储备局下发《粮油质量管理办法（试行）》。再次强调省、地、县粮食部门要设立粮油质量监督管理机构，具体负责本地区的粮油质量监督管理工作，形成省、地、县粮油质量监督管理体系，并明确了各级粮油质量监督管理机构的主要职责。

1997年7月，国家粮食储备局对全国50个“全国粮油标准质量工作先进工作单位”和100个“全国粮油标准质量工作先进工作者”予以通报表彰并分别颁发奖状和荣誉证书。合肥市粮油中心化验室和宿县地区粮油中心化验室被评为先进单位，合肥、滁州、宣州的3名化验员被评为先进工作者。

1999年6月，根据国家粮食储备局要求，安徽省选定“安徽省粮油产品质量检测站”“合肥市粮食局中心化验室”“阜阳市粮食局中心化验室”3个检测机构承担陈化粮鉴定工作，提交省技术监督局审查认可、予以授权。

2001年12月，国家粮食局印发《粮食购销企业和质检机构粮食检测仪器配置指导目录（试行）》，该目录按工作性质将使用单位分为六类：基层收纳库、综合库、储备粮库、县级检测站、地级检测站、省级检测站，列出了主要专用仪器设备33种，主要通用仪器设备22种，分别确定各类使用单位的必配仪器和选配仪器。至2002年年底，安徽省2000多个主要粮食购销企业贷款配置了必备的检化验仪器。

2002年，省粮食局统计调查，全省有省、市级质检站13个，县级中心化验室45个，共有质检人员230人；1621个企业有3753名检化验人员，其中50%以上达中专及以上文化。

2002年，经省编制办公室批准，省粮油质检站从科研所独立出来，作为省财政全额拨款的独立法人。2003年省粮油产品质检站通过了计量认证，获得"食品质量安全市场准入检测机构"资质，并确定为省粮油质量专业检测机构，具有省技术监督局授权的小麦粉、大米、食用植物油食品质量安全检测资格，被省粮食局指定为"放心粮油"活动领导组指定检测机构、省科研大型仪器协作网会员单位、省色谱协会理事单位。同年，安庆市粮食局中心化验室通过市编委重新确认事业单位性质、类型，并更名为"安庆市粮油质量检测站"。

2003年，粮食购销体制改革拉开序幕，各级粮油质检机构和检化验队伍也经历了前所未有的洗礼，省粮食局重视加强对质检机构和人员的支持和管理力度，组织粮油质量监督检验人员换发资格证书的培训考核，668人通过考核合格，各级粮食部门先后举办培训班30多期，培训2000多人。2004年3月19日，省粮食局出台《安徽粮油质量管理和检测体系建设意见》，提出了检验检测体系建设总体目标，在17个直辖市、粮油生产和消费量大的县（市）和骨干粮库、加工企业、批发市场，保留、恢复或建立胜任市场化后的粮油质量监督检测任务的检测站。2004年8月21日，省粮食局下发《关于加快安徽省粮食质检体系建设的通知》，要求加快市县质检站建设，逐步建立以省粮油质检站为龙头、各市站和重点县站为支撑，骨干粮库、加工企业、批发市场质检机构为基础的粮食检验、检测体系。

2006年10月，国家粮食局下发《关于建立国家粮食质量监测体系的通知》，决定选择一批基础较好的粮食检验机构，建立国家粮食质量监测体系。安徽省以国家粮食质量监测机构建设为契机，指导、推荐省粮油质检站以及合肥、滁州、安庆、淮南、宿州市粮食局中心化验室和潜山、舒城县粮油质量检测站等8家单位为候选单位，经过国家粮食局的现场考核，省站和合肥、宿州、滁州三市粮食局中心化验室通过审查，成为第一批国家粮食质量监测机构，2008年，淮南、蚌埠、安庆市粮食局中心化验室通过审查，成为第二批挂牌单位。

2008年，省粮食局、省人力资源和社会保障厅、省总工会联合举办安徽省首届粮食行业职业技能大赛，省粮油质检站选派3名技术能手参加，囊括质量检验员的前三名。并代表安徽省参加了首届全国粮食行业职业技能大赛，取得检验员第四、第五和第十的好成绩。安徽省代表团荣获团体第一名。

第五篇　粮油加工业与粮食产业化

1985年,安徽粮油食品工业发展已初步形成一个布局比较合理、生产门类比较齐全的粮油工业体系。20世纪90年代前期,安徽粮油工业继续保持快速发展势头，1992年全省粮油工业实现总产值（按90年不变价）29.68亿元,利润8040万元。1998年粮油工业经受"主副分离""资金封闭运行"等政策影响,生产滑坡,亏损严重。2001年,省粮食局提出走发展粮食产业化之路,并在全系统实施"3221订单工程""662强龙工程""518提升工程"等,民营粮油加工企业异军突起,安徽粮油工业逐步向现代粮食流通产业迈进,粮油工业由系统内管理向全社会行业管理转变。

第一章 粮油加工业

安徽省粮油加工业从系统内管理到全社会行业管理，从纯粹的国有企业到民营企业的蓬勃发展，经过一系列的调整、改革，到2008年全省粮油加工业已初步形成独立的、比较完整的、具有一定规模和特色的工业体系，正在实现从粮食大省向粮食加工强省的快速发展。

第一节 粮油加工综述

价拨加工 1985年，全省粮油食品工业基本实行价拨加工。当年安徽实行利改税，企业税后留利增加，自我投入技术改造能力增强。之前，安徽省粮油食品工业技术改造所需资金，都是由省粮油食品局拨款解决的。由于无偿投资，企业没有经济责任和压力，缺乏投入产出观念，不讲效益，存在技改投资“吃大锅饭”的弊端。从1986年起，省粮油食品局决定对粮油食品工业技术改造项目不再实行无偿投资，每年从集中的折旧基金、调剂基金中拿出一定数额作为主管部门的自有资金存入银行，向银行申请三分之二的技改贷款指标，提供企业作为技改资金的来源。同时对社会效益好的企业给予40%的贴息补助。

1986年11月，安徽省粮油食品局印发《关于进一步支持发展乡镇企业的通知》，提出粮食部门今后在县以下不再兴办粮油加工厂。当年国家改革粮食企业财务体制，下放县市管理。针对基层粮油加工业企业工伤、设备损坏、火灾等事故时有发生，跑、冒、滴、漏现象严重的情况，当年省粮油食品局下发《粮油食品工业企业文明生产评选考核办法》。是年，全省27个企业获省粮油食品工业文明生产企业。

1986年11月，省粮油食品局下发《关于省局不再集中粮油食品工业专项基金的通知》，规定原各地上缴省粮油食品工业公司的折旧基金和税后留利的调剂基金从1986年起不再集中。从1987年起，各地、市粮油食品工业技术改造贷款所需的资金均由各地自筹解决。原由省粮油食品局承担的对米厂、食品厂技改项目40%贴息，也相应改由各地自行承担。

逐步自主经营 1986年，安徽省粮油加工业进一步贯彻改革、开放、搞活的方针，扩大企业自主权，调动企业生产经营积极性，全省粮油食品工业企业在完成国家加工任务的前提下，“找米下锅”，积极开展自营业务，自营销售量增加，企业盈利上升。自营盈利占利润总额的比重由上年的6.48%提高到16.79%。在当年粮食收购入库量下降、农村回销量减少、计划内加工任务不足以及能源短缺的困难情况下，全省规模以上粮油食品工业企业513个，实现工业总产值16.12亿元(不含集体)，比上年同期增长8.74%，实现利润7445万元，比上年同期增长18.63%。

1987年4月，省粮油食品局与省计划委员会、省经济委员会、省人民银行、省工商银行、省建设银行、省农业银行等部门联合下发《关于压缩安徽省粮油工业投资“过热空气”的联合通知》，要求各地加强宏观控制和行业管理，坚决把粮油工业争投资上项目的“过热空气”降下来。同时，加强全省粮油食品工业企业管理，提高企业经济效益和产品质量，降低物质消耗，推动“双增双节”活动和企业上等级工作的开展，省粮油食品局先后出台《关于加强粮油食品饲料加工企业安全生产的通知》《关于加强粮油食品工业设备管理工作的通知》《安徽省粮油食品工业企业管理竞赛办法》。要求粮油加工企业对设备管理要贯彻“以预防为主、维修保养与计划检修并重”方针，在全系统开展比、学、赶、帮、超竞赛活动，提高企业经营管理水平，开创粮油食品工业新局面。1987年，安徽省粮食系统7个单位荣获商业部工业普查先进单位，33人荣获商业部工业普查先进工作者；有9个产品获商业部系统优质产品奖；2个企业荣获商办工业设备管理优秀单位称号。

1986—1987年，安徽省粮油食品工业技术改造工作认真贯彻中央关于控制固定资产投资规模的精神和省委、省政府有关技术改造工作的要求，按照“三保三压”的方针办事，没开新口子，本着先续建，后新开；先国家，后省内；先重点，后一般的原则，以地市为单位，老项目不完成，不开新项目。1986年，在建项目44个，投资规模2163万元；当年完成36个项目，完成投资1705万元，扩大生产能力63万吨。1987年实施项目24个，当年投资2817万元，其中贷款2276万元。

1988年，省粮油食品局继续深入开展全省粮油食品工业文明生产活动，加强设备管理工作，提高设备完好率，促进安全文明生产。同时下达省粮油食品工业企业推行全面质量管理滚动计划的通知，对推行全面质量管理成绩特别显著的企业推荐参加省质量管理奖和商业部质量管理奖的评比。当年，省粮油食品局评选出全省粮油食品工业文明生产企业25个，全省粮油食品工业系统设备管理优秀单位12个。滁县地区粮油食品厂的面条车间等4个QC小组被省经委评为1988年安徽省优秀QC小组。

1989年，省粮油食品局参照《粮油工业国家级企业审定办法(试行)》，制订了《安徽省粮油工业省级企业审定办法(试行)》。进一步加强全省粮油食品工业企业管理，提高经济效益和产品质量，降低物质消耗，推动“双增双节”活动和企业上等级工作，并继续开展安徽省粮油食品工业企业管理竞赛。当年12月，根据省粮油食品局《粮油食品工业企业文明生产评选考核细则》和《全国粮油工业设备管理优秀单位评选标准》，全省评选出省粮油食品工业文明生产企业27个，省粮油食品工业设备管理优秀单位11个。全省粮食系统有15个产品获商业部系统优质产品奖。同年，省粮油食品局印发《安徽省粮油食品工业节约能源省级企业能耗标准（试行）》的通知，指导企业做好节约能源工作，加强粮油食品工业的节能管理。

1990 年 1 月，省粮油食品局印发《安徽省粮油食品工业质量管理先进单位评比办法》，决定继续在全省粮油食品工业企业中实行质量管理评比，督促企业不断提高产品质量，提高经济效益。5 月，省粮油食品局下发《关于加强粮食部门所属粮办工业管理的通知》，加强对各地粮食部门兴办的粮油、食品、饲料工业以及粮油机械、粮油副产品综合利用企业等的领导和行业管理，合理布局生产能力，以便更好地为粮油商品周转服务。

1990 年，省粮油食品局印发《关于在全省粮油食品工业企业开展文明生产活动的通知》，决定每年进行一次文明生产企业的评选，以此推动全省粮油食品工业文明生产活动的开展，确保实现商业部提出的“八五”期末全国三分之二以上的企业达到安全文明生产企业的标准，使整个粮油工业的厂容厂貌有一个很大的改观的目标。全省有 3 家企业被商业部授予 1989 年度商办工业设备管理优秀单位称号。1991 年，省粮油食品局组织修改《全省粮油食品工业管理竞赛办法》，继续开展粮油食品工业管理竞赛活动。全省粮油食品工业 3 个企业荣获 1990 年度商业部商办工业设备管理优秀单位，4 个企业荣获 1990 年度安徽省设备管理优秀单位，1 个荣获 1990 年度安徽省设备管理先进单位称号。全省 7 个企业被评为 1990 年度安徽省粮油食品工业设备管理优秀单位，有 8 个产品获商业部系统优质产品奖。1992 年，全省粮油加工技术水平、质量继续提高，粮油食品工业企业产品质量稳定率达 85% 以上，优质品率占 23%。3 月，省粮油食品局根据《安徽省粮油食品工业文明生产企业考核评选办法》，授予阜阳面粉厂等 143 个单位为 1991 年度安徽省粮油食品工业文明生产企业。

1993 年是安徽粮食价格和经营放开的第一年，粮价放开后，粮办工业失去价格优势，又面临多渠道竞争的挑战，全省全年实现工业总产值（90 年不变价）28.06 亿元，利润 2102 万元。

1991—1993 年（“八五”前三年）全省粮油工业遵循深化改革要求，以市场为导向，以效益为中心，注重粮油资源的充分利用，积极开发新产品，提高粮油产品的附加值，坚持走内涵改造为主道路，共完成技术改造和技术引进项目 25 个，实现固定资产投资 1.78 亿元，其中有 5 个项目获得了 3550 万元国家专项贷款的支持，同时还利用了意大利政府卖方信贷 200 万美元。

1994 年，全省各地继续贯彻执行国务院《关于深入开展企业扭亏增盈工作通知》，通过抓技改，抓质量管理，强化企业管理，产品一次合格率在 95% 以上。蚌埠宝兴面粉厂“大钱”牌特一粉、淮南面粉厂“冬梅”牌特一粉分别被评为省级免检产品和质量信得过产品。

1995 年 7 月，安徽省粮食局成立科技工业处，全省粮办工业行业管理职能由省粮油工业公司、饲料公司、省局基层处、科教处的科技部分移交科技工业处。

1997年，安徽省粮食局加快推进全省粮办工业企业经济体制改革步伐，适应社会主义市场经济的发展，着手改变全省粮办工业、多种经营企业“小”“散”“差”的状况，按照中央“抓好大的、放活小的”的经济方针，在征求省经贸委、省农经委、省农发行、省农业银行等部门意见的基础上，在全省范围内筛选一批经营规模较大、经济效益较好，在当地具有一定代表性的企业，作为扶优扶强骨干企业，进行重点扶持，首批有39个企业入选，其中粮办工业企业28个，粮食系统多种经营企业11个。

主副业分离　1998年，粮办工业经历了粮食企业主副业分离、政策性银行对粮办工业划账转户的影响，生产滑坡，企业亏损增加。但各地采取一系列的措施，积极筹集资金，组织原料生产，取得了一定效果。5月，省粮食局决定成立安徽省粮办工业经济技术协作组办公室，统一负责全省粮办工业（含多经）企业的经济技术协作活动和具体日常工作。全年开发新产品8个，创省级名牌3个，有11个产品被推荐为安徽省粮油畅销产品。同时，省粮食局认真贯彻实施省政府“质量振兴计划”，在全系统组织争创“安徽名牌农产品”活动，开展安徽粮油畅销产品推荐和宣传工作；加快推进结构调整，编制了全省粮食工业行业和油脂加工、饲料米面食品加工行业结构调整计划；积极开拓市场，加大产品推销力度，先后组织全省粮办工业企业知名产品参加西安、上海贸易洽谈会和商品交易会；积极组建集团，合肥油脂公司与省油脂公司、丰乐种子公司组建了佳乐油脂集团；省饲料公司与省农垦总公司水家湖农场、长丰县饲料公司联合组建三宝饲料有限责任公司，实现跨行业、跨所有制的技术、资金、市场三强联合。多经企业安徽电缆厂获得省质量管理奖企业称号。

1999年，省粮食局认真落实中央和省经济工作会议精神，克服重重困难，加大粮办工业改革力度，活化机制，强化管理，积极开拓市场，加快结构调整。按照省政府布置，编制了《安徽省粮食工业行业结构调整规划》和《安徽省粮食行业中小工业企业结构调整指导意见》，经专家论证，省经济委员会正式发布实施。

1999年9月，省粮食局和省粮食行业协会首次共同举办“99安徽粮油食品多经产品展示展销会”，集中展示新中国成立五十年来尤其是改革开放以来安徽粮办工业、多种经营发展成果，宣传名牌产品，扩大粮油交易。全省17个地市的500多家国有、集体和合资等企业参展，展出的粮油食品、多经产品、粮油机械、粮油票证以及优质粮油新产品等共10大类1170多个品种。展销会期间总成交额4.98亿元。

当年全省粮食系统29个企业的31个产品获得中国粮食行业协会推荐产品。31个产品获得中国粮食行业协会推荐产品，3个企业的产品获省政府名牌。有2个企业获得省“优秀QC小组”、2个企业获得省“质量信得过班组”称号。凤阳县麻油厂获得省质量管理奖。2000年7月，省粮食局与省食品工业协会共同推荐9家企业的10个产品为1999年度安徽省粮油畅销产品。1999年10月，省粮食局先后组织粮油产品积极参加全国（大连）粮油精品展示展销会、第二届全国（厦门）粮油精品展示展销会、安徽省名优农产品绿色食品（上海）展示展销会，提高安徽省粮油产品的知名度，开拓市场。全省有 15 个粮油产品被省政府授予安徽名牌称号，31 个产品被中国粮食行业协会命名为推荐产品，6 个产品被批准为绿色食品。2000 年 7 月，省粮食局与省食品工业协会共同推荐 9 家企业的 10 个产品为 1999 年度安徽省粮油畅销产品。

2000 年，全省粮办工业入统独立核算企业 391 个，完成现价工业总产值 52.74 亿元，有 6 家企业年销售额超过 8000 万元。其中安徽华康粮油食品集团 3.25 亿元、安徽金田花油脂有限公司 1.57 亿元、安徽电缆厂 1.28 亿元、安徽安丰油脂股份有限公司 1.04 亿元、六安市面粉油脂厂 1.03 亿元、杭州娃哈哈集团巢湖饮料有限公司 9725 万元。同年制订了《安徽省粮办工业“十五“发展规划纲要》，提出加快发展生活必需品、米袋子、油瓶子工程，加快粮办工业企业的产品结构、技术结构、组织结构和区域布局的调整。

2001 年 4 月，省粮食局在合肥举行安徽省首届粮油精品网上展销会，利用现代网络技术，加快粮食信息的交流，促进安徽粮食市场与国内国际市场接轨，开拓市场，搞活流通。全省有 18 个市县的 36 个企业在网上发布了产品介绍。

2002 年，省粮食局、省粮食行业协会发起在全省粮食行业开展“放心粮油”评审活动，规范粮油市场秩序，确保粮油产品质量和食品安全，让广大消费者吃上优质放心粮油。首批 39 个企业的 76 个产品获得安徽省首批“放心粮油”称号。同时获得称号的生产企业还本着对人民利益高度负责的精神，在授牌仪式向广大消费者发表了郑重承诺。同时，省粮食局、省卫生厅、省工商行政管理局联合印发《关于开展粮食行业打假工作的通知》，通知要求以粮食收储、加工、经营、批发、零售市场为检查整顿重点，开展原粮、成品粮、粮油制品、食用植物油的打假专项工作，有效遏制和坚决打击粮油市场上的假冒伪劣产品，确保收购、储藏、加工经营环节中原粮和粮油产品（米、面、油、食品）的质量，完善粮食市场安全监管制度，进一步整顿、规范粮食市场经济秩序。

2002 年，安徽省粮油工业企业进一步深化改革，以改组、改制为重点，进行全员身份置换，全省国有粮油工业独立核算大幅度减少，取而代之的是许多民营和股份制企业。受国家粮食局委托，中国粮食行业协会对统计报表进行了修订。

股份制改制 2003 年，全省国有粮食企业继续推进产权制度改革，企业所有制形式、经营模式等方面发生了巨大的变化，大部分粮油加工企业已改制为股份制、股份合作制和私人所有等形式，一大批民营企业蓬勃兴起，逐步成为粮油工业的主导力量，其中有些已发展成现代化的大型企业或企业集团。当年全省 17 个市上报的粮油工业企业单位总数为 490 个，其中国有企业 227 个，民营企业 263 个，占 53.67%；工业总产值中，民营企业占 50.35%。民营企业首次占了一半以上的比重。23 个企业的产品获中国粮食行业协会全国“放心粮油”称号。

2004 年，安徽家乐米业有限公司在原有广德、郎溪、无为三个分公司的基础上，又在宣州区征地 358 亩，新增 4 条 100 吨 / 日的生产线，建设年产 10 万吨大米的生产基地，该生产线投入运行后，公司的年生产能力达 20 余万吨，成为全省规模最大的大米加工企业。萧县皖王制粉公司拥有 3 条现代化的专用粉生产线，日处理小麦 750 吨，年加工小麦能力22.5万吨，实现销售收入2.5亿元，其生产规模在安徽省面粉加工业中名列第一。

2005年，根据国家发改委、国家粮食局《关于编制“十一五”专项规划及编制全国粮油加工业“十一五”发展规划》要求，省粮食局组织有关专家成立编制组，起草编制《安徽省粮油加工业“十一五”发展规划》，重点领域是以稻谷、小麦、玉米和油菜籽四大品种为主要原料的粮油加工业。规划范围包括本省全社会各种经济成分的粮油加工业。

随着粮食购销市场全面开放，一大批民营企业蓬勃兴起，逐步成为粮油工业的主导力量，产生了一批在本行业位居前列的大型企业或企业集团。如：大米加工企业中的合肥金润米业有限公司、安徽家乐米业有限公司、安徽省稼仙米业集团有限公司、安徽槐祥工贸集团有限公司等；面粉加工企业中的安徽皖王面粉集团有限公司、安徽新锦丰投资集团有限公司、安徽良夫面粉集团、安徽占元面粉集团等；油脂加工企业中的安徽大平工贸（集团）、安徽庆发集团等。全省541个粮油加工企业中，民营企业占87.38%。粮油工业总产值139.57亿元，利润2.77亿元，民营企业约占总产值的87.5%，利润约占95.87%。全省销售收入超10亿元的企业有3个，超5亿元的3个，超1亿元的15个。同时省粮食局、省粮食行业协会组织开展第二批“放心粮油”“粮油销售放心店”评审工作，有32个产品获得“放心粮油”称号，11个销售店获“粮油销售放心店”称号。组织开展安徽名牌产品和安徽省质量奖申报，六安天业集团有限公司等10个企业的产品获得“安徽名牌产品”称号，安徽省稼仙米业集团有限公司获得2004年安徽省质量奖。

到2006年，经过“十五”期间的发展，一大批骨干民营企业快速扩张，生产能力大大提高。日处理原料200吨以上企业101个，这些企业的年产值占全省粮油加工业的75.05%。安徽家乐米业有限公司日处理稻谷能力1000吨，安徽皖王面粉集团有限公司日处理小麦能力1200吨，均居全国同行业前列。安徽大平工贸（集团）有限公司日处理油菜籽950吨，为安徽省最大油脂生产厂家。安徽瑞福祥食品有限公司谷朊粉产量位居全国第三，产品主要销往国际市场。安徽丰原集团形成了160万吨/年玉米综合加工能力、60万吨/年油料加工能力、2.5万吨/年燃料酒精和3万吨/年L—乳酸生产能力。经过几年的精心培育，全省粮油加工业有8个国家级农业产业化龙头企业，占全省20个的40%；86个省农业产业化龙头企业，占全省的30%；60个省粮食产业化龙头企业，有中国名牌1个，省名牌产品28个，省名牌农产品34个，还有一大批全国和省“放心粮油”产品。同年，省粮食局下发《关于开展“放心粮油进农村进社区”活动的通知》，制订了实施办法，全省共有102个企业参加，销售放心粮油150万吨，直接受益人口达750万人。在中国粮食行业协会召开的表彰大会上，安徽东方面粉厂等5个企业荣获“全国放心粮油进农村先进单位”称号。

2007年，全省17个市纳入统计的粮油工业企业543个，其中国有企业58个，占企业单位总数的10.7%；民营企业485个，占企业总数的89.3%。2007年年底，安徽省大米、面粉和菜籽油产量分别居全国第四、第五和第三位，销售收入居全国第五位，利润居全国第八位，与2001年比较，各项指标在全国的位次均有不同幅度的提升。各地通过退城进郊、龙头企业扩建、储备库扩建等多种形式，整合资源，盘活资产，建设粮食产业园区或产业集聚区，调整产业结构，优化产业布局，扩大企业规模，改善仓储设施，提升加工增值水平。

2008年，组织实施了粮食产业化“518提升工程”，全省入统的粮油加工业企业645个，其中大米加工企业400个，小麦粉加工企业122个，食用植物油加工企业64个，玉米加工企业6个，粮食食品加工企业27个，杂粮生产企业6个，饲料加工企业16个。年加工能力：大米1361万吨、面粉897万吨、油脂239万吨、玉米152万吨、粮油食品79万吨。产品产量：大米582万吨、面粉506万吨、油脂46万吨、玉米135万吨、粮油食品75万吨；实现工业总产值499.15万元，实现利税总额13.54亿元。各项技术经济指标均比“十五”末有较大幅度的提高。组织了新一轮粮食产业化龙头企业的评审，确定162个企业为全省粮食产业化龙头企业，其中30个企业被命名为粮食产业化行业排头兵。

在全省评出的122个安徽名牌产品中，粮油及粮油机械产品21个，占总数的17%，是历年获安徽名牌数量最多、占比例最大的一年。在全省215个著名商标中，粮油类21个，占总数的10%。此外，还有一大批产品获得中国名牌农产品、有机食品、绿色食品等称号。

安徽省粮办工业产值、利税、利润及主要产品产量统计表

表5-1-1　　单位：亿元、万吨

年份	产值（亿元）	利润（万元）	大米（万吨）	小麦粉（万吨）	食用植物油（万吨）	粮油食品（万吨）	饲料（万吨）
1986	18.18	8843	198.97	107.39	22.05	10.89	106.6
1987	18.66	11412	197.4	118.76	22.58	14.56	104.9
1988	18.97	13213	190.84	123.35	21.19	12.00	105.7
1989	18.46	16156	185.07	126.24	17.18	11.99	112.4
1990	30.27	9251	150.85	109.20	20.33	11.23	103.3
1991	36.81	9313	188.39	111.41	20.90	11.55	113.97
1992	35.27	8699	174.78	104.54	21.33	10.60	102.66
1993	32.75	1062	135.87	93.58	17.64	9.59	83.09
1994	37.07	5475	130.03	91.59	18.65	9.09	90.51
1995	41.81	6807	152.41	102.82	26.67	11.71	116.39

续表 5-1-1

年 份	产 值（亿元）	利 润（万元）	大 米（万吨）	小麦粉（万吨）	食用植物油（万吨）	粮油食品（万吨）	饲 料（万吨）
1996	51.99	–4042	122.97	89.57	26.35	8.45	104.25
1997	51.41	–22613	128.12	72.05	23.83	5.42	107.76
1998	46.74	–39437	119.95	59.88	21.74	5.78	93.10
1999	45.16	–10490	129.87	57.49	29.42	5.61	76.64
2000	41.12	–11075	91.54	54.97	35.09	5.27	63.66

说明:1990 年以后产值为不变价产值

安徽省粮油加工业产值、利税、利润及主要产品产量统计表

表 5-1-2 单位:亿元、万吨

年 份	产 值（亿元）	利 润（万元）	大 米（万吨）	小麦粉（万吨）	食用植物油（万吨）
2001	56.15	–8075	78.21	39.00	36.16
2002	45.32	4756	99.47	50.73	31.34
2003	62.80	8293	118.83	86.84	33.08
2004	150.7	44000	178.35	139.24	39.1
2005	141.02	27500	230.64	194.83	46.93
2006	208.77	30391	398.50	326.01	34.88
2007	311.82	64679	452.00	416.31	42.23
2008	499.15	97822	581.91	506.15	46.23

第二节 稻谷、小麦加工业

稻谷加工 1986 年安徽省大米加工企业着重抓深化企业改革,完善企业内部经营机制,开展“双增双节”活动,加强企业管理,搞好文明生产,开展企业升级和技术进步工作。马鞍山市当涂县城关粮油饲料加工厂标一晚粳米、全椒县赤镇米厂标一早籼米、芜湖中转站米厂特制晚粳米等 3 个米厂的产品荣获商业部系统优质产品奖。全省出口大米加工任务 4 万吨,其中首次自营出口 2 万吨,出口创汇 592 万美元。全省大米加工企业 286 个,其中独立核算企业 200 个,年生产能力 337.3 万吨,大米产量 199 万吨,因农村回销量减少,比上年下降 0.6%,自营和代农加工大米 0.43 万吨,比上年增加 178%。

1987 年,旌德县粮食加工厂等 7 个米厂被评为 1986 年度安徽省粮油食品工业文明生产企业。同年,旌德县粮食加工厂还获得商业部商办工业设备管理优秀单位称号。

当年大米市场继续疲软，全省大米加工企业 279 个（其中独立核算 199 个），年生产能力 358.6 万吨，大米产量 197.4 万吨，完成年计划的 100.2%，比上年下降 0.8%。

1988 年，全椒县襄河米厂等 9 个厂被评为全省粮油食品工业文明生产企业。全椒县襄河米厂还获得省“创佳”达标竞赛夺魁单位，芜湖市一米厂获得省“创佳”达标竞赛表扬单位。太湖县小池米厂等 8 个米厂获得 1988 年省财贸系统“创佳”竞赛先进单位。

全省大米加工企业 280 个（其中独立核算 199 个），年生产能力 369.7 万吨，大米产量 190.8 万吨（其中出口大米 6.14 万吨），完成年计划的 96.87%，比上年下降 3.32%。

1989 年，安徽省粮油食品局印发《安徽省粮油食品工业企业节约能源省级企业（稻谷碾米企业）能耗标准（试行）》（见稻谷碾米行业节约能源省级企业标准一览表），规定稻谷碾米行业节约能源省级企业考核标准。

安徽省稻谷碾米行业节约能源省级企业标准一览表

表 5-1-3　　单位：千瓦小时 / 吨

指标	特等早籼米	特等晚籼米	特等晚粳米	标一早籼米	标一晚籼米	标一晚粳米	标二早籼米	标二晚籼米	标二晚粳米
能耗标准	30	32	31	24	25	25	19	21	21

当年，无为县米厂荣获商业部商办工业设备管理奖。全椒县襄河米厂、凤阳县凤城米厂被评为全省粮油食品工业设备管理优秀单位，芜湖市面粉厂特等晚粳米获商业部系统优质产品奖，天长县秦栏米厂等 6 个厂被评为全省粮油食品工业文明生产企业，无为县米厂、怀宁县高河米厂、太湖县小池米厂等 3 个企业被评为全省粮油食品工业企业设备管理优秀单位。全椒县赤镇米厂获得省劳动竞赛创最佳经济效益夺魁单位，全椒县襄河米厂获先进单位。全省大米加工企业 285 个（其中独立核算 196 个），年大米生产能力 384.5 万吨，大米产量 185.1 万吨（其中出口大米 2.06 万吨），完成年计划 95.4%，比上年下降 3.03%。

1989 年，安徽省粮油食品局颁布《安徽省碾米行业省级先进企业试行标准》（见附表），规定稻谷碾米行业省先进级企业，企业升级的考核标准和评审准则。

安徽省碾米行业省级先进企业试行标准一览表

表 5-1-4

	项　目		单　位	标　准
（一）	产品质量	一、产品质量水平		
		主要产品质量		达省优标准
		二、产品质量指标		
		1. 合格率	%	按照现行国家标准检验班组一次合格率不低于 96%，出厂合格率 100%。
		2. 优质品水平		有省级以上优质产品
（二）	物质消耗	三、原材料消耗（出品率）		
		1. 特等晚粳米	%	70.5
		2. 标一早籼米	%	67.5
		3. 标一晚籼米	%	68.5
		4. 标一晚粳米	%	71.5
		5. 标二早籼米	%	68.5
		6. 标二晚籼米	%	69.5
		7. 标二晚粳米	%	72.5
		四、能源消耗（吨米电耗）		
		1. 特等晚粳米	度	31
		2. 标一早籼米	度	24
		3. 标一晚籼米	度	25.5
		4. 标一晚粳米	度	25.5
		5. 标二早籼米	度	19
		6. 标二晚籼米	度	21
		7. 标二晚粳米	度	21
（三）	经济效益	五、全员劳动生产率	元 / 人·年	90000
		六、资金利税率	%	80
		七、人均利税额	元 / 人·年	5000

1990 年，全省大米市场继续疲软，大米加工企业开展自营业务和代农加工业务。无为县米厂荣获商业部商办工业设备管理优秀单位称号。天长县铜城米厂等 13 个米厂荣获 1989 年度全省粮食系统先进企业称号。六安县双河米厂等 7 个单位荣获 1989

年度全省粮食系统安全先进单位称号。全省大米加工企业 299 个（其中独立核算 201 个），年大米生产能力 410.7 万吨，大米产量 150.8 万吨（其中精米 138.06 万吨），完成年计划的 78.78%，比上年下降 18.38%。

1991 年，无为县米厂荣获 1990 年度安徽省设备管理优秀单位；铜陵市面粉厂大米车间 QC 小组、蚌埠米厂大米车间 QC 小组被评为 1990 年度安徽省粮油食品工业优秀 QC 小组。芜湖市一米厂、滁州市米厂获得省创最佳经济效益先进单位。

1992 年 3 月，来安县水口米厂等 79 个企业获得安徽省粮油食品工业文明生产企业称号。

1995 年，合肥市大米公司投资 2270 万元，在安徽省首条全套引进日本佐竹公司日产 100 吨免淘洗小包装大米生产线，开启了安徽省高档小包装大米的先河。

1997 年，由于受主副分离、银行划转等宏观政策调整等因素影响，全省大米加工企业独立核算仅 69 个；年生产能力 510.7 万吨；大米产量 128.12 万吨，完成工业总产值（90 年不变价）13.32 亿元，实现销售收入 13.02 亿元，企业亏损 8260 万元。

1998 年，庐江县粮食加工集团公司“万乐牌”标一特粳米获得省粮食局、省食品工业协会评审的首批“安徽粮油畅销产品”称号。1999 年，芜湖市粮油食品储运站大米车间甲班、怀宁县高河大米车间班组获得安徽省优秀质量信得过班组称号。合肥大米公司“仙晶”牌丝苗米等 5 个企业的 5 个产品获中国粮食行业协会推荐产品，安徽宿州市埇桥区夹沟镇粮油管理站“呵泉”牌夹沟香稻米获“99 中国国际农业博览会名牌产品”。

2002 年，在由安徽省粮食局和省粮食行业协会开展的“放心粮油”活动中，首批有安徽省国营龙亢农场精米厂等 16 个企业的 25 个大米产品获得“放心粮油”称号。

2003 年，全国碾米工业走新型工业化道路研讨会在安徽省安庆市召开，这是中国粮食行业协会为贯彻落实中共十六大提出的“走新型工业化道路”发展战略而作出的一项重要举措。随着粮食购销市场全面开放，省粮食局积极推进粮食产业化，鼓励企业资产整合，扩大企业规模，提升产品档次，提高企业经济效益，一大批民营企业蓬勃兴起，逐步成为粮油工业的主导力量，其中产生了一批在本行业位居前列的大型企业或企业集团。如合肥金润米业、安徽友勇米业、广德县家乐米业等。全省大米加工企业 293 个，日处理能力 100~200 吨（含 100 吨）企业 38 个，200~400 吨（含 200 吨）企业 5 个，400~1000 吨（含 400 吨）企业 1 个。年生产能力 400.5 万吨，利用率 43.38%。大米总产量 118.8 万吨，比上年增长 20.31%。大米加工业完成现价工业总产值 24.87 亿元，实现销售收入 17.93 亿元，利润 1125.6 万元。

2004 年，全省入统大米加工企业 270 个，日处理原料能力 100 吨以下的 194 个，占 72.12%；100~200 吨（含 100 吨）的 57 个，占 21.1%；200~400 吨（含 200 吨）的 14 个，占 5.19%；400~1000 吨（含 400 吨）的 5 个，占 1.85%；年生产能力 547.1 万吨；大米总产量 178.35 万吨吨，比上年增长 31.51%。其中：特等米增长 104.81%。产量超过 20 万

吨以上的有滁州、合肥、安庆、宣城等4个市，它们分别为42.9万吨、26.5万吨、24.7万吨和22.1万吨。大米加工业总产值47.38亿元，产品销售收入45.4亿元，利润总额5224万元。

2005年，省粮食局、省中小企业局、省粮食行业协会联合在肥西县举办稻壳发电技术推介会，总结和推广这一发展循环经济的技术，指导大米加工企业解决长期困扰的稻壳污染问题。会议期间参观了现场，进行了经验交流，举行了专家论坛。当年，全省入统大米加工企业396个，日处理原料能力100吨以下的263个，占66.41%；100~200吨（含100吨）的94个，占23.74%；200~400吨（含200吨）的30个，占7.57%；400~1000吨（含400吨）的8个，占2.02%；1000吨以上（含1000吨）的1个，占0.25%。年生产能力998.8万吨。大米总产量230.64万吨，比上年增长38.05%。其中：特等米增长38.41%。产量超过20万吨以上的有滁州、合肥、安庆、巢湖、宣城等5个市。大米加工业总产值68.94亿元，产品销售收入69.42亿元，利润总额1.89亿元。

2005年，宣城市家乐米业年产10万吨大米的现代化生产线投产，一举将加工能力提高了1倍，二期工程年产10万吨大米生产线正在筹建中，成为是年安徽省规模最大的大米加工企业。

2006年度，全省大米加工产量超过50万吨的有安庆、宣城、滁州等3市，超过20万吨的有巢湖、六安、淮南、合肥、芜湖等5市。大米企业完成工业总产值110.25亿元，产品销售收入110.03亿元，利润总额1.88亿元。当年全省大米加工企业393个，年生产能力1034万吨。其中：国有企业50个，占14.72%；外商及港澳台商投资企业1个，占0.25%；民营企业342个，占87.02%。在纳入统计的企业中，日处理原料能力100吨以下的267个，占67.93%；100~200吨（含100吨）的79个，占20.1%；200~400吨（含200吨）的33个，占8.4%；400~1000吨（含400吨）的13个，占3.31%；1000吨以上（含1000吨）的1个，占0.25%。大米总产量398.5万吨，比上年增长65.27%。其中：特等米增长33.88%，标一米增长96.69%。

2007年，全省纳入统计的大米加工企业396个，占企业总数的72.93%；日处理原料100吨以下企业235个，100~200吨（含100吨）企业107个，200~400吨（含200吨）企业43个，400~1000吨（含400吨）企业8个，1000吨以上（含1000吨）企业3个。当年生产能力1136.6万吨，大米总产量452万吨，其中特等以上大米134.5万吨；大米行业加工总产值141.2亿元，产品销售收入139.8亿元，利润2.93亿元。在大米骨干企业中，企业科技含量逐步增加，加工工艺多数采用先进的糙米精选、多机轻碾、分级、抛光、色选及配米等技术。安徽家乐米业有限公司乡里乡亲牌大米、安徽槐祥工贸集团有限公司槐祥牌大米、安徽稼仙米业集团有限公司稼仙牌大米获中国名牌称号。

2008年度入统大米加工企业400个，年生产能力1361.38万吨。其中：国有及国有控股企业47个，占11.75%；民营企业353个，占88.25%。在入统企业中，日处理原料能力50吨以下48个，占12%；50 ~ 100吨的162个，占40.5%；100 ~ 200吨的116个，占29%；200 ~ 400吨的60个，占15%；400吨以上的大中型企业14个，占3.5%。入统企业大米总产量581.91万吨。从品种结构看，特等米产量146.98万吨；标一米产量411.52万吨；标二米产量21.09万吨。产量超过50万吨的有安庆、六安、滁州、巢湖、宣城等5市，其中安庆市113.4万吨；超过20万吨的有淮南、合肥、蚌埠、芜湖、马鞍山等5市。大米加工业总产值190.12亿元，产品销售收入188.15亿元，工业增加值18.31亿元，利税总额4.21亿元，利润总额3.17亿元；资产总计74.3亿元，负债合计41.44亿元，资产负债率55.77%；年末从业人数1.85万人。大米加工业能力利用率61.06%，吨米利润54.6元，销售收入利润率1.69%。大米加工龙头企业积极发展精深加工，安徽家乐米业有限公司利用稻壳开发生物质炭、草酸醋液、发电等高效综合利用项目。稼仙米业投资新建了无菌方便米饭项目，年生产能力1万吨，新增产值近2亿元，同时对贡糕和方便食品项目进行了改扩建。金润米业等一大批大米企业新上了米糠油项目，为企业注入了活力。

安徽省大米加工企业主要经济技术指标统计表

表5-1-5　　单位：万吨、亿元

年份	企业数量（个）	年生产能力	年生产大米	工业总产值
1986	286	337.3	198.97	6.98
1987	279	358.7	197.39	7.38
1988	280	369.7	190.84	7.59
1989	285	384.5	185.07	8.89
1990	299	410.7	150.85	10.56
1991	200	422.2	188.4	30.74
1992	304	433.54	174.78	16.10
1993	358	452.5	135.87	20.38
1994	409	467	130	24.05
1995	401	510.69	152.4	28.19
1996	401	510.7	122.97	13.52
1997	393	510.7	128.12	13.32
1998	349	510.7	119.95	12.11
1999	335	298.45	129.87	10.53
2000	292	349.8	91.53	15.13
2001	189	300.82	78.21	12.67

续表 5-1-5

年份	企业数量（个）	年生产能力	年生产大米	工业总产值
2002	294	409.6	99.47	17.80
2003	293	400.5	118.8	24.87
2004	270	547.1	178.35	47.38
2005	396	998.8	230.64	68.94
2006	393	1034	398.5	110.25
2007	396	1136.6	452	141.2
2008	400	1361.37	581.91	190.12

小麦加工　1986 年，合肥面粉厂从瑞士引进等级粉生产线投产后，提高安徽省面粉加工能力和档次。当年全省面粉加工企业 63 个，其中独立核算 53 个；年生产能力 163.01 万吨，面粉产量 107.4 万吨，增长 12.01%。在国家粮食定购比例减少，市场调节逐步扩大的新情况下，企业积极开展自营业务，1986 年全省自营面粉 11.51 万吨，比上年增加 1.52 倍。当年，蚌埠市面粉厂质量管理小组被评为安徽省优秀质量管理小组。

1987 年，蚌埠市面粉厂等 10 个面粉厂被评为“全省粮油食品工业文明生产企业”。淮南市面粉厂特制粉获得商业部系统优质产品奖。蚌埠市面粉厂获得商业部商办工业设备管理优秀单位。全省面粉厂 65 个，其中独立核算 53 个；年生产能力 243.12 万吨，面粉产量 118.76 万吨，完成年计划 112.04%，比上年增长 10.59%。

1988 年，蚌埠市面粉厂荣获商业部商办工业设备管理优秀单位。蚌埠市面粉厂、定远县面粉厂、六安市面粉厂、歙县面粉厂被评为全省粮油食品工业优秀设备管理优秀单位。全省面粉厂 66 个，其中独立核算 53 个；年生产能力 266.07 万吨，面粉产量 124.48 万吨，完成年计划 103.77%，比上年增长 3.98%。

1989 年，安徽省粮油食品局颁布《安徽省小麦制粉行业省级先进企业试行标准》（见安徽省制粉行业省级先进企业试行标准一览表），规定小麦制粉行业省先进级企业，企业升级的考核标准和评审准则。

安徽省制粉行业省级先进企业试行标准一览表

表 5-1-6

	项　目		单　位	标　准
（一）	产品质量	一、产品质量水平		
		主要产品质量		达省优标准
		二、产品质量指标		
		1. 合格率	%	按照现行国家标准检验，班组一次合格率不低于 96%，出厂合格率 100%。
		2. 优质品水平		有省级以上优质产品
（二）	物质消耗	三、原材料消耗（出品率）		
		1. 特制一等粉	%	66
		2. 建设粉	%	72
		3. 标准粉	%	83
		四、能源消耗（吨粉电耗）		
		1. 特制一等粉	度	≦ 61
		2. 建设粉	度	≦ 49
		3. 标准粉	度	≦ 39
（三）	经济效益	五、全员劳动生产率	元 / 人·年	85000
		六、资金利税率	%	90
		七、人均利税额	元 / 人·年	8000

1989 年，合肥面粉厂“雪花牌”特制一等粉、蚌埠市面粉厂“大钱牌”特制一等粉、标准粉，芜湖市面粉厂“鹰牌”特制一等粉荣获商业部系统优质产品奖。全省面粉厂 71 个，其中独立核算 55 个；年生产能力 289.5 万吨，面粉产量 126.24 万吨，完成年计划 98.62%，比上年增长 2.23%。印发《安徽省粮油食品工业节约能源省级企业（小麦制粉行业）能耗标准（试行）》（附表）。

小麦制粉行业企业能耗标准一览表

表 5-1-7　　单位：千瓦时 / 吨

指　标	电　耗		
	国家二级能耗标准	省级能耗先进标准	全国平均水平
特制一等粉	60	61	65.9
特制二等粉	48	49	54
标准粉	38	39	46

1990 年，蚌埠面粉厂、歙县面粉厂被评为全省粮油食品工业设备管理优秀单位。1991 年，歙县面粉厂荣获 1990 年度商业部商办工业设备管理优秀单位称号。歙县面粉厂、阜阳市面粉厂荣获 1990 年度安徽省设备管理优秀单位称号。国营阜阳面粉厂特制一等粉荣获商业部系统优质产品奖。蚌埠面粉厂获得省“双创”劳动竞赛夺魁单位，淮南面粉厂获得省“双创”劳动竞赛先进单位。1992 年蚌埠面粉厂获全省劳动竞赛最佳经济效益企业称号。

1997 年，灵璧县面粉厂精粉车间、芜湖市益新面粉有限公司面粉车间小麦清理 QC 小组荣获 1996 年度内贸系统“优秀质量小组”称号。全省面粉企业实现销售收入 11.04 亿元，亏损 8449 万元。

1998 年，蚌埠宝兴面粉有限公司的大钱牌特一粉、寿州富康有限公司的容美牌特制一等粉等获得省粮食局、省食品工业协会评审的首批“安徽粮油畅销产品”称号。芜湖市益新面粉股份有限公司制粉二车间配粉质量 QC 小组、安徽省东方面粉厂 QC 小组获得内贸部全国商业、粮食系统优秀质量管理小组称号。灵璧县面粉厂获得安徽省质量管理小组先进企业称号。芜湖市益新面粉股份有限公司和蚌埠宝兴面粉有限公司获得安徽省质量管理奖称号。全省面粉企业销售收入 10.07 亿元，企业亏损 9500 万元。

1999 年，安徽省东方面粉厂“东鼎”牌特二粉等 6 个企业的 7 个产品获得中国粮食行业协会推荐产品称号。芜湖益新面粉股份有限公司“鹰”牌高精粉获’99 中国国际农业博览会名牌产品。全省面粉加工企业实现销售收入 10.06 亿元，企业亏损 6297 万元。

2000 年，全省面粉加工企业实现产品销售收入 8.41 亿元，企业亏损 3826 万元。2001 年，全省面粉加工企业实现销售收入 5.17 亿元，企业亏损 3603 万元。2002 年，省粮食局、省粮食行业协会组织开展“放心粮油”活动，首批有淮北面粉厂等 9 个企业的 14 个面粉产品获得“放心粮油”称号。

2003 年，全省小麦粉加工企业 149 个，其中国有企业 38 个，占 25.5%，民营企业 111 个，占 74.5%；100 吨以下的小型小麦粉加工厂 54 个，占企业总数的 36.24%；100 ~ 200 吨（含 100 吨）的小麦粉加工企业 84 个；200 ~ 400 吨（含 200 吨）的小麦粉加工企业 9 个；400 ~ 1000 吨（含 400 吨）的小麦粉加工企业 2 个。当年小麦粉总产量 86.84 万吨，比上年增长 38.38%，其中特一粉增加 55.99%。实现销售收入 12.44 亿元，利润总额 3401 万元。

2004 年，全省日处理原料 50 吨以上的小麦粉加工企业 100 个，其中：国有企业 9 个，占 9%；外商及港澳台商投资企业 1 个，占 1%；民营企业 90 个，占 90%。在纳入统计的企业中，日处理能力 100 吨以下的 58 个，占 58%；100~200 吨（含 100 吨）的 24 个，占 24%；、200~400 吨（含 200 吨）的 12 个，占 12%；、400~1000 吨（含 400 吨）的 6 个，占 6%。年生产能力 324.16 万吨。小麦粉总产量 139.24 万吨，比上年增长 61.38%。产量超过 10 万吨的有亳州、宿州、蚌埠、淮北 4 个市，分别为 54.9 万吨、25.6 万吨、21 万吨和12.9万吨。小麦粉加工业总产值27.44亿元，产品销售收入27.46亿元，利润总额4378万元。

2005年，小麦粉加工产量超过10万吨的有滁州、亳州、宿州、淮北、蚌埠、淮南6个市。全省小麦粉加工企业94个，日处理能力100吨以下的32个，占34.04%；100~200吨（含100吨）的27个，占28.72%；、200~400吨（含200吨）的24个，占25.53%；400~1000吨(含400吨)的9个，占9.57%；1000吨以上(含1000吨)的2个，占2.13%。年生产能力500.32万吨。小麦粉总产量194.83万吨，比上年增长46.62%，其中特一粉增加60.34%。全省小麦粉加工业总产值39.8亿元，产品销售收入40.54亿元，利润总额6218万元。当年皖王面粉集团等龙头企业积极购置先进生产设备，快速扩张规模。皖王面粉集团日处理小麦能力750吨，是全省最大的面粉加工企业。安徽瑞福祥食品有限公司年处理30万吨小麦深加工综合项目，一期工程面粉和谷朊粉生产线投产，谷朊粉生产能力居国内第三。

2006年，省粮食局推荐安徽皖王面粉集团有限公司、安徽东方面粉厂申报安徽质量管理奖。全省小麦粉加工采用长粉路光辊碾磨制粉、增加清粉设备、强化物料分级等技术，提高出粉率。小麦粉加工企业101个，其中：国有企业4个，占3.96%；民营企业97个，占96.04%。在纳入统计的企业中，日处理能力100吨以下的27个，占26.73%；100~200吨（含100吨）的27个，占26.73%；200~400吨（含200吨）的33个，占32.67%；400~1000吨（含400吨）的11个，占10.89%；1000吨以上（含1000吨）的3个，占2.97%。年生产能力580万吨。小麦粉总产量326.01万吨，比上年增长67.33%。其中特一粉增加108.07%。产量超过20万吨的有宿州、亳州、滁州、淮南、蚌埠等5市，超过10万吨的有淮北、阜阳等2市。小麦粉加工业总产值76.96亿元，产品销售收入76.78亿元，利润总额1.32亿元。

2007年度全省小麦粉加工企业104个，年总生产能力697.2万吨。其中：国有企业3个，占2.88%；民营企业101个，占97.12%。在纳入统计的企业中，日处理能力100吨以下的26个，占25%；100 ~ 200吨（含100吨）的20个，占19.23%；200 ~ 400吨（含200吨）的41个，占40.01%；400 ~ 1000吨（含400吨）的12个，占11.54%；1000吨以上（含1000吨）的5个，占4.81%。小麦粉总产量416.31万吨，从品种结构看，特一粉产量245.66万吨，占总产量的59.01%；特二粉产量102.48万吨，占总产量的24.62%；标准粉产量30.74万吨，占总产量的7.38%；专用粉产量20.56万吨，占总产量的4.94%。产量超过40万吨的有宿州、滁州、淮北、亳州等4市，超过20万吨的有蚌埠、淮南、阜阳等3市，其中宿州市产量超过140万吨。小麦粉加工业总产值120.74亿元，产品销售收入115.01亿元，出口交货值8280万元，利润总额2.09亿元；资产总计35.88亿元，负债合计17.72亿元，资产负债率49.4%；年末从业人数1.26万人。小麦粉加工业能力利用率60%，吨粉利润50.3元，销售收入利润率1.82%。丰大股份有限公司丰大牌挂面、瑞福祥食品有限公司瑞福祥牌小麦粉、珠东面粉有限公司富源牌小麦粉、占元面粉有限公司占元牌小麦粉等产品获安徽省名牌产品称号。皖王面粉集团有限公司皖王牌小麦粉、丰大股份有限公司丰大牌挂面获中国名牌称号。

2008 年度入统小麦粉加工企业 122 个，年总生产能力 897.225 万吨。其中：国有企业 3 个，占 2.46%；民营企业 119 个，占 97.54%。在入统的企业中，日处理能力 100 吨以下的 14 个，占 11.47%；100 ~ 200 吨的 31 个，占 25.41%；200 ~ 400 吨的 52 个，占 42.62%；400 ~ 1000 吨的 22 个，占 18.03%；1000 吨以上的 3 个，占 2.46%。小麦粉总产量 506.15 万吨，从品种结构看，特一粉产量 234 万吨，占总产量的 46.23%；特二粉产量 163.05 万吨，占总产量的 32.21%；标准粉产量 56.13 万吨，占总产量的 11.09%；全麦粉 3.06 万吨，占总产量的 0.6%；专用粉产量 19.48 万吨，占总产量的 3.85%；营养强化粉 4.23 万吨，占总产量的 0.84%；其他 26.2 万吨，占总产量的 5.18%。产量超过 50 万吨的有宿州、滁州、蚌埠、亳州 4 市，超过 20 万吨的有淮南、阜阳、淮北 3 市，其中宿州市产量超过 200 万吨。小麦粉加工业总产值 126.59 亿元，产品销售收入 127.6 亿元，工业增加值 11.64 亿元，出口交货值 5237 万元，利税总额 2.42 亿元，利润总额 1.73 亿元；资产总计 41.42 亿元，负债合计 17.34 亿元，资产负债率 41.87%；年末从业人数 1.31 万人。小麦粉加工业能力利用率 60%，吨粉利润 34.24 元，销售收入利润率 1.36%。

龙头企业规模不断扩大。皖王集团新上日产 10 吨的大馍生产线，向熟食领域进军。良夫集团在利辛扩建新的面粉厂，产能将由日处理小麦 800 吨提高到 1800 吨，成为全省规模最大的面粉加工企业。新建 10 条面条生产线，年能力可达 18 万吨。

安徽省面粉加工企业主要经济技术指标统计表

表 5-1-8　　　　单位：万吨、亿元

年份	企业数量（个）	年生产能力	年生产面粉	工业总产值
1986	63	163.01	107.39	4.96
1987	65	243.12	118.76	4.71
1988	66	266.07	123.48	4.35
1989	71	289.5	129.23	3.03
1990	72	278.44	109.19	7.62
1991	58	273.68	111.4	3.86
1992	72	279.89	104.54	4.91
1993	72	325.47	93.58	6.56
1994	93	274.17	91.59	8.75
1995	61	270.82	102.82	9.87
1996	110	270.8	89.57	9.29
1997	112	211.5	72.05	8.12

续表 5-1-8

年份	企业数量（个）	年生产能力	年生产面粉	工业总产值
1998	175	270.82	59.88	7.27
1999	108	230.78	57.49	7.17
2000	95	224.98	54.97	11.26
2001	93	300.82	78.21	7.27
2002	71	238.52	50.73	5.27
2003	149	367.6	86.84	13.27
2004	100	324.16	139.24	27.44
2005	94	500.32	194.83	39.8
2006	101	580	326.01	76.96
2007	104	697.2	416.31	120.74
2008	122	897.22	506.15	126.59

第三节　油料及粮油食品加工

油料加工　1986 年，全省植物油厂 75 个，其中独立核算企业 54 个；年处理油料能力 106.47 万吨，精炼能力 32.74 万吨，食用植物油产量 22.01 万吨，较上年增长 24.16%。安庆市植物油厂和东至县大渡口粮油厂国家计划内加工原料不足，他们广开生产门路，搞活经营，自营加工量占总加工量的 50%左右，年盈利分别为 140 万元和 84 万元，是同行业中经济效益较好的企业。安庆市植物油厂精炼车间 QC 小组被评为安徽省优秀质量管理小组。

1987 年，芜湖市油厂等 5 个油厂被评为全省粮油食品工业文明生产企业。定远县油厂二级菜籽油、淮南市油厂龙湖牌二级菜籽油、蚌埠市油厂二级菜籽油、芜湖市油厂二级菜籽油、合肥市油厂庐州牌二级菜籽油获得商业部系统优质产品奖。

1988 年，宿县油厂预榨车间 QC 小组、六安县粮油食品厂油脂车间 QC 小组荣获安徽省优秀 QC 小组称号。无为县油脂化工厂、六安县粮油食品厂被评为安徽省粮油食品工业设备管理优秀单位。

1989 年，六安县粮油食品厂艳宾牌二级菜籽油、安徽省宿县油厂凌云牌小磨麻油、凤台县麻油厂兰草花牌小磨麻油、郎溪县油厂二级菜籽油、阜阳市油厂二级大豆油、安庆市植物油厂二级菜籽油、颍上县油厂二级菜籽油、全椒县襄河油厂二级菜籽油荣获商业部系统优质产品奖。

1989 年，安徽省粮油食品局颁布《安徽省油脂行业省级先进企业试行标准》（见表 5-1-9），规定油脂行业省先进级企业，企业升级的考核标准和评审准则。

安徽省油脂行业省级先进企业试行标准一览表

表 5-1-9　　单位:万吨、亿元

		项　目	单　位	标　准
(一)	产品质量	一、产品质量水平		
		主要产品质量		达省优标准
		二、产品质量指标		
		1. 合格率	%	根据品种分别按现行国家标准检验,班组一次合格率不低于 96%,出厂合格率 100%。
		2. 优质品水平		有省级以上优质产品
(二)	物质消耗	三、原材料消耗		
		1. 粕残油	%	≤ 1.4
		2. 饼残油	%	≤ 7
		四、能源消耗(吨米电耗)		
		1. 吨料耗标准煤(机榨)	公斤	≤ 85
		2. 吨料耗标准煤(浸出)	公斤	≤ 80
		3. 吨料耗电(机榨)	千瓦时	≤ 44
		4. 吨料耗电(浸出)	千瓦时	≤ 39
		5. 吨料耗溶剂	公斤	≤ 4.5
		6. 油(皂)脚含油(干基)	%	≤ 38
(三)	经济效益	五、全员劳动生产率	元 / 人·年	70000
		六、资金利税率	%	60
		七、人均利税额	元 / 人·年	7000

“七五”期间,安徽省油脂工业通过技术改造,应用新技术、新工艺,推广浸出法制油,采用新型平转浸出器代替罐组浸出器,提高油料的出油率,降低溶剂消耗。年预榨浸出能力达到 70 万吨。

1990 年度,肥东县食用植物油厂、宣州市浸出油厂、天长县油厂、滁州市油厂被评为全省粮油食品工业设备管理优秀单位。

1991 年,宣州市浸出油厂、肥东县食用植物油厂荣获 1990 年度商业部商办工业设备管理优秀单位称号。宣州市浸出油厂荣获 1990 年度安徽省设备管理优秀单位称号,肥东县食用植物油厂荣获 1990 年度安徽省设备管理先进单位称号。肥东县食用植物油厂二级菜籽油、淮南油厂龙湖牌二级菜籽油、蚌埠油厂宝丰牌二级菜籽油、芜湖市油厂佳露牌二级菜籽油、合肥市油厂庐州牌二级菜籽油荣获商业部系统优质产品奖称号。

安庆市植物油厂获得省创最佳经济效益先进单位。

1994 年、1995 年，六安市华康粮油食品有限公司、寿县石集油厂荣获全省劳动竞赛最佳经济效益优胜单位。

1996 年，安庆市植物油厂市场调研及产品开发 QC 小组荣获全国内贸系统“优秀质量小组”称号。六安市华康粮油食品有限公司荣获全省百家最佳经济效益企业。安丰油脂有限公司获全省执行物价、计量政策法规最佳单位。全省植物油加工企业完成工业总产值（90 年不变价）14.52 亿元，实现产品销售收入 17.16 亿元，利润 1308 万元。

1997 年，全省植物油加工企业完成工业总产值（90 年不变价）13.94 亿元，实现销售收入 20.2 亿元，企业亏损 4527 万元。

1998 年，凤阳县麻油厂的御膳牌机制麻油、灵璧县油厂的华灵牌大豆高级烹调油、合肥市油脂公司的天绿牌小包装色拉油、宣州康达尔油脂有限责任公司的康达尔牌菜籽色拉油、庐江县油脂化工厂生产的维尔牌菜籽高烹油获得省粮食局、省食品工业协会评审的首批“安徽粮油畅销产品”称号。灵璧县油厂精制油 QC 小组获得内贸部全国商业、粮食系统优秀质量管理小组称号。霍邱荣兴油脂有限公司获全省技术改造先进集体。全省植物油加工企业完成工业总产值（90 年不变价）11.77 亿元，实现产品销售收入 16.86 亿元，企业亏损 1.07 亿元。

1999 年，安徽荣兴油脂有限公司金田花牌色拉油、安徽华康粮油食品集团的艳宾牌高级植物烹调油获得安徽名牌产品称号。凤阳县麻油厂获安徽省质量管理奖称号。安徽荣兴油脂有限公司金田花牌色拉油获安徽省质量信得过产品。蒙城县兴兴油脂有限公司“兴兴”牌二级豆油、安徽荣兴油脂有限公司金田花牌大豆色拉油获安徽省质量免检产品。安徽荣兴油脂有限公司“金田花”牌菜籽色拉油等 9 个企业的 10 个产品获得中国粮食行业协会推荐产品称号。安徽安丰油脂股份有限公司“餐乐”牌烹调油、安徽荣兴油脂有限公司“金田花”牌菜籽色拉油获“99 中国国际农业博览会”名牌产品。全省植物油加工企业完成工业总产值（90 年不变价）14.89 亿元，实现销售收入 19.7 亿元，企业亏损 5246 万元，减亏 50.97%。

2000 年，安徽金田花油脂有限公司“金田花”牌色拉油获安徽名牌产品称号。全省植物油加工企业完成现价工业总产值 22.63 亿元，实现产品销售收入 18.15 亿元，企业亏损 2252 万元，减亏 57.07%。

2001 年，全省植物油加工企业完成现价工业总产值 23.39 亿元，实现产品销售收入 20.86 亿元，企业亏损 853 万元，较上年减亏 62.12%。产品销售收入超亿元的企业有华康粮油食品集团 4.6 亿元，安徽安丰油脂股份有限公司 2.15 亿元，淮北佳宝实业有限责任公司 1.46 亿元。

2002 年，在省粮食局、省粮食行业协会开展的“放心粮油”活动中，首批有合肥市油厂等 10 个企业的 18 个油脂产品获得“放心粮油”称号。

2003 年，随着粮食购销市场全面放开，一大批民营油脂加工企业蓬勃兴起。全省入统植物油加工企业 48 个，完成工业总产值 21.16 亿元，实现产品销售收入 17.07 亿元，企业利润 2169 万元。

2004 年，全省入统食用植物油加工企业 42 个，其中国有企业 7 个，占 16.67%；外商及港澳台商投资企业 1 个，占 2.38%；民营企业 34 个，占 80.95%。食用植物油加工业总产值 79.98 亿元，产品销售收入 78.82 亿元，利润总额 3.5 亿元。

2005 年，全省入统食用植物油加工企业 51 个，其中国有企业 5 个，占 9.8%；民营企业 46 个，占 90.2%。实现工业总产值 32.27 亿元，销售收入 31.63 亿元，利润总额 2427 万元。

2006 年，全省入统食用植物油加工企业仅 35 个，其中国有企业 2 个，占 5.7%；民营企业 33 个，占 94.29%。当年受国际大环境及国内市场行情的影响，食用植物油总产量 34.88 万吨，比上年下降 25.69%。实现工业总产值 21.55 亿元，产品销售收入 21.49 亿元，利润总额亏损 1560 万元。安徽槐祥工贸集团有限公司、凤阳县御膳油脂有限公司、安徽东方面粉厂、安徽皖王面粉有限公司获安徽省质量奖。安徽大平工贸（集团）有限公司积极开发茶油、葵花籽油等特色油的生产，金润米业在米糠油浸出项目的基础上，又投资 3500 万元建设了米糠油精炼项目。

2007 年度，全省入统食用植物油加工企业 43 个，年处理油料能力为 222.3 万吨，精炼能力 47.8 万吨。其中国有企业 3 个，占 6.98%；民营企业 40 个，占 93.02%。食用植物油总产量从品种结构看，菜籽油产量 33.39 万吨，占总产量的 79.06%；大豆油产量 3.74 万吨，占总产量的 8.85%；花生油产量 49 吨，占总产量的 0.01%；棉籽油产量 1.58 万吨，占总产量的 3.75%；其他油脂 3.52 万吨，占总产量的 8.33%。总产量中，一级油产量 14.1 万吨，占总产量的 33.38%；二级油产量 5.24 万吨，占总产量的 12.42%；三级油产量 2.07 万吨，占总产量的 4.9%；四级油产量 19.88 万吨，占总产量的 47.06%；其他产量 0.94 万吨，占总产量的 2.24%。食用植物油加工业总产值 49.83 亿元，产品销售收入 44.42 亿元，出口交货值 1.11 亿元，利润总额 1.45 亿元；资产总计 58.97 亿元，负债合计 36.34 亿元，资产负债率 61.63%；年末从业人数 3712 人。食用植物油加工业能力利用率 19%，吨油利润 342.5 元，销售收入利润率 3.25%。阜阳宝鼎粮油有限责任公司盛和牌芝麻油、华安食品有限公司鸡笼山牌芝麻油、龙溪外贸麻油制造有限公司龙溪牌芝麻油、黄山市徽山食用油业有限公司徽山牌茶油等产品获“安徽名牌”产品称号。

2008 年度，入统食用植物油加工企业 64 个，年处理油料能力为 239.2 万吨，精炼能力 73.4 万吨。其中国有企业 5 个，占 7.94%；民营企业 58 个，占 92.06%。食用植物油总产量从品种结构看，大豆油产量 9.63 万吨，占总产量的 20.82%；菜籽油产量 30.24 万吨，占总产量的 65.41%；花生油产量 10 吨，占总产量的 0.002%；棉籽油产量 0.95 万吨，占总产量的 2.06%；油茶籽油 0.37 万吨，占总产量的 0.8%；米糠油 2.1 万吨，占总产量的 4.54%；玉米油 0.99 万吨，占总产量的 2.15%；芝麻油 1.43 万吨，占总产量的 3.1%；其他油脂 0.52 万吨，占总产量的 1.12%。总产量中，一级油产量 12.54 万吨，占总产量的 27.13%；二级油产量 0.61 万吨，占总产量的 1.31%；三级油产量 4.08 万吨，占总产量的 8.84%；四级油产量 24.22 万吨，占总产量的 52.38%；毛油及其他产量 2.22 万吨，占总产量的 4.81%。食用植物油加工业总产值 63.84 亿元，产品销售收入 58.5 亿元，工业增加值 8.18 亿元，出口交货值 7.95 亿元，利税总额 1.04 亿元，利润总额 0.65 亿元；资产总计 34.99 亿元，负债合计 17.42 亿元，资产负债率 49.8%；年末从业人数 6051 人。食用植物油加工业能力利用率 64%，平均吨油利润 141.11 元；销售收入利润率 1.12%。安徽庆发集团金田花粮油食品有限公司金田花牌大豆油、含山县昭关鹰皇油脂有限公司鹰皇牌芝麻油、广德新龙油脂有限公司新德龙牌菜籽油、东至县辰鑫植物油有限责任公司辰鑫菜籽油获安徽省名牌产品称号。

安徽省油料加工企业主要经济指标统计表

表 5-1-10　　单位：万吨、亿元

年　份	企业数量（个）	年生产能力	精炼能力	产　量	总产值
1986	75	106.7	32.74	22.01	3.32
1987	84	113.26	36.51	22，58	3.63
1988	86	124.11	39.02	21.19.	3.64
1989	86	128.47	39.18	17.28.	3.10
1990	83	137.87	39.84	20.33	6.81
1991	63	133.45	39.55	20.9	8.22
1992	78	135.17	39.39	21．33	8.40
1993	78	130.45	41.82	17.04	6.60
1994	77	135.55	39	18.65	7.28
1995	65	137.04	47.42	26.67	14.73
1996	77	137	47.42	26.35	14.52
1997	74	119.97	44.5	23.84	13.94
1998	89	127.83	48	21.74	11.77
1999	72	131.85	47.85	29.42	14.89
2000	69	166.4	53.56	35.1	22.63
2001	61	171.56	74.84	36.16	23.39
2002	68	187.55	56.93	31.34	20.37
2003	48	251.9	91.47	33.08	21.16
2004	42	233.8	102.63	39.1	79.98

续表 5-1-10

年　份	企业数量（个）	年生产能力	精炼能力	产　量	总产值
2005	51	210.3	61.73	46.93	32.27
2006	35	219.95	36.61	34.88	21.55
2007	43	222.3	47.8	42.23	49.83
2008	64	239.2	73.4	46.23	63.84

粮油食品加工　20 世纪 80 年代，面条是粮油食品中的主产品，产量占三分之二以上，1986 年安徽省每个县都有一个面条厂。为提高工人的技术水平和产品质量，省粮油食品局组织了面条生产技术和检化验人员培训班。当年全省粮油食品厂 84 个，全年完成总产值 7929 万元，粮油食品产量 14.14 万吨，较上年增长 1.9 倍，其中面条产量 9.82 万吨。

1987 年，六安县粮油食品厂等 5 个食品厂被评为全省粮油食品工业文明生产企业。蚌埠市信丰面粉厂“元宝”牌特制粉挂面、蚌埠市粮油食品厂“珠城”牌标准粉挂面获得商业部系统优质产品奖。

1988 年，安庆市制面厂荣获商业部商办工业设备管理优秀单位。滁县地区粮油食品厂、安庆市制面厂的面条车间 QC 小组荣获安徽省优秀 QC 小组称号。蚌埠市粮油食品厂、安庆市制面厂、黟县粮油食品厂被评为全省粮油食品工业设备管理优秀单位。涡阳县水洗芝麻厂获全省创佳达标竞赛表扬单位。

1989 年，宿州地区粮油食品厂“迎客松”牌特一粉银丝面、郎溪县粮食局面条厂“郎川”牌上白粉面条荣获商业部系统优质产品奖。六安县粮油食品厂获全省创最佳经济效益夺魁单位称号，涡阳县水洗芝麻厂获先进单位称号。

1990 年六安县粮油食品厂获全省创最佳经济效益夺魁单位称号，涡阳县水洗芝麻厂获先进单位称号。阜阳市粮油食品厂等 8 个企业获得全省粮食系统先进企业。

1991 年，蚌埠粮油食品厂被评为 1990 年度全省粮油食品工业设备管理优秀单位。蚌埠市信丰面粉厂“元宝”牌特制一等粉挂面、蚌埠粮油食品厂“珠城”牌标准粉挂面荣获商业部系统优质产品奖。六安县粮油食品厂获省创最佳经济效益夺魁单位称号，蚌埠粮油食品厂、涡阳县水洗芝麻厂获先进单位称号。

1998 年，霍邱六小龄童食品有限公司的六小龄童营养钙面（方便面）、安庆玉龙制面有限公司玉龙牌鸡蛋龙须面、铜陵市富康豆制品厂的月亮牌系列茶干、太湖县方竹粉丝有限公司的方竹牌纯豆粉丝等产品获得省粮食局、省食品工业协会评审的首批“安徽粮油畅销产品”称号。全省粮油食品加工企业实现产品销售收入 2.34 亿元。

1999 年，安徽双墩食品股份有限公司双墩牌面条获得安徽名牌产品称号。阜阳市粮油加工总厂颍星 QC 小组获得安徽省优秀质量管理小组称号。安庆玉龙制面有限责任公司“玉龙”牌鸡蛋龙须面、寿州富康有限责任公司“容美”牌蔬菜挂面、霍邱县六小龄童食品有限公司“六小龄童”牌营养钙面、太湖县方竹粉丝有限责任公司“方竹”牌太湖粉丝等获中国粮食行业协会推荐产品。芜湖市天天粮油食品厂“垄芳”牌锌面获“99 中国国际农业博览会名牌产品”。全省粮油食品加工企业实现产品销售收入2.02 亿元。

2000 年，全省粮油食品加工企业实现产品销售收入 1.84 亿元。

2001 年，全省粮油食品加工企业独立核算仅 24 个。当年粮油食品产量 4.25 万吨，其中挂面 3.18 万吨。完成现价工业总产值 2.65 亿元，实现产品销售收入 2 亿元。

2002 年，安徽省粮食局和省粮食行业协会联合在全省开展了“放心粮油”活动，首批有安徽省国营龙亢农场面粉厂等 6 个企业的 17 个面条产品获得“放心粮油”称号。全省粮油食品加工企业 29 个，年生产能力 14.96 万吨，其中挂面 6.32 万吨。全年粮油食品产量 18.33 万吨，其中挂面 2.85 万吨。

2003–2008 年，烘焙食品、膨化食品、方便休闲食品、主食食品等粮油食品步入新的发展阶段，实现产业转型升级。

安徽省粮油食品加工企业主要经济技术指标统计表

表 5–1–11　　　　单位：个、万吨、万元

年份	企业数量		年生产能力		年产量		总产值
	合计	其中独立核算	合计	其中面条	合计	其中面条	
1986	84	68	28.83	21.56	14.14	9.82	7929
1987	86	69	30.12	23.07	14.56	10.65	8513
1988	92	74	30.05	22.73	14	10.63	9411
1989	98	75	31.62	24.19	14.8	11.25	10492
1990	96	73	31.84	24.16	13.82	10.2	19500
1991	73	73	31.47	24.35	11.59	9.6	15400
1992	97	97	32	24.92	10.6	8.71	14500
1993	95	95	31.43	24.24	9.59	7.4	13250
1994	85	85	29	21.29	9.09	5.49	13120
1995	64	64	32.72	22.79	11.71	6.3	14890
1996	92	54	31.56	20.52	8.4	5.91	40700
1997	81	44	31.71	18.21	5.42	4.6	34000
1998	63	40	31.59	15.43	5.78	4.26	21000
1999	52	39	31.47	13.40	5.61	3.84	27300

续表 5-1-11

年份	企业数量		年生产能力		年产量		总产值
	合计	其中独立核算	合计	其中面条	合计	其中面条	
2000	35	26	34.78	12.4	5.27	4.11	24800
2001	31	24	31.06	9.4	4.25	3.18	26500
2002	29	29	14.96	6.32	18.33	2.85	35640

说明:2003-2006 年由于统计制度调整,粮油食品加工企业未列入统计

第四节　饲料工业

安徽省粮食系统饲料工业起步迟,发展历史相对较短。从 1983 年至 1989 年,全省粮食部门建成大中型配合饲料厂 85 个,引进预混合、浓缩饲料厂 2 个,形成配合饲料年双班生产能力近 95 万吨,预混合饲料 2 万吨,浓缩饲料 12 万吨,还新增颗粒饲料生产线近 20 条,形成年双班生产能力达 16 万吨。

计划供应　1986 年安徽省粮油食品局下发《关于进一步做好饲料供应工作的通知》,明确饲料供应原则,要求切实抓好饲料原料的组织供应工作,严格控制粮油副产品外销,确保国家计划内各种饲料供应以及专业户饲养的需要,保证生猪定购饲料的兑现,支持畜禽饲养业的发展。同时,省财政还安排专项资金 300 万元,用于蚌埠、合肥 2 个预混合饲料厂的续建工程。同年,安徽省粮油食品局印发《关于进一步加强粮食加工副产品管理的通知》,规定副产品主要用于生产配合饲料,做到安徽资源要在安徽再加工再增值,保证饲料工业增产扩销,进一步提高企业效益和社会效益。当年安徽省 3 个年双班 1.4 万吨和 1 个 2 万吨饲料厂竣工投产, 12 个饲料厂增加了制粒设备,加上部分县(市)新增小型机组 20 台,使全省饲料年双班生产能力由上年的 75 万吨增加到 89.4 万吨。

1986 年,安徽省饲料公司修订《安徽省粮食系统饲料质量管理制度》,印发《安徽省粮食系统混合饲料质量指标的规定》以及《饲料厂操作规程(试行)办法》。为筛选设计营养全面、价格优惠的饲料配方,提高饲料产品质量,省饲料公司为全省有关企业配备了 26 台 PC-1500 电子计算机。全省 16 个地市全部超额完成产销任务,涌现出一大批万吨厂、万吨县,其中天长县年产量超过 3 万吨。

1987 年,蚌埠引进美国的年单班产 3 万吨浓缩饲料厂和合肥市引进意大利的年单班 6000 吨预混合浓缩饲料厂相继投产,提升安徽省饲料工业的整体装备和产品水平。全省已有颗料饲料设备 25 套,单班生产能 6.8 万吨,饲料品种 30 多个。

1988 年,蚌埠市饲料厂荣获商办工业设备管理优秀单位称号。蚌埠市饲料公司荣获省“创佳”达标竞赛夺魁单位,涡阳县配合饲料厂荣获省“创佳”达标竞赛表扬单位。

安庆市饲料公司等6个企业荣获省财贸系统“创佳”“创优”竞赛先进单位。

1989年，蚌埠市饲料厂荣获商业部1988年度商办工业设备管理优秀单位称号。蚌埠市饲料公司荣获省“创佳”达标竞赛夺魁单位。无为县饲料厂获省粮油食品局安全工作先进单位。

1990年，安徽省粮油食品局印发《安徽省饲料工业省级先进企业标准》，制定《安徽省饲料工业企业生产现场管理标准（试行）》，该《标准》共分责任制与考核、车间现场管理、厂区环境管理、仓库管理等4个方面26条，实行百分制考核，全面推进企业的基础工作，加强全省饲料工业的企业管理。

安徽省粮油饲料工业省级先进企业标准一览表

表5-1-12

行业	标准号	质量指标			物质消耗指标			经济效益指标		
		项目	单位	指标值	项目	单位	指标值	全员劳动生产率（元/人年）	人均利税额（元/人年）	资金利税率（%）
饲料工业（精粉料）	ALSB004-89	产品合格率	%	98.5	原料损耗率	%	≤1.2	≥80000	≥7000	≥20
					单位产品电耗（粉料）	千瓦时/吨	≤10			

承包经营 1990年，各地饲料企业不断完善企业承包经营责任制，推行全员风险承包，使经营者和全体职工风险共担，利益共享。怀宁县饲料厂荣获1989年度商业部商办工业设备管理优秀单位。蚌埠市饲料公司、定远县饲料厂、合肥市配合饲料厂获得省劳动竞赛创最佳经济效益先进单位。涡阳县配合饲料厂等9个饲料公司（厂）获得1989年度全省粮食系统先进企业称号。太和县饲料公司等7个饲料公司（厂）获全省粮食系统安全先进单位。

1991年以来，随着粮食流通体制改革的深化，多渠道竞争激烈，失去平价副产品原料的优势，全省饲料企业陷入困境，1992年第四季度始，生产出现下降，配混饲料年产量仅为54.8万吨，亏损企业达18个。当年，安徽饲料厂研制的“肉鸡全价颗粒饲料和生产育肥猪超浓缩饲料”在全国饲料行业新技术新产品交流会上分别获金杯奖和特别奖。蚌埠市饲料公司（厂）获得1991年度省创最佳经济效益夺魁单位，芜湖市饲料公司、歙县饲料公司获得先进单位。

1992年，全省拥有各种类型饲料厂96个，产量占社会总产量的80%左右。当年，农业等部门开始向饲料加工领域、经营领域渗透，形成了多种经济成份，多种流通渠道，多种经营方式的多元化格局。到年底，粮办饲料工业独立核算单位已达98个，共建各类饲料厂99个，年双班生产能力达130.5万吨。

1993 年，配混合饲料产量只有 39.17 万吨，亏损 1040 万元，首次出现全行业亏损。

1994 年，全省粮办饲料工业生产配混合饲料产量达 49.89 万吨，实现利润 919 万元，工业总产值 63915 万元。但发展不平衡，有 7 个市全行业亏损。

归口划转　1996 年 4 月，根据省政府有关文件规定，全省饲料工业行业管理方面的职能划转给省农业厅。省粮食局保留对粮食系统饲料企业的管理职能。

1997 年，全省粮办饲料加工企业 94 个，完成工业总产值（90 不变价）9.68 亿元，实现销售收入 12.94 亿元，企业亏损 3540 万元。旌德县饲料公司饲料生产车间 QC 小组获得安徽省优秀质量管理小组称号，宣州市饲料公司车间管理质量“信得过”班组获得省优秀质量“信得过”班组称号。

1999 年，安徽太和正泰饲料有限责任公司细阳牌 0~21 日龄小鸡配合饲料、安徽淮北正虹饲料有限责任公司正虹牌 0F-001 猪浓缩饲料获安徽省质量免检产品。

2000 年，安徽省饲料公司成建制并入新组建的安徽省粮食集团公司，转变为经营性公司。全省饲料加工企业 60 个，配混合饲料产量 63.66 万吨，成现价工业总产值 5.32 亿元，实现销售收入 4.23 亿元，企业亏损 820 万元。

从 2002 年以后，原粮办工业的饲料厂（公司），由于经营机制和市场等原因，陆续被破产、拍卖或转换机制为民营，完全走向了市场。

安徽省饲料加工业主要经济技术指标统计表

表 5-1-13　　单位：个、万吨、万元

年份	企业数	年生产能力	年总产量		年总产值	年利润额
			合计	其中配合饲料		
1986	115	69.79	56.59	40.48	21039	1397.8
1987	88	75.93	55.35	39.8	20919	1538
1988	97	79.26	61.8	47.55	24200	2007.9
1989	91	83.30	60.61	48.43	23800	2452.8
1990	97	90.04	60.18	46	24173	1473.58
1991	97	88.10	63.39	45.2	60696	1643.02
1992	100	130.5	55.34	43.18	33454	660.42
1993	104	98.43	39.17	33.78	46851	-1040
1994	89	107.14	49.82	45.78	63342	919
1995	91	143.59	59.71	56.52	75995	2946
1996	87	207.32	106.92	106.92	81900	-797
1997	94	228.75	79.08	59.29	96800	-3540

续表 5-1-13

年份	企业数	年生产能力	年总产量		年总产值	年利润额
			合计	其中配合饲料		
1998	98	223.16	67.04	42.14	97700	–7612
1999	76	232.68	73.20	33.75	61900	–2984
2000	60	194.34	63.66	32.16	53200	–820
2001	48	173.9	65.28	32.49	54400	–732

第五节　玉米、杂粮加工及加工机械制造

玉米加工　玉米作为主要的粮食作物，一直以来是商品市场上的大品种。玉米除了最基本的农业种植以及初级的食品、饲料加工以外，还出现了采用物理、化学方法和发酵工程等工艺技术对玉米进行深度的加工。1986—1994 年，玉米加工主要加工成食品和作为饲料的原料使用。1995 年，蚌埠市柠檬酸厂成功发明“柠檬酸或柠檬酸钠的制备方法”专利技术，改变传统的使用山芋干提取制备柠檬酸的工艺，尝试使用玉米为原料制取柠檬酸获得成功，柠檬酸生产能力扩大至 1 万吨 / 年。

1997 年，蚌埠市柠檬酸厂按照现代企业制度试点，成立安徽丰原生物化学集团有限公司。同年开工建设“1 万吨 / 年柠檬酸钠技改”“双加”项目，工程于 1998 年 3 月竣工投产，此线实际生产规模为 2 万吨 / 年，这样蚌埠柠檬酸厂总生产能力达到 4 万吨 / 年，加上安徽华能厂形成的 2 万吨 / 年规模，丰原集团柠檬酸产量跃居亚洲第一。

2001 年，丰原集团年产 5 万吨燃料酒精联产酵母项目正式开工。截至 2006 年，丰原集团设计年玉米加工能力 300 多万吨，年消耗玉米 100 多万吨。

2006 年之前，安徽省只有丰原集团一家进行玉米深加工的大型规模企业。随着科技的发展，玉米深加工产品已广泛应用于纺织、汽车、食品、医药、材料等行业，形成一独立的发展前景广阔的产业。

2006 年 5 月，安徽虹光玉米科技有限责任公司成立，年淀粉加工能力 10 万吨。2008 年 7 月，企业实施技术改造，引进了国内最先进的淀粉设备，年淀粉加工能力达到 45 万吨。安徽虹光企业投资集团有限公司（宿州市萧县）2006 年新建淀粉车间，日加工玉米 1000 吨，年加工玉米 30 万吨，年产 20 万吨玉米淀粉。2009 年至 2010 年实行技改扩产，至 2010 年年底，日加工玉米 2200 吨，年加工玉米 65 万吨，年产玉米淀粉 45 万吨。

杂粮加工　杂粮是小宗粮豆的通称。可以说除稻谷、小麦、玉米、大豆和薯类五大作物外的粮豆均属杂粮。安徽主要从事杂粮加工企业：安徽燕之坊食品有限公司。由于属于小品种， 2006 年之前未列入粮油工业统计范围。

粮油加工机械设备制造　“七五”“八五”期间，安徽省粮油食品工业仅保留了合肥粮机厂与和县粮机厂两个独立核算企业，主要生产95型榨油机、饲料混合机、饲料初清筛、提升机、输送机、绞龙等和粮机配件。“八五”后期，由于江苏、浙江等周边省份粮机行业的蓬勃发展，安徽省粮机企业技术力量薄弱，粮机市场被外省设备占领。1986年合肥粮机厂整体划归合肥市粮食局管理。和县粮机厂实行民营改制。

1989年，安徽云龙机电集团成立，下设界首市粮食机械有限责任公司、安徽省界首市云龙粮机配套工程有限公司，主要产品输送设备、清理设备等系列，产品产销量位居全国同行业前列，市场占有率在同类企业中达47%。“云龙”商标先后两次被认定为“安徽省著名商标”，2008年，圆筒清粮机被授予“安徽省名牌产品”称号。

2000年，合肥美亚光电技术有限责任公司成立，企业产品SS-型数字化色选机2006年荣获国家科学技术进步奖二等奖。色选机2005年被认定为国家重点新产品、2006年获安徽省名牌产品，成为全国色选机行业的领军企业，产品市场占有率近60%，合肥成为全国色选机产业的最大集聚地。

2000年，六安市永成粮油机械厂成立，主要生产全自动包装机组、智能型电子定量包装称、真空整型包装机、流量称等，2006年经过改制和扩大规模变更为安徽永成电子机械技术有限公司，成为全国粮油行业知名的计量称重、全自动包装设备生产企业。2008年电子定量包装秤被评为“安徽省高新技术产品”。

第二章　粮食产业化

粮食产业化是农业产业化的重要组成部分，是市场经济条件下逐步形成的以市场为导向，以农户为基础，以企业为主体，以建设完整的产业链、健全的服务链、合理的利益链为核心，以优化要素配置、提高粮食产业综合效益为目标的产供销、贸工农一体化的现代经营方式和产业组织形式。安徽粮食产业化正式起步于2001年，经历“三大工程”的稳步推进，发展势头强劲，在农业产业化中地位越来越彰显，到2010年粮油工业总产值约占农业产业化总份额的30%，并逐步向现代粮食流通产业迈进。

第一节　粮食产业化综述

发展历程　2001年，为认真贯彻《国务院关于进一步深化粮食流通体制改革的意见》，落实省政府提出的农业结构调整战略，省粮食局领导带队赴吉林省考察粮食产业化情况，向省政府省长许仲林做了专题汇报。当年，省粮食局在六安市召开了全省粮食产业化试点工作座谈会，提出“农民是我们的衣食父母，粮源是我们生存之本，产业化是我们发展之路”的指导理念，安徽粮食产业化工作迈出了第一步，从此拉开了全省粮食产业化发展的序幕。

同年，省粮食局印发《关于开展粮食订单收购推进粮食产业化经营的实施意见》，强调从发展订单粮食入手，有计划有步骤地开展订单收购，推进粮食产业化经营，同时成立了以局长桂梅生为组长，省粮食局相关处室负责人为成员的全省粮食产业化工作领导小组，指导全省粮食产业化发展。并确定裕安区等10个县区为首批全省粮食产业化订单收购示范县，安徽天裕米业公司等4个龙头企业为产业化试点企业，以点带面，全面推动全省粮食产业化和订单工作。当年安徽丰大股份有限公司、合肥市大米公司等10家企业被评为粮油类省级农业产业化龙头企业。

2002年，为推进粮食订单工作，指导企业和农民种植、收购适销对路的粮油产品，省粮食局与省农委联合推荐发布了27个优质粮油品种。省粮食局和省工商行政管理局联合制定印发《粮食订单收购合同文本》。并于7月在滁州市召开第二次全省粮食产业化工作会议，提出以龙头企业为依托，实行“公司+农户”，推进产购销、贸工农一体化经营，带动产业发展。安庆、巢湖、淮南、滁州、宿州、六安等6市粮食局为2002年度全省粮食产业化工作先进单位。

2003 年 4 月，安徽省粮食局下发《关于公布首批粮食产业化龙头企业名单和扶持龙头企业发展的通知》，明确把扶持和培育龙头企业作为推进粮食产业化经营的工作重点来抓，在品牌推介、项目建设、优惠政策争取方面对龙头企业进行倾斜。同时出台了扶持和培育龙头企业发展的具体意见。当年评定 24 个企业为首批全省粮食产业化重点龙头企业。同年 7 月，安徽省全面开展扩大粮食补贴方式改革试点，为了更好的适应粮食市场购销全面市场化，打造产业化经营平台，大力推进粮食产业化，实现生产与市场的链接，省粮食局决定在全省粮食系统大力实施粮食订单“3221”工程，同时根据《安徽省人民政府关于进一步加快发展农业产业化经营的实施意见》，省粮食局编制《安徽省优质粮产业化发展规划 (2003—2007 年)》和《安徽省优质油产业化发展规划 (2003—2007 年)》，并以省政府名义发布。

2003 年 12 月，根据省粮食局《关于评比表彰全省粮食产业化工作先进单位和优秀工作者的通知》，经各市粮食局推荐，省粮食产业化工作领导小组办公室评审，省粮食局授予安徽稼仙米业集团有限公司等 11 个单位为全省粮食产业化工作先进单位称号，授予童忠宝等 20 人为全省粮食产业化工作优秀工作者称号。

2004 年，省粮食局先后组织了麦产区和稻谷产区的粮食局长和部分龙头企业赴河南省专题学习延津县金粒小麦协会开展订单收购的经验，全面推进粮食订单收购等有关工作。

2005 年，为进一步落实中央 1 号文件和省委 3 号文件精神，贯彻实施省农业产业化“121 强龙工程”，推进全省粮食产业化经营，安徽省粮食局决定实施“662 强龙工程”(即用 3 年时间，全省培育 6 个年销售收入超 10 亿元、6 个年销售收入超 5 亿元、20 个年销售收入超 1 亿元的粮食产业化龙头企业)，　大力培育粮食产业化重点龙头企业。根据“整合资源、分类指导、扶优扶强、重点突破”的原则，优先发展、重点扶持各种所有制粮油工业中规模较大、牵动力和竞争力较强的企业，引导和帮助企业建立现代企业制度，提高其做大做强能力，形成规模优势、原料优势、资金优势、技术优势、管理优势、品牌优势、市场优势等多方面的竞争优势，以此带动全省粮食产业化全面、快速、健康发展。粮油类省农业产业化龙头企业 52 个，省粮食局组织评审了新一轮粮食产业化龙头企业，评定 59 个省粮食产业化龙头企业，其中 30 个龙头企业分别被命名为米、面、油加工 10 强企业。同年 11 月，省粮食局组织各市粮食局局长及部分粮食产业化龙头企业赴山东省考察粮食产业化及早餐工程。

2006 年，省粮食局出台《关于大力开展龙头企业与购销企业对接双赢工作的意见》(简称《意见》)，提出“分类指导、整合资源、优势互补、实现双赢”的原则，引导各种所有制龙头企业在粮食收购、储存、加工、销售、物流等诸环节，采取多种形式与购销企业进行对接，通过对接，实现龙头企业与购销企业优势互补、相互依存、互利双赢、共同发展的战略目标，带动全省粮食产业化经营的快速、健康发展。该《意见》推荐：委托收购、买断收购、租仓收购、订单收购、销售对接、产权对接等六种对接方式供各地参考。

2006年5月，为全面推进全省粮食产业化工作，把粮食产业化龙头企业进一步做大做强，打造叫得响的知名品牌，在粮油精深加工、延伸产业链上做文章，安徽省粮食局邀请中国粮油学会、江南大学、河南工业大学、武汉工业学院、北京市粮食局、中国油脂分会等单位的8位国内知名粮油专家，集中与安徽米、面、油加工龙头企业负责人面对面进行项目咨询论证，为企业发展科学“把脉、会诊”。专家们还分头深入龙头企业实地考察，对安徽粮油加工龙头企业项目、规模、粮油产品深加工、资源综合利用、产品技术质量等方面提出了科学、中肯的意见。同年12月，省粮食局表彰滁州、巢湖、宿州、淮南、马鞍山、芜湖、安庆、合肥、亳州、池州市等10个单位为2005年度全省粮食产业化目标考核先进单位。

2007年，省粮食局根据《粮食流通管理条例》《安徽省粮食统计制度》规定，印发《关于加强粮油工业和产业化统计工作的通知》，明确强调加强粮油工业和产业化统计工作，要求全社会各种所有制粮油加工和其他粮食企业，必须按要求及时准确地向当地粮食行政主管部门报送粮油工业和产业化统计报表。各级粮食行政主管部门主动贴近企业，必须将全社会粮油企业纳入统计范围，并对统计工作实行一票否决制度。对没有报送粮油工业和产业化统计报表的企业，不论责任属于企业或粮食行政主管部门，将实行“一票否决”制度：取消或不推荐企业参与有关品牌评审的资格；取消或不推荐企业参加农业产业化和粮食产业化龙头企业的评审资格；取消省财政贴息、项目推荐等粮食产业化政策扶持资格。同年，省粮食局举办了第二期粮食产业化业务培训班，邀请省农委、农发行等省直有关单位的领导及专家授课。同时组织家乐、大平、新锦丰、丰大、稼仙、槐祥、皖王、合肥美亚光电等国家和省级产业化龙头企业、国家和省名牌产品企业、“放心粮油”企业50余家14类100余种产品，参加在南京举行的第七届中国粮油精品展示展销交易会。安徽省获得组委会授予的“优秀组织奖”“优秀展出奖”“优秀联络员奖”全部3项奖。展会期间，省粮食局还组织全省25家粮食产业化重点龙头企业负责人赴江苏东海粮油（张家港）有限公司参观学习。12月，省粮食局为进一步推进粮食产业化经营，大力建设粮食产业园区，激励先进，在全省形成比学赶超、齐头并进的粮食产业化工作氛围，决定授予宿州市等10个单位“2006年粮食产业化工作先进单位”荣誉称号；授予金安区天业集团粮食产业园等10个园区“粮食产业园区建设排头兵”荣誉称号；授予安徽家乐米业有限公司等10个企业“粮食产业化行业排头兵”荣誉称号，同时授予行业排头兵单位的法人“2006年度粮食产业化优秀企业家”荣誉称号。

2008年，为落实省政府农业产业化“532提升行动”各项目标任务，省粮食局全面启动“518提升工程”。通过实施粮食产业化“518提升工程”，实现九个方面的跨越式提升，即全面提升安徽省龙头企业的规模和实力，提升粮食产业园区的规模和实力，提升优质粮油生产基地建设水平，提升粮食产业化科技水平，提升粮油精深加工和副产品综合利用水平，提升粮食产业经济和农民组织化程度，提升市场竞争能力，提升粮食产业化带动能力，提升粮食产业经济综合效益和整体发展水平。省局加强组织建设，及时调整充实了粮食产业化领导机构，并对局领导联系龙头企业进行了相应的调整。各市也纷纷出台了相应的实施意见，制定了发展规划，为推进粮食产业化工作提供了有力的组织保障。全省粮油类国家级龙头企业增加到12个，占全省国家级龙头企业总数的37.5%；粮油类省级农业产业化龙头企业由88家增加到123家，占全省农业产业化龙头企业总数的28%。省粮食局组织了新一轮粮食产业化龙头企业的评审，共评出162家企业，其中30家企业被命名为粮食产业化行业排头兵。授予巢湖、安庆、蚌埠、宣城、阜阳、六安、宿州、合肥市粮食局等8个单位2008年度粮食产业化工作先进单位荣誉称号。

三大工程

“3221订单工程”　2003年7月，省粮食局决定在全省粮食系统大力实施粮食订单“3221”工程，即从2004年起，用3年左右的时间，组织2万名粮食职工包村到户，签订粮食订单面积2000万亩，订单收购粮食500万吨。截至2006年年底，全省粮食企业签订粮油订单面积达3279万亩，订单收购粮油538万吨。订单面积和订单粮油收购总量再创新高，超额完成“3221”工程目标。

“662强龙工程”　2005年，为进一步落实中央1号文件和省委3号文件精神，贯彻实施省农业产业化“121强龙工程”，推进全省粮食产业化经营，安徽省粮食局决定实施“662强龙工程”，大力培育粮食产业化重点龙头企业。即用3年时间，在全省培育6个年销售收入超10亿元、6个年销售收入超5亿元、20个年销售收入超1亿元的粮食产业化重点龙头企业。截2007年年底，龙头企业数量大幅增加、规模快速扩张、实力明显增强，全省年销售收入超10亿元的企业有8个，超5亿元的8个，超1亿元的29个，“662强龙工程”的目标任务如期完成。特别是瑞福祥、皖王、新锦丰、家乐、槐祥、良夫、大平、天业等骨干龙头企业通过扩建、新建、技改和集聚发展等方式，大大扩张了企业规模，有的已进入全国前列。

“518提升工程”　2008年为落实省政府农业产业化“532提升行动”各项目标任务，省粮食局全面启动“518提升工程”。总体目标：从2008年起，用五年的时间，全省建成50个大型粮食产业园区或产业集群；100个省农业产业化龙头企业；粮油加工总产值达到800亿元。截至2008年年底，全省粮油类国家级农业产业化龙头企业由8个增加到12个，占全省国家级龙头企业总数的37.5%；粮油类省级农业产业化龙头企业由上一轮的88家增加到123家，占全省农业产业化龙头企业总数的28%。新一轮省级粮食产业化龙头企业162家，其中30家企业被命名为粮食产业化大米、面粉、油脂行业排头兵。全省粮油加工业实现工业总产值由2008年的499.15亿元，到2010年提高到876亿元，年均增幅30%以上。

“六大对接”　为更好地服务龙头企业发展，2008年省粮食局提出了开展“六大对接”活动。一是工商对接。包括粮食产业化龙头企业与国有或国有控股粮食购销企业在粮食收购、储存、加工、销售、物流等流通业务环节上的对接，重点是收购和销售环节上的对接，使国有粮食购销企业成为粮食加工企业的原料供应商和产品销售商。二是产权对接。主要包括三个方面：第一，要站在全行业的高度，打破所有制限制，整合全行业资源，推进全行业战略性重组，国有收储企业与民营加工龙头企业优势互补，重组资产，每个县打造一个集粮食收购、仓储、物流、加工、销售为一体的大型粮食企业集团。第二，要引导和鼓励民营加工企业之间进行战略性重组，组建大型粮油加工企业集团，创造条件上市融资。第三，要鼓励安徽省粮油加工企业与央企及国内特大型粮油加工企业进行战略性重组，打造航母。粮食行政部门要在对接中牵线搭桥。三是银企对接。其目的主要是搭建企业与银行合作的平台，解决企业融资难问题。四是科企对接。其目的主要是搭建企业与科研院所联系的平台，推广新技术、新工艺、新设备、新产品、新项目，加快科技成果转化步伐，建设一批科技型企业。五是园企对接。其目的主要是搭建产业园区与龙头企业合作的平台，将省内外一批加工企业、加工项目引进园区。各地要加大招商力度，引进当地和省内外龙头企业入驻园区。六是信企对接。其目的主要是向企业提供方方面面的信息。可以通过召开粮油加工企业发展研讨会，米、面、油形势分析会，传递信息，为企业经营决策提供参考；通过安徽粮食政务网、《安徽粮食》刊物、政策宣讲会等形式，宣传政策，宣传企业，提供粮油生产、供需、价格等信息。

“六个一工作机制” 从2001年开始，省粮食局每年年底召开一次全省粮食产业化工作专题会议。至2008年先后在六安、滁州、安庆、蚌埠、合肥、宣城、六安召开全省粮食产业化会议，县市区粮食局主要负责人和部分龙头负责人参会，省政府分管副省长赵树丛多次到会作重要讲话。每次工作会议确定一个主题，先后就开展粮食订单收购、培育壮大龙头企业、实施品牌战略、开展“五大对接”（　工商对接、银企对接、科企对接、产权对接、企业与信息对接）、加强中介组织建设、发展农村服务社和城市连锁店、推进产业园区建设等关系产业化发展的重大问题作出决定和部署，一年一个重点，一年一个突破。同时推广各地在粮食产业化经营的实践中，积极探索，不断创新，总结出的全员订单责任制、二次结算、二次分配、跟进直补、品牌带动、强强联合、对接双赢等产业化经营模式。

省粮食局每年出台一份推动粮食产业化发展的指导性文件，重点明确粮食产业化工作要点，分解目标，主要措施的相关扶持政策，对订单、农村服务社和城市连锁店的发展下达指导性计划。

省粮食局每年进行一次评选表彰，从2002年起每年根据实际情况进行修改、完善粮食产业化目标考核办法，作为考核市、县粮食产业化工作的主要依据，年终组织考评，评选出当年的全省粮食产业化先进单位进行表彰。

省粮食局每年总结推出一批粮食产业工作典型，先后总结推广裕安区抓产业化的经验、南谯农村服务社的经验、蒙城抓订单的经验，以及部分龙头企业的发展经验，并组织龙头企业到河南、山东和江苏张家港东海粮油考察学习。

省粮食局每年安排一笔工作粮食产业化专项工作经费，列入经费预算，保障工作的正常运行。

全省粮食行政管理部门稳定一套粮食产业化工作班子。省政府2003年确定农业产业化十大主导产业，并明确粮食、油脂两大主导产业由省粮食局牵头负责。从省粮食局到县粮食局，都设立专抓粮食产业化的领导小组和工作机构，主要负责人任组长。同时还建立了领导联系龙头企业制度。

第二节　订单与龙头企业

粮食产业化发展进程推动粮食流通产业格局的重大变化，有力地支持了新农村建设。粮食企业一改过去单纯买原粮卖原粮的原始经营方式。大规模开展粮食订单，订单面积由2001年的274万亩发展到2007年的3442万亩，增长近12倍，订单的覆盖率、履约率、优质率和加工转化率大幅度提高。

粮食订单　2001年全省订单面积274万亩，订单收购量37.4万吨；2002年全省订单面积572万亩，订单收购量133.5万吨；2003年全省订单面积852万亩，订单收购量186万吨；2004年全省订单面积2170万亩，订单收购量320万吨；2005年全省订单面积2859万亩，订单收购粮油356万吨；2006年全省订单面积3279万亩，订单收购粮油538万吨；2007年全省订单面积3442万亩，订单收购总量514万吨。

粮食订单以优质专用品种为主，2007年全省优质稻种植面积2360万亩，比2001年增加1360万亩，增长136%，优质率由35%提高到68%；优质小麦种植面积2007万亩，比2001年增加1387万亩，增长224%，优质率由24%提高到61%；双低油菜籽种植面积930万亩，较2001年虽然减少了148万亩，优质率却由75%提高到91%。2001-2007年，全省粮食企业与农民共签订优质粮油订单面积1.35亿亩，订单收购量2072万吨。按每公斤优质粮高于普通粮食价格0.06元计算，带动农户增收约12亿元。

为大力推动粮油订单工作，省粮食局每年在粮食播种前，下达订单指导性计划，明确目标任务。各地及时分解任务，狠抓落实。在粮食收购前，及时进行部署，提出要求；在粮食收购期间，通报订单收购情况，组织检查，加强督促。2008年，全省粮油订单面积3445万亩，其中：水稻1800万亩，小麦1192万亩，油菜453万亩。订单粮油收购总量650万吨，其中稻谷269万吨，小麦352万吨，油菜籽29万吨，再创历史新高。

龙头企业　龙头企业的数量和规模是衡量粮食产业化水平的重要标志。从1998年寿县安丰油脂有限公司成为首批安徽省农业产业化龙头企业开始，全省龙头企业规模不断发展壮大，企业数量大幅增加。

1998年，全省首批省级农业产业化龙头企业32家，其中粮油类1家。

2001年，全省省级农业产业化龙头企业73家，其中粮油类9家。

2003年，全省省级农业产业化龙头企业120家，其中粮油类29家；首批全省粮食产业化龙头企业24家。

2005年，全省省级农业产业化龙头企业155家，其中粮油类49家；全省粮食产业化龙头企业60家，确定大米、面粉、油脂加工各10强企业。

2006年，全省省级农业产业化龙头企业138家，其中粮油类43家；

2008年，全省省级农业产业化龙头企业433家，其中粮油类123家；全省粮食产业化龙头企业162家，确定30家企业为粮食产业化行业排头兵。龙头企业中销售收入超10亿元的有10家，超5亿元的有10家，超1亿元的有40家。

2008年省粮食产业化龙头企业名单

（排名不分前后）

大米加工

合肥金润米业有限公司

安徽槐祥工贸集团有限公司

安徽省稼仙米业集团有限公司

安徽家乐米业有限公司

安徽联河米业有限公司

桐城市青草香米业集团有限公司

安徽省白湖农工商集团有限公司

和县金城米业有限责任公司

安徽万乐米业有限公司

安徽省禾健米业集团有限公司

安徽省宏宇粮贸集团有限公司

安徽省富硒香生物食品集团有限公司

安徽象牙米业有限公司

蚌埠市兄弟粮油食品科技有限公司

凤台县米王粮贸有限责任公司

巢湖市裕丰粮油贸易有限公司

东至县兄弟粮油购销有限责任公司

五河县易禾米业有限责任公司

铜陵市皖星粮油有限公司

天长市天鑫粮油贸易有限责任公司

安徽省达亿粮油食品有限公司

当涂县甜润米业有限公司

安徽省汉白玉米业有限公司

安徽乐民米业有限公司

安徽绿一粮油集团

安徽永安米业购销有限公司
五河县顺鹏农副产品有限公司
滁州金弘安米业有限公司
安徽省顺兴米业有限责任公司
安徽渡民米业有限公司
安徽东威粮油有限公司
凤阳县金凤谷米业饲料有限公司
淮南佳益米业有限公司
天长市旺民佳米业有限责任公司
安徽牧马湖农业开发有限公司
安徽省潜山县黄铺粮油有限公司
宿松县鑫鑫粮食开发有限责任公司
安徽天丰粮业有限公司
望江县利民米业有限责任公司
池州市梅里生态米业有限公司
太湖县粮油贸易公司
天长市铜城米厂
枞阳县浮渡山米业集团
滁州碧绿春米业有限公司
舒城县利民粮贸有限责任公司
怀宁县华天粮油有限公司
舒城县南港东方米业有限公司
安徽省益恒粮食购销有限公司
定远县万源米业有限责任公司
安徽省七里河米业有限公司
黄山市徽州小雅粮油贸易有限公司
金寨县金禾高山有机食品开发有限公司
怀宁县绿庄米业有限责任公司
滁州市金成米业有限公司
明光市进锋米业有限公司
东至县青清米业有限公司
怀远县鑫泰粮油有限公司
马鞍山市佳山粮油有限责任公司
怀远县诚超粮油贸易有限责任公司
芜湖市宏顺粮油有限公司

黟县金田米业有限公司
无为县新安米业有限责任公司
庐江县新明粮油有限公司
怀远县恒发粮油贸易有限责任公司
南陵县兴农优质米有限公司
安徽省南陵县东源米业有限公司
阜阳市海泉粮油工业有限公司
寿县精谷粮油贸易有限公司
黄山市云海米业有限公司
黄山市春宜米业有限公司

面粉加工

安徽新锦丰企业投资集团有限公司
安徽良夫面粉集团
安徽皖王面粉集团有限公司
安徽丰大股份有限公司
安徽淮北天宏集团实业有限公司
安徽省东方面粉有限责任公司
安徽瑞福祥食品有限公司
安徽占元面粉有限公司
安徽雁湖面粉有限公司
凤阳县凤宝粮油食品有限公司
淮北市鲁南面粉（集团）有限公司
安徽金鸽面业集团有限公司
安徽银海粮油食品集团有限公司
安徽正宇面粉有限公司
安徽珠东面粉集团
凤台县顾桥面粉（集团）有限公司
安徽四海食品有限公司
凤台县凤鸣面粉有限责任公司
濉溪县鲁王制粉有限责任公司
凤阳县东丰面粉有限公司
凤阳县顺通面粉有限公司
安徽千禾食品工业有限公司
安徽美好面粉有限公司
亳州市三利面粉有限责任公司

安徽凤阳海旺鑫面粉有限公司
五河县双丰面粉有限公司
安徽省六本食品有限责任公司
安徽省金禾面粉有限公司
安徽省恒进粮油工贸有限公司
明光市桂花面粉有限公司
蚌埠市鸿翔面粉有限公司
淮北市华瑞面粉有限公司
凤阳县盛源农业发展有限公司
颍上县经纬循环农业有限公司
安徽波涛粮油发展有限公司
安徽成祥面粉有限责任公司
明光市白云面粉有限公司
安徽省天麒面粉有限公司
安徽三泰面粉有限责任公司
明光市双喜粮油食品有限公司
凤阳县恒通面粉食品有限公司
临泉县金禾面粉有限公司
灵璧县永盛制粉有限责任公司
阜阳市快乐面粉有限公司
砀山县天地面粉实业有限公司
淮南海丰面粉有限公司
宿州市华宇面粉有限公司
安徽泗州面粉有限公司
凤台县顾桥润丰粮油有限责任公司
凤台县日福面粉工贸有限公司
安徽省临泉县金谷面粉有限公司
安徽阳光面粉有限责任公司
界首市新大新面粉有限公司

油脂加工

安徽大平工贸（集团）有限公司
安徽庆发柳编集团有限公司
安徽华安食品有限公司
安徽省广德新龙粮食油脂有限公司
安徽省池州市美思佳油脂有限公司

安徽省光明粮油工业有限公司
淮北志强油脂有限公司
安庆市金鑫油脂有限公司
安徽阜阳宝鼎粮油有限责任公司
寿县南天门油脂有限公司
怀宁县润香植物油有限公司
安徽天赐粮油有限公司
安徽龙溪外贸麻油制造有限公司
宿松县宝利来油脂有限公司
东至县辰鑫植物油有限责任公司
明光市鸿远油脂有限公司
安徽中海粮油发展有限公司
滁州金恒油脂工业有限公司

综合类

安徽燕之坊食品有限公司
安徽双福粮油工贸集团有限公司
安徽省古南丰酒业有限公司
枞阳县大地食品有限责任公司
六安天业集团投资有限公司
安徽乐健绿色食品有限公司
安徽金玉米农业科技开发有限公司
安徽虹光企业投资集团有限公司
安徽友源食品有限公司
安徽省冉邦生物科技实业有限公司
安徽海神黄酒集团有限公司
德琳环保发展（集团）有限公司
安徽省越宜酒业有限公司
安徽省小天鹅食品有限公司
安徽凯利粮油食品有限公司
宣城市宣丰酿造有限责任公司
安徽顶大食品有限公司
安徽省天创生物科技有限公司
宿州市皖神面制品有限公司
涡阳县于氏德霖食品有限公司

第三节　粮食产业园区建设

园区发展　2005年,为改善城区老旧粮食仓储、物流、加工设施条件,防止城镇改造过程中国有粮食资产流失,发挥粮食流通企业集聚效应、规模效益,建设现代物流体系,发展粮食经济,安徽省粮食局在认真调查研究的基础上,决定在全省开展国有粮食企业退城进郊,建设粮食产业(物流)园。

2006年3月31日,省政府办公厅印发《关于加快建设粮食产业园区的通知》(简称《通知》),拉开了全省粮食产业园区建设的帷幕。该《通知》强调,坚持以科学发展观为指导,以推进社会主义新农村建设为主题,按照布局集中、产业集聚、用地集约和可持续发展的原则,建设粮食产业园区,盘活存量资产,整合相关资源,扩大企业规模,改善仓储设施,提升加工增值水平;引进民营资本和外来资本,推进企业体制机制创新,增强粮食产业在社会主义新农村建设中的带动力和辐射力。《通知》提出力争用3年时间,全省有条件的市、县(含县级市、区,下同)各建成一个集粮食收购、仓储、加工、销售为一体的粮食产业园区,条件不具备的县和县以下城镇,可建粮食产业集聚区。要求科学规划,分步实施,即因地制宜,制定规划;选好项目,集约发展;整合资源,盘活资产;招商引资,加快建设。并提出土地转让、土地征用、税收政策、行政事业性收费政策、金融支持等五项政策保障。

2007年11月12日,省政府办公厅印发《关于加快推进现代粮食流通产业发展的意见》,要求加快粮食产业园区建设,市、县政府和有关部门要切实落实省政府出台的有关政策,制定相关措施,支持粮食产业园区建设。要将粮食产业园区建设列入县域经济发展总体规划,因地制宜,整合资源,集聚产业,加快发展。加大对现代粮食流通产业发展的政策支持力度。省发展改革委支持符合条件的粮食产业园区内的建设项目列入"861"行动计划重点项目。省经委将符合条件的粮食精深加工项目纳入符合技术改造"百千工程"项目投资计划。省财政继续安排对粮食产业化龙头企业的项目贴息,支持粮食产业园区建设。粮食良种补贴项目区优先考虑粮食产业化龙头企业建立的订单生产基地,粮食产业化龙头企业要重点在良种补贴项目区发展订单生产。省级粮食产业化龙头企业可享受农业产业化龙头企业有关优惠政策。铁路、交通部门优先安排跨省履行产销合作协议的粮食运输,凡省内粮食运输车辆通行全省收费公路时,各收费站点应提供优质便捷服务。农业发展银行加大对粮食产业化龙头企业、粮食订单生产基地、粮食产业园区、粮食批发市场、粮食仓储基础设施建设等贷款支持力度。各市、县政府也要制定具体政策措施,支持现代粮食流通产业发展。

各地粮食部门抢抓政策机遇,乘势而上,整合资源,盘活资产,因地制宜,科学规划布局,稳步推进,粮食产业园区建设呈现蓬勃发展的良好局面。到2008年年底,全省17个市的85个县(市、区)已经有98个园区开始规划或建设,其中52个园区基本建成或主体工程竣工，占园区的53%；24个园区正加紧建设，占园区的25%；22个园区正在项目论证或规划征地，占园区的22%；已建成或主体工程竣工的园区仓库储存能力达到241.03万吨，占设计能力的47.2%；全省园区占地总面积26696.44亩，计划总投资1255268万元，已投资320346.3万元；全省园区设计总产能分别为大米加工460万吨、面粉加工434.95万吨、油脂加工136.53万吨、其他加工515.73万吨，总仓容510.33万吨；全省退城进郊园区土地出让金总额为152052.4万元，实际返还总额为63467万元，占总额的41.7%。2008年，省局将各地推荐的30个粮食产业园区项目打捆上报省“861”行动计划重点项目，并全部列入，加上各地通过当地发改委上报的，粮食行业共有52个项目成为“861”项目，项目建设获得多方面支持。

园区类型 园区主要有退城进郊型、产业集聚型、企业扩建型。退城进郊型是园区建设的主要形式，有45个。主要是通过盘活城区存量资产，整合相关资源，退城进郊，利用土地级差扩大规模，建设集粮食收购、仓储、加工、销售为一体的粮食产业园。如：合肥市粮食物流园、铜陵市粮食储备加工产业经济循环园区、芜湖市三山粮食产业园等。企业扩建型46个，主要是以粮食储备库、加工龙头企业为依托，扩大企业规模，增加配套功能。如：桐城市粮食产业园区、怀宁县稼仙工业园、宣城市粮油食品工业园等。产业集聚项目有7个，主要是以县城开发区或集镇建设粮食产业集聚区，由政府或粮食主管部门牵头规划引导，招商引资入园，集聚粮油及农副产品加工、仓储、物流企业。如：宣城市宣州区粮食产业园区、宿州市埇桥区粮食经济园区、颍上县南照大米产业园等。2008年，省局将各地推荐的30个粮食产业园区项目打捆上报省“861”行动计划重点项目，并全部列入，加上各地通过当地发改委上报的，粮食行业共有52个项目成为“861”项目，项目建设获得多方面支持。

第四节　粮油品牌与展销

地方品牌 2002年，安徽华康粮油食品集团“百食得”牌色拉油荣获安徽名牌产品称号。

2003年，安徽省白湖农工商集团有限责任公司”白湖”牌大米获安徽名牌产品称号。萧县皖北面粉有限公司”皖王”牌等5家企业的商标获得安徽省著名商标称号。

2004年，安徽东方面粉厂“东鼎”牌小麦粉等8家企业的产品获安徽名牌产品称号。安徽淮北天宏集团实业有限公司“天宏”牌等14家的企业的商标获得安徽省著名商标称号。

2005年，安徽皖王面粉集团有限公司“皖王”牌小麦粉等7家产品荣获安徽省名牌产品称号。亳州市良夫面粉有限责任公司“良夫”牌等15家企业的商标获得安徽省著名商标称号。

2006年，合肥美亚光电技术有限责任公司“安科”牌数字化色选机、安徽省固镇县城关固东面粉厂“成祥”牌小麦粉、安徽大别山科技开发有限公司“大别山”牌油茶籽油、上海衡源和县油脂发展有限公司“绿源地”牌菜籽油、安徽华宇调味食品有限公司“皖中花”牌芝麻油等12家企业的产品荣获安徽省名牌产品称号。安徽省新锦丰企业投资集团有限公司“味之家”牌商标、徽丰大股份有限公司“丰大”商标、安徽阜阳宝鼎粮油有限公司“盛和”商标、铜陵大通小磨麻油厂“白鳍豚”商标等18家企业的19个商标获得安徽省著名商标称号。

2007年,安徽燕之坊食品有限公司“燕之坊”牌八宝粥(原粮)等7家企业产品荣获安徽省名牌产品称号。

2008年,安徽槐祥工贸集团有限公司“槐祥”牌大米等24个企业的25个商标获安徽省著名商标称号。安徽省御膳油脂有限公司御膳牌纯芝麻油等6家企业的产品,经过复审,重新获得了安徽省名牌产品称号。

中国名牌　2005年,安徽大平工贸(集团)的菜籽油荣获“中国名牌”称号,这是安徽省粮油加工业历史上的第一个“中国名牌”。

2007年,安徽丰大股份有限公司的“丰大”牌挂面、安徽皖王面粉集团有限公司的“皖王”牌小麦粉、安徽家乐米业有限公司的“乡里乡亲”牌大米、安徽槐祥工贸集团有限公司的“槐祥”牌大米、安徽稼仙米业有限公司的“稼仙”牌大米荣获中国名牌产品称号。

展示展销　展示展销是宣传企业、扩大影响、开拓市场、展示成果、招商引资的一项有益活动。省粮食局从1999年开始至2008年,成功举办四届全省粮油精品展示交易会,同时连续组织企业参加了国家粮食局举办的9届全国粮油精品展,且每届均荣获组委会颁发的优秀组织奖、优秀展出奖和优秀联络员奖全部三项大奖。

1999年9月,省粮食局和省粮食行业协会首次在合肥共同举办“99安徽粮油食品多经产品展示展销会”,集中展示新中国成立五十年来尤其是改革开放以来安徽粮办工业、多种经营发展成果,宣传名牌产品,扩大粮油交易。全省17个地市的500多家国有、集体和合资等企业参展,展出的粮油食品、多经产品、粮油机械、粮油票证以及优质粮油新产品等共10大类1170多个品种。

2002年11月,由中国粮食行业协会、安徽省粮食局、芜湖市人民政府联合主办的2002中国(芜湖)粮油交易会暨安徽省第二届粮油精品展示展销会在中国四大米市之首—芜湖米市隆重举行。来自北京、广东、广西、重庆、云南、宁夏、内蒙古、青海等省、市、自治区粮食局领导和近20个省(市、区)200多家粮食企业近800名代表以及省内各市、县粮食企业代表共1600多人参加了大会。交易会期间,还成功地举办了首次稻谷公开竞价拍卖会。与这次粮油交易会同时开馆的安徽省第二届粮油精品展示展销会,全面展示了安徽省近年来粮油加工业发展成果。在56个展位中,既有国有粮食企业精品,又有民营企业特色产品。展示的产品既有经中国绿色食品办批准认证的“绿色食品”,全国“放心粮油”产品和省政府命名的名牌产品及名牌农产品,也有各地地方名优产品和特色食品，深受消费者欢迎。

2004年10月，第三届安徽粮油精品展示交易会在合肥举行。展交会期间，举办了粮油企业发展论坛、商品粮竞价交易、粮油贸易洽谈，开展“世界粮食日”和《粮食流通管理条例》宣传等一系列重要活动。展会集中展示了来自全省150多家粮油企业的63类230种产品，外资企业日本佐竹、瑞士布勒以及江苏、福建、北京、辽宁等省市20个粮机、科研产品参加展交会。参展的产品均为国家及省名牌产品、名牌农产品、“放心粮油”、绿色食品和地方特色食品。其中安徽名牌产品8个，名牌农产品22个，全国和安徽放心粮油产品120个。

2008年12月，安徽省粮食局在合肥市体育馆举行改革开放30年安徽粮食流通产业发展成果展暨第四届安徽粮油精品展示展销会。省政协主席杨多良、国家粮食局副局长曾丽瑛、省长助理邵国荷和省直相关部门负责人及省粮食局厅级离退休干部出席开幕仪式。改革开放30年安徽粮食流通产业发展成果展以大量翔实的图文、声象资料，以改革篇、发展篇、创新篇为统领，系统地回顾了改革开放30年来安徽省粮食流通改革发展历程，客观地展示粮食行业改革发展的丰硕成果。省四大班子和国家粮食局领导对这次成果展高度重视，分别为成果展题词祝贺。省委书记王金山题词：“谷乃国之宝，民以食为天。”省长王三运题词：“农以粮为基本，业以粮为基。”

这届安徽粮油精品展示展销会是继1999年以来安徽省举办的规模最大、规格最高的一次综合性粮油展会。与前三届相比，本届粮展规模更大，范围更广，展品更精，精品更多，展、销并重，重展示、更重展销。共安排展位108个，17个市均有企业和产品参展，到会企业数多达210家，均是国家、省、市级农业和粮食产业化龙头企业，既有国有的、又有民营的。各地精选的粮油专、新、特、精、深品种共计839个，95%以上品种均为名优产品，其中中国名牌6个、中国知名商标6个，通过瑞士认证的有机食品3个，代表了安徽省粮油加工业的最新发展水平。还专门组织了727吨各类展品货源，以低于市场价格展示展销，最大限度地满足两节期间老百姓对名特优粮油产品的消费需求。

第五节　产业组织

粮油产业组织是随着粮食产业化的发展应运而生、逐步从民间自发形成、发展，这些粮油产业组织在引导粮食生产、组织粮食订单、衔接粮食购销、延伸产业链条、服务产业发展、联结农企利益等方面发挥着重要的桥梁纽带作用。

龙头企业领办专业协会　这类协会具有专业性、广泛性、服务性、自律性、民间性，主要是由粮食产业化龙头企业等社会组织和个人组成，分小麦、水稻、油脂等专业、产业协会，通过章程和各项规章制度，规范会员行为，强化行业自律。协会广泛吸收各种所有制粮油企业、农资种子企业、农技站、科研单位、种粮大户、经纪人、乡镇和村干部等单位和个人入会，建立有机联结政府、企业、科研、农民、消费者之间的桥梁纽带，通过开展对农民的培训，推广良种良法，组织订单收购，协调各方利益特别是与农民利益的关系，为企业发展和农民增收服务，为粮食生产和流通服务。至2008年，全省龙头企业领办的各类粮油专业协会达33家。

龙头企业领办农民合作社　这是一种农企利益连结最为紧密的方式，是粮食产购销、农工贸一体化经营的有效载体。它的主要特点体现在经营性，通过经营为企业和农民获取利益。在组织形式上，以龙头企业为主体，广泛吸收农民参与，有股份制，也有社员制，有紧密型的，也有松散型的。在运营模式上，将经营和服务结合起来，开展代农加工、代农储存、商品兑换、粮食银行等业务，统一组织粮食生产、收购、加工和销售，产购加销一条龙；做好为农服务工作，实现产业链、服务链和利益链的无缝对接。在利益分配上，实行参股分红、利润返还、让利销售等方式，联结农企利益。至2008年，全省龙头企业领办的农民合作社达154家。皖王面粉集团、大平工贸集团、槐祥工贸集团是安徽省第一批龙头企业领办农民合作社的示范企业。

粮食经纪人队伍建设　通过经纪人协会的形式，建章立制，把经纪人组织起来，把经纪人的行为规范起来，把经纪人为农服务、为企服务的意识树立起来。重点是把粮食经纪人队伍建设成为粮食队伍的"四大员"，即：粮食收购员、粮食销售员、粮食政策宣传员、联结农民与企业、小生产与大市场的信息员。至2008年，粮食经纪人约有1.5万人。

第六篇　粮油科技与教育

20 世纪 80 年代，安徽省粮食部门科学技术研究工作以省粮油科学技术研究所为主体，承担全省粮油加工、储存、工程设计等科技研发、科技服务和推广运用。2002 年起，安徽省粮食行业有一批规模大的加工企业相继成立科研中心，逐步形成生产与科研相结合格局，开展研究开发和科技成果转化，取得一系列丰硕成果。

安徽粮食教育工作经历中等专业教育、高等职业教育和职业技能培训演变，主动根据市场需求，调整办学方式，扩大专业领域和办学规模，提高办学质量和水平，为安徽粮食行业培养一大批专业技术骨干。

第一章　粮油科技

第一节　科研机构与队伍

粮油科研机构　1990年以前，安徽省粮油科研机构以省粮油食品局直属安徽省粮油科学研究所为主体，主要从事粮食基础设施工程设计、粮油加工工艺、加工机械设备设计、粮油质量检测和粮食保管技术等领域研究开发和科技成果转化，为安徽粮食企业提供技术咨询和服务。到20世纪90年代中后期，省粮油科学研究所先后兴办的高等级食用油厂、机械厂、中试厂等经济实体。由于管理机制不活，经营不善，创新乏力，相继关闭，粮科所一步步陷入困境。

1985年3月，中共中央《关于科技体制改革的决定》，揭开了全面推进科技体制改革的序幕。安徽省粮油科技体系也得到全面恢复，科技工作步入正常发展轨道。1986年后，蚌埠市、淮南市粮油食品局分别设立了粮油科学研究所；马鞍山市粮油食品局设立了科技站；宿县地区粮油食品局设立饲料研究所。主要从事本行政区域内的粮油、饲料加工企业的技术服务和产品的研究开发和生产。

粮食企业科研机构　2004年起，安徽省粮食行业一批加工企业开始成立科研机构，尤其一些规模大的企业相继成立科研中心。

安徽东方面粉厂技术中心被列入国家星火计划龙头企业创新中心、科技部农村科技服务创新中心。

淮北天宏集团科研中心被认定为国家星火计划龙头企业技术创新中心，其开发的《高色价红曲米的研制开发》《降脂降压胶囊的研制开发》项目，均达到国内领先水平，通过省级以上科技成果鉴定；主持开发的《生物保健醋》属国内独创的生物保健品。

大平工贸集团与国内一批知名科研机构建立长期合作关系，并联合成立油脂油料研发中心，被科技部星火办命名为“龙头企业技术创新中心”。

巢湖市富硒香食品生物有限公司科研中心，开发出“富硒无公害香米”。

安徽丰原集团有限公司注重科技进步和科研开发系统建设，投资加大科技创新和研发力度，建有国际一流的实验室、博士后工作站、中心研究院等，还与国内外大专院校、科研院所建立了产学研关系。

2005年，安徽丰原集团有限公司、淮北天宏集团实业有限公司、新锦丰企业投资集团有限公司、安徽省东方面粉厂、安徽到家营养食品有限公司等五家企业，被农业部授予“农产品加工企业技术创新机构”称号。

2006年，安徽东方面粉厂、安徽皖王面粉集团有限公司、安徽瑞福祥食品有限公司、安徽丰原集团有限公司、淮北天宏集团实业有限公司等五家企业的的技术中心被认定为省级企业技术中心。

“十五”期间，省粮食局指导和推动粮食产业化龙头企业加强与全国粮食行业科研院校的协作，开展产学研合作，发展粮油精深加工业，涌现出一批科技型粮油加工企业。

科技队伍　1987年，省粮油科学研究所职工总数45人，其中高级工程师3人，工程师15人，助理工程师16人，技术员3人；1993年职工总数41人，其中科技人员35人（高级工程师7人，工程师17人，助理工程师10人，技术员1人）。1998年，省粮油科学研究所职工总数26人，其中科技人员24人（高级工程师4人，工程师16人，助理工程师4人）；2001年12月底，省粮油科研所在册职工26人，其中科技人员23人，工人3人；高级职称4人，中级职称21人，初级职称1人；离休人员2人；退休人员16人。

2008年，省粮油科学研究所（省粮油产品质量监督检测站）在编人员为8人，其中科技人员5人（具有高级职称4人，中级职称1人）；另聘用11人，其中技术人员6人。

省粮油科学研究所研究员马昌年，系省粮油食品局20世纪80年代从上海引进的科技人才，由于他在油脂加工和精炼技术研究方面的特殊贡献，1992年晋升为研究员，1993年享受国务院专家津贴。

1991年，蚌埠市粮油科学研究所在编人员为15人（其中中级职称3人、初级职称12人）；淮南市粮油科学研究所在编人员5人（其中高级职称1人、中级职称1人、初级职称2人）；马鞍山市粮油食品局科技站在编人员8人（其中中级职称2人、初级职称3人）；宿县地区粮油食品局饲料研究所在编人员15人（其中中级职称1人、初级职称3人）。

1994年，蚌埠市粮油科学研究所在编人员为11人（高级职称1人、中级职称5人、初级职称5人）；淮南市粮油科学研究所在编人员2人（初级职称1人）；马鞍山市粮油食品局科技站在编人员2人（均为初级职称）；宿县地区粮油食品局饲料研究所在编人员17人（其中，中级职称2人、初级职称3人）。

1989年，全省粮食系统有研究生2人，占职工总数的0.002%；大学本科学历492人，占职工总数的0.44%；大学专科学历2324人，占职工总数的2.07%；中等职业学校学历7363人，占职工总数的6.57%；其中工程技术人员1896人，专业管理人员6601人。

科技体制改革　1994、1995年安徽省连续两次召开全省科学技术大会，作出了《关于促进科技经济一体化的决定》，制定了《关于贯彻<中共中央、国务院关于加速科学技术进步的决定>的实施意见》。安徽省科技体制改革不断深化，开发性研究所经费实行逐年递减，并鼓励科技人员合理流动，以激励他们到市场上求生存谋发展，省和地（市）粮科所、饲料研究所逐步走向市场。其中地市粮油、饲料科研机构人员逐步进行了调整，分别充实到粮油质量检测机构和生产企业。

1987 年 ~ 2000 年，省粮油科学研究所面向企业、面向市场为粮食系统提供技术咨询与服务，累计获得技术服务收入达 221.01 万元。宿县地区饲料研究所最高时的技术服务和生产性收入达 33.18 万元。2002 年，省粮食局决定在省粮油科研所基础上组建省粮油产品质量监督检测站，保留省粮油科研所。同年，被省编办批准为全额拨款事业单位，作为省粮食局的直属单位。主要承担中央和地方储备粮油的质量鉴定，市场流通粮油质量等技术检测工作。2003 年 12 月，安徽省粮油科学研究所完成改制任务，在全省率先实施科研所企业化转制、企业化管理。

第二节　科技情报与成果

科技情报　1986 年至 1997 年，省粮油科学研究所不定期出版刊物《安徽粮油食品科技》近 50 期，发往省内外有关单位，作为技术情况交流。期间省粮油科学研究所订购搜集，补充各种科技图书 4000 余册；科技期刊 1000 余册；科技资料 600 余册，并与 300 多个单位定期交换情报资料。1997 年之后由于人员退休及机构精简，刊物停刊。

科技成果　1986 年 2 月，安徽省政府发布《安徽省科学技术进步奖励暂行规定》，以奖励在安徽省科学技术进步活动中做出突出贡献的科学技术人员和组织，推动科学技术进步，促进安徽省经济和社会发展。为此，省粮油食品局组织了对全省粮食系统在生产实践和科技活动中所取得的科技成果的申报奖励工作。当年，安徽省粮油科研所与寿县淮锋机具厂研制的《BLF — 18 型反吹风布筒过滤器》获安徽省科技进步四等奖。

1987–2005 年，全省粮食系统科学研究机构、粮食企业及粮食产业化龙头企业共有 33 项科技成果通过评审，获得省（部）级科技进步奖 20 项，其中：一等奖 1 项、二等奖 1 项、三等奖 5 项、四等奖 12 项、五等奖 1 项；获得安徽省星火奖 13 项，其中：一等奖 2 项、二等奖 3 项、三等奖 4 项、四等奖 4 项。

1987 年，省粮油食品局组织开展了技术革新成果奖励，对全省粮食系统所取得的技术革新成果进行评审奖励。共有 22 项成果获得技术革新成果奖励，其中：一等奖 2 项，二等奖 3 项，三等奖 5 项，四等奖 12 项。

1988 年，对全省粮食系统所取得的科技成果进行评审和奖励。共有 13 项成果获得省粮食科技进步奖励，其中：二等奖 2 项，三等奖 5 项，四等奖 6 项。

1991 年，结合安徽省粮食系统的实际，并根据科技进步奖评审和奖励工作的实践，省粮油食品局制定并颁发了《安徽省粮食系统科技进步奖励暂行规定》和《安徽省粮食系统科技成果管理试行办法》。以加强安徽省粮食系统的科技成果管理，进一步规范科技成果的评定，推广应用先进的粮食科学技术和成果，推动粮食科技进步。

1992 年，省粮油食品局根据《安徽省粮食系统科技进步奖励暂行规定》，在全省粮食系统组织开展粮食科技成果的评审和奖励。共有 11 项成果获得省粮食科技进步奖励，其中：一等奖 1 项，二等奖 3 项，三等奖 1 项，四等奖 6 项。

1996年，安庆市怀宁粮油食品总公司等单位研制的《稻谷增湿改善稻谷加工工艺品质》和省粮油食品工业公司研制的《植物油生产工艺测定规程》项目获1995年国内贸易部科学技术进步奖。

安徽省粮食系统获省（部）级奖励成果一览表

表6-1-1

获奖时间	奖励名称	项目名称	完成单位	奖励等级
1987年	安徽省科技进步奖	CDP4气动破拱装置	宁国县饲料厂 安徽省饲料公司 宁国县供电局	四等奖
1988年	安徽省星火奖	出口脱皮芝麻技术开发	宿县小磨香油厂	一等奖
	安徽省星火奖	植物油脚开发油酸硬脂酸	宿松县洲头油脂化工厂	一等奖
	安徽省星火奖	6JMT－12型清洁米成套碾米设备	巢湖市东亚粮食机械总厂	四等奖
	安徽省科技进步奖	利用自然空气降低储粮的保粮试验	来安县粮油食品局 南京粮食经济学院	四等奖
	安徽省科技进步奖	配合饲料等三个标准	安徽省饲料公司	四等奖
1989年	安徽省科技进步奖	芝麻油国家标准	安徽省粮油食品局储运处 河南省粮科所	四等奖
1990年	安徽省星火奖	预制溜管	蒙城县粮油机械厂 安徽粮油科研所	三等奖
	安徽省科技进步奖	预混合饲料配方研究	合肥市饲料公司 安徽省饲料公司	四等奖
1991年	安徽省科技进步奖	安徽省配合饲料资源及其开发利用	安徽省饲料公司 安徽省农牧渔业厅畜牧局 安徽省软科学研究会 安徽农学院畜牧兽医系 安徽省农科院畜牧所	二等奖
	安徽省科技进步奖	利用环境空气对储粮乾地机械通风，控制粮温抑制虫害、延缓稻谷陈化的研究	天长县粮油中转储备库 南京粮食经济学院	四等奖
	安徽省星火奖	30吨/日油脂管道连续脱色工艺研究	安徽省粮油科学研究所 肥东县食用植物油厂	二等奖
	安徽省星火奖	稻壳发电干式工艺技术开发及碳化稻壳利用	南陵县城关米厂	二等奖
	安徽省星火奖	无鱼粉肉用仔鸡日粮配方研制	五河县饲料厂 安徽省饲料公司	三等奖
	安徽省星火奖	FSP饲料粉碎机筛板碳化钨锤片系列产品研究与开发	无为县粮食分局机械厂 无为县粮食分局	四等奖

续表 6-1-1

获奖时间	奖励名称	项目名称	完成单位	奖励等级
1992 年	安徽省星火奖	YMBG－20A 管式压滤机研制	肥东县食用植物油厂 安徽省粮油科学研究所	二等奖
	安徽省科技进步奖	露天储粮熏蒸杀虫施药方法的研究	滁县地区粮食局仓储科 天长县粮油中转储备库 天长县于洼粮站	四等奖
	安徽省科技进步奖	宿县地区仓库昆虫调查研究	宿县地区粮油食品局 安徽省蚌埠粮食学校	四等奖
	安徽省科技进步奖	机械通风低湿储藏油菜籽的试验	来安县粮油食品局	四等奖
	安徽省星火奖	FZ21 肉鸡预混料和全价配合饲料的研制和开发	霍邱县饲料厂 六安地区饲料公司	四等奖
	安徽省科技进步奖	SSC800A 型麻渣提油离心机	蚌埠市轻工制药机械厂 安徽省粮油科学研究所	五等奖
1993 年	安徽省星火奖	肉用仔鸡全价颗粒饲料研制	安徽饲料厂 合肥市饲料公司	三等奖
	安徽省科技进步奖	气控保鲜剂储藏食用油脂试验性研究	滁县地区粮油储运库 无锡轻工学院	四等奖
	安徽省科技进步奖	挂面烘房湿度微机自动控制系统	蚌埠市产品质量监督检验所 蚌埠市粮油食品科研所 蚌埠市第二粮油食品厂	四等奖
1994 年	安徽省星火奖	生长肥育猪超浓缩饲料的研制	安徽饲料厂 合肥市饲料公司	三等奖
	安徽省科技进步奖	静电分离除尘技术	原六安县粮油食品局 六安市张店米厂	四等奖
1995 年	国内贸易部科技进步奖	植物油生产工艺测定规程	安徽省粮油食品工业公司	三等奖
	安徽省星火奖	稻谷增湿改善稻谷加工工艺品质	怀宁县粮油食品局	四等奖
2000 年	安徽省科技进步奖	SS- 型数字化色选机	合肥美亚光电技术有限责任公司 中国人民解放军电子工程学院	一等奖
2003 年	安徽省科技进步奖	超临界 CO2 萃取小麦胚芽油中试技术开发	安徽省东方面粉厂	三等奖
2005 年	安徽省科技进步奖	小麦临界水份保质保鲜技术研究	中央储备粮宿州直属库	三等奖
	安徽省科技进步奖	茶油精深加工关键技术研究	黄山市徽山油业有限公司	三等奖
	安徽省科技进步奖	油菜籽低温挤压调质加工新技术	安徽大平工贸（集团）有限公司	三等奖

第二章　专业教育

1985年以来,安徽粮油专业教育以蚌埠粮食学校和合肥粮食学校为主体,经历按国家计划统招统分、到计划招生与自费委培并举,再到自主招生为主,职工在职培训、学历教育和粮食行业职业技能培训并重。蚌埠粮食学校和合肥粮食学校作为省教育厅批准的省级重点中等专业学校,始终保持粮食行业专业特色,并主动跟进社会发展需求,调整办学方向,拓展专业范围和培养领域,同时注重加强行业文明建设,源源不断为粮食行业和社会输送大量专业干部和专业人才。

第一节　粮食学校

蚌埠粮食学校(安徽科技贸易学校)

专业设置及其演变　1985—1988年,蚌埠粮食学校实行按计划统招统分。1987年11月,安徽省编制委员会文件批复:蚌埠粮食学校在校学生规模为800人;教职工事业编制为177人。1988年9月,经省教育厅批准,蚌埠粮食学校在保留统招生基础上,开始招收部分自费生(委培生),即这部分学生要自筹学费,毕业后自谋出路、自主就业。专业设置:粮食会计与统计、粮油储藏与检验、粮食审计、粮食经营与管理、粮油储运与营销等五个专业。从1993年起,蚌埠粮食学校陆续增设计算机应用、市场营销、文秘与档案管理、经济信息管理、经贸外语、经济法律事务、财务会计等专业。学制分别为高中毕业生2年,初中毕业生3年、4年。

1999年,国家实行招生并轨政策,取消计划统招统分政策,全部改为自费上学。同年蚌埠粮食学校被省教育厅批准为省级重点中等专业学校。

2004年,安徽省蚌埠粮食学校更名为安徽科技贸易学校,专业设置除加强粮油储藏、财务会计和计算机应用等品牌专业的优势外,主动适应社会经济发展,先后增设数控技术应用、机电一体化、模具设计与制造、宝玉石鉴定与加工、餐旅服务与管理、电子商务、计算机网络技术、粮油储运与检验技术、计算机动漫与游戏制作、电子与信息技术、物流服务与管理、会计电算化等十几个专业,并实现当年招生。同年,安徽科技贸易学校被教育部批准认定为国家级重点中等职业学校。

1986年到2008年,安徽科技贸易学校(原蚌埠粮校)共毕业中专学生12946人,职工中专班毕业138人,中专函授班毕业88人。2008年,安徽科技贸易学校被省教育厅、四川省松潘县教育局确定为接收松潘学子到皖学习4所国家级重点中等职业学校，共接纳13名松潘学生来校学习。

2007年7月之前，安徽科技贸易学校校址为蚌埠市龙子湖区治淮路706号；2007年7月，由于学校招生人数增加，治淮路校区无法容纳在校学生的教学和生活需要，报经省粮食局批准同意，整体购买了安徽电子信息职业技术学院老校区，即蚌埠市龙子湖区珠城路8号，两个校区并用。

2008年12月31日，安徽科技贸易学校实有在校生总人数为6000多人，在编教职工人数141人，其中：专业技术人员102人，管理人员8人，另外还有聘用教学人员27人，学生管理人员33人。

安徽科技贸易学校占地面积361亩，建筑总面积12.8万平方米，实习实训室建筑面积1.5万平方米，标准塑胶跑道、篮球场、排球场、足球场等各种运动场地总面积2.1万平方米，馆藏图书12万册，电子图书6万册。拥有粮食工程实训中心、数控应用技术实训中心、机电技术实训中心、计算机中心、财经综合实训中心等，共有各类实验实训室58个，省内外实习基地98个，教学用计算机1100多台，教学仪器设备总价值3000多万元，实验实训设施齐全，仪器设备先进完善。

高等职业教育　1990—1995年，安徽科技贸易学校与南京粮食经济学院联办储检、统计专业大专证书班3期，培训学员134人；与安徽财贸学院联合举办大专经济法律事务专业函授班，培训学员50多人。

2001—2008年安徽科技贸易学校与安徽科技学院联合举办初中后5年制高等职业教育，共计招收学生1000多人；与安徽科技学院联办成人高等教育，共计招收学生3500多人。

2009年3月，经安徽省人民政府批准，以安徽科技贸易学校为基础设立安徽粮食经济技师学院，实行一套班子、两块牌子。技师学院实现当年招生。

职业技能培训　安徽科技贸易学校利用师资、设备的优势，自主开展和承办省粮油食品局各类培训，1986年到2008年的23年间共计培训各类人员1万多人次。

1986—2003年，先后举办全省财会培训班5期，培训学员367人；受商业部委托举办全国粮油统计师资培训班，培训学员52人；承担省粮食局委托举办会统专业培训班，培训学员25人；举办储藏培训班4期，培训学员202人；举办粮油议价部培训班1期，培训学员52人；举办通风干燥贮粮技术培训班1期，培训学员40人；举办审计培训班3期，培训学员124人；举办微机培训班3期，培训学员61人；举办中专函授班，培训学员90人。

2004年，安徽科技贸易学承担省粮食局举办的全省粮食行业职工培训任务，培训833人次。

2005年，举办各类职业技能培训班32期，共计培训粮食职工、在校学生和社会人员2643人次。

2006年3月，学校申报中央财政支持职业教育食品生物（粮食工程）专业实训基地建设项目，获得财政部、教育部审定通过，并正式挂牌。新建3个面向在校学生的自主专业培训鉴定站和一个市级培训鉴定站，当年共培训鉴定在校学生、粮食职工和社会人员共2701人。

2007年，共举办各类职业技能培训班30期，培训鉴定2079人次，其中为粮食行业培训职工833人，在校学生467人，社会在职人员779人。同年，安徽科技贸易学承办由省粮食局、省劳动与社会保障厅、省总工会联合举办的安徽省首届粮食行业职业技能大赛，并承担全国首届粮食行业职业技能大赛安徽省代表队集训工作，为安徽省代表队在全国首届粮食行业职业技能大赛中获得冠军作出突出贡献。

2008年，举办各类职业技能培训鉴定27期，计2017人次，其中粮食行业培训407人，在校生培训859人，社会培训751人。安徽科技贸易学先后被批准为中央职业教育粮食工程实训基地、中央职业教育数控技术应用实训基地和省级会计专业实训基地。

2009年5月，安徽粮食经济技师学院承担由国家粮食局人事司、职业技能鉴定指导中心组织的第二期全国粮食行业粮油保管员技师研修考评工作，来自川、藏、蒙、皖、赣、豫、京、沪、闽等15个省共64人参加了此次技师研修班。

教科研成果与荣誉　安徽科技贸易学校坚持教学与科研并重，取得可喜的成果。1982年储藏专业参加华东、华北两大区粮校“防治”课统考，获团体总分第三名、个人第一名。1990年代表安徽省参加华东地区珠算比赛，获团体总分第一名。1991年与宿县地区粮食局联合进行昆虫调查，获安徽省科技进步四等奖。2005年学校有9名教师参加全国商业高等职业教育研究会储检专业主干课程教材的编写。2006年，学校组织教师并主编公开发行教材13部、校本教材10册，发表论文29篇；组织学生参加全国数控大赛安徽选拔赛1人获得单项第六名。2007年学校成功申报国家级研究课题1项、省级课题3项，公开发表CN论文22篇，出版发行教材12部，校本教材2册，1人被教育部选派到德国学习。2008年，完成蚌埠市科技局课题《农户储粮现状调查及安全储粮技术研究》的立项工作，新申报了蚌埠市科技局课题《数控综合实验台开发》；申报了机电技术应用专业，组织教师撰写学术论文43篇，其中CN论文29篇，各类获奖论文14篇；组织教师参加全国性行业教材编写15人次，主参编教材10本。

2004年以来，学校先后被评为全国粮食行业技能人才培育突出贡献奖、全国粮食职业教育教学指导委员会秘书处单位、全国商业教育培训先进单位、全省职业教育先进单位、安徽省成人高等教育优秀教学点、蚌埠市文明单位、蚌埠市“文化教育名片”、安全文明校园。

合肥粮食学校（安徽经济技术学校）

专业设置及其演变　1986年2月，经省教委批准，合肥粮食学校在开设粮食加工（碾米、制粉）、油脂制取、粮油食品3个专业的基础上，增设饲料加工专业，并列入1986年招生计划，实行按计划统招统分。

1987年11月，安徽省编制委员会文件批复：合肥粮食学校在校学生规模为900人；教职工事业编制为201人，其中，专任教师107人，实验技术人员、图书资料人员30人，行政、工勤人员64人。

1988年9月，经省教育委员会批准，合肥粮食学校在保留统招生基础上，开始招收部分自费生（委培生）。1993年起合肥粮食学校陆续增设电子计算机应用及信息处理、厂仓建筑、文秘与档案、机电技术应用、财务会计等专业。学制分别为高中毕业生2年，初中毕业生3年、4年。

1993年经省教育厅评估，合肥粮食学校成为安徽省第一批省级重点中等专业学校；1994年，被认定为国内贸易部重点中等专业学校。

2002年，合肥粮食学校更名为安徽经济技术学校，学校的专业设置在保留粮食加工、油脂制取、粮油食品等粮食行业特色专业的基础上，主动适应社会经济发展，先后开设制冷空调设备运用与维修、数控技术应用、机电一体化、汽车制造与检修、数字出版、计算机应用、计算机网络技术、工业与民用建筑、文秘与档案、航空服务、餐旅服务与管理、房地产经济与管理、会计电算化等十几个专业。

2004年2月，安徽省编制委员会皖编办〔2004〕32号文件批复：同意安徽省粮食干部学校并入安徽经济技术学校，同时撤销省粮食干部学校建制，原该校48名事业编制中划转10名给安徽经济技术学校，其余38名事业编制收回，重新核定安徽经济技术学校事业编制201名，其中：专业技术人员156名，管理人员30名，工勤人员15名。

2004年，安徽经济技术学校被教育部批准认定为首批国家级重点中等职业学校。2006年7月教育厅批准：同意依托安徽经济技术学校成立“安徽经济技术职教集团”，并于8月2日正式挂牌成立。

2007年年底，安徽经济技术学校决定在合肥市磨店职教园区买地310亩，建设新校区，原有的西校区交给合肥市政府收储。2008年10月16日新校区开工建设，到2009年9月一期工程7.78万平方米落成，当年10月500多名技师学院学生入住学习。

2008年年底，学校的固定资产总值3.44亿元，其中：教学仪器设备1900万元；房屋建筑9.18万平方米，其中：实验实训室9738平方米；学生宿舍2.87万平方米。

1986年到2008年年底，安徽经济技术学校（包括原合肥粮校）共毕业中专学生11231人，其中为新疆建设兵团培养粮食加工、油脂制取、食品、储藏检验等专业毕业生272人，为北京、湖南培养油脂制取专业毕业生42人。2008年12月31日，学校实有在校生总人数为7200多人，在编教职工人数166人，其中：专业技术人员117人，管理人员25人，工勤人员24人，另外还有聘用教学人员78人。

高等职业教育　1991年5月，合肥粮食学校与无锡轻工业学院联合举办粮食工程专业大专专业证书班，招收学员86人。

1991年9月，合肥粮食学校与郑州粮食学院联合举办大专学历的成人教育，招收学员22人，学习形式为函授。1992年继续举办大专函授班，其中粮食加工专业招生33

人,油脂制取专业招生 20 人。

1995 年 11 月,合肥粮食学校与安徽大学成人教育学院联合举办大专学历的电脑会计业余自学辅导班，1999 年经省教委批准,成立“安徽大学成人教学合肥粮校教学点”共计招收 5 届学生，367 名学员。

2000 年,合肥粮食学校与安徽农业大学联合举办高中后 3 年制高等职业教育,当年招收食品专业、制冷专业学生共 90 人;2001 年至 2004 年合肥粮食学校与安徽农业大学联合举办初中后 5 年制高等职业教育,共计招收学生 176 人。

2005-2007 年,安徽经济技术学校与安徽职业技术学院联合举办初中后 5 年制高等职业教育,共计招收学生 510 人。

2006 年,省劳动和社会保障厅组织专家组对学校成立技师学院的资格进行考察评估，2007 年 5 月安徽省人民政府批准以安徽经济技术学校为基础设立安徽商贸工程技师学院,实行一套班子、两块牌子。技师学院当年招收高中毕业生 552 人。

2008 年,人力资源和社会保障部办公厅批准安徽商贸工程技师学院备案。2008 年技师学院招收高中毕业生 630 人。同年安徽经济技术学校与安徽工业经济职业技术学院联合举办 5 年制高等职业教育,招收学生 181 人。

职业技能培训　安徽经济技术学校在完成全日制中等、高等职业教育的同时,充分利用师资、设备的优势开展各类培训。受商业部委托举办食品专业师资培训班、粮食系统劳动工资干部培训班;受省粮食局委托代培全国统考的粮食系统厂长经理企业管理学习班及碾米、制粉、制油高级工培训班;受省粮食行业协会和有关企业委托举办的各种类型的培训班。1986 年到 2008 年期间,共计培训各类人员 10288 人次。

1997 年 3 月,省劳动厅批复同意颁发合肥粮食学校商品检验员(粮油食品)初、中、高级工、制冷工（空调）初、中级工职业技能培训许可证。

2001 年,省教育厅批准合肥粮食学校为全国计算机应用技术证书考试培训基地。

2004 年 11 月,安徽经济技术学校申报的制冷、油脂制取、客房服务员、机场地面服务员 4 个工种技能鉴定站获批准;同月,学校被教育厅批准为全国高等英语应用能力考试考点。

2005 年,省劳动和社会保障厅批准设立安徽经济技术学校职业技能鉴定所,鉴定职业工种:制冷设备维修工、制油工。同年 4 月,安徽经济技术学校被教育部、劳动和社会保障部、财政部等国务院七部委表彰为“全国职业教育先进单位”。2006 年 10 月,安徽经济技术学校被人力资源和社会保障部授予“国家技能人才培育突出贡献奖”。

2007 年 1 月,省劳动和社会保障厅批准安徽经济技术学校职业技能鉴定所增设中式面点师、计算机操作员、计算机网络管理员等 3 个职业（工种）的初、中、高级职业技能鉴定,同时,增加制冷工职业（工种）高级职业技能鉴定。

2008 年 1 月,省劳动和社会保障厅批准“安徽经济技术学校职业技能鉴定所”更名为“安徽商贸工程技师学院职业教育技能鉴定所”,同时增加数控车工、餐厅服务员、客户服务员、维修电工4个职业的初级职业技能鉴定。同年，安徽经济技术学校职业技能鉴定所被评为省直优秀职业技能鉴定所。

2005年到2008年期间，安徽经济技术学校职业技能鉴定所共鉴定制油工、制冷工、西式面点师、数控车工、计算机操作员、维修电工、餐厅服务员等高中级职业工种1071人。

第二节 粮食干校

粮食干部训练班 粮食干部学校前身是省粮油食品局干部训练班。1984年11月干校校址迁入合肥粮校院内，暂借粮校二号学生宿舍楼三至五层办公、办学，直至1986年8月省粮食局批准建设的粮食干校各项房屋建筑相继竣工，干校搬回本部。1997年，省粮食局批准建设1350平方米的图书综合楼竣工，1999年学校自筹资金建设的650平方米的学员宿舍楼竣工。粮食干部学校承办省粮食局举办的各种培训班和为各县粮食局、粮食企业举办的培训班。培训的内容有：地、市、县粮食局局长轮训以及企业管理、储运管理、经济合同管理、新会计制度、计算机、统计、监察、粮食商品流通企业法律顾问、基建预决算、粮食质量监督检验、粮食行政执法人员资格、粮油保管等等。先后举办各类培训班41期，培训包括粮食局局长、粮站站长、仓库主任、财会、统计、仓储、退伍军人等各类人员共计4153人。

粮食企业管理干部中专班 1985年4月，安徽省政府下发《关于举办干部、职工中等专业学校（班）的批复》，同意粮食干部学校开办粮食企业管理干部中专班。自此以后学校共开办学制为2年或3年的成人中专学历教育31个班，毕业学生1049人。开设的专业有：粮食企业管理、粮食储运管理、粮食财务会计、经济管理等。学习的形式有脱产、函授。

粮食技工学校 1992年，经省政府批准在省粮食干校的基础上成立安徽省粮食技工学校，实行一套班子，两块牌子。由此学校开展正规的技能证书培训。到2003年年底，省粮食技工学校开办“粮油保管员高（中）级工培训班”12期，取得粮油保管员高级工证书801人，中级工证书38人。开办“营业员高（中）级工培训班”1期，取得营业员高级工证书的34人。

1992年，粮食技工学校开始招收应届初中毕业生，学制3年，开设的专业有：粮食保管、市场营销、计算机应用等，到2004年一共毕业技工生906人。

1996年7月，经省劳动厅考核评估，批准粮食技工学校设立粮油保管员、营业员技术等级鉴定站。

2003年年底，安徽省粮食干部学校事业编制为48名，实有在职职工46人。

2004年2月，省编制委员会批准撤销省粮食干部学校建制，并入安徽经济技术学校。

附　　录

重要文献

安徽省人民政府关于认真做好一九八六年度粮食合同定购工作的通知

皖政〔1986〕10号

各行署，各市、县人民政府，省政府各有关部门：

根据中共中央中发〔1986〕1号文件和国务院国发〔1986〕7号文件精神，现将一九八六年度粮食合同定购有关问题通知如下：

一、调减粮食合同定购任务

国家确定我省一九八六年度粮食合同定购任务调减为贸易粮七十亿斤（折原粮八十六亿斤）。省内调减的原则是：

1. 商品经济发达、多种经营门路多的地区，稳定粮食合同定购任务，通过以工补粮，保证粮食生产和定购任务的完成；

2. 发展粮食生产有潜力、多种经营门路不多的地区，包括新商品粮产区和一部分老商品粮产区，适当减少合同定购任务，扩大市场议价收购，使农民从超产中增加一些收入；

3. 极少数贫困地区和沿淮行蓄洪区，不订或少订粮食定购合同，主要实行市场收购。

二、粮食合同定购品种

粮食合同定购品种仍为小麦、稻谷、玉米和淮北地区的大豆。稻谷不再分籼稻、粳稻、糯稻，地、县可根据当地生产情况和计划内平价供应的需要，自定稻谷分品种定购计划。小麦和稻谷的定购任务可以互抵，玉米、大豆也可抵交小麦、稻谷定购任务，以方便群众，支持生产。

三、粮食定购价格

粮食定购品种收购价格稳定不变。为了解决糯稻产需矛盾，籼糯稻统购价由每百斤十三元调到十四元，粳糯稻由每百斤十四元调到十五元，再按“倒四六”比例计价，籼糯稻每百斤十八元二角，粳糯稻每百斤十八元二角。大豆每百斤收购价不低于三十四元五角。其他粮食定购品种的收购价，仍按省政府皖政〔1985〕9号文件规定执行。

四、优惠办法

一九八六年粮食年度，农民与国家签订粮食定购合同，每交售一百斤原粮供应平价优质化肥十市斤，需要贷款的，银行优先发放贷款。平价化肥由供销社按粮食定购合同规定的数量供应，保证兑现。为了支持生产，做好产前服务，在粮食未交售前，可按合同预售百分之五十。具体供应办法由省有关部门另行下达。

五、认真落实、保证完成合同定购任务

1. 粮食合同定购任务由各级人民政府逐级下达，在春耕之前与农民签订合同。乡成立粮食合同定购领导小组，由乡人民政府领导同志负责，粮站、供销社、信用社等单位负责人参加，统一领导粮食定购工作。

2. 落实粮食定购任务，既要照顾农民的经济利益，又要考虑国家需要。要根据国家下达的定购任务和农民实际承包的粮食耕地面积，考虑当地农业生产计划和农业结构调整等因素，合理安排到户，改变平均分配和硬性摊派的做法。

3. 在正常年景下，粮食合同定购任务必须保证完成，遇有重大灾善，经县以上人民政府批准可以适当减免。为了调动地方的积极性，省对县市在结算时，完成合同定购百分之九十五以内的给比例价，超过百分之九十五以后的给超购价，其差价收入留给县财政用于奖励。

4. 有关开展粮食多渠道经营的问题，由县政府本着既要放开搞活，又要加强控制的精神，在保证完成全县合同定购任务和国家委托代购的前提下，自行确定。任何部门经营粮食，不准哄抬粮价，买空卖空，冲击国家粮食合同定购。

六、做好国家委托代购粮食工作

国家为了平衡粮食收支，一九八六年度除分配我省七十亿斤粮食合同定购任务外，还分配我省为国家代购四十亿斤贸易粮（限定购品种），这部分粮食不作为计划任务往下分配，以后根据粮食丰歉情况，再向下安排。国家委托代购粮食，银行要保证收购资金，并按合同定购粮食的利率贷款。代购粮食的价格随行就市，最高不超过原来的超购价。各级粮食部门要严格制度，严禁弄虚作假套取国家差价款，违者，按政纪法纪严肃处理。

七、加强对粮食合同定购工作的领导

调减粮食合同定购任务，不是粮食多了，而是为了扩大市场议价收购，使农民从增产中增加收入，以激发增产粮食的积极性。各级政府要加强对粮食合同定购工作的领导，结合实际情况，作出具体安排，在春耕生产前，把粮油定购任务落实到户，签订好合同。要广泛深入地做好宣传教育工作，动员农民积极签订合同，努力完成国家粮食合同定购任务。

一九八六年度的油菜籽、芝麻、花生定购，各地应与粮食定购一并同农户签订合同，按“倒四六”比例价敞开收购。收料不收油。棉籽收购由各地自定。

以上通知，请认真贯彻执行。各地落实粮食合同定购的情况请及时告省粮油食品局。

一九八六年二月十五日

安徽省人民政府批转省财政厅省粮油食品局《关于粮食企业财务体制下放管理的报告》

皖政〔1986〕76号

各行署,各市、县人民政府,省政府各有关部门:

省人民政府原则同意省财政厅、粮油食品局《关于粮食企业财务体制下放管理的报告》,现转发给你们,请认真执行。

改革粮食企业财务管理体制,是我省粮食部门继取消粮食统购,实行合同定购后的又一项重要改革。进行这一改革的目的是便于当地政府加强对粮食企业的领导,更好地调动地方和企业的积极性,促进粮食生产,改善粮食经营。各地要组织财政、粮食部门按照报告中的各项规定,认真组织实施,并做好协调工作,保证这项改革的顺利进行和不断完善。

粮食企业财务管理权限下放,粮油商品(不含议价部分)的购、销、调、存计划仍由省管理。各地要正确处理好财权和粮权的关系,认真执行国家的粮食政策和计划,服从中央和省的统一调度,保证各项计划的完成。要加强思想政治工作,教育干部增强全局观念,防止片面考虑本地本单位利益而影响执行统一的计划和政策。

各地在贯彻执行中出现的新情况、新问题,望及时报告省财政厅和省粮油食品局。

一九八六年九月十六日

省财政厅　省粮油食品局
关于粮食企业财务体制下放管理的报告

省人民政府：

为有利于各级政府加强对粮食企业的领导和管理，调动地方和企业的积极性，搞活粮油生产经营，提高经济效益，根据一九八五年三月十八日省政府第七次办公会议决定，从一九八六年元月一日起，粮食企业财务体制下放给地、市、县管理。现将有关问题报告如下：

一、财务体制下放的范围，是将省统一管理的粮食企业经营盈亏和粮油价差补贴下放给地、市、县管理。粮油加价款和简易建筑费，仍由省统一管理。

粮食企业盈亏是指按照国家政策规定，经营平价粮油所发生的亏损、粮油议购议销经营利润、粮油食品工业企业利润、运输企业和饲料企业利润等。

粮油价差补贴是指按国家规定统购价与统销价的差价补贴。

二、下划的财务指标中，粮食企业盈亏交退库指标是根据一九八六年粮油商品流转计划，参照前两年及今年以来财务盈亏实绩和新的变化因素计算的。粮油价差补贴是根据一九八六年平价粮油销售计划和规定的购销差价补贴标准以及新的变化因素计算的（分地、市、县的一九八六年度财务下划指标由财政厅、粮油食品局另行下达）。

三、各地、市、县一九八六年财政收支预算和包干基数均按第三条核定的盈亏交（退）库指标和粮油价差补贴进行调整。

鉴于粮食企业经营的特殊性，政策性强、受农业年景制约，对粮食企业收入实行年终单独结算，按实际入（退）库数与下划基数的差额，省与地、市、县财政超（减）收实行四六分成（担），即省财政40%，地、市、县财政60%。如果遇重大政策变化和严重自然灾害，省财政给予适当调整和补助。由于客观原因，调拨粮油没有完成计划的，年终以市、县为单位由省财政单独结算。即：调出市、县减少的调拨经营费收入，由省财政全部解决，对少调出而相应增加的超储粮食在计算每斤二分二厘费用补贴时予以扣回；调入市、县减少的调拨经营费支出，由省财政全部收回。超调粮油而增加的调拨经营费收入，由企业全部入账，按现行规定结算。

四、各地、市、县财政部门，每年根据省下达的财政收支指标和粮食部门编报时粮油商品流转与财务收支计划，核定粮食企业的盈亏计划，一年一定。按照国务院国发〔1985〕131号文件规定，要对粮食企业经营平价粮油亏损逐步实行定额补贴，具体办法另行下达。

平价经营盈亏，在剔除上述第三条减少的调拨经营费收支后计算，完成计划应得的人均留利,按省核定的指标留成;增盈或减亏部分再实行四六分成,即企业 40%,财政 60%;减少利润或增加亏损也按同比例分担。议价经营、饲料商业和运输企业实现的利润,实行全额四六分成办法,即企业 40%,财政 60%;原规定的议价利润分成办法不再执行。粮油食品工业、饲料工业以及合肥市的城市粮店,仍按现行利改税办法,依法纳税,税后全留。

粮食企业(除利改税企业)盈亏交退库由地、市、县粮食局统一向同级财政办理结算;企业所得利润或减亏分成,均由市、县粮食局统一管理、统一分配。

五、农村返销粮按比例价销售的价差收入,一半作为企业的毛利入账,另一半由市、县粮食局按实际销量和有关规定计算,上交省财政厅,汇交中央财政。农村返销油脂按比例价销售的差价收入,全部作企业毛利入账。

六、粮食超储费用补贴。从 1986 年粮食年度(1986 年 4 月 ~1987 年 3 月)开始,按实际平均库存超过省粮油食品局〔1985〕粮计字第 365 号文件核定的库存基数部分,按百斤贸易粮补贴 2.2 元。今后中央实际拨给我省多少,再按比例如数对下拨付,此项补贴由省财政厅直接拨给各有关市、县粮食局,粮食企业作“政策性补贴收入”入账。

为鼓励产粮区调粮、储粮积极性,省财政今年再拿出一点资金按调出地、净调出量新增调拨经营费(每斤 2.6 分)的 5% 拨给地、市、县,1985 年度超储补贴从中央财政多结算回的部分,也分给地、市、县,这两部分不进基数,不抵亏损,主要给粮食企业,用于改善粮食经营设施。

七、粮油价差补贴。市、县财政应每月按实际销售数量和规定补贴标准,以“粮油价差补贴”支出科目,拨付给同级粮食部门。

八、粮食企业财务体制下放后,省、地两级粮食局(包括直属各公司),原由商品流通费支出的经费,由省、地财政退库解决;原属行政、事业经费开支的,仍由原资金渠道解决。省、地两级公司,原由企业生产管理费的规定,不再执行。

省、地两级粮食局,按规定集中提取的粮食商业固定资产折旧基金,今年由同级财政按核定数退库解决。鉴于粮食企业(不含利改税企业)从明年起折旧率提高到 6%,其中:企业留 70%,上交省粮食局 20%,地、市粮食局 10%。

九、粮食部门的一切资金和财产,任何单位和部门都不得随意占用和平调。有关计划管理,财务会计、统计制度,仍按现行规定执行。

十、粮食企业财务体制下放后,各地要坚决执行粮食政策,服从统一调度,不得自行其是。凡属国家定购、委托代购的粮油库存,未经批准,各地无权动用。对省下达的粮油收购、销售、调拨、储存计划,各地一定要从全局出发,严格执行,保证完成,不得片面考虑本地利益,该购时不购,该销时不销,不该销的多销,该调的不调,该存的不存。否则,要追究有关人员的责任。

粮食企业要严格财务管理,加强经济核算,努力增收节支,减亏增盈,该交库的税、利要及时、足额入库。财政部门对应拨付的亏损、分成、补贴等款项要及时、足额拨付,以保证粮油经营的正常进行。粮食企业点多面广，自我改造和自我发展的能力较差，各级财政应根据财力状况给予必要的支持。

十、各级政府要加强领导，及时研究处理粮油经营中出现的新情况、新问题，财政、粮食部门要密切配合，互相支持，加强对企业的监督和管理。各级财政部门要充实力量，适当增加人员，加强对粮食企业的财务管理工作。

十一、财务体制下放后的有关具体事项和手续，由省财政厅、粮油食品局另行下达。

一九八六年七月二十九日

安徽省人民政府
关于放开粮食购销和价格的通知

皖政〔1993〕21号

各行署，各市、县人民政府，省政府各部门、各直属单位：

根据国务院《关于加快粮食流通体制改革的通知》精神，省政府决定，从1993年4月1日起，在全省范围内放开粮食购销和价格。现就有关问题通知如下：

一、粮食定购制度继续坚持，收购价格随行就市。1993年度全省粮食定购品种不变，数量按国家核定的定购贸易粮28.95亿公斤（折原粮35.7亿公斤）安排。过去各级政府增加的机动数，由省粮食局从原定购总数中扣减后，逐级安排到基层，由粮食收购单位与农民签订定购合同。合同要规定定购品种、数量、保护价、交售时间和优惠措施。合同一经签订，双方必须严格履行。定购粮的"三挂购"政策兑现办法和建立粮食收购保护价制度，按政办〔1993〕17、18号通知执行。

二、取消粮油平价供应。除军需（含民警，下同）外，其他城乡居民粮油和各种专项补助粮油一律改为市场价供应。粮油票停止流通，城镇定量人口原粮油供应关系保留，其管理和迁移办法不变。军队粮油供应办法和价格，按国家统一规定执行。粮食价格放开后，对城镇职工是否给予补贴，由市、县政府确定。

三、取消省间和地区间粮油计划调拨，实行产销见面，签订供销合同并严格履行。凡签订供销合同的粮油，铁路运输部门在安排运输计划时，要优先安排，保证运输。

四、粮油价格放开后，粮油及其制品、粮油副产品、饲料等购销价格，由粮食企业随行就市确定。

五、建立地方粮食储备制度。除国家专项粮食储备外，按照城乡粮食合理需求，确定全省地方粮食储备规模为贸易粮6亿公斤，其中省储备2.5亿公斤，市、县储备3.5亿公斤。储备粮主要用于应付灾荒和平抑粮价，稳定市场。遇有一般灾荒和市场粮价波动，市、县政府需动用储备粮时，首先要用自有储备，仍不足时再报省安排。储备粮所需资金和费用由同级政府参照国家专储粮的办法解决。

同时，要积极提倡农户储粮，藏粮于民。为解决农户仓储设施困难，农村粮站要挖掘仓储潜力，积极试办"粮食银行"，按照"存粮自愿，取粮自由"的原则为农民提供有偿服务。

六、国家专项储备粮、国务院市场调节粮和国家储备油，所有权归中央，未经国务院批准，任何地方和部门不准动用。全省平价粮库存管理按照现行包干办法到1992年粮食年度结束后进行结算，如县、市历年动用或少购多销，账实不符的要如数补齐。库存平价粮如何使用，省将另行通知。

七、加强粮食市场建设。省粮食局和各行署、市、县政府，要尽快作出具体规划，并组织实施，力求在一二年内把粮食批发市场建设好。尽快形成以省级粮食批发市场为龙头，市、县区域性粮食批发市场为骨干，农村初级粮食交易市场为基础的粮食市场体系。要制定鼓励进场交易的优惠政策和市场交易管理办法，使之不断完善，走上规范化。

要允许和支持多种经济成份、多渠道参与市场粮油经营。凡符合条件的企业、单位、个人，经工商行政管理机关核准登记，领取营业执照后，可以从事粮油批发、零售业务，坚决取缔无证经营。国有粮油企业在通过参与市场竞争，努力掌握粮油的主要批发业务。

八、加强宏观指导，确保粮油供需平衡。粮油价格和经营放开后，各级粮食部门要制定年粮油购销指导性计划，指导粮油企业的经营活动；要安排好粮粮油总量平衡和分品种，分地区综合平衡，努力使粮油的总供给与总需求大体适应。

九、积极支持国有粮油企业转换机制，开展多种经营。对国务院国发〔1993〕9号文件中，关于粮食价格和经营放开后的有关财政补贴保留三年逐年减少的政策、建立粮食风险基金的政策、“八五”期间继续执行有关减免税收的政策以及支持粮油企业开展多种经营的信贷政策等规定，各地各有关部门都应贯彻执行，具体办法省将另行下达。

十、各级政府要继续加强对粮食工作的领导。放开粮油价格和经营是关系全省人民切身利益的大事，各级政府要切实加强领导，周密计划，精心组织，对出现的问题及时研究解决，确保改革顺利出台。

粮油价格和经营放开后，粮食工作只能加强，不能削弱。粮食行政管理机构要按照“小机构、大服务”的原则，精减人员，转变职能。粮食服务体系不要打乱。基层粮站仍由粮食部门统一管理，其资产属国家所有，禁止任何部门、单位平调和挪用。财政、金融、税务、工商、铁路、交通等有关部门要密切配合，积极给予支持和帮助，确保粮食流通体制改革顺利进行。

1993年3月21日

安徽省人民政府办公厅
关于印发安徽省粮食局职能配置、内设机构
和人员编制方案的通知

皖政办〔1995〕58号

各行署，各市、县人民政府，省政府各部门、各直属机构：

《安徽省粮食局职能配置、内设机构和人员编制方案》，业经安徽省机构编制委员会办公室审核、省人民政府批准，现予印发。

一九九五年七月二十六日

安徽省粮食局职能配置、内设机构和人员编制方案

根据中共中央、国务院《关于安徽省党政机构改革方案的通知》（中委〔1994〕57号）和省委、省政府《关于实施省直党政机构改革方案的通知（皖发〔1994〕5　号）》，保留安徽省粮油食品局，并更名为安徽省粮食局，为省政府直属行政机构。按照转变职能、理顺关系、精兵简政、提高效率的原则，结合省粮食局的实际情况，确定其职能配置、内设机构和人员编制方案。

一、职能转变

省粮食局要加强粮食宏观调控体系建设，重点建立省级储备，指导县市储备，及时掌握粮源，稳定粮食市场；按照粮食流通体制改革的要求，协同有关部门搞好粮食市场管理工作；改革军粮供应管理体制，保证军队粮食供应；按照政企职责分开的原则，将粮油经营、企业管理方面的职能分离出来，由省粮油食品（集团）总公司等企业承担；将饲料工业行业管理方面的职能划转给省农业厅。

二、主要职责

省粮食局是省政府负责全省粮食工作的职能部门。其主要职能是：

（一）贯彻国家和省有关粮油流通的方针、政策，拟定全省粮食流通体制改革和粮食储备体制改革的方案；研究制定全省粮油流通和粮油储备规划和中长期计划。

（二）负责编制落实全省粮油购销、进出口和调拨计划，搞好全省粮油总量平衡；负

责省际间粮油产销定货，组织协调地方间产销定货，协同有关部门管好粮油市场。

（三）落实国家粮食定购任务，组织指导全省粮油市场供应，保障军队粮油供给；指导和帮助灾区缺粮地区、贫困地区和水库移民的粮食供应，稳定粮油市场，安排好群众生活；安排以工代赈。

（四）组织指导国家和省级储备粮油的收购、储存、保管和市场销售，逐步建立和完善国家、地方和农民三级粮食储备体系；组织实施对社会粮油流通的宏观调控，调剂丰歉，备荒救灾，增强政府调控能力。

（五）协同有关部门建立粮食风险基金，拟订使用方案，并组织实施。

（六）负责全省粮油流通和粮食储备仓库、食油储罐、粮油工业的规划布局和网点建设，落实国家仓储、流通设施建设资金。

（七）制定并组织实施全省粮食系统科研和粮办工业发展规划及年度计划；组织推广应用新技术、新工艺、新设备；负责粮办工业技术改造；监督管理粮食系统粮办工业的安全生产、产品质量。

（八）指导全省粮油储存的安全管理，检查国家粮油质量标准、粮油检测政策、制度和办法的执行情况。

（九）负责全省粮食财务和直属企事业单位国有资产管理；组织实施国家粮油储备、粮油商品流通和粮办工业统计制度及统计调查方案。

（十）负责安排国家储备粮油的出入库管理及省间粮油和进出口粮油的调拨运输管理。

（十一）负责编制局属粮食中专、技校的发展规划和管理，组织粮食系统职工教育培训工作，指导粮食系统精神文明建设。

（十二）完成省政府交办的其他事项。

三、内设机构

根据上述职责，省粮食局设置6个职能处（室）和机关党委。

（一）办公室

协助局领导处理日常工作，协调机关各处室工作关系；负责会议组织和督办决定事项，负责文电处理、档案、信访、接待、宣传、信息、保密及机关行政事务管理等工作；起草重要文件、报告；拟订全省粮油流通体制改革方案。

（二）财务会计处

组织实施国家有关粮食财务、会计和税收、信贷制度，监督检查直属企事业单位财务管理，指导粮食系统的增收节支、扭亏增盈工作；负责中央和省对粮食部门的各种补贴、费用资金的拨付和使用监督，协同有关部门管理和使用粮食风险基金；负责粮油收购资金、网点改造资金和建仓省内贷款的申报及拨付，指导资金调剂融通；负责编制粮食系统会计报表和财务分析，指导粮食系统国有资产的管理。

（三）储运基建处

负责国家和省级储备粮油的调拨、保管、轮换、统计工作，拟订国家和省储备计划的分配方案；编制国家和省粮油储备库的建设规划，编报粮食基建计划和技术改造、简易建筑费资金使用计划，组织全省粮油流通设施和国家粮食储备仓库、食油储罐的规划布局和建设；指导粮食三级储备体系建设，负责粮油质量管理。

（四）综合计划处

编制粮油购销计划、进出口计划、省级和地方粮油储备计划、省间粮油调拨计划；安排以工代赈；负责粮食购销体制改革，研究分析、预测我省粮油生产和市场形势，组织协调全省粮食定购工作，协调和帮助灾区、缺粮地区、贫困地区和水库移民的粮食供应，保证军队粮油供应；管理粮油价格，负责粮油市场供应，配合有关部门搞好市场管理；负责粮油统计工作。

（五）科技工业处

编制全省粮食科技和粮办工业发展规划、年度计划；组织新技术、新工艺、新设备的推广应用，指导和监督粮办工业安全生产；负责粮油产品的质量监督和管理；指导粮办工业企业深化改革。

（六）人事教育处

负责局机关和直属单位的人事、机构编制和出国人员政审工作，负责粮食系统职工教育、人才培训及粮校、干校、技校的发展规划和管理工作；负责粮食系统技术工种鉴定、技术培训和技工、技师评聘工作；指导粮食系统思想政治工作和精神文明建设，负责机关安全保卫和离退休人员的管理服务工作。

（七）机关党委

负责局机关和直属单位的党群工作。

四、人员编制和领导职数

省粮食局机关行政编制为 65 名（含纪检、监察、审计编制）。其中，局长 1 名，副局长 3 名；处级领导职数 14 名（含机关党委专职书记 1 名）。

纪检（监察）、审计机构设置和领导职数，按有关规定执行。

安徽省人民政府关于粮食部门实行两条线运行实施意见的通知

皖政〔1995〕51号

各行署，各市、县人民政府，省政府各部门、各直属机构：

粮食是关系国计民生的特殊重要商品。为了加强国家粮油市场的宏观调控，根据国务院国发〔1994〕32号和国发〔1995〕8号、15号文件精神，现对我省粮食政策性业务和商业性经营分开，建立两线运行机制提出如下实施意见。

一、实行两线运行的基本原则和目的

粮食部门实行两线运行的基本原则是：统一领导、两线运行、明确职责、分别核算、稳定市场、搞活经营。

粮食部门实行两线运行的目的，是要加强国家对粮油市场的宏观调控，实施粮油的总量平衡，保持粮油价格的基本稳定；用好国家对粮食企业的财政补贴，更好地发挥财政补贴的作用；管理好银行收购资金，保证政策性收购资金不被商业性经营业务所占用，禁止用银行贷款弥补企业亏损；加强国有粮食企业经营管理，减少粮油流通环节，降低流通费用和经营成本，在竞争中增强活力和实力。

二、明确划分粮食事权，搞好总量平衡

稳定粮食播种面积，提高粮食单产，增加粮食产量是省和各级地方政府的责任，也是搞好粮食购销总量平衡的基础。省和地、市、县的事权划分如下：

国家定购粮粮权属国务院，使用权属省政府，主要用于全省城镇居民口粮供应、农村需救助人口的粮食供应和军供。定购粮的平衡，按照统一领导、分级负责的原则，政府负责地市间的粮食平衡，行署和市政府负责辖区内县（市）间的平衡，县（市）政府负责县（市）内平衡。缺粮县（市）首先要保证完成本县（市）的定购任务，完成定购任务后，基本口粮供应不足的部分，由行署、市政府负责调剂平衡。地市不足的由省负责平衡。省级储备粮权属省政府，主要用于较大自然灾害的救灾和全省市场波动时平抑粮价。

地、市、县政府负责保证国家掌握粮源，管好市场，完成国家和省下达的定购任务和市场收购计划，组织和实施当地粮食的总量平衡；确保完成省下达的定购粮食调拨计划，服从全省总量平衡的需要；按上级核定的计划组织销售，安排好市场供应，稳定粮食市场；建立市县级粮食储备风险基金；统筹规划粮食基础设施建设和市场体系、物流网络建设。

市场收购的粮油要服从国家总量平衡的需要。

三、政策性业务和商业性经营分开

1. 粮食的政策性业务范围。主要是:中央和省储备粮油(包括战略储备,下同)、省政府下达的定购粮和市场收购计划的粮油、进出口粮油、城乡居民基本口粮、大中专在校学生口粮、军需用粮、救灾粮、水库移民口粮、农村需救助人口的口粮以及为平抑粮价、救灾抛售的各种储备粮油。上述政策性粮油在收购、储存、运输、批发和农村返销粮供应等环节发生的各种业务。

2. 粮食政策性业务的机构。省从事政策性业务的机构是省粮食局及其承担政策性业务的直属单位。地市县从事政策性业务的机构是地、市、县粮食局和农村粮站、国家粮食储备库、粮库、军供站(点)。已撤销的县(市)粮食局要恢复。

粮食政策性业务单位是:

农村粮站。粮站是粮食部门的基层单位,负责粮油收购、储存、救灾用粮和水库移民、农村需救助人口的粮食供应等政策性业务,隶属县(市)粮食局领导和管理,不得下放,不得搞国有民营,不得实行个人承包、租赁。凡已下放到乡(镇)的粮站都要收归县(市)粮食局领导和管理。农村粮站要参与农村社会化服务体系,积极为农业生产提供产前、产中、产后服务。

国家粮食储备库、粮库。主要从事粮油仓储、批发、调运等政策性业务。中央和省级储备粮油要做到“一符、三专、四落实”(账实相符,专仓储存、专人保管、专账记载,数量、质量、品种、地点落实)。保证完成粮油安全保管、调运等任务。

军供站(点)。主要从事军队、武警的用粮供应。

从事政策性业务单位,也可以从事议价粮油批发零售以及附营业务和多种经营等商业性经营,但要与政策性业务分开经营,分别核算。

3. 商业性经营。指政策性业务范围以外的议价粮油批发企业、零售企业、加工企业、运输企业、各类零售商店和其他多种经营企业等,都属于商业性经营单位。这些单位要做到自主经营,自我发展,自负盈亏,照章纳税。商业性粮油经营单位可以接受政府委托,代理粮油政策性业务(如加工、销售),代理费用由委托方按定额标准给付,但要分开经营,分别核算。

4. 城镇粮店从事以粮油为主的商业性经营活动,开展精粮、精油、粮油制品和小杂粮经营。在市场粮油价格波动时,按照政府要求,承担统一定价粮油销售任务,平抑价格,保证供应。同时,要按照方便群众、合理布局的原则,固定必要数量的骨干粮店,接受当地政府委托从事政策性业务销售。

四、政策性业务和商业性经营实行财务分开,分账核算

两线运行的核心是财务分开,分账核算。实行两线运行后,企业不再承担政策性亏损。不得形成新的政策性财务挂账。

中央直接掌握的粮油,其政策性补贴,由中央财政拨补,具体补贴办法按中央规定执行。任何部门单位均不得截留、挪用。

省级储备粮油费用、利息补贴和由省负担的军供粮油补贴及其他由省负担的补贴，由省核定后，省财政厅按照规定的标准逐级下拨，确保到位。定购粮的省内地区间调拨经营费标准由省核定，粮食企业调入、调出双方均应严格执行。

定购粮收购、调拨、储存、加工、销售，应根据必要费用开支加合理利润的原则，由市、县粮食部门商同级财政、物价部门核定代理费用。购销差价可以弥补各环节费用的，从购销差解决。因特殊原因，购销差价倒挂导致政策性购销业务发生亏损，应由同级财政拨补，确保到位。

政策性业务由县、市粮食局统一核算后，向财政办理结算，县以下实行报账制。政策性财务补贴集中到县、市粮食局统一管理，在农业发展银行开设专户。县、市粮食局对各项政策性补贴必须全额进入盈亏，任何单位和个人不得挤占挪用。经营性亏损由企业自补。具体办法由同级财政、粮食部门商定。

政策性单位的政策性业务和多种经营、附营业务，必须财务分开，分账核算。收入、成本、费用明确归属的，按财会制度核算，间接费用应合理分摊。商业性经营单位代理政策性业务，要与商业性经营业务分账核算，并根据国有资产监管条例，确保国有资产保值增值。

省地（市）县粮食局机关的经费，由财政供给，所属事业单位经费，区别情况，由同级财政全额或差额拨补。要妥善解决离退休人员的生活保障问题，对特别困难的企业，要适当照顾。粮食企业要积极参加社会统筹保险，以保证职工离退休后有稳定的收入来源渠道。

五、建立灵活有力的粮食市场调控机制

要强化定购粮食的销售管理，保证定购粮用于规定的供应对象、特别是使低收入者享受到国家的照顾。定购粮在完成调拨计划后销售有节余的，经同级政府同意后，可以转作其他使用。定购外的粮食，通过县以上粮食批发市场，签订购销合同交易，运输计划由省粮食局协调衔接。

健全、完善各级政府粮食储备和风险基金制度。按照销区必须有 6 个月、产区有 3 个月销售时粮食储备规模，我省粮食储备应保持在 10 亿公斤的水平。目前可按省政府规定，建立 6 亿公斤的储备，其中省级 2.5 亿公斤、市县 3.5 亿公斤，每年根据定购粮的收支情况进行补充和轮换。要在不同区域和交通沿线命名一批省级储备库，建立或上收一批大中型国家粮食储备库，作为省粮食局的直属事业单位，实行企业化管理，以加强省级储备粮油的集中管理和调控。地（市）根据政策性业务的需要，也要相应建立直属粮库。省级粮食风险基金要按国务院国发〔1994〕31 号文件要求落实运行。各市、县粮食风险基金也要抓紧建立，列入财政预算，结余滚动使用。

加快省内粮食批发市场建设。继续完善省级芜湖大米批发市场，有计划地在粮油物流集中、交通便利的地方建立 3~5 个省内区域性的粮油批发市场，在粮食主产区建立一批县级批发市场。引导粮食交易在场内进行，逐步建立产区和销区之间相对稳定的购销关系。

为了充分发挥我省粮食整体优势,提高竞争力,有利于增强国家宏观调控能力,稳定粮食市场。全省粮食系统要进一步推行粮权集中在县,县以下分购联销;城镇粮食零售企业实行联购分销,连锁经营。要以市、县为单位对政策性业务资金实行统贷统还,统一管理,以减少环节,加速资金周转,防止政策性资金体外循环,避免资金管理上的混乱,便于收购资金实行封闭式管理。

发挥主渠道作用,适时平抑粮价。各级政府要充分发挥粮食部门主渠道作用,在粮食丰收,粮价过低时,多购一些粮食,充实库存,保护生产者利益;遇到价格上涨幅度过大时,要在责权内及时组织抛售,平抑价格,保护消费者利益。粮食、工商、公安、物价、交通、税务等部门要加强市场监督,维护市场秩序,确保市场粮价的基本稳定。

政策性业务范围的粮食销售价格,由省政府根据收购成本及合理利润参考市场价格水平确定。商业性经营的粮油价格除国家有专门规定外,由企业自定,盈亏自负。必要时由政府限价,所发生的价格倒挂亏损,哪一级政府作出的决定,由哪一级财政承担。

六、加强领导,精心组织,建立两线运行的配套政策

粮食部门承担着稳定市场和自身发展的双重任务。粮食部门实行两线运行,是继续深化粮食流通体制改革的一项重要举措,是粮食系统经营管理体制的一项重大变革,政策性强,涉及面广,各有关部门要在省政府和各级政府的统一领导下,通力配合。有计划、有步骤、积极稳妥地进行。

各级政府要切实加强领导,把它作为稳定市场、稳定社会、稳定人心的一项重要工作来抓,主要领导要亲自过问,分管领导要具体组织实施。有关部门要继续关心和支持粮食工作,为粮食经营管理体制的改革创造必要的条件。

财政部门要加强粮食企业财务管理和核算工作,保证各项补贴足额到位。同时各级政府要注意支持粮食企业必不可少的基本建设资金,帮助粮食企业发展多种经营。

粮食企业的所得税,五年内由同级财政退库,专项列支,用于消化政策性挂账。

人民银行要组织各银行和企业,协调解决政策性贷款和商业性贷款的开户和贷款问题,使政策性经营和商业性经营资金有序运行。工商、农业等商业性银行要对粮食部门的商业性经营业务、技改、网点建设,在规模和资金上给予安排和保证,以增强粮食企业自我发展能力。

对粮食企业的基础设施建设、城市粮店连锁经营和县以上批发市场建设、骨干网点建设项目,要增加投入,固定渠道,列入各级计委的计划。国务院决定把房产部门管理国有粮店的房产划给粮食部门管理,要坚决执行,保证落实。各级粮食部门要在政府的统一领导和有关部门的支持下,动员广大干部职工提高认识,搞好两条线运行新体制的改革。要转变观念,加强企业管理和企业核算,逐步降低各项费用,注意减少政策性业务成本。同时,要积极开拓市场,搞活粮食流通,发展多种经营,消化富余人员,使企业适应两条线运行的新体制,增强竞争和自我发展能力。

安徽省人民政府关于贯彻国务院关于进一步深化粮食流通体制改革的决定的通知

皖政〔1998〕23号

各行署，各市、县人民政府，省政府各部门、各直属机构：

根据国务院《关于进一步深化粮食流通体制改革的决定》（国发〔1998〕15号）和朱镕基总理来我省视察时提出的“贯彻三项政策，加快自身政策”的要求，结合我省实际，现就认真贯彻国务院决定，进一步深化粮食流通体制改革问题通知如下：

一、分清各级政府粮食责权，全面落实粮食省长负责制

1. 粮食工作实行在省政府统一领导下，由行署和市、县政府对粮食生产和流通全面负责的体制。

2. 省政府的主要责任：制定和组织实施全省粮食年度计划和中长期发展规划，促进粮食稳定增长；建立和完善省级粮食宏观调控体系，搞好全省粮食总量平衡，稳定全省粮食市场；根据国家制定的粮食购销政策和价格原则，确定粮食定购品种、数量和定购价、保护价、销售限价的具体水平；加强粮食市场和价格的管理、监控，采取多种宏观调控措施，保持市场粮价基本稳定；按照国家统一安排和统一经营的原则，组织和落实粮食进出口；建立省级粮食储备制度；健全和完善粮食风险基金制度；制定消化粮食新老财务挂账政策；督促有关部门管好用好粮食收购资金，确保应拨付的财政补贴及时足额到位；搞好全省粮食流通设施和市场体系的建设规划；支持粮食生产区发展粮食生产，在储备粮收购、收储仓库建设、风险基金安排等方面给主产区以必要的倾斜。

3. 行署和市、县政府的责任：在保证粮食稳定增长的基础上，根据市场需求合理调整品种结构，增加有效供给；负责落实国家和省的粮食购销、价格政策，组织敞开收购农民余粮，主产区要提供尽可能多的商品粮，为全省粮食总量平衡作出贡献；负责辖区内粮食余缺调剂，实现供需平衡，保证城镇居民口粮，水库移民、需要救助的灾区和贫困地区所需粮食，以及军队用粮的供应，稳定市场粮价；负责落实消化粮食新老财务挂账政策，制定消化措施，保证按期完成消化计划；负责加强粮食收购资金管理，确保粮食收购资金封闭运行，坚决杜绝挤占挪用；根据应付本地区自然灾害及调控市场的需要，建立地市县粮食储备和粮食风险基金；负责粮食仓储等流通设施的建设、维修和改造；负责粮食市场体系建设，加强粮食市场管理，维护流通秩序。

4. 继续实行粮食定购制度。从1999年起，省政府按照适销对路、保证全省军需民食的最低销售量核定粮食定购数量，逐级分解到县（市），并委托国有粮食收储企业与农民签订定购合同，由粮食收储企业组织收购。定购粮数量大体积极稳定，由市、县政府掌握使用，并负责盈亏。农垦、劳改农场和良种生产基地不再承担粮食定购任务。农业税（费）一般应征代金。除农业税外，严禁从农民售粮款中代扣“乡统筹、村提留”以及其他税费。

从1998年起，取消地市间定购粮调拨。产销区的粮食余缺，通过组织定货会，或粮食交易市场调剂。销区政府要对本地区的粮食平衡负责，必需的粮食购入，须在春播和秋种前同省内产区签订代购经济合同，实行定金制度，无论丰年、歉年，产销区都要按合同兑现。

二、转换粮食企业经营机制，实行政企分开

5. 实行政府粮食行政管理职能与粮食企业经营的分离。省和地、市、县粮食局是同级政府粮食行政管理职能部门，负责全社会粮食流通管理，会同计委等部门搞好粮食宏观调控。粮食局要与粮食企业在人、财、物等方面彻底脱钩，不参与粮食经营，不直接干预企业自主的经营活动。所有国有粮食企业都要面向市场，实行独立核算，成立自主经营、自负盈亏、自我约束、自我发展的经济实体，不承担行政管理职能。国有粮食企业是粮食流通的主渠道，要按照国家有关政策，敞开收购，掌握粮源，顺价销售，在稳定市场供应和市场粮价中发挥主导作用。

各级粮食局的主要职责：贯彻国家粮食方针政策，实施粮食分级负责制；落实粮食定购制度，按政府确定的定购任务，委托国有粮食收储企业收购；督促国有粮食收储企业执行保护价政策，敞开收购农民余粮；协调产销区粮食余缺调剂；负责管好粮食储备；负责全社会粮食流通管理，并对国有粮食企业进行监管和法定代表人的任免监督；组织国有粮食企业实施减员增效、下岗分流和再就业工程；指导粮食企业加快建立现代企业制度，改善经营管理；会同有关部门督促粮食企业按规定消化粮食财务挂账，执行“库贷挂钩”政策，保证收购资金“封闭运行”，搞好粮食批发企业资格审查。

省和地、市、县粮食局的经费（含1997年底粮食局在册离退休人员经费），由同级财政列入预算，不得向企业摊派。

6. 国有粮食收储企业的附营业务必须与粮食收储业务划开，设立单独法人，实行独立核算，成为自主经营、自负盈亏、自我约束、自我发展的经济实体。分离出来的企业，要划转相应的资产和负债，并有必要的资本金。

国有粮食收储企业，可以以县（市）为单位，以直属粮库为依托，组建以资本为纽带的粮食收储有限责任公司。农村粮站、粮库可成为其全资子公司。粮食收储公司具有独立法人资格，接受同级粮食局的委托，从事收储业务。不设收储公司的县（市），由粮食局直接委托农村粮站、粮库开展收储业务。

7. 国有粮食企业要深化改革，加快建立现代企业制度，转换经营机制，改善经营管理，降低生产经营费用，增强竞争力。大中型企业要通过股份制改造，以名牌产品为龙头，以技术进步为依托，以优势企业为核心，以资产为纽带，组建企业集团。城市粮食零售企业要发展连锁、配送、代理等现代流通组织形式和营销方式，搞活经营。集镇和农村粮食零售和代农加工、品种兑换等业务结合起来，开拓经营。边远、偏僻的小型粮食企业和网点可采取承包、租赁、出售或股份合作制等形式，走向市场，放开搞活。

8. 国有粮食企业要实施下岗分流、减员增效和再就业工程。在3–5年内，直接从事粮食收储业务的人员要逐步减少到现有人员的一半左右。所有粮食企业都要实行定岗定员制度，粮食收储企业原则上按收储员定员，粮食加工等附营企业可以销定产定员。同时要调整人员结构，提高人员素质，建设精干、高效的粮食职工队伍。下岗分流人员应纳入当地职工再就业工程统筹安排，各级政府要支持和帮助国有粮食企业建立再就业服务中心。对下岗人员可以在一定时间内发放基本生活费，鼓励他们寻找新的就业门路。新办粮食企业所需人员，原则上要从现有职工中调剂解决。粮食企业在五年内冻结人员调入，各级政府不得硬性要求粮食企业接收新的人员。

三、完善粮食风险基金和储备制度，搞好粮食市场调控

9. 进一步健全和完善粮食风险基金制度。粮食风险基金是政府调控粮食市场的专项资金。省级粮食风险基金按照国务院确定的中央财政与省级财政配备比例共同建立，纳入财政预算，由省财政统筹拨付到省农业发展银行设立的存款专户，并通过专户拨补，滚动使用。具体办法另行规定。

省级粮食风险基金专项用于：第一，支付省级储备粮油的利息和费用补贴；第二，粮食企业执行敞开收购农民余粮的政策，致使经营周转粮库存增加，流转费用提高，致使经营周转粮库存增加，流转费用提高，而又不能通过顺价出售予以弥补的超正常周转库存的费用利息补贴。

10. 建立省、行署（市）、县（市）级粮食储备制度。全省储备粮总规模6亿公斤。省级储备粮的粮权属省政府，其他各级储备粮的粮权属各级政府，未经批准，任何单位和个人无权动用。省级储备粮要逐步集并到交通便利的省级或国家粮食储备库。

省粮食局负责省级储备粮的管理，委托粮食收储企业代储。储存费用和利息参照中央储备粮标准，由省财政厅会同省粮食局从省级粮食风险基金专户中划拨到承储企业。承储企业要保证账实相符、储存安全。

销区行署和市、县政府，按不低于正常销量3个月的规模建立粮食储备；主产区为应付本辖区范围内的一般灾荒，也应建立必要的粮食储备，并报省政府备案。品种结构和销售价格，由当地政府根据本地区的实际情况确定，利息、费用参照中央储备粮标准，由各级粮食风险基金列支。

11. 粮食部门和收储企业要接受国家委托收购和管好中央储备粮。中央储备粮，粮权属国务院，未经国务院批准，不得动用。利息和费用补贴由中央拨补，任何单位和个人不得截留、挪用。承储企业要严格执行国家储备粮管理制度，实行科学保粮，确保中央储备粮的安全。

12. 加快粮食仓储设施建设，保证省内粮食正常收储。各级政府要根据粮食产量、收储量和粮食仓储设施的现状，制订仓库建设规划，列入基本建设设计。省、行署（市）、县（市）财政每年安排一定的资金用于仓储企业仓库维修。鼓励地方、部门、企业和社会多渠道投资，扩建改造仓库设计，采取租赁方式加以使用。

四、建立和完善政府调控下市场形成粮食价格的机制

13. 正常情况下，粮食价格主要由市场供求决定，粮食企业按市场价格经营粮食。

为保护生产者的利益，省政府根据国务院确定的以能补偿粮食生产成本，并使农民得到适当利益的原则，制定主要粮食品种的收购保护价，并做好与邻省接壤地区的价格衔接。

为保护消费者利益，保持粮食销售价格相对稳定，根据国务院规定兼顾消费者和经营者利益制定主要粮食品种销售限价的原则，省政府制定大米、面粉等粮食品种的销售限价，作为调控目标。

14. 定购粮收购价格，省政府按以下原则确定：当市场粮价高于保护价时，参照市场粮价确定；当市场粮价低于保护价时，按不低于保护价的原则确定。在一个时期内，定购粮收购价格原则上保持稳定。

15. 顺价销售粮食的价格，国有粮站、粮库（包括目前尚未实行独立核算的粮站、粮库所属的粮食加工厂）等粮食收储企业出售的原粮，以收购价格为基础，加上当期合理费用和最低利润确定；出售加工的成品粮，按保本微利的原则确定。国有粮食收储企业不得以任何方式向任何单位和个人低价或变相低价亏本销售，不准再发生新的亏损。对国有粮食收储企业以外的其他已实行自主经营、独立核算的国有粮食加工、批发、零售企业所经营的粮食，按购得进、销得出的原则自主确定销售价格，自负盈亏。

16. 市场粮价过度波动时，政府主要依靠储备粮吞吐等经济手段，通过调节市场供求，促使市场粮价稳定在合理水平。吞吐省级储备粮的购销价格经省政府批准后执行。

一般性自然灾害和局部地区粮价上涨，由行署（市）、县（市）动用本级储备粮；发生较大灾害和全省性粮价上涨，省政府组织动用省及行署（市）、县（市）储备粮；发生特大自然灾害时，报经国务院批准动用中央储备粮进行调控。

五、积极培育和规范粮食市场，促进粮食有序流通。

17. 加强粮食流通体系建设，积极培育县以上粮食交易市场，健全粮食市场信息网络，完善粮食市场交易规则，搞活粮食流通。

18. 充分发挥国有粮食企业收购粮食的主渠道作用。稻谷、小麦、玉米的收购主要由国有粮食收储企业承担，严禁私商和其他企业、单位直接到农村收购。国有农业企业、农垦企业可以收购本企业直属单位所生产的粮食。所有粮食加工企业和饲料、饲养、医药等用粮单位所需小麦、稻谷、玉米，可以委托产地国有粮食收储企业收购，但只限自用，不得倒卖原粮，上述粮食加工企业和用粮单位及其他粮食经营企业和用粮单位（含省外企业）都可以到国有粮食收储企业和县以上粮食交易市场购买。

粮食收购以县级行政区域为单位。国有粮食收储企业只能在本县级行政区域内收购粮食，不得到外地向农民和其他粮食生产者收购粮食。

国有粮食收储企业要树立为农民服务的思想，改善服务态度，提高服务质量，千方百计方便农民售粮。对农民出售的粮食，要常年、常时挂牌收购，不准限收、拒收、停收，不准压级压价。对不符合质量标准的粮食，除发霉变质或者掺杂掺假的粮食外，应当按照规定扣除水份、自然杂质，按质论价，敞开收购。

19. 加快粮食交易市场体系建设。以县（市）为单位，在交通便利、在经营场所的地方，建立规范的粮食交易市场，先挂牌，后规范运行。芜湖大米批发市场和蚌埠杂粮批发市场要完善区域性批发市场的功能，联结初级市场，形成网络。积极兴建综中、皖东等区域性交易市场。支持和引导粮食收储企业、其他粮食经营企业和用粮单位进入粮食批发市场交易。

坚持全国粮食市场的统一性，任何地区和部门都不得以任何借口阻碍经县以上粮食市场交易和委托收购粮食的运销。

20. 实行粮食批发准入制度。粮食批发企业应具备的条件：必须有50万元以上的自有经营资金；有银行出据的资信证明；有固定的仓储设施和相应的质量检测手段；执行丰年最低库存量和歉年最高库存量的规定；承担政府规定的调剂市场余缺和平抑市场粮价等责任和义务。县（市）粮食部门要会同工商行政管理部门对从事粮食批发业务的企业，进行资格审定，依法办理营业执照，并定期审核。对未经批准，擅自从事粮食批发业务的，要严肃查处，予以取缔。

21. 进一步放开搞活粮食零售市场，支持和引导多渠道经营，鼓励大中城市的超市、便民连锁店等开展粮食零售业务。粮食集资市场常年开放。

22. 加强粮食市场的管理。工商行政管理部门要会同粮食等部门，加强对粮食收购市场的检查，加大执法力度，对违反规定直接向农民和其他粮食生产者收购粮食的，必须严加惩处。质量技术监督等有关部门，要加强粮油计量和标准质量的检测、监督、检查，保障公平交易，确保质量，杜绝不合格粮食进入市场。

六、妥善解决粮食财务挂账，加强资金管理

23. 对1992年3月31日以前的粮食财务挂账，继续按照省原定政策（皖政〔1995〕50号文件）执行，市县政府要多渠道筹集消化挂账资金，确保完成责任书规定的消化任务。

24. 对1992年4月1日至1998年5月31日国有粮食企业新增财务挂账和其他不合理占用贷款，按照国务院规定，认真清理，报经审核、确认纳入消化范围的，从1998年7月1日起由农业发展银行对粮食企业实行停息。中央停息部分的本金及其1998年6月份粮食企业应支付的利息，纳入消化计划。纳入消化计划的挂账由省政府负总责，按现行财务体制分级负责，区别情况，明确责任，按期消化。全省从1999年1月1日起在10年内消化。按规定中央财政不予补贴利息的亏损挂账和不合理占用贷款，其本金和利息均由各级在上述期限内消化。消化能力较强，挂账较少的地方要提前消化。消化新增挂账主要由粮食收储企业通过减员增效、改善经营、降低费用、提高效益，尤其要坚持顺价销售的原则，在还本期限内，从经营利润中逐步归还亏损挂账的本金。同时各级政府还要多渠道、多方面筹集消化挂账资金。

1998年6月1日以后，粮食收储企业不允许再发生新的亏损挂账。

25. 坚决制止向粮食企业进行各种摊派，各级政府也不得规定粮食企业每年向财政上交利润，已定的必须立即撤销，以后绝不允许再发生。

26. 从事粮食收储的国有粮食企业，收购粮食所需贷款由农业发展银行严格按照“库贷挂钩”的原则和办法供应和管理，根据收购进度计划，保证收购资金的供应。粮食调销坚持“钱货两清、足额还贷”的原则，及时、足额归还收购贷款本息，不得以任何形式挤占挪用收购资金，切实做到收购资金封闭运行。粮食企业违反资金管理原则和办法的，银行要按照有关规定严肃处理。

省、行署（市）、县（市）三级储备粮油所需贷款由农业发展银行根据储备计划、实际收购数量变化情况，在财政应拨补储备费用、利息及时足额到位的前提下，按照“库贷挂钩”的原则供应和管理。

粮食收购、调销、储备贷款执行同期同档次商业贷款基准利率，不得上浮，不得违反规定任意加息、罚息。各级储备粮油贷款实行分段计息的办法。

27. 粮食收储企业分离出来的附营业务所需贷款，由农业银行、工商银行等商业银行按有关规定办理，已由农业发展银行办理的要按中央要求划转到农业银行、工商银行等商业银行。具体划转办法，另行通知。

28. 加强对粮食收购、调销、储备资金的全过程监管。各级政府、各有关部门和粮食企业都不得以任何名目挤占挪用粮食收购资金。对违反规定的要坚决查处并停止贷款。已被挤占挪用的，要结合对亏损挂账的清理，落实还款责任，限期归还。今后如再出现挤占挪用粮食收购资金，农业发展银行停止贷款，由此发生给农民“打白条”的，或者不按政策收购农民粮食的问题，由当地政府承担责任，并限期收回被挤占挪用的资金。凡地市县财政欠拨按政策规定应拨付的粮食拨补款或各级政府挤占挪用收购资金，而导致粮食企业不能按期归还银行贷款的，由省财政厅从省财政对该地市县的税收返还款中扣回，用于归还银行贷款。

七、加强组织领导，确保粮食流通体制改革顺利实施

29. 省政府有关部门要形成分工明确、调控及时的决策动作机制，省计划委员会会同有关部门搞好全省粮食宏观调控，提出全省粮食总量平衡和进出口计划，并会同省财政厅、粮食局提出省级储备粮收储和动用计划，报省政府批准后执行。省财政厅要搞好粮食补贴资金和风险基金的筹集、管理和使用，加强对国有粮食企业财务管理的指导。省物价局要建立健全粮食成本调查和市场粮价监测体系，会同有关部门确定粮食价格具体水平，并加强对粮食价格的监测、监督和检查。省粮食局要积极主动贯彻落实改革的各项政策措施，指导国有粮食企业转换机制，管好储备粮，做好全社会粮食流通管理工作。省工商局要会同粮食部门加强对全省粮食市场管理，积极支持粮食企业改革。其他部门要按照各自职能分工，各负其责，落实各项粮食政策。

30. 深化粮食流通体制改革，是党中央、国务院今年决定实施的一项重大改革，是经济工作的一项重要任务，涉及到各方面利益关系的调整，事关国民经济发展、体制改革和社会稳定的大局。各级政府和有关部门要进一步统一思想，既要看到粮食是关系国计民生的重要商品，始终对粮食问题保持清醒的认识，又要充分认识改革的必要性、紧迫性和复杂性，坚定改革的信心，积极而又稳妥地推进改革。当前要把贯彻执行按保护价敞开收购余粮、粮食收储企业顺价销售、农业发展银行收购资金封闭运行三项政策和国有粮食企业自身改革作为粮食流通体制改革工作的重中之重，切实抓紧抓好。各行署、市县人民政府要根据国务院决定和本通知精神，结合本地实际情况，制定具体落实措施，加强领导，扎扎实实地做好工作，妥善处理改革中出现的新情况、新问题，确保粮食流通体制改革顺利实施。

本通知自发布之日起实行。前发文件和规定，凡与本通知不一致的，一律以本通知为准。

一九九八年六月二十三日

安徽省人民政府
关于推进我省粮食流通体制改革若干意见的通知

皖政〔1998〕51号

各地级市人民政府、行政公署，各县（市）人民政府，省政府各部门、各直属机构：

为认真贯彻《国务院关于印发当前推进粮食流通体制改革意见的通知》（国发〔1998〕35号），针对几个月来粮改工作实际，提出推进我省粮食流通体制改革的八条意见，经省委常委会议讨论同意，现通知如下：

一、建立地方政府层层负责的粮食行政首先负责制。为全国落实粮食省长负责制，从市（地）、县（市）到乡（镇）政府，都要按省政府皖政〔1998〕23号文件规定的各级政府粮食工作的事权，建立层层负责的粮食工作行政首长责任制。政府主要领导为第一责任人，分管领导为直接负责人，各级要把落实好做保护价敞开收购农民余粮、国有粮食收储企业顺价销售、农业发展银行收购资金封闭运行三项政策和加快国有粮食企业自身改革、抓好粮食收购市场管理作为目标责任制和考核行政首长政绩的重要内容。同时，还要将确保国有粮食收储企业不再发生新的亏损、落实粮食风险基金、加快市场体系建设等方面，列入县以上政府目标责任制的考核内容。对工作成绩突出的，予以表彰；对问题较多的要追究责任，确保粮改成功。

二、加快政企分开，建立和完善经营机制。各级粮食行政管理部门和粮食企业，要进一步解放思想，转变观念，理顺体制，搞活机制，加快自身改革步伐。各市（地）、县（市）粮食局作为政府管理粮食工作的职能部门，按照政企分开的要求，不再参与粮食经营，不再直接干预企业的自主经营活动，按省政府皖政〔1998〕23号文件规定的职责行使粮食行业管理和指导职能，行政经费列入同级财政预算。要加快县（市）粮食局机构的改革，具体方案由省编办另行下达。

组建收储公司以县（市）为单位，原则上以所在地直属粮库为依托，成立一个国有独资粮食收储有限责任公司；也可以由独立核算的粮站、粮库联合组建几个粮食收储公司。具体如何设置，由县（市）政府按照实际需要，在尊重企业自主权的前提下研究确定。但无论采取任何形式，都必须实行政企分开。粮食收储公司接受县（市）同级粮食局指导和监督，依据《公司法》设立规范的法人治理机构，构成独立核算、自主经营、自负盈亏的经济实体。其主要职能：组织基层收储企业完成储备粮、定购粮、保护价粮的收购和库存管理，按要求搞好储备粮的轮换、抛售以及定购粮和保护价粮的销售，搞好粮油质量监测，对基层粮食收储企业实行统一管理，在资材购进、粮油购销、基建审批、人员管理上统一运作，负责国有资产的管理，实现其保值增值。粮食收储公司组建期内，各级政府和有关部门应予以扶持，理顺内外关系，使之尽快发挥功能。

国有粮食收储企业要切实转变经营作风，提高服务质量，进一步改善服务态度，严格执行粮食购销政策，真正做到常年、常时敞开收购。基层国有粮食收储企业经县（市）粮食局同意，可以在县级行政区范围内跨乡（镇）收购粮食，以建立优胜劣汰的竞争机制，同时要加强管理，严格内部核算制度，努力节约流通费用，降低销售成本，提高企业的经济效益。

三、强化粮食收购市场管理。各级工商行政管理部门要在当地政府的统一领导下，切实承担起管好粮食收购市场的责任，立即开展坚决打击不法粮商，维护粮食收购秩序的专项斗争，维护粮食流通的正常秩序。

全面整顿各类粮食加工和经营企业。对粮食加工、经营企业和个人，特别是私营粮食加工厂，要进行全面清理整顿，切实做好资格审查和营业执照的变更、换照工作。对无照经营粮食的企业和个人要坚决取缔，对违法经营粮食的企业和个人要依法从严从快查处。

坚决禁止私商和非国有粮食收储企业到农村收购稻谷、小麦和玉米（包括成品粮大米、面粉），着力打击私商、非国有粮食收储企业走村串户或在码头、路边、房前屋后、集贸市场上设点挂牌收购稻谷、小麦、玉米（包括成品粮大米、面粉）的违法行为。

除国有收储企业外，国营农场进入粮食批发交易市场的粮源必须符合国家规定，其他非国有收储企业必须持有国有粮食收储企业或县以上粮食交易市场销货发票。凡查属非法粮源，将按照《粮食收购条例》等有关法律、法规进行处罚。

严格检查粮食加工企业的粮源。粮食加工企业加工的稻谷、小麦和玉米只能从国有粮食收储企业购进，不得直接向农民收购或到集贸市场购买，不得以兑换、代加工、代储存为名变相收构农民的粮食。粮食加工企业要按规定建立经营台账制度，并如实记账，工商行政管理部门要严格检查粮食加工企业的粮源，凡不能出具国有粮食收储企业或县以上粮食交易市场销货发票的，或进出粮源数量、品种不符的，一律视同非法收购予以没收，并处以罚款。

加强对粮食运输企业、个体运输户的监督管理。没有合法凭证运销的稻谷、小麦和玉米（包括成品粮大米、面粉），运输部门、个体运输户不得承运；对没有合法凭证但已运输的稻谷、小麦和玉米（包括成品粮大米、面粉），工商行政管理部门应依法予以没收和罚款；对承运人按照《投机例把行政处罚暂行条例》给予处罚。各地要保护粮食的合法运销，不得以任何借口搞地区封锁、层层设卡、变相收费。零售市场要进一步放开搞活，支持和鼓励合法竞争，搞活流通。

各有关部门要加强配合，粮食、铁路、公路、航运、质量技术监督、物价、税务等部门，要大力支持工商行政管理部门加强对粮食市场的管理，加大对重点地区的检查和监督力度。公安机关要充分发挥职能作用，依法严厉打击那些抗拒维护粮食市场秩序的违法犯罪活动。省工商局要会同有关部门发布加强粮食市场管理的通告，设立并公布举报电话，发挥群众的监督作用。

四、积极拓宽销售渠道，千方百计实行顺价销售。粮食收储企业要坚持保本微利的原则，采取各种方式拓宽销售渠道，抓住机遇，积极销售。销售价格由粮食收储企业根据顺价销售的原则自主确定，任何单位和个人不得干预，但应接受粮食、物价部门和农业发展银行的监督检查。

当前为了尽快实现顺价销售，确定顺价销售价格的原粮购进价原则上可按 1997 年和 1998 年两年购进的定购价和保护价加权平均计算；实行顺价销售困难的地区和粮食品种，可按当年购进的定购价和保护价加权平均计算，确保不发生新的亏损。对顺价销售回笼的贷款，农业发展银行在按规定收回其贷款本金及应付利息后，其余部分应留给企业作为经营资金。粮食定购任务畸轻畸重影响企业顺价的问题，在 1999 年调整粮食定购任务时解决。国有粮食收储企业对需要销售的成品粮，可以委托国有粮食加工企业加工。

五、妥善处理陈化粮。为了减少损失，各地必须以认真负责的态度，抓好库存陈化粮的处理和监督。经鉴定确需处理的陈化粮，必须按粮权归属履行报批手续，待其数量和价格批准后方可处理。严禁以处理陈化粮为名，降价亏本销售。属于粮食企业周转粮（定购粮、保护价粮、议价粮等），也应报经县（市）政府批准后处理，发生的价差亏损由企业计入商品削价损失。

六、确保收购资金封闭运行，落实粮食风险基金。农业发展银行要继续加强对收购资金的监督，既要做好收购资金的封闭运行，杜绝各种挤占挪用现象，又要提高服务质量，保证收购贷款的及时发放，并提前发放必要的收购费用贷款，积极支持收储企业敞开收购，顺价销售。

国有粮食收储企业要积极配合农业发展银行做好收购资金的封闭运动，不得挤占挪用。要按规定尽快分离附营企业，搞好资金划转。具有一定资本金，并具备独立法人资格的附营企业同主营企业分离后，有关部门要给予扶持、帮助，特别是商业银行、地方财政，要同对待其他行业的企业一样，在资金等方面给予大力支持，使之摆脱困境、发展壮大。对经审计认定符合停息的财务挂账，挂在收储企业，农业发展银行一律从 1998 年 7 月 1 日起停息。

粮食风险基金是政府调控市场的专项资金，必须管好用好。各级在安排财政支出时，应优先安排粮食风险基金。对粮食超储库存和储备粮油利息费用补贴，要确保及时、足额拨补到位，以利企业正常经营。

七、认真做好减员增效工作，实施再就业工程。各级政府及粮食行政管理部门要积极推进国有粮食企业改革，切实做好国有粮食企业下岗分流、减员增效和职工再就业工作，按照减员分流总体目标，精心组织，帮助粮食企业搞好定岗定员，坚持"公平、公正、公开"的原则，实行竞争上岗。要把国有粮食企业的下岗分流人员纳入当地下岗职工再就业工程统筹考虑，帮助国有粮食企业按照规定建立再就业服务中心，与下岗职工签定协议，搞好生活保障和待业培训。采取各种措施，开辟就业门路，鼓励职工自谋职业或组织起来就来。对国有粮食亏损企业进入再就业服务中心人员的基本生活费，按照"三三制"原则筹措资金，保证及时足额发放。

八、切实加强对粮食工作的领导。当前，粮食流通体制改革和粮食购销工作任务十分繁重，各级政府要按照强化行政首长负责制的要求，认真学习和掌握粮改法规和政策，切实加强对粮食工作的领导，及时发现和妥善解决粮食流通体制改革中出现的困难和问题，确保各项改革措施的落实。要抓紧建立一支精干、廉洁、高效的粮食管理干部队伍，大胆选拔一批政策水平高、懂经营、会管理的干部充实到粮食行政管理部门的领导岗位。加强对市（地）、县（市）粮食局领导干部的考察、培训、轮岗和交流，各级组织、人事部门要会同粮食部门把这项工作做好。要大力整顿国有粮食企业的领导班子，特别要注意选拔和配备好企业主要负责人和财会人员，并实行定期考核和离任审计制度。要抓好粮食部门干部职工的培训，提高政治业务素质；加强监督检查，对违法违纪人员必须依法严肃处理，确保粮改各项政策措施的贯彻落实，坚定不移，积极稳妥地把我省粮食流通体制改革不断推向深入。

一九九八年十二月十一日

安徽省人民政府转发国务院关于进一步完善粮食生产和流通有关政策措施的通知

皖政〔2000〕26号

各市人民政府、行政公署，各县（市）人民政府，省政府各部门、各直属机构：

现将《国务院关于进一步完善粮食生产和流通有关政策措施的通知》（国发〔2000〕12号）转发给你们，并提出以下贯彻意见，请一并贯彻执行。

一、加强学习，提高认识，进一步落实粮食工作行政首长负责制

各级政府和有关部门要继续加强学习，准确理解和掌握中央关于粮食工作的一系列方针政策，按照江泽民总书记"三个代表"重要思想的要求，从讲政治、讲全局的高度，提高对粮食生产结构调整和搞活粮食流通重要性的认识，把思想真正统一到中央关于粮食工作的重大决策上来，采取有力措施，保护农民的根本利益，保持农业生产的稳定发展。要进一步加强对粮食工作的领导，落实粮食工作行政首长负责制。各级政府的主要领导作为粮食工作的第一责任人，要把粮食生产结构战略性调整和搞活粮食流通作为重要工作来抓，亲自过问；分管领导作为直接责任人，要花大力气，下大功夫，抓好部门协调配合，解决粮食工作中的困难和问题，保证各项粮食政策落到实处。

二、采取有力措施，积极推进农业和粮食生产结构的战略性调整

按照省委、省政府关于农业和农村经济结构战略性调整的部署，采取有力措施，继续抓好"四个一千万亩"农产品优质化工程的实施，推动高档优质水稻、专用优质小麦、双低优质油菜和脱毒红薯区域化布局、规模化生产、产业化开发。加快名优新品种引进、培育、推广和普及，提高优质粮食品种比重。淮北地区，主要稳定小麦面积，改善品质，主攻单产，适当扩大红薯、玉米等粮经饲兼用作物种植；江淮地区，调粮扩经，压缩劣质红皮小麦面积，扩大油菜面积；江淮分水岭三级以上提水地区，大力发展"五旱"生产；沿江地区，重点抓好一季稻生产，压缩劣质早籼稻，优化种植结构，实行新的耕作制度；皖南和皖西山区，25度以上的坡地有计划、有步骤地实施退耕还林、还牧、种树、种草，保护生态环境。拟定地方名特优产品的质量技术标准，加快开发和推广，发展绿色食品，实行联片种植，形成规模和批量，争创名牌，提高市场占有率。开辟粮食转化新途径，扩大粮食在饲料生产中的应用，大力发展养殖业，加大力度，推进畜牧业富民工程的实施。大力发展农业产业化经营，扶持一批有基础、有优势、有特色、有前景，并已同农民形成稳定购销关系的龙头企业，发展订单农业，促进粮食加工、转化、增值。

三、保持粮食收购价格的基本稳定，进一步落实按保护价敞开收购农民余粮的政策

省政府办公厅《转发国务院办公厅关于部分粮食品种退出保护价收购范围有关问题的通知》（皖政办〔2000〕11号）已明确规定，我省中晚籼（杂）稻、粳稻品种和白小麦、混合小麦品种，列入保护价收购范围。省计委（物价局）、省粮食局要按照《国家计委关于印发省际间粮食收购价格衔接办法的通知》（计价格〔2000〕533号）要求，在新粮上市前，根据粮食产销及成本价格情况，在分析粮食供求形势和价格走势的基础上，提出粮食收购保护价格方案，与全国区域粮食收购价格衔接后，报省政府审定，及时公布实施。与邻省接壤地区的粮食收购价格，原则上按照同品种、同质量、同价格的要求，由县（市）人民政府搞好衔接。继续实行优质优价的政策，优质粮食品种的收购价格，在高于保护价的基础上按照《国家计委关于粮食优质优价政策有关问题的通知》（计价格〔1999〕890号）执行。具体优质粮食品种，由省农委、省粮食局向社会公布。认真执行按保护价敞开收购农民余粮的政策，对列入保护价收购范围内符合国家质量标准的粮食，国有粮食购销企业要切实做到常年、常时挂牌敞开收购，不得拒收、限收、停收，更不准以任何借口压级压价或变相降价收购，切实保护农民利益；要牢固树立为农民服务的思想，进一步改善服务态度，提高服务质量，采取多种措施方便农民售粮。各基层粮食收购站点要按照公开、公平、公正的要求，公布收购政策、收购价格、国家粮食质量标准，设立粮食分等样品台和校秤处，推行监磅制和质量复检制，实行仪器确定粮食质量等级，切实做到按质论价、质价相符。各级监察、粮食、物价、工商行政管理和质量技术监督部门要加强监督，特别是在新粮收购旺季要组织专人深入基层粮食收购站点，进行检查，防止粮食购销企业发生拒收限收和压级压价现象。

四、拓宽收购渠道，进一步搞活粮食流通

对列入保护价收购范围的粮食品种，由国有粮食购销企业敞开收购，同时允许和鼓励经省工商行政管理局审核批准的用粮企业、粮食经营企业，按国家收购政策要求，直接到农村按保护价格收购粮食。省工商行政管理局审批入市企业时，可征求省粮食局的意见。对已经省批准的293家大型用粮企业，允许跨地区到粮食产区按保护价直接收购，或者委托当地国有粮食购销企业按保护价收购自用粮。对交通不便的边远地区，由地方政府申请，省工商行政管理局会同省粮食局提出意见，经省政府认定，市、地工商行政管理局审核批准的粮食经营企业可以到本行政区域内的农村按保护价收购粮食。对保护价收购范围以外的粮食，允许经县级工商行政管理局审核批准的用粮企业、粮食经营企业，直接到农村收购。农村集贸市场要坚持常年开放，鼓励农民通过集贸市场出售自产粮食，不受数量限制。允许经县级以上工商行政管理局批准的粮食经营企业和粮商（包括私营、个体粮食经营者）到农村集贸市场和粮食批发市场购买和销售粮食。入市粮食收购主体的审批办法，由省工商局制定，征求有关部门意见后公布实施。各级工商行政管理部门要继续采取有效措施，加强对粮食收购市场的管理，对无照经营和违规经营、扰乱市场、损害农民利益的不法行为，要按照国家有关法规和粮食收购政策的规定进行处理，维护市场的正常秩序。

五、加快粮食销售、加工转化和出口，抓好库存粮食轮换

继续实行粮食销售目标责任制。各地和有关部门要制定粮食销售目标，层层分解到基层直至个人，把粮食销售与粮食购销企业职工工资挂钩。完善粮食销售激励措施，省级财政预算今年继续安排300万元资金主要用于鼓励扩大粮食销售的奖励，各级财政根据财力情况也要适当安排必要的资金，用于鼓励粮食销售。加快粮食轮库，对库存高价位周转粮食，采取购销结合的办法，实行等量对冲，推陈储新，不挂新账。对经当地政府批准，实行先销后购、等量补库的，必须落实补库新粮的数量和来源，形成的价差如按补进新粮价计算出现亏损，由当地政府和企业承担，并落实补贴资金来源。转换库存粮食的必要合理费用，列入销售成本。国有粮食购销企业不得低价亏本销售粮食，更不准以处理陈化粮为名，降价销售，对因降价销售粮食造成的资金损失，由市、县政府和企业承担。省政府有关部门要按照国家计委、财政部、国家粮食局、中国农业发展银行《关于进一步做好陈化粮处理工作的意见》（国粮调〔2000〕87号）的要求，抓紧制定我省的实施办法，规范陈化粮处理。销售陈化粮发生的价差亏损，属于地方储备粮由同级财政负担；属于粮食购销企业周转库存，按照粮权与事权一致的要求，原则上由市地、县（市）粮食风险基金负担，具体办法由市地政府确定。进一步开发新技术，加快粮食加工转化，重点发展粮食精、深加工，提高产品装潢包装技术，通过培育一批起点高、技术含量高、规模大的高档食品加工龙头企业和名牌企业，实行公司＋农户、公司＋基地，延长产业链条，带动粮食精深加工。积极鼓励扩大粮食出口，按照国家出口粮食补贴政策的规定，对出口我省国有粮食购销企业的大米按一年的超储利息和费用予以补贴，补贴资金主要由省级包干的粮食风险基金解决。具体补贴办法由省财政厅会同有关部门制定。

六、加强粮食风险基金管理，确保资金及时拨补到位

今年中央在包干之外新增加的80亿元粮食风险基金规模，主要用于粮食主产区，由中央财政和地方财政按照现行筹资比例分别负担。全省包干内风险基金在全部用于粮食购销企业敞开收购粮食的超储补贴和销售周转陈化粮发生的亏损补贴后，不足部分可由省财政向中央财政申请解决中央配套部分，地方措筹部分由省财政厅提出具体办法，报省政府审定。粮食风险基金用于粮食超储的补贴，各地要根据这次国务院通知要求，按季及时足额拨付到粮食购销企业，并实行按季考核制度。具体办法，由省财政厅会同有关部门按照国家有关要求研究制定。各级财政、粮食部门和农发行要在当地政府的统一领导下，加强联系，密切配合，分清职责，明确责任，及时将风险基金用于粮食超储的补贴足额拨付给粮食购销企业，不得滞留在市、县财政账户上，更不得截留挪用，保证粮食敞开收购工作的顺利进行。

七、加快国家粮库建设，扩大有效仓容

1998年国家安排我省的17个中央粮库项目，各地要加快工程扫尾，搞好总体竣工验收，保证全部装上新粮。今年国家安排我省5亿公斤的建仓规模，对已经批准立项的粮库，要在8月底前按时开工，在确保工程质量的基础上加快工程进度，力争今年底完成70%的投资，明年夏收前建成并投入使用。凡有国家粮库建设项目的县要成立以政府分管领导为组长的粮库建设领导小组，按照国家建库的要求，建立项目法人，实行工程设计、施工、监理招投标制，落实建库所需土地，减免建库相关税费，保证粮库建设顺利进行。2001年，国家将继续安排国家粮库建设项目，省计委要会同省粮食局，按照国家计委的要求，今年内抓紧做好项目的筛选、申报等建设的前期工作，力争国家多安排我省建库规模。各地要继续充分利用社会仓储设施和闲置场地，增加粮食储存能力。对粮食主产区基层收纳库严重不足的问题，在落实财政贴息的条件下，农业发展银行要积极争取帮助解决简易建仓贷款，以支持粮食购销企业敞开收购。

八、继续推进国有粮食企业改革，提高企业竞争力

各级粮食局要按照这次国务院通知要求，拟定和完善国有粮食企业改革的实施办法，进一步推进企业改革，切实从体制上、机制上实现政企分开，做到机构分设、职能分离、人财物分开。粮食局要把工作重点放在落实国家粮食购销政策、监督企业执行政策情况和为企业创造良好外部环境上。国有粮食购销企业要增强市场竞争意识，加快经营机制转换，积极推进人事、用工、分配制度的改革，健全各项管理制度，真正建立起自主经营、自负盈亏的新机制，强化管理，狠抓扭亏增盈，使其尽快摆脱困境。国有粮食附营企业要按照建立现代企业制度的要求，加快以产权制度为核心内容的改革，认真借鉴外省好的经验和做法，通过出售、转让、股份合作等形式，积极推进改制，转换经营机制，调整经营战略，扩大经营规模，提高市场竞争力和经济效益。

安徽省人民政府
关于加快国有粮食企业改革的意见

皖政〔2002〕8号

各市、县人民政府，省政府各部门、各直属机构：

近几年来，各地认真开展以"三项政策、一项改革"为重点的粮食流通体制改革，取得了明显成效。但由于国有粮食企业改革相对滞后，政企不分，经营机制不活，富余人员多，债务负担重，影响了粮食流通体制改革的深入。为加快国有粮食企业改革，根据国务院和省政府关于深化粮食流通体制改革的有关规定，特提出如下意见：

一、国有粮食企业改革的指导思想和总体目标

1. 以"三个代表"重要思想为指导，紧紧围绕"加快发展，富民强省"的主题和改革、发展、稳定的大局，按照"有进有退，有所为有所不为"的原则，深化国有粮食企业改革，创新机制，减员增效，力争用一至两年的时间，使全省国有粮食购销企业初步建立现代企业制度，粮食附营企业全部进行规范化改制，基本实现国有粮食企业战略性调整和改组，形成比较合理的结构和布局，使国有粮食企业真正成为自主经营、自负盈亏、自我发展、自我约束的市场竞争主体和法定实体，全面提高国有粮食企业的整体素质和市场竞争力，更好地为农村经济发展和城乡人民生活服务。

二、推进国有粮食企业战略性改组，形成比较合理的结构和布局

2. 调整国有粮食购销企业的结构和布局。要按照经济区域和购销量对现有粮食购销企业进行合理调整。独立核算的购销企业可在购销量大的乡（镇）单独设置，也可在购销量小的几个乡（镇）联合设置。有条件的粮食购销企业可以打破行政区划，按照经济流向进行合并重组，扩大规模，提高市场竞争力；对山区、库区、边远地区等分散、规模小的国有粮食购销企业，可以通过兼并、租赁、拍卖等方式，逐步退出国有粮食企业行列。国有粮食购销企业可改制为国有独资的有限责任公司，具备条件的，应吸收社会资本参股，组建成股份制企业。

3. 国有粮食购销企业要在认真执行国家粮食政策、全面完成主营业务的同时，充分发挥掌握粮源的优势，积极开展与粮食加工、饲料生产、食品生产、粮食零售、种养业等企业和科研院所的经济联合，大力开展粮食产业化经营。有条件的粮食购销企业界向贸工农一体化方向发展，通过订单收购，形成"公司＋农户"的经营格局。

4. 加快粮食附营企业规范改制步伐。对条件较好、有竞争优势的大中型骨干企业要通过改制、改组，做大做强，形成产业化的龙头企业。对中小型企业，采取租赁、出售、拍卖、依法破产等多种形式，放开搞活。

5.国有粮食企业改制时，都要进行清产核资和资产评估，防止国有资产流失。对清查出来的各项资产和净资产要提出处置意见，按财务隶属关系报所属县（市、区）财政部门审批，由县（市、区）统一进行处置。

三、改革企业内部用人机制，切实做好减员增效工作

6.国有粮食购销企业要按照经营量（购销存量）合理定岗定员。原则上主产区按年经营量不低于60斤定员1人，一般产区不低于50斤定员1人，山区和粮食经营量少的地区不低于40斤定员1人。调整粮食购销企业的人员结构，优先聘用购销、会统计、质检、保管等业务骨干。企业领导职数，主产区2～3人，其他地区1～2人。粮食附营企业根据生产经营需要合理定岗定员。

7.对企业现有职工实行竞争上岗、择优聘用的办法，调动干部职工的积极性。对未被聘用的职工，依法解除劳动合同，并按规定给予经济补偿。对竞争上岗的，重新签订劳动合同，实行聘用制。重新聘用人员应按照公开、公正、公平的原则，在本企业现有职工中通过考试、考核，竞争上岗，择优录用。今后企业用人一律实行合同聘用制。国有或国有控股企业的法定代表人按干部管理办法进行管理。

8.对距法定退休年龄不足5年的职工，由企业和职工协商同意，可以实行内部退养，并由企业继续发放生活费，按规定为其缴纳社会保险费，待达到退休年龄时正式办理退休手续。对不符合内退条件，年龄偏大的职工，经与企业协商一致，实行协议保留养老保险关系，具体办法按企业所在地政府有关协保的规定执行。

9.企业与职工解除劳动关系时，应按有关规定发给补偿金。计算月平均工资的具体标准由市、县根据当地实际情况确定，但不得低于当地最低工资标准。同时，要结清企业与职工相互间的历史拖欠，并交清解除劳动关系前企业应缴纳的职工养老保险费、失业保险费和住房公积金。企业对职工应得的一次性补偿金，可一次性付清；也可商职工本人同意，一次性转为职工在企业的个人股份。

10.对依法解除劳动关系而又暂时不能再就业的人员，企业应将其档案从原用人单位转到所在地公共职业介绍机构托管，并到当地社会保障部门办理失业登记。参加失业保险的职工，依法享受失业保险金。失业期间和期满后，家庭人均收入低于当地城镇居民最低生活保障标准的，可按规定申请享受城镇居民最低生活保障待遇。

11.已参保企业离退休人员的养老金按国家有关规定由劳动保障部门按时足额发放。企业离休干部的医疗保障按有关政策执行。凡是新参保的企业必须交清以前年度社会保险费；已参保的企业拖欠的社会保险费，由企业制定分期补缴计划，报地税、财政和劳动保障部门审批后分期进行补缴。

12.采取多形式、多渠道，广辟资金来源，确保职工社会保险费足额缴纳和经济补偿金及时足额兑付。各地可根据实际情况，从以下方面筹措资金：一是从财政粮食专项基金中安排一部分；二是企业产权转让收入；三是土地出让收入；四是抵押贷款；五是其他渠道筹集的资金。仍然不足的，由市、县（市、区）财政部门根据财力状况给予适当支持。补偿金以县（市、区）为单位统一筹措，统一使用。

13. 建立新的粮食企业运行机制。购销企业和附营企业，都要按照建立现代企业制度的要求，建立管理者能上能下、职工能进能出、收入能高能低的企业运行机制。在用人制度上，实行聘任制，公开选聘，竞争上岗。在收入分配上，坚持效率优先、兼顾公平。鼓励资本、技术等生产要素参与收益分配。有条件的企业经营者可以试行年薪制。要积极推行站（库）务公开制度，实行集体决策，充分发挥职代会作用，加强民主管理和群众监督，完善对企业经营管理者的监督约束机制。

四、积极落实各项配套政策措施，为国有粮食企业改革创造良好的外部环境

14. 各级政府和有关部门要大力支持国有粮食企业的改革。在今后两年内，从省级粮食风险基金中安排部分资金用于对国有粮食购销企业改革的补助。各级房改部门要将国有粮食企业出售的自有公房的售房资金，留足职工住房公积金、住房补贴和20%的房屋维修基金后的剩余部分，全额返还企业，用于缴纳社会保险费和职工安置。土地部门对国有粮食企业改革中涉及到的划拨土地使用权转让、经营性用地需依法办理有偿使用手续，其应缴纳的土地出让金和租赁费要全额留给企业；对破产关闭企业原使用的划拨土地，可出让变现，优先用于缴纳社会保险费、住房公积金和职工安置。对企业兴办三产的国有土地、房产进入市场增值部分，可全部转作国有资本金，优先用于缴纳社会保险费、住房公积金和职工安置。财政（国有资产管理）部门对于企业支出改革成本形成的债务要予以冲减国有资本。商业银行要支持国有粮食企业改革，对暂时不能变现的资产可给予抵押贷款，用于缴纳社会保险费、住房公积金和职工安置。农业发展银行对重组后的国有粮食购销企业，要按新的法人给予开户和贷款。劳动保障部门要把粮食企业职工统一纳入社会保障体系，给予办理失业登记和社会保险转移、接续手续。国有粮食企业改革中需支付的审核、评估、验资、咨询、登记、鉴证等费用，属政府部门收取的，只收工本费；属中介机构收取的，按国家规定最低收费标准减半收费，特殊困难的企业可在此幅度内减、缓、免。

15. 切实减轻国有粮食企业负担。各级财税部门必须继续按照财政部、国家税务总局等部门《关于粮食企业增值税免征问题的通知》（财税字〔1999〕198号，把对粮食企业的税收优惠政策落到实处。财政从粮食企业收取的各项收入要按国家有关规定返还。各级粮食行政管理部门所需行政经费要列入同级政府的财政预算。各级政府不得以粮食部门名义贷款用于粮食收购以外的开支。任何单位都不得向粮食企业摊派、报销费用。凡占用粮食部门的资产要限期归位。

五、加强领导，确保实现国有粮食企业改革目标

16. 切实加强对国有粮食企业改革的领导。国有粮食企业改革涉及面广，政策性强，直接关系到粮食企业职工的切身利益，关系到粮食流通体制改革成败和社会稳定。各级政府要高度重视，统一思想，切实加强领导，精心组织，周密部署，统筹协调，积极稳妥地推进国有粮食企业改革。要实行行政首长负责制和分工明确的责任制，主要领导亲自抓，分管领导具体抓，既保证改革目标的实现，又确保社会稳定。财政、经贸、税务、工商、劳动、土地、房改（房产）、供电、供水、银行等部门要加强协作，密切配合，为国有粮食企业改革创造宽松环境。

17.粮食行政管理部门要认真贯彻政企分开的原则，切实转变职能。要在当地政府的统一领导下，切实担负起具体组织和指导国有粮食企业改革的责任。要结合当地实际，制定国有粮食企业改革的具体方案，积极配合有关部门，落实有关政策措施，加快国有粮食企业改革的进程。要科学周密地制定职工安置方案，深入细致地做好职工的思想政治工作，争取广大职工的理解和支持。要善于总结和推广好的经验，妥善处理改革过程中出现的各种问题，务求实效，确保按期完成国有粮食企业改革任务。

二〇〇二年二月十九日

中共安徽省委　安徽省人民政府
关于扩大粮食补贴方式改革试点的通知

皖发〔2003〕9号

各市、县委，各市、县人民政府，省直各单位，各大学：

根据《国务院关于进一步深化粮食流通体制改革的意见》（国发〔2001〕28号）和我省粮食补贴方式改革试点情况，省委、省政府决定，在全省范围内扩大粮食补贴方式改革试点。现通知如下。

一、充分认识粮食补贴方式改革的重要性和紧迫性，增强做好试点工作的自觉性和责任感

1998年以来，根据党中央、国务院部署，我省实施了以“三项政策、一项改革”为主要内容的粮食流通体制改革，取得了明显成效，对防止粮价过度下跌、解决农民“卖粮难”和“打白条”问题、稳定农民收入、保护和调动农民种粮积极性起到了重要作用。但是，随着我国社会主义市场经济的发展，特别是我国加入世贸组织后粮食产销形势的变化，粮食流通领域遇到一系列新的问题。农业结构调整不快，农民收入增长缓慢，粮食库存大量增加，财政负担日益加重，国有粮食购销企业改革和经营机制转换进展不快。因此，进一步完善有关政策措施，扩大粮食补贴方式改革，已经成为深化粮食流通体制改革的当务之急。

省委、省政府在综合分析当前全国粮食生产和流通领域发展形势的基础上，从安徽省情出发，决定在全省范围内扩大粮食补贴方式改革试点。这是继我省农村税费改革之后的又一项重大改革，也是适应我国加入世贸组织后农业发展形势需要，进一步深化粮食流通体制改革的重大举措，对于稳定农民收入，保护农民利益，促进农业结构调整，应对国际粮食市场对农业的冲击，推动国有粮食购销企业改革，提高政府资金使用效益，逐步化解粮食亏损挂账给财政带来的沉重负担，都具有十分重要的意义。为此，各级党委、政府一定要从实践“三个代表”重要思想的高度，以对党对人民高度负责的态度，积极稳妥、扎扎实实地做好粮食补贴方式改革试点工作。

二、全面准确地把握扩大粮食补贴方式改革试点的指导思想、基本原则和主要内容

扩大粮食补贴方式改革试点的指导思想是：以“三个代表”重要思想和党的十六大精神为指导，认真贯彻中央农村工作会议精神，切实保护粮食生产能力和种粮农民利益，促进农民收入增长；坚持以市场为取向，放开搞活粮食流通，继续发挥国有粮食购销企业的主渠道作用，深化国有粮食购销企业改革；搞好粮食储备，加强粮食宏观调控能力，促进农业结构调整和农村经济发展，切实维护好、实现好、发展好广大农民群众的根本利益。

扩大粮食补贴方式改革试点的基本原则是：有利于保护农民利益，促进农民增收；有利于加强农业的基础地位，保证粮食安全；有利于深化国有粮食购销企业改革，提高政府资金使用效率；便于公开公正规范操作，保持农村稳定。

扩大粮食补贴方式改革试点的主要内容是："两放开、一调整"，即放开粮食收购价格，不再按保护价收购农民余粮，实行随行就市收购农民余粮；放开粮食购销市场，支持和鼓励各类经营者参与粮食收购和经营，国有粮食购销企业要继续发挥主渠道作用并与其他粮食经营者公平竞争，自负盈亏；将原来通过国有粮食购销企业按保护价敞开收购余粮间接给农民的补贴，调整为对农民进行直接补贴。

扩大粮食补贴方式改革试点的操作办法是：以县（含市、区，下同）为单位，根据1998年至2002年五年间国有粮食购销企业按保护价收购农民余粮的平均数为基础，确定享受补贴的商品粮常量。以农业税计税土地面积或者农业税计税常产，或农业税计税土地面积和计税常产各占一定比例等方式，确定每户农民享受补贴的商品粮常量。省按市场价低于保护价的差价，核定差价补贴标准。每户农民补贴数额按每户农民享受的商品粮常量以及核定的差价补贴标准计算确定。对农民实行补贴和向农民征收农业税，原则上实行"征补两条线"的办法。

现阶段采取以计税田亩或计税常产为依据确定每户农民补贴的办法，主要是为引导农民走向市场，支持和鼓励农民积极调整种植结构，推广优良品种，实现由追求粮食种植数量向追求品种质量和效益转变，促进粮食供求关系趋向平衡，增加农民收入。今后，如果粮食市场出现供应紧张状况，将适时调整补贴的依据，改按粮食播种面积或农民向国家出售余粮数量对农民进行补贴，以鼓励农民多种粮食，多向国家出售粮食。

各地、各有关部门一定要全面准确地理解和把握这次粮食补贴方式改革的指导思想、基本原则、主要内容、操作办法和各项政策措施，确保各项改革措施落到实处。同时，采取得力措施，切实保护好粮食生产能力，绝不允许违反政策擅自将基本农田改为非农用地。进一步完善地方粮食储备体系，增强粮食宏观调控能力，确保粮食生产和供应的稳定。

三、认真制定改革方案，精心组织实施扩大粮食补贴方式改革试点是一项复杂的系统工程，直接关系到广大农民群众的切身利益。各县要根据全省扩大粮食补贴方式改革试点方案的要求，紧密结合本地的实际情况，深入到乡镇、村和农户，开展广泛、细致的调查和测算工作，认真听取基层干部和广大农民的意见，充分估计各种可能发生的问题和困难，研究制定全面、细致的实施方案。乡镇要认真做好测算工作，及时将补贴分解落实到每一个农户并张榜公布。

各地、各有关部门在改革方案实施过程中，要始终坚持公平、公正和透明的原则，切实做到"五个到户"：政策宣传到户、清册编制到户、张榜公布到户、通知发放到户、资金兑付到户;严格做到“六个不准”:不准擅自改动补贴通知书的数额,不准擅自以补贴抵扣当年农业税及附加以外的任何款项,不准截留、挤占和挪用补贴资金,不准由村集体代领补贴,不准拖延补贴兑付时间,不准以任何理由借机增加农民负担。

在扩大粮食补贴方式改革试点工作中,各有关职能部门要密切配合,通力协作,及时研究解决改革中出现的问题,积极推进各项配套改革。扩大粮食补贴方式改革的具体工作由财政部门牵头。各级财政部门要切实承担起组织协调的职责,加强对改革工作的指导,并强化服务意识,确保补贴资金及时、足额兑付。

粮食部门要加快国有粮食企业改革步伐,搞活经营机制,积极推进粮食产业化经营,同时要会同有关部门妥善处理国有粮食购销企业的老职工、老库存、老挂账等“三老”问题,摆脱束缚,走向市场,扭亏脱困。农业部门要积极引导农民调整种植结构,大力发展优质粮食品种和经济作物的生产。工商、物价等部门要积极鼓励放开搞活粮食市场,并维护好粮食购销市场秩序。各级农业发展银行对国有粮食购销企业要继续给予大力支持,安排好粮食收购资金并加强监管,切实防止出现农民卖粮难问题。审计部门对国有粮食购销企业 1998 年 6 月以来的经营和财务状况要进行全面认真的审计,防止出现借改革之机虚报亏损挂账、逃废银行债务等问题。纪检、监察等部门要强化监督检查工作,各级扩大粮食补贴改革试点的领导和协调机构、纪检监察部门都要设立投诉举报电话,妥善解决改革中的矛盾和问题,及时查处违法违纪案件。各级、各有关部门要结合农村税费改革督查,对各县粮食补贴方式改革试点工作进行监督检查,对领导不力、组织不严、工作不到位、政策不落实而影响改革的,要严肃追究责任。

四、切实加强领导,确保改革顺利推进各级党委、政府要将扩大粮食补贴方式改革试点作为今年农村工作的一项重点工作,加强领导,精心组织,周密部署。要建立党政主要领导负责制、部门和岗位责任制及责任追究制。领导同志要深入农村、企业,加强调查研究,狠抓各项政策措施的贯彻落实,防止工作出现偏差。各级都要成立粮食补贴方式改革工作领导或协调小组及其办事机构,认真研究处理改革过程中出现的问题,重大事项要及时向省报告。

各地、各有关部门要进一步加强扩大粮食补贴方式改革试点的宣传工作。借鉴农村税费改革的经验和做法,制定切实可行的宣传计划和宣传提纲,把握舆论导向,突出宣传重点,注重宣传效果。充分利用多种宣传媒体,采用农民群众喜闻乐见的形式,把宣传工作做深、做细,使改革政策进村入户、家喻户晓,让广大农民群众和国有粮食购销企业职工充分理解改革,积极拥护和支持改革,创造一个有利于改革顺利推进的社会环境。

安徽省人民政府关于优化粮食市场环境进一步搞活粮食流通的通知

皖政〔2003〕32号

根据《中共安徽省委、安徽省人民政府关于扩大粮食补贴方式改革试点的通知》（皖发〔2003〕9号）和《安徽省人民政府关于印发〈安徽省扩大粮食补贴方式改革试点方案〉的通知》（皖政〔2003〕28号）精神，为确保扩大粮食补贴方式改革试点工作顺利推进，确保粮食流通渠道畅通，现就有关事项通知如下：

一、充分认识优化粮食市场环境、搞活粮食流通的重要性

我省自2003年6月1日起在全省扩大粮食补贴方式改革试点，试点的主要内容是放开粮食收购价格，放开粮食购销市场，将原来通过国有粮食购销企业按保护价敞开收购农民余粮间接给农民的补贴，改为直接对农民进行补贴。全面放开粮食购销市场后，各类有条件的粮食经营者将根据市场情况，随行就市收购和经营粮食。因此，确保粮食市场规范运作，确保粮食流通渠道畅通，确保不出现农民“卖粮难”，已成为扩大粮食补贴方式改革试点能否顺利实施的关键因素。

各地、各有关部门一定要充分认识优化粮食市场环境、搞活粮食流通的重要性，采取得力措施，规范和加强对粮食市场的管理，搞活市场流通，防止出现农民“卖粮难”，切实保护农民利益，维护农村稳定。要调整工作思路，继续深化粮食流通体制改革，确保扩大粮食补贴方式改革试点工作的顺利实施。

二、积极拓宽粮食流通渠道，鼓励各类粮食经营者参与粮食市场竞争

（一）取消对粮食收购经营者的不合理限制。支持和鼓励省内外各类经营者参与粮食收购，取消对粮食收购经营者“资格认定”等规定。凡要求从事粮食收购的各类企业和个体工商户，均可直接向县以上工商行政管理机关申请粮食收购登记注册或变更登记。各级工商行政主管部门要在简化手续、优化程序等方面予以支持。原已经核准的粮食收购、经营企业和个体工商户可不再重新履行登记手续。

（二）放开粮食购销市场。鼓励和支持农民将自己生产的粮食在各类集贸市场自由销售。鼓励国有粮食企业继续发挥在粮食流通中的主渠道作用，适应市场需求，改变过去单一的坐站收购模式，不断创新粮食收购方式，采取设点收购、下村收购、上门收购、流动收购、订单收购和委托收购等多种方式收购粮食。支持和鼓励各类经营者参与粮食收购和经营，实现经营主体的多元化。允许多种方式收购，各类粮食收购、经营企业可以在固定门点收购粮食，也可持营业执照副本在集贸市场内或农村设点收购，走村串户收购。

（三）保护合法的粮食运输。坚持全省粮食市场的统一、开放，取消省内粮食运输的一切限制，不得以任何借口阻碍正常的粮食运输。从外省进入我省的原粮、成品粮，不再实行粮食运输证明查验制度。经营者有要求运输粮食到外省的，县以上工商行政管理部门要简化手续，为其出具粮食运输证明。

三、相互协作，密切配合，加强对粮食市场的有效监管

加强粮食市场管理，搞活粮食流通，需要各地、各有关职能部门的通力协作。各级工商部门要会同物价、技术监督等有关部门，加大对粮食市场的监管力度，规范粮食交易行为，确保粮食市场公平竞争。各级粮食行政管理部门要切实转变职能，统一思想，更新观念，精心组织，周密部署，确保粮食收购工作顺利进行。

（一）取缔无照经营。凡未经登记注册的企业和个体工商户擅自收购和经营粮食的，要限期登记注册，拒不登记注册的，要予以取缔。

（二）严厉打击违法经营行为，维护粮食市场秩序。保护合法经营和公平竞争，维护农民权益，严厉打击垄断经营、欺行霸市、强买强卖、囤积居奇、哄抬物价、掺杂使假、坑农害农和损害消费者权益等各种违法经营行为，维护粮食交易秩序，净化市场环境。

（三）认真开展市场巡查制，切实加强粮食市场的日常监管。各地要通过市场巡查落实粮食市场监管责任制，发现违法违规行为，要及时进行查处。

四、加大宣传力度，积极支持和培育粮食交易市场

各地、各有关部门要大力宣传扩大粮食补贴方式改革试点的各项政策措施，广泛吸引全国各类经营者来我省开展粮食购销活动，支持和鼓励省内各类经营者参与粮食收购和经营，鼓励广大农民群众自主走上市场，自主经销粮食，增强市场意识，提高应对市场风险的能力。各级粮食部门要适应粮食市场化改革的形势，积极转变职能，引导和促进国有粮食购销企业在粮食流通和稳定粮食市场中发挥主渠道作用。积极支持和鼓励农业产业化龙头企业、中介机构和经纪人以及农民合作组织，从事粮食代购代销、批零业务。各级工商部门要会同粮食部门加快培育和发展粮食市场，特别是区域性中心批发市场。支持粮食市场信息网络建设，提倡应用电子商务等多种形式开展粮食交易，降低粮食流通成本。

本通知自下发之日起执行。过去文件中有关规定与本通知不符的，以本通知精神为准。执行过程中，如遇到重大问题，要及时报告省扩大粮食补贴方式改革试点工作协调小组办公室。

二〇〇三年六月六日

安徽省人民政府办公厅转发省粮食局等部门关于进一步深化国有粮食购销企业改革意见的通知

皖政办〔2003〕90号

各市、县人民政府，省政府有关部门：

经省政府同意，现将省粮食局、省财政厅、省农发行《关于进一步深化国有粮食购销企业改革的意见》转发给你们，请结合实际，认真贯彻执行。

二〇〇三年十二月二十六日

关于进一步深化国有粮食购销企业改革的意见

为适应全省扩大粮食补贴方式改革试点的新形势，全面落实省政府《关于加快国有粮食企业改革的意见》（皖政〔2002〕8号）提出的总体目标，大力推进国有粮食购销企业组织形式创新和产权制度改革，特提出如下意见：

一、改革的指导思想和基本原则

指导思想：以“三个代表”重要思想为指导，深入贯彻党的十六大和十六届三中全会精神，按照继续发挥国有粮食购销企业主渠道作用的总体思路，加快现代企业制度建设，以企业组织形式创新和产权制度改革为核心，通过市场化运作，实现国有粮食购销企业战略性重组，使国有粮食购销企业真正成为自主经营、自负盈亏、自我发展、自我约束的具有很强竞争力的市场主体和法人实体，促进我省粮食产业经济稳步健康发展，更好地为农村经济发展和城乡人民生活服务。

基本原则：有利于制度创新、机制转换的原则；有利于加快发展、增强整体竞争力的原则；有利于社会资本参与、激活国有存量资本的原则；有利于保全国有资产、保全银行债权的原则；有利于政府调控、保证政策性经营的原则；有利于确保国家粮食安全的原则。

二、改革的主要形式

改革不设固定模式，不搞一刀切，因地制宜，放开搞活，允许多种形式并存，鼓励各地大胆创新，大胆实践。

（一）盘活资产。以县（市、区）为单位组建国有独资的粮食购销公司，作为政府实施宏观调控的载体。粮食购销公司经同级人民政府授权、粮食行政管理部门委托，负责原粮食购销企业国有资本的运作和保值增值，以及国有资产包括“老粮、老账”等的运营管理，对其独资、控股、参股企业行使出资人权力，承担政府宏观调控任务和政策性业务。

（二）集团带动。以重点骨干加工企业或粮食储备库为龙头，联合粮食购销或加工企业，组建集收储、加工和销售一体化的企业集团，实现主附融合、工商联手，开展粮食产业化经营，形成粮食产业化龙头企业。

（三）撤并重组。撤销原有按行政区划设置的粮食购销企业，以国家粮食储备库或骨干粮食购销企业为基础，按照经济流向进行兼并重组，组建国有独资或国有控股公司，改变小而散的格局，促进有限资源向优势企业聚集，提高行业集中度和竞争力。

（四）承包租赁。对整体优势不明显、局部优势尚存、部分有效资产尚能发挥效益的粮食购销企业，实行承包或租赁经营。

（五）股份合作。以粮食购销企业的国有资产投入进行控股，在岗人员以现金或上岗保证金入股，鼓励经营者和骨干管理人员多持股，有条件的可吸收社会法人及自然人入股，组建一批实力较强、资产质量较好的国有控股公司，实行投资主体多元化。

（六）出售转让。对地处偏僻、交通不便、没有经营价值和发展前景的站点，通过评估，整体出让，优先出售给内部职工，或向社会公开拍卖。

三、切实解决好改革中的几个问题

（一）关于国有资产管理。对现有国有粮食购销企业资产，明确机构行使出资人职能，确保国有资产不流失、银行债务不悬空。对经清理认定的粮食财务挂账，实行集中管理。企业改制、出售、整体转让和分立重组，按照有关政策规定办理，防止国有资产流失。对大、中型粮库不得以任何形式转让或出售。

（二）关于政策性经营。无论采取哪种改革形式，以县为单位，都要保留国有独资或控股的法人实体，承担政策性经营业务，负责国家、省、市、县储备粮管理、军队粮食供应、退耕还林和救灾救济粮的供应等，确保政府在应对突发事件中的应急和调控能力。

（三）关于老人、老粮、老账。在改革过程中，要统筹解决企业内退、协保、遗属和离退休人员的生活费和社会保险费来源，确保社会稳定。有条件的地方，可以对“老人”（含内退、协保人员）实行集中管理。企业现有离退休人员的离退休费实行社会化发放，档案移交当地社保机构管理，与原企业彻底脱钩。老粮、老账的处理，按国家和省有关政策执行。

（四）关于信贷资产安全和对改制企业的信贷支持。企业改制要通过清产核资，核实企业的债权债务，按照“债随资产走、资产与负债相统一”的原则，落实银行债务（包括贷款本金和所欠贷款利息），贷款行要与新的承贷主体重新签订借款合同和借据。企业在改制过程中，严禁挤占挪用农发行贷款和发生悬空、逃废银行债务行为。对改制后符合农发行信贷政策和贷款条件的企业，农发行继续提供信贷支持和相关金融服务，对挤占挪用农发行贷款，悬空、逃废银行债务的企业，停止发放新的贷款。

（五）关于建立健全企业激励和约束机制。要建立企业经营业绩考核制度和决策失误追究制度，凡因经营失误或违法违规等给企业造成重大损失的人员，不得继续担任或易地担任领导职务，并依法追究有关责任。

（六）关于强化企业内部管理。要正确处理改革与管理的关系，把改革、改组、改造同加强企业内部管理结合起来，以改革促进企业管理，以管理进一步巩固改革成果。继续深化企业内部三项制度改革，全面引入竞争机制，形成干部能上能下、职工能进能出、收入能高能低的新型运行机制，全面提升粮食购销企业的各项管理水平。

四、进一步加强组织领导

各地、各部门要充分认识进一步深化国有粮食企业改革的重要性、紧迫性，切实加强领导，搞好协作，确保改革顺利进行。要按照省政府的统一要求，在认真调查研究的基础上，以市、县为单位制定出适合本地实际的改革方案，精心组织，谨慎操作。各地要选择一个县作为试点，在此基础上分步实施，稳妥推进，力争用一至两年时间，基本完成全省国有粮食购销企业组织形式创新和产权制度改革任务。要处理好改革、发展与稳定的关系，防止为完成改制任务，采取不切实际、违反规定的做法。要定期上报改制进展情况，遇到重大问题要及时报告，不得擅自处理。

2003年12月15日

安徽省人民政府
关于进一步深化粮食流通体制改革的实施意见

皖政〔2004〕66号

各市、县人民政府,省政府各部门、各直属机构:

为全面贯彻落实《国务院关于进一步深化粮食流通体制改革的意见》(国发〔2004〕17号),现结合我省实际,提出以下实施意见:

一、巩固“两放开一调整”的改革成果,进一步完善粮食购销市场化改革

1. 全面、正确地理解和把握中央关于粮食流通体制改革各项政策的核心内容。去年,我省在全国粮食主产区率先实行“放开粮食购销市场,放开粮食收购价格,调整粮食补贴方式”改革。今年,国务院在总结经验、完善政策的基础上,作出了全面放开粮食收购市场的重大决策。总体目标和主要任务是:“放开收购市场,直接补贴粮农,转换企业机制,维护市场秩序,加强宏观调控”。深化粮食流通体制改革必须坚持有利于发展粮食生产,有利于种粮农民增收,有利于粮食市场稳定,有利于国家粮食安全;必须正确处理好放开粮食收购市场与加强和改善宏观调控的关系,确保粮食供应,保持粮价的合理水平;必须正确处理好放开收购市场与加强市场监管的关系,维护正常的粮食流通秩序;必须正确处理好放开收购市场与推进国有粮食购销企业改革的关系,继续发挥国有粮食购销企业的主渠道作用;必须正确处理好放开收购市场与保证国家粮食安全的关系,切实保护好耕地,不断提高粮食综合生产能力。各地、各部门要站在全局和战略的高度,正确把握深化粮食流通体制改革的精神实质,认真抓好贯彻落实。

2. 进一步转换粮食价格形成机制。在国家宏观调控下,充分发挥市场机制在配置粮食资源中的基础性作用。一般情况下,粮食收购价格由市场供求形成。今年,为了保证市场供应,保护农民利益,国家已经公布了早籼稻、中晚籼稻和粳稻的最低收购价格。如果市场价格低于最低收购价,遵照国务院有关部门制定的政策,由指定的粮食企业按最低收购价入市收购,不得压级压价,损害农民利益。国有粮食购销企业要充分发挥在粮食收购中的主渠道作用,引导其他经营主体按最低收购价积极收购,确保种粮农民增产增收。

3. 大力推进粮食市场主体多元化。继续支持和鼓励省内符合条件的各类经营者参与粮食收购和经营,重点扶持龙头企业、专业合作组织、购销大户和农村致富带头人从事代购代销、批零业务,促进公平竞争,搞活粮食流通。

4. 建立健全统一、开放、竞争、有序的粮食市场体系。继续办好农村集贸市场。重点扶持省粮食批发交易市场建设，力争用1~2年时间使之成为辐射全国、功能齐全的大型区域性批发交易市场。依托省粮食批发交易市场，引导企业入市交易，提高交易透明度。鼓励粮食经营企业积极稳妥地涉足粮食期货市场。实施“皖优农产品进超市工程”，大力发展粮食统一配送、连锁经营等现代流通方式。清理和取消各类不利于粮食流通的规定，禁止各种形式的粮食区域性封锁，逐步形成统一、开放、竞争、有序的粮食市场。

5. 继续发挥国有粮食企业主渠道作用。国有粮食购销企业要发挥仓储等方面的优势，面向市场，转换机制，增强竞争力，模范地执行国家粮食政策，在粮食收购、掌握粮源、保障市场供应和服从国家粮食宏观调控等方面发挥骨干作用。各级政府对国有和国有控股的粮食购销企业在政策上要给予必要的扶持。

二、完善直接补贴机制，保护种粮农民利益

6. 继续增加粮食直接补贴资金规模。在确保今年全省粮食直接补贴资金6.91亿元发放到位的基础上，省将继续调整粮食风险基金支出结构，用2—3年时间，将现有粮食风险基金的50%用于对种粮农民直接补贴，使粮食直接补贴资金规模达到8亿元以上。

7. 创新和完善粮食直补方式改革。粮食直接补贴要在坚持对种粮农民“直接补贴”原则的同时，不断创新和完善补贴方式，逐步向主产区种粮农民和种粮大户倾斜。各级政府要严格按照国务院有关政策规定，确保补贴资金及时足额发放到种粮农民手中，绝不允许截留、挤占和挪用，也不准抵扣各种收费和债务。省政府有关部门要加大对直接补贴资金落实情况的监督检查，对违反政策规定的，要严肃处理。

三、加速推进国有粮食购销企业改革，逐步实现从“计划主渠道”向“市场主渠道”的根本转变

8. 加快国有粮食企业产权制度改革。巩固和完善国有粮食购销企业第一步改革减员分流的成果，加快推进以产权制度改革为核心的第二步改革。要面向市场，转换机制，因地制宜推行企业重组和组织结构创新。对承担中央、地方储备粮经营管理和军粮供应任务的粮食企业，实行国有独资；对作为政府宏观调控载体和承担相关政策性经营业务，特别是粮食收购量较大的骨干粮食企业，原则上实行以国有独资或国有控股为主的产权制度；对收购经营量很少的小型国有粮食购销企业，可以根据当地实际情况进行改组、改造、兼并，或租赁、出售、转制。充分利用和整合企业现有的粮食仓储、加工和运输设施等资源，引进多元投资主体，以资产为纽带，培育产销结合、贸工农一体化的新型粮食企业集团。

9. 合理优化企业布局。合并一批购销企业，兼并一批附营企业。依托现有仓储等设施条件，通过改造、重组国有和国有控股骨干粮食企业，使之成为政府实行粮食宏观调控的重要载体。在粮食销区，重点调控一批骨干粮食批发、加工企业和粮食连锁零售经营企业，以利于及时组织粮源，保证国家调控成品粮油的需要。

10. 进一步解决好“三老”问题。对依法解除劳动关系离开企业的“老人”，必须做到结清补偿金，办好养老保险证、失业证和下岗再就业优惠证，转好档案管理和党团组织关系，积极扶持他们自谋职业和自主创业。对已经处理完毕的“老粮”要全面组织清仓兜底。对尚未归还的灾区借粮，由地方政府负责督促借粮农民限期归还。抓紧确认“老账”的审计结论，政策性挂账全部从企业剥离，由县以上（含县级）粮食行政管理部门集中管理，利息从粮食风险基金中列支，本金先实行挂账。对审计确认的国有粮食购销企业经营性亏损，由企业自行偿还，对实施改制的企业，实行债随资产走，防止银行债务悬空。

11. 切实转换企业经营机制。按照市场经济运行规则的要求，进一步深化国有粮食购销企业内部人事、劳动和分配制度改革，建立有效的激励机制、约束机制和法人治理结构。全面实行劳动合同制、岗位聘任制，做到经营管理者能上能下，人员能进能出。规范企业经营效益与个人贡献相挂钩的收入分配制度，适当拉开收入差距，允许和鼓励资本、技术等生产要素参与收入分配。大力推进厂（企）务公开制度，企业经营活动要面向市场、强化管理、降低成本、提高效益。

12. 完善企业改革有关配套政策。对国有和国有控股粮食企业依法出售自有产权公房、建筑物收入，以及处置企业使用的划拨土地收入，应优先留给企业用于缴纳社会保险费和安置职工。对国有和国有控股粮食购销企业的生产经营性用房和土地，给予减征或免征 3 年的房产税和城镇土地使用税优惠。对企业已经剥离政策性挂账相应占用的农业发展银行的贷款，已办理资产抵押的，应当及时解除抵押关系，帮助企业恢复生存和发展能力。对国有粮食购销企业经营的粮食，按照有关政策规定继续免征增值税。

四、强化粮食市场，建立收购市场准入制度

由省粮食局会同省政府法制办、省工商局等部门，根据《粮食流通管理条例》的有关规定，尽快制定我省粮食收购市场准入办法，报省政府批准后组织实施。凡从事粮食收购的经营者，必须经县级或县级以上粮食行政管理部门资格审核后，到工商行政管理部门注册登记。已在工商行政部门登记、拟从事粮食收购活动的企业也应经粮食行政管理部门资格审核，并依法办理变更经营范围登记。县及县以上粮食行政管理部门要依据法定程序，认真履行入市资格审核职责，把好市场准入关。从事粮食收购的企业必须遵守《粮食流通管理条例》的有关规定。对不符合市场准入条件和严重违反国家政策规定的，取消其经营资格。粮食行业协会以及中介组织要加强行业自律，在维护粮食市场秩序方面发挥监督和协调作用。鉴于今年夏粮收购已经展开，我省市场收购准入执行时间从今年秋粮收购开始。

14. 建立健全粮食经营信息统计报告制度。所有从事粮食收购、销售、储存、加工的粮食经营者，都要建立粮食经营台账制度，并向当地县级或县以上粮食行政管理部门定期上报粮食购进、销售、储存等基本数据和有关情况。各市、县政府要加强粮食统计队伍建设，完善粮食统计制度，建立覆盖全社会的粮食统计报表体系。要对国有、国有控股粮食经营企业的商品和储备粮，以及规模以上的非国有粮食经营企业、连锁超市、粮食批发市场和转化用粮企业经营的粮食实行全面统计调查，对规模以下的粮食经营者和用粮企业采取抽样调查。加强统计监督检查，确保统计资料准确真实。粮食、统计、物价等部门要加强市场粮价动态监测，建立粮食供需和库存抽查制度，及时监测和掌握粮食供求和价格的最新变化，适时发布粮食生产、消费、价格等信息，正确引导市场预期，保持市场稳定。

15. 建立和完善粮食流通的监管和服务制度。根据《粮食流通管理条例》的有关规定，依法保障所有粮食经营企业的合法权益，充分发挥其搞活流通、保证市场供应的积极作用。同时依法规范企业经营活动，引导他们合法经营，维护市场正常流通秩序。强化粮食批发、加工、零售企业承担市场供应、稳定市场价格的责任和义务意识。通过调研和公开听证等途径，根据粮食市场供求状况，由省政府明确并适时发布粮食批发商、成品粮加工企业、连锁超市等粮食经营企业正常情况下的最高库存和最低库存数量。具体相关制度由省粮食局牵头，会同有关部门制定并组织实施。在市场粮价出现不合理上涨时，采取必要的法律和行政手段，控制批发企业的进销差率和零售企业的批零差率，稳定市场粮价。完善粮食质量标准体系，保证粮油产品质量安全。建立健全和实施无公害、绿色、有机等优质产品的认证和转基因粮油产品的标识制度。加强粮食质检机构和队伍建设，加大检验检测仪器设备投入，改进检验检测技术和手段，以适应粮食质量监管要求。各级粮食行政管理部门要认真履行好对全社会粮食流通的行政管理、行政执法职责，进一步提高服务水平，切实做好对全社会粮食流通的指导、协调、监督和服务工作。粮食、工商、质监、卫生、物价等有关部门要密切配合，加强对粮食市场的监管，加大粮食市场整顿力度，严肃查处各类违法经营活动，共同维护正常的粮食市场秩序。

五、加强和改善粮食宏观调控，确保国家粮食安全

16. 加强粮食生产能力建设。实行严格的耕地保护制度，加大基本农田建设和保护力度。实施国家优质粮食产业工程，重点抓好优质专用小麦和优质水稻生产基地建设。进一步增加农业综合开发资金，扩大实施沃土工程，加快中低产田改造，改善耕地质量，提高粮食综合生产能力。认真落实国家对购置和更新大型农机具补贴的有关政策，切实用好国家各项良种补贴。增加粮食生产科技投入和储备，不断改善粮食生产和流通条件。

17. 完善地方储备粮体系建设。按照国家有关规定，逐步充实地方粮食储备。从今年起，用两年左右时间将省级储备粮规模增加到15亿斤。各市县政府要根据省里的要求，抓紧研究制定增加和充实市、县粮食储备规模实施意见，限期逐步落实到位。组织实施《安徽省省级储备粮管理办法》，抓紧研究制定具体实施细则，规范省级储备粮的监管，确保储备粮库存数据真实、质量良好。地方储备粮的收购、销售和轮换，原则上通过规范的批发市场公开交易。继续支持中央储备粮垂直管理体系建设。

18. 建立和完善粮食预警机制和粮食应急预案。加强对粮食生产、需求、库存、价格、储备、质量状况的多渠道动态综合分析预测，注重研究粮食供求和价格变化规律，建立粮食风险监测监控、预警预报和信息发布制度。根据紧张、紧急、特急三级预警指标，把握好宏观调控的方向、时机和力度，适时采取有效调控措施。分级制定粮食应急保障预案。根据省政府出台的《安徽省突发粮食事件应急办法》，制定具体实施方案和工作机制。各市县政府也要建立和完善粮食市场价格监测和预警系统，以应对重大自然灾害和其他突发事件引起的粮食市场供求异常波动，确保在紧急情况下，粮食供应不断档，粮价不暴涨。

19. 建立粮食产销区之间长期稳定的协作关系。坚持政府引导，企业为主，市场运作，积极探索建立产销区长期稳定产销协作关系的新途径、新机制。根据我省商品粮合理流向，通过互建基地、联办市场、订单农业等形式，积极主动开展与粮食主销区的对接，引导粮食企业签订具有法律约束力的购销合同，使我省粮食有稳定的销路，销区的粮食有可靠的来源，促进我省粮食资源优势向经济资源优势的转变。积极支持外省粮食经营主体到我省建立粮食仓储设施和加工企业。逐级建立区域粮食总量、品种结构的平衡机制，促进省内粮食产销基本平衡。

六、加强组织领导，确保粮食流通体制改革顺利进行

20. 全面落实粮食行政首长负责制。实行粮食市、县长负责制，确保粮食省长责任制的真正落实。市、县长必须真正担负起本地区发展粮食生产、搞好总量平衡、落实地方储备、保证市场供应、维护市场秩序的全部责任。粮食主产市、县要稳定并逐步增加粮食生产，主销县要保证粮食种植面积，保证必要的粮食自给率。要认真落实好对种粮农民直接补贴政策，确保直补资金及时足额补贴给种粮农民。要搞好产销衔接，做好区域内粮食供求总量平衡，保证市场粮食供应和粮食价格基本稳定。要管好地方粮食储备，保证市、县粮食储备达到省里要求的规模。要规范粮食经营者市场行为。要积极推进国有粮食购销企业改革，转换经营机制，发挥主渠道作用。有关部门要抓紧研究制定粮食行政首长负责制落实情况的具体考核办法。省、市、县三级要签订责任状，将粮食行政首长负责制落到实处。

21. 分工负责、密切配合。粮食行政管理部门要精心组织实施粮食流通体制改革整体方案，切实履行粮食流通监管的职责，做好粮食流通总量平衡和宏观调控，健全粮食市场准入制度，加强对国有粮食购销企业改革的指导、协调、检查，加强行业指导和粮食统计，继续做好政策性粮食供应工作。财政部门要确保粮食风险基金的足额到位，加强使用监管，安排好对粮农直接补贴资金并确保真正补到种粮农民手中。物价部门要加强对粮食市场价格的监督检查，依法采取价格干预措施，查处价格违法行为。工商、质监、卫生部门要按照职责分工，加强对粮食市场的管理和粮食产品质量、卫生的监督。劳动与社会保障部门要指导企业做好职工分流安置、再就业和社会保障工作。农业部门要采取措施提高粮食生产能力。农业发展银行要继续发挥好资金供应主渠道的作用，对国有粮食购销企业包括改制后落实了原贷款债务、具备贷款条件、继续从事粮食经营的企业收购或调入粮食，要按照企业的风险承受能力择优发放收购资金贷款；对政府委托企业按最低收购价入市收购的粮食，要按信用方式及时足额提供贷款；对粮食产业化龙头企业包括加工企业以及符合粮食收储资质的其他粮食企业，要根据企业风险承受能力提供贷款支持。商业银行也要积极支持粮食生产和经营，对符合贷款条件的各类粮食企业和经营者给予贷款支持。

22. 加强粮食行政管理机构和队伍建设。落实好国务院关于稳定和加强粮食行政管理部门机构和人员的有关规定，建立粮食行政执法队伍，调整和充实各级粮食行政管理部门机构和人员。各级粮食行政管理部门要不断加强自身建设，切实转变职能，全面推行依法行政，严格按照《粮食流通管理条例》赋予的法定权限和责任，切实履行好对粮食行业监管和服务的职责，妥善处理好粮食流通管理中的各方面关系，推进粮食流通体制改革的顺利实施。

二〇〇四年八月四日

安徽省人民政府办公厅关于加快建设粮食产业园区的通知

皖政办〔2006〕25号

各市、县人民政府，省政府各部门、各直属机构：

为充分发挥粮食产业在促进农业增效、农民增收中的重要作用，加快推进社会主义新农村建设，经省政府同意，现就加快建设粮食产业园区问题通知如下：

一、充分认识加快粮食产业园区建设的重要性和必要性

粮食产业是农业主导产业。多年来，我省粮食产业基础薄弱，粮油加工业规模小、实力不强，与粮食资源大省地位极不相称。大部分城区粮食企业，发展空间有限，仓储设施和加工设备亟待改善。各级政府和有关部门必须拓宽思路，开拓创新，优化粮食产业布局，调整粮食产业结构，加快建设粮食产业园区。这不仅是粮食市场放开和国有粮食企业改革后发展粮食产业的必然要求，也是开展全民创业、服务于社会主义新农村建设的重要举措。有利于连接粮食生产与流通，促进粮食加工转化，带动农村经济发展，增加农民收入，有利于统筹城乡发展，实现城市与农村产业对接，促进县域经济发展，有利于加强粮食宏观调控，搞活粮食流通，保障粮食安全。

二、指导思想和主要目标

（一）指导思想。坚持以科学发展观为指导，以推进社会主义新农村建设为主题，按照布局集中、产业集聚、用地集约和可持续发展的原则，建设粮食产业园区，盘活存量资产，整合相关资源，扩大企业规模，改善仓储设施，提升加工增值水平；引进民营资本和外来资本，推进企业体制机制创新，增强粮食产业在社会主义新农村建设中的带动力和辐射力。

（二）主要目标。从2006年起，力争用3年时间，全省有条件的市、县（含县级市、区，下同）各建成一个集粮食收购、仓储、加工、销售为一体的粮食产业园区，条件不具备的县和县以下城镇，可建粮食产业集聚区。粮食产业园区应尽量在开发区内建设，充分利用其基础设施和政策环境，发展以粮油仓储为基础、加工业为龙头、物流为中心、功能配套的产业集群。

三、科学规划，分步实施

（一）因地制宜，制定规划。建设粮食产业园区，以实施退城进郊、土地置换为主要形式，也可以大型粮食储备库为基础，码头、港口、铁路为依托，扩大规模，引进加工企业，增加配套功能。2006年各市、县都要制定规划，并与城市建设、土地利用等规划相衔接。制定规划要科学合理，既考虑需要，又考虑可能；既立足当前，又兼顾长远；既考虑本产业，又考虑相关产业，一次规划，分期建设，提高经济和社会效益。

（二）选好项目，集约发展。园区建设要以项目为依托，企业为主体。各市、县粮食部门要指导帮助企业认真研究、凝炼建设项目，按规定程序办理。项目选择要符合国家产业政策和新型工业化发展方向，包括粮食储备、粮油精深加工、批发交易市场及物流配套设施建设等。要把发展粮油加工项目作为园区产业的主要支撑，增强自主创新能力，应用高新技术和先进适用技术，提升产业层次和水平。有条件的地方可以跨行业发展。要搞好交通、通信、检验等基础设施建设，优化发展环境，提高园区吸引力和产出率。

（三）整合资源，盘活资产。建设粮食产业园区涉及建设资金、建设主体、土地产权等诸多要素，要创新建设方式，用改革和市场的办法进行运作。可对粮食收购、仓储、加工、销售企业资产和其他闲置资产进行整合，盘活存量，实行产权置换；也可将现有土地进行出让，利用土地级差，筹集建设资金；还可以产权为纽带，采取集团带动和股份合作等模式，全面推进加工、购销等企业联合重组，壮大实力，进行开发建设。

（四）招商引资，加快建设。在盘活土地等存量资产的基础上，要大力开展招商引资，吸引外资和民营资本参与园区及项目建设。要创新招商方式，改善投资环境，搞好项目工程建设招投标。高度重视引进先进技术、管理经验和优秀人才，提高园区及项目开发建设水平。

四、加大政策扶持力度

各级政府和有关部门要按照《安徽省人民政府关于加快国有粮食企业改革的意见》（皖政〔2002〕8号）要求，落实有关优惠政策，支持粮食产业园区建设。

（一）土地转让。土地部门应支持粮食企业退出城区，原划拨土地使用权转让应交纳的土地出让金全额留给企业；划拨土地需要转为有偿使用土地的，其市场增值部分，可作为增加国有资本金，用于粮食产业园区建设。

（二）土地征用。各地在安排建设用地计划指标时，优先考虑粮食产业园区和产业集聚区建设用地需要，享受工业用地优惠政策。

（三）税收政策。财税部门要积极扶持粮食园区建设，认真落实国家相关税收优惠政策。粮食产业园区建在开发区的，享受开发区各项优惠政策。国有或国有控股粮食购销企业缴纳房产税和城镇土地使用税，确有困难的，报经批准，可给予减征或免征。

（四）行政事业性收费政策。老城区土地及资产出让所涉及的各项收费，按照皖政〔2002〕8号文件规定执行；建在开发区的粮食产业园区，建设中涉及的行政、事业性收费，享受各地开发区优惠政策。

（五）金融支持。农业发展银行和其他银行应参照扶持农业产业化龙头企业的政策，对粮食产业园区和产业集聚区项目建设优先提供中长期贷款支持和周转贷款支持。

五、加强组织领导

各级政府要切实加强对建设粮食产业园区工作的领导，成立领导机构，加强调研论证，制定实施方案，统筹协调，精心组织，有序推进。各级粮食部门要主动向当地政府汇报，争取支持。发展改革部门要把粮食产业园区及其项目建设列入当地经济发展的总体规划。财政、农业、建设、税务、工商、土地、供电、金融等部门要加强协作，密切配合，强化服务，为加快建设粮食产业园区创造宽松环境。

二〇〇六年三月三十一日

安徽省人民政府办公厅
关于加快推进现代粮食流通产业发展的意见

皖政办〔2007〕74 号

各市、县人民政府，省政府各部门、各直属机构：

根据《中共中央、国务院关于积极发展现代农业扎实推进社会主义新农村建设的若干意见》（中发〔2007〕1 号）和《国务院关于完善粮食流通体制改革政策措施的意见》（国发〔2006〕16 号），经省政府同意，现就加快推进现代粮食流通产业发展提出以下意见：

一、发展和规范粮食市场主体，建立现代粮食市场体系

（一）加快国有粮食企业组织结构创新。进一步深化国有粮食企业产权制度改革。粮食主产县可以现有国有粮食购销企业为基础，组建若干个国有独资或国有控股的公司制粮食企业。非产粮大县也要保留必要的国有独资或国有控股的粮食企业。支持国有粮食企业进行跨行业、跨地区、跨所有制的资产重组，优化企业布局。全省逐步培育若干个具有较强竞争力的大型粮食企业集团。

（二）培育、发展和规范多种经济成份粮食市场主体。鼓励各类具有资质的市场主体从事粮食收购和经营活动，积极培育和支持发展农村粮食经纪人和各类粮食流通中介组织，加强对粮食经纪人队伍和中介组织的规范化管理。充分利用各种经济资源特别是民营经济发展粮油加工业。大力倡导发展股份制企业，建立法人治理结构，按照现代企业制度的要求实行规范运作。

（三）加快现代粮食市场体系建设。做好粮食市场体系建设规划，加快建设以合肥国家粮食交易中心（安徽粮食批发交易市场）为龙头，区域性、专业性粮油批发市场为骨干、城乡集贸市场为基础的开放、统一、竞争、有序的现代粮食市场体系。做大做强合肥国家粮食交易中心，拓展市场功能，发展期货市场，打造“皖粮”品牌。加强区域性批发市场建设，重点建设合肥、皖北、皖东、皖东南、皖西南等粮食现货批发市场。积极培育和发展农村粮食集贸市场。坚持政府推动与企业主导相结合，在加大政府投入的同时，引导多元化投资主体投资建设各类粮食交易市场。储备粮的轮换、按最低收购价收购的粮食的销售，原则上通过合肥国家粮食交易中心公开交易。

二、推进粮食产业化经营和园区建设，建立现代粮食产业体系

（四）大力发展粮食产业化经营。做大做强粮食产业化龙头企业，“十一五”期间重点培育一批年销售收入超 10 亿元和年销售收入超 5 亿元的大型粮食产业化龙头企业。鼓励粮油加工企业与购销企业联姻,组建大型粮食企业集团。大力发展粮食订单生产、订单收购,引导企业与农民建立利益共享、风险共担的合作机制,提倡开展规模集约订单经营,提高粮食订单的履约率和规模效益。突出发展粮油精深加工,加快粮油加工转化增值,变粮油资源优势为经济优势。鼓励和扶持各类粮食行业、专业协会等中介组织的发展,促进粮食生产与市场的有效衔接。

(五)加快粮食产业园区建设。市、县政府和有关部门要切实落实省政府出台的有关政策,制定相关措施,支持粮食产业园区建设。要将粮食产业园区建设列入县域经济发展总体规划,因地制宜,整合资源,集聚产业,加快发展。

(六)积极发展粮食服务业。整合传统粮食购销资源,发展超市、便民店、连锁店等现代流通业态,拓展粮油产品流通渠道和粮食行业服务领域。积极开展"放心粮油"进社区、进农村活动,鼓励粮食企业利用现有仓储设施向社会提供服务,大力发展农村服务社,积极开展"四代一换"(代购、代销、代农储粮、代农加工和品种兑换)业务,开展多种形式的面向农村、方便农民的服务。

三、加强粮食基础设施建设,建立现代粮食物流体系

(七)加强现代粮食物流通道建设。抓紧编制现代粮食物流规划,大力推行以粮食散装、散卸、散储、散运为主要标志的粮食流通方式,加快建设以"便捷、高效、安全、低耗"为主要目标的现代粮食物流体系。以市场为导向、企业为主体、现代科技为支撑,统筹规划,重点建设皖北小麦物流通道和江淮水稻物流通道。将现代粮食物流建设与新农村现代流通网络工程结合起来,通过各级政府适当投资引导,鼓励多种经济主体积极参与,改造现有粮食基础设施,建设一批现代粮食物流中心和物流节点。围绕东向发展战略,先期建设连接东部省市的跨省粮食物流通道和物流节点。

(八)提升粮食仓储管理水平。认真贯彻执行国家制订的粮食仓储管理办法、粮食储存标准和粮食卫生标准。加强粮食储藏技术的研究和推广,大力发展生态储粮、远程测控、信息管理等新技术的应用,增加储粮新技术装备,提升仓储企业的核心竞争力。各级政府和有关部门应加大对粮食仓储基础设施建设的投入,建设好地方储备粮库,认真做好粮食仓库的维修改造工作,确保最低收购价政策的顺利执行和粮食储存安全。同时,要大力开展新农村科学储粮活动,加强对农民储存粮食的技术指导,降低农户粮食产后损失。

(九)发展长期稳定的粮食产销合作关系。按照"政府推动、部门协调、市场调节、企业运作"的原则,以经济利益为纽带,以市场为导向,充分发挥我省粮食资源优势和区位优势,利用东向发展战略机遇,加强与东部经济发达的粮食主销区的联系,建立和完善粮食产销利益协调机制。巩固和发展与其他粮食主销区的产销合作关系。鼓励省内粮食企业在主销区建立集收储、加工、销售为一体的粮食经营企业,进一步拓宽合作领域,丰富合作内容,提升合作水平。

四、完善粮食安全保障机制,建立粮食宏观调控体系

（十）严格执行粮食最低收购价政策。各级政府及有关部门要认真执行国家出台的粮食最低收购价执行预案，密切配合，精心安排，周密部署，及时协调解决最低收购价政策执行中的矛盾和问题。要充分发挥国有粮食购销企业主渠道作用，改善收购条件，完善仓储设施，创新收购方式，优化收购服务，确保最低收购价政策落到实处。

（十一）健全地方粮食储备体系。认真组织实施《安徽省省级储备粮管理办法》，充实省级储备粮规模，将储备粮管理纳入政府目标考核内容。积极探索建立新的省级储备粮管理体系，创建一批省级储备粮示范库，为省级储备粮集中管理创造条件。各市、县政府要按照省政府核定的市、县储备粮规模，确保2008年充实到位，将储备粮保管费用、利息、轮换差价列入财政预算。制定和完善市、县储备粮管理办法，确保数量真实、质量良好、补贴到位。改善储备粮布局和品种结构，大中城市要适当增加成品粮油储备。

（十二）完善粮食供应和应急机制。各级政府及粮食行政管理部门委托具备资质的粮食企业承担相关政策性业务，并按确定的标准给予补贴。各市应重点掌握或指定一部分粮食加工和批发、零售企业，服从成品粮油供应宏观调控的需要，全省首批确定17个成品粮油储备定点承储企业。要严格执行军粮供应政策，提高军粮综合保障能力。做好山区、库区和救灾粮的供应工作。各市、县政府要按省政府制定的《安徽省突发粮食事件应急办法》要求，尽快制定和完善本地区粮食应急预案。各有关部门按照各自的职责，加强对本地区粮食生产、需求、库存、质量、价格及市场动态情况的监测分析和信息发布，建立健全粮食监测预警系统和应急报告制度。

五、加强粮食流通监督检查，建立粮食执法保障体系

（十三）依法加强粮食流通监督检查。各级政府要按照《粮食流通管理条例》的规定，加强对粮食流通监督检查工作的领导，市、县粮食行政管理部门内部尚未建立监督检查机构的要尽快建立。有关执法部门要在各自职责范围内，依法加强对全社会粮食流通的监督检查。建立在政府领导下、由粮食行政管理部门牵头的粮食监督检查联席会议制度，完善粮食执法保障体系，维护粮食市场流通秩序，保护粮食生产者、经营者和消费者的合法权益。健全粮食收购市场准入制度，继续做好粮食收购企业入市资格审核工作，对已经取得粮食收购资格的企业，粮食行政管理部门要加强指导、服务和监管。

（十四）切实做好全社会粮食流通统计工作。建立健全全社会粮食流通统计制度，不断改进统计调查方法和手段。统计和粮食行政管理部门要加强对粮食流通统计制度执行情况的监督检查，督促各类粮食经营企业和用粮企业自觉执行粮食流通统计制度，履行向当地粮食行政管理部门报送粮食购销、库存、加工等基本数据和有关情况的义务。

六、加强组织领导和政策支持，促进现代粮食流通产业和谐发展

（十五）进一步完善粮食行政首长负责制。坚持粮食省长负责制下的市县长负责制。各级政府要从维护国家粮食安全、服务“三农”、提升现代农业的高度，加强对现代粮食流通产业发展工作的领导，切实负起本地区粮食生产、流通和安全责任，提高粮食综合生产能力，推进国有粮食企业改革，维护正常粮食流通秩序，保持市场粮食价格的基本稳定,保证市场粮食的有效供应。省财政厅、省粮食局要根据粮食流通体制改革和现代粮食流通产业发展的需要,进一步完善我省粮食风险基金管理办法。

(十六)加强和充实粮食行政管理机构和人员。各级政府要根据管理全社会粮食流通、开展粮食行政执法和粮食流通统计工作的需要,核定并落实各级粮食行政管理部门或主管部门行政执法、监督检查、统计调查的职责、机构和人员,将其工作经费纳入本级财政预算。粮食部门要加大教育培训力度,造就适应现代粮食流通产业发展的粮食专业人才。加强粮食行业文化建设,开展创建文明粮站、粮库活动,树立粮食行业新风尚。

(十七)加大对现代粮食流通产业发展的政策支持力度。省发展改革委支持符合条件的现代粮食物流和粮食产业园区内的建设项目列入“861”行动计划重点项目。省经委将符合条件的粮食精深加工项目纳入符合技术改造“百千工程”项目投资计划。省财政继续安排对粮食产业化龙头企业的项目贴息,支持粮食产业园区建设。粮食良种补贴项目区优先考虑粮食产业化龙头企业建立的订单生产基地,粮食产业化龙头企业要重点在良种补贴项目区发展订单生产。省级粮食产业化龙头企业可享受农业产业化龙头企业有关优惠政策。铁路、交通部门优先安排跨省履行产销合作协议的粮食运输,凡我省粮食运输车辆通行全省收费公路时,各收费站点应提供优质便捷服务。农业发展银行对政策性粮食收购所需信贷资金及时足额发放;按照企业风险承受能力,积极支持各类具有收购资质的粮食企业入市收购;加大对粮食产业化龙头企业、粮食订单生产基地、粮食产业园区、粮食批发市场、粮食仓储基础设施建设等贷款支持力度。各市、县政府也要制定具体政策措施,支持现代粮食流通产业发展。

(十八)妥善解决历史遗留问题。国有粮食购销企业政策性粮食财务挂账清理认定及从企业剥离工作,按照财政部等七部门《关于进一步做好国有粮食购销企业政策性粮食财务挂账清理认定及从企业剥离工作切实加强政策性粮食财务挂账管理的通知》(财建〔2007〕10号)规定处理。对企业经营性亏损挂账,要结合国有粮食购销企业改革,按照债随资产走和防止逃废银行债务的原则,实行有效管理,因地制宜地逐步消化或依法处置。

(十九)切实做好国有粮食企业分流职工再就业和社会保障工作。市、县政府要高度重视国有粮食企业分流职工再就业工作,落实再就业优惠政策。国有粮食企业依法出售自有产权公房、建筑物收入和处置企业使用的划拨土地的收入,优先留给企业用于缴纳社会保险费和安置职工。

深化粮食流通体制改革,加快发展现代粮食流通产业,关系广大粮食生产者、消费者、经营者的切身利益,关系国家粮食安全,关系社会主义新农村建设的进程。各地、各部门要按照全面落实科学发展观的要求,进一步统一思想,提高认识,加强领导,密切配合,扎实工作,确保现代粮食流通产业健康顺利发展,为构建和谐安徽,加快安徽崛起作出新的贡献。

二〇〇七年十一月一日

安徽省省级储备粮管理办法

（2004 年 5 月 24 日安徽省人民政府第 13 次常务会议审议通过，2004 年 5 月 30 日安徽省人民政府令第 166 号公布自公布之日起施行）

第一章　总　则

第一条　为了加强对省级储备粮的管理，保证省级储备粮数量真实、质量良好和储存安全，维护粮食市场稳定，有效发挥省级储备粮在宏观调控中的作用，根据国务院《中央储备粮管理条例》，结合本省实际，制定本办法。

第二条　本办法所称省级储备粮，是指省人民政府储备的用于调节全省粮食供求总量，稳定粮食市场，以及应对重大自然灾害或者其他突发事件等情况的粮食。

第三条　从事和参与省级储备粮经营管理、监督活动的单位和个人，应当遵守本办法。

第四条　省级储备粮的管理应当严格制度、严格管理、严格责任，确保省级储备粮数量真实、质量良好和储存安全，确保省级储备粮储得进、管得好、调得动、用得上，并节约成本、费用。

未经省人民政府批准，任何单位和个人不得擅自动用省级储备粮。

第五条　省人民政府粮食行政主管部门负责省级储备粮的行政管理，对省级储备粮的数量、质量和储存安全实施监督检查；依照国家和省有关省级储备粮管理的法规、规章及国家标准和技术规范，建立健全省级储备粮各项业务管理制度，并报省人民政府备案。

根据省人民政府粮食行政主管部门的授权，设区的市人民政府粮食行政主管部门负责协助管理省级储备粮，并对省级储备粮的数量、质量和储存安全负责。

第六条　省人民政府粮食行政主管部门会同省人民政府发展改革、财政行政主管部门负责拟订省级储备粮规模总量、总体布局和动用的宏观调控意见，经省人民政府批准后组织实施。

省人民政府财政行政主管部门根据本省实际情况，负责安排省级储备粮的贷款利息、管理费用和轮换补贴，并对省级储备粮财务执行情况实施监督检查。

中国农业发展银行安徽省分行（以下简称省农业发展银行）按照国家有关规定，及时、足额安排省级储备粮所需贷款，并对发放的省级储备粮贷款实施信贷监管。

第七条　任何单位和个人不得以任何方式骗取、挤占、截留、挪用省级储备粮贷款或者贷款利息、管理费用和轮换补贴。

第八条　任何单位和个人不得破坏省级储备粮的仓储设施，不得偷盗、哄抢或者损毁省级储备粮。

省级储备粮储存地的人民政府对破坏省级储备粮仓储设施，偷盗、哄抢或者损毁省级储备粮的违法行为，应当及时组织有关部门予以制止、查处。

第九条　任何单位和个人对省级储备粮经营管理中的违法行为，均有权向省人民政府粮食行政主管部门等有关部门举报。有关部门接到举报后，应当及时查处；举报事项的处理属于其他部门职责范围的，应当及时移送其他部门处理。

第二章　省级储备粮的计划

第十条　省级储备粮的储存规模、品种和总体布局方案，由省人民政府粮食行政主管部门会同省人民政府发展改革、财政行政主管部门，根据宏观调控需要和财政承受能力提出，报省人民政府批准。

第十一条　省级储备粮的收购、销售计划，由省人民政府粮食行政主管部门根据省人民政府批准的省级储备粮储存规模、品种和总体布局方案提出建议，经省人民政府发展改革、财政行政主管部门审核同意后，由省人民政府粮食行政主管部门会同省人民政府发展改革、财政行政主管部门和省农业发展银行共同下达承担储存省级储备粮任务的企业（以下简称承储企业）。

设区的市人民政府粮食行政主管部门根据省级储备粮的收购、销售计划，负责组织本行政区域内的承储企业实施省级储备粮的收购、销售。

第十二条　省级储备粮实行均衡轮换制度，每年轮换的数量一般为省级储备粮储存总量的20%至30%。

设区的市人民政府粮食行政主管部门应当根据省级储备粮的品质情况和入库年限，提出省级储备粮年度轮换计划，报省人民政府粮食行政主管部门，由省人民政府粮食行政主管部门会同省人民政府财政行政主管部门、省农业发展银行批准。设区的市人民政府粮食行政主管部门在年度轮换计划内根据粮食市场供求状况，具体组织实施省级储备粮的轮换。

第十三条　设区的市人民政府粮食行政主管部门应当将省级储备粮收购、销售、年度轮换计划的具体执行情况，及时报省人民政府粮食、财政行政主管部门备案，并抄送省农业发展银行。

第三章　省级储备粮的储存

第十四条　经省人民政府粮食行政主管部门审核，并征求省农业发展银行意见同意后，具备国家规定条件的企业，可以承担储存省级储备粮的任务。

省人民政府粮食行政主管部门应当与省级储备粮承储企业签订合同，明确双方的权利、义务和违约责任等事项。

承储企业依法被撤销、解散或者破产的,其储存的省级储备粮由省人民政府粮食行政主管部门负责调出另储。

第十五条 承储企业应当严格执行省级储备粮管理的法规、规章、国家标准、技术规范及各项业务管理制度。

第十六条 承储企业必须保证入库的省级储备粮达到收购、轮换计划规定的质量等级,并符合国家规定的质量标准。 承储企业应当对省级储备粮实行专仓储存、专人保管、专账记载,保证省级储备粮账账相符、账实相符、质量良好、储存安全。

第十七条 承储企业不得有下列行为:

(一)擅自动用省级储备粮;

(二)虚报、瞒报省级储备粮的数量;

(三)在省级储备粮中掺杂掺假、以次充好;

(四)擅自串换省级储备粮的品种、变更省级储备粮的储存地点;

(五)因延误轮换或者管理不善造成省级储备粮陈化、霉变;

(六)将省级储备粮轮换业务与其他业务混合经营;

(七)以省级储备粮对外进行担保或者清偿债务;

(八)以低价购进高价入账、高价售出低价入账、旧粮顶替新粮、虚增入库成本等手段套取差价,骗取省级储备粮贷款和贷款利息、管理费用和轮换补贴。

第十八条 承储企业应当建立健全省级储备粮的防火、防盗、防洪等安全管理制度,并配备必要的安全防护设施。

各级人民政府应当支持本行政区域内的承储企业做好省级储备粮的安全管理工作。

第十九条 承储企业应当对省级储备粮的储存管理状况进行经常性检查;发现省级储备粮数量、质量和储存安全等方面的问题,应当及时处理;不能处理的,承储企业的主要负责人应当及时报告省及设区的市人民政府粮食行政主管部门。

第二十条 承储企业应当在轮换计划规定的时间内完成省级储备粮的轮换。

省级储备粮的轮换应当遵循有利于保证省级储备粮的数量、质量和储存安全,保持粮食市场稳定,防止造成市场粮价剧烈波动,节约成本、提高效率的原则。

省级储备粮轮换的具体管理办法,由省人民政府粮食行政主管部门会同省人民政府发展改革、财政行政主管部门,并征求省农业发展银行的意见制定。

第二十一条 省级储备粮的收购、销售、轮换原则上应当通过规范的粮食批发市场公开进行,也可以通过国家规定的其他方式进行。

第二十二条 省级储备粮的管理费用和轮换补贴实行定额包干、贷款利息实行据实补贴,由省人民政府财政行政主管部门核定后拨付给省人民政府粮食行政主管部门;省人民政府粮食行政主管部门按照有关规定,通过省农业发展银行补贴专户,及时、足额拨付到承储企业。

第二十三条　省级储备粮贷款实行贷款与粮食库存值增减挂钩和专户管理、专款专用。必要时,省级储备粮贷款实行统借统还。

承储企业应当在农业发展银行开立基本账户,并接受农业发展银行的信贷监管。

第二十四条　省级储备粮的入库成本由省人民政府财政行政主管部门会同省人民政府粮食行政主管部门、省农业发展银行核定。省级储备粮的入库成本一经核定,承储企业必须遵照执行。

任何单位和个人不得擅自更改省级储备粮入库成本。

第二十五条　建立省级储备粮损失、损耗处理制度,及时处理所发生的损失、损耗。具体办法由省人民政府财政行政主管部门会同省人民政府粮食行政主管部门,并征求省农业发展银行的意见制定。

第二十六条　设区的市人民政府粮食行政主管部门应当定期统计、分析省级储备粮的储存管理情况,并将统计、分析情况报送省人民政府粮食、财政行政主管部门及省农业发展银行。

第四章　省级储备粮的动用

第二十七条　省人民政府粮食行政主管部门应当完善省级储备粮的动用预警机制,加强对需要动用省级储备粮情况的监测,适时提出动用省级储备粮的建议。

第二十八条　出现下列情况之一的,可以动用省级储备粮:

(一)全省或者部分地区粮食明显供不应求或者市场价格异常波动;

(二)发生重大自然灾害或者其他突发事件需要动用省级储备粮;

(三)省人民政府认为需要动用省级储备粮的其他情形。

第二十九条　动用省级储备粮,由省人民政府粮食行政主管部门会同省人民政府发展改革、财政行政主管部门提出动用方案,报省人民政府批准。动用方案应当包括动用省级储备粮的品种、数量、质量、价格、使用安排、运输保障等内容。

第三十条　省人民政府粮食行政主管部门根据省人民政府批准的省级储备粮动用方案下达动用命令,由设区的市人民政府粮食行政主管部门具体组织实施。

紧急情况下,省人民政府直接决定动用省级储备粮并下达动用命令。

省人民政府有关部门和有关市、县人民政府对省级储备粮动用命令的实施,应当给予支持、配合。

任何单位和个人不得拒绝执行或者擅自改变省级储备粮动用命令。

第五章　监督检查

第三十一条　省人民政府粮食、财政行政主管部门按照各自职责,依法对承储企业

进行监督检查。在监督检查过程中,可以行使下列职权:

（一）进入承储企业检查省级储备粮的数量、质量和储存安全;

（二）向有关单位和人员了解省级储备粮收购、销售、轮换计划及动用命令的执行情况;

（三）调阅省级储备粮经营管理的有关资料、凭证;

（四）依法处理违法行为。

第三十二条 省人民政府粮食、财政行政主管部门在监督检查中,发现省级储备粮数量、质量、储存安全等方面存在问题,应当责成设区的市人民政府粮食行政主管部门和承储企业立即纠正或者处理;发现省级储备粮承储企业不再具备承储条件,省人民政府粮食行政主管部门应当取消其承储任务。

第三十三条 省人民政府粮食、财政行政主管部门的监督检查人员应当将监督检查情况作出书面记录,并由监督检查人员和被检查单位的负责人签字。被检查单位的负责人拒绝签字的,监督检查人员应当将有关情况作出书面记录。

第三十四条 审计机关依照审计法规定的职权和程序,对有关省级储备粮的财务收支情况实施审计监督;发现问题,应当及时予以处理。

第三十五条 承储企业对省人民政府粮食、财政行政主管部门和审计机关的监督检查人员依法履行职责,应当予以配合。

任何单位和个人不得拒绝、阻挠、干涉监督检查人员依法履行监督检查职责。

第三十六条 设区的市人民政府粮食行政主管部门应当加强对省级储备粮的日常管理和监督检查,对省级储备粮的数量、质量存在的问题,应当及时纠正;对危及省级储备粮储存安全的重大问题,应当立即采取有效措施予以处理,并报告省人民政府粮食、财政行政主管部门及省农业发展银行。

第三十七条 省农业发展银行应当按照资金封闭管理的规定,加强对省级储备粮贷款的信贷监管。承储企业对省农业发展银行依法进行的信贷监管,应当予以配合,并及时提供有关资料和情况。

第六章 法律责任

第三十八条 国家机关工作人员违反本办法规定,有下列行为之一的,给予警告直至撤职的行政处分;情节严重的,给予降级直至开除的行政处分;构成犯罪的,依法追究刑事责任:

（一）不及时下达省级储备粮收购、销售及年度轮换计划的;

（二）发现省级储备粮承储企业不再具备承储条件不及时取消其承储任务的;

（三）接到举报、发现违法行为不及时查处的。

第三十九条 设区的市人民政府粮食行政主管部门违反本办法规定,有下列行为之一的，由省人民政府粮食行政主管部门责令改正；对直接负责的主管人员和其他直接责任人员，按照干部管理权限依法给予警告直至撤职的行政处分；情节严重的，给予降级直至开除的行政处分；构成犯罪的，依法追究刑事责任：

（一）拒不组织实施或者擅自改变省级储备粮收购、销售、年度轮换计划及动用命令的；

（二）选择不具备条件的企业存储省级储备粮的；

（三）发现省级储备粮的数量、质量存在问题不及时纠正，或者发现危及省级储备粮储存安全的重大问题，不立即采取有效措施处理并按照规定报告的；

（四）拒绝、阻挠、干涉监督检查人员依法履行监督检查职责的。

第四十条　承储企业违反本办法第十六条规定，入库的省级储备粮不符合质量等级和国家标准以及对省级储备粮未实行专仓储存、专人保管、专账记载，省级储备粮账账不符、账实不符的，由省人民政府粮食行政主管部门责令改正，并处1万元以上3万元以下的罚款；对直接负责的主管人员和其他直接责任人员给予警告直至开除的纪律处分；情节严重的，取消其承储任务；构成犯罪的，依法追究刑事责任。

第四十一条　承储企业违反本办法第十七条第（一）、（二）、（三）、（四）、（五）、（六）、（七）项规定的，由省人民政府粮食行政主管部门责令改正，并处1万元以上3万元以下的罚款；对直接负责的主管人员和其他直接责任人员给予警告直至开除的纪律处分；造成省级储备粮损失的，责令赔偿损失；情节严重的，取消其承储任务；构成犯罪的，依法追究刑事责任。

承储企业违反本办法第十七条第（八）项规定的，由省人民政府粮食、财政行政主管部门按照各自职责责成承储企业限期改正，并责令退回骗取的省级储备粮贷款和贷款利息、管理费用等财政补贴，处1万元以上3万元以下的罚款；对直接负责的主管人员和其他直接责任人员给予警告直至开除的纪律处分；造成省级储备粮损失的，责令赔偿损失；情节严重的，取消其承储任务；构成犯罪的，依法追究刑事责任。

第四十二条　违反本办法规定，挤占、截留、挪用省级储备粮贷款或者贷款利息、管理费用和轮换补贴，或者擅自更改省级储备粮入库成本的，由省人民政府财政行政主管部门、省农业发展银行按照各自职责责令改正或者给予信贷制裁；对直接负责的主管人员和其他直接责任人员依法给予撤职直至开除的行政处分；构成犯罪的，依法追究刑事责任。

第四十三条　国家机关和农业发展银行的工作人员违反本办法规定，滥用职权、徇私舞弊或者玩忽职守，构成犯罪的，依法追究刑事责任；尚不构成犯罪的，依法给予降级直至开除的行政处分。

第四十四条　违反本办法规定，破坏省级储备粮仓储设施，偷盗、哄抢、损毁省级储备粮，构成犯罪的，依法追究刑事责任；尚不构成犯罪的，依照《中华人民共和国治安管理处罚条例》的规定予以处罚；造成财产损失的，依法承担民事赔偿责任。

第七章 附 则

第四十五条 市、县储备粮的管理,参照本办法执行。

第四十六条 本办法自公布之日起施行。

安徽省突发粮食事件应急办法

（2004年3月9日　皖政〔2004〕18号）

第一章　总　则

第一条　为了有效预防、及时处理突发粮食事件，保障粮食供给，维护正常的社会秩序，根据有关法律、法规，结合本省实际，制定本办法。

第二条　本办法所称突发粮食事件，是指发生严重自然灾害或者重大突发事件等特殊情况，造成粮食短缺，可能给人民生活带来混乱的事件。

第三条　突发粮食事件分为紧张、紧急、特急三种状态。

紧张状态是指全省一半以上的设区的市粮食价格一周内上涨40%以上，市场粮食供应紧张，出现群众争购现象。

紧急状态是指紧张状态持续10天以上或者粮食价格在一周内上涨50%以上，市场粮食供应比较紧张，出现群众抢购现象。

特急状态是指紧急状态持续15天以上或者粮食价格在一周内上涨100%以上，市场粮食供应极度紧张，群众抢购现象严重，部分地区出现粮食脱销现象。

第四条　突发粮食事件发生后，省人民政府成立省突发粮食事件应急处理指挥部，省人民政府负责人担任总指挥，负责领导、指挥本省行政区域内突发粮食事件应急处理工作。

省突发粮食事件应急处理指挥部成员由省粮食、发展改革、商务、监察、财政、公安、交通、民政、农业、物价、工商行政管理、质量技术监督、农业发展银行等有关单位负责人组成，省突发粮食事件应急处理指挥部办公室设在省人民政府粮食行政主管部门，具体负责突发粮食事件的调查、控制和应急处理工作。

第五条　突发粮食事件应急工作，应当遵循预防为主、常备不懈的方针，贯彻统一领导、分级负责、反应及时、措施果断、加强合作的原则。

第六条　对在突发粮食事件应急工作中做出显著成绩的单位和个人，由县级以上地方人民政府及其有关部门给予表彰和奖励。

第二章　预防和应急准备

第七条　省人民政府根据本省实际情况，制定本省行政区域突发粮食事件应急预案。

省人民政府有关部门和市、县人民政府及其有关部门应当根据省突发粮食事件应急预案的要求，制定本地区、本部门的突发粮食事件应急实施预案。

第八条 应急预案包括以下主要内容：

（一）突发粮食事件应急处理指挥部的组成和相关部门的职责；

（二）突发粮食事件的监测与预警；

（三）突发粮食事件信息的收集、分析、报告、通报制度；

（四）突发粮食事件的分级和应急处理工作方案；

（五）粮食应急储备与调度。

第九条 省突发粮食事件应急处理指挥部的职责是：

（一）根据粮食市场供求情况，判断突发粮食事件的状态，提请省人民政府启动和终止应急工作；

（二）指挥省人民政府有关部门或者下一级人民政府开展粮食应急工作；

（三）及时向国务院及其有关部门报告突发粮食事件变化情况；

（四）根据需要，向国务院或者外省以及当地驻军请求支援和帮助。

第十条 省突发粮食事件应急处理指挥部办公室的职责是：

（一）了解、掌握全省粮食市场动态，向指挥部提出应急行动意见；

（二）召集、联络指挥部成员单位开展应急工作；

（三）及时向指挥部成员单位通报粮食市场供求和价格信息；

（四）向指挥部提出对实施预案单位和个人的奖惩意见；

（五）协同有关部门核定实施预案的各项费用开支；

（六）完成省政府和指挥部交办的其他工作。

第十一条 省人民政府建立统一的突发粮食事件预防控制体系。

市、县人民政府应当建立和完善粮食供求行情监测和预警系统。

县级以上地方人民政府粮食行政主管部门负责开展粮食供求行情监测、预警的日常工作，并及时报告发现的突发事件的潜在隐患以及可能发生的突发事件。

第十二条 县级以上地方人民政府及其有关部门应当根据应急需要，建立健全下列粮食应急供应保障系统：

（一）与粮食产区建立长期稳定的购销协作关系，确保应急情况下的粮源供给；

（二）建立粮食应急加工、供应、储运系统；

（三）建立粮食应急良种储备系统，确保特殊时期恢复粮食生产时的种源供给；

（四）建立粮食应急生产补贴制度，对参与粮食应急生产的农户进行补贴，促进粮食生产。

第三章 报告与信息发布

第十三条 省人民政府建立突发粮食事件应急报告制度。

省人民政府粮食行政主管部门应当制定突发粮食事件应急报告规范，建立健全突发粮食事件信息报告系统。

第十四条　突发粮食事件发生后，有关市、县人民政府粮食行政主管部门应当24小时监测粮食市场动态，并及时向省突发粮食事件应急处理指挥部办公室报告。

第十五条　省突发粮食事件应急处理指挥部办公室接到报告后，应当立即组织力量对报告事项进行调查核实、确认，采取必要的应急措施，并及时向省突发粮食事件应急处理指挥部报告调查情况。

第十六条　省人民政府建立突发粮食事件信息发布制度。

省人民政府粮食行政主管部门负责向社会发布突发粮食事件的信息。必要时，可以授权有关市、县人民政府粮食行政主管部门向社会发布本行政区域内突发粮食事件的信息。

第四章　应急处理

第十七条　省突发粮食事件应急处理指挥部根据粮食市场的紧急状况，决定启动应急预案，并及时通知有关部门。

应急预案启动后，省人民政府有关部门应当服从省突发粮食事件应急处理指挥部的统一指挥，并根据应急预案规定的职责采取有关的应急处理措施。

第十八条　当出现紧张状态时，应当采取下列措施：

（一）启动应急供应系统；

（二）组织粮食采购与调运；

（三）加强粮食市场动态监测，科学预测动态走向；

（四）加强粮食市场监管，打击违法经营行为。

第十九条　当出现紧急状态时，除采取本办法第十八条规定的措施外，可以依法申请动用储备粮供应市场。

第二十条　当出现特急状态时，除采取本办法第十八条、第十九条规定的措施外，可以依法对粮食市场实行价格干预措施。

第五章　法律责任

第二十一条　县级以上地方人民政府及其有关部门有下列行为之一的，对直接责任人及主要负责人依法给予行政处分；构成犯罪的，依法追究刑事责任：

（一）未按照本办法规定履行报告职责，对突发粮食事件隐瞒、缓报、谎报或者授意他人隐瞒、缓报、谎报的；

（二）未按照本办法规定采取应急措施的；

（三）突发粮食事件发生后，对调查不予配合，或者采取其他方式阻碍、干涉调查的；

（四）违抗省突发粮食事件应急处理指挥部的命令，拒不承担应急任务的；

（五）在突发粮食事件应急工作中，有玩忽职守、滥用职权、徇私舞弊等行为的。

第六章 附 则

第二十二条 本办法自发布之日起施行。

安徽省粮食收购资格管理办法

（2004年9月2日　皖政〔2004〕72号）

第一条　（目的）为加强粮食收购资格许可管理，规范粮食收购市场秩序，根据国务院《粮食流通管理条例》，结合本省实际，制定本办法。

第二条　（适用范围）本省行政区域内直接向粮食生产者收购粮食的法人、其他经济组织以及以营利为目的常年从事粮食收购或者年收购粮食量达到5万公斤以上的个体工商户，应当经县级以上人民政府粮食行政管理部门资格审查，取得粮食收购资格，依法进行工商登记后，方可从事粮食收购活动。

第三条　（许可原则）粮食收购资格许可应当遵循公开、公正、公平、便民、高效的原则。

第四条　（主管部门）县级以上地方人民政府粮食行政管理部门负责本行政区域内的粮食收购资格的许可管理和监督检查工作。

第五条　（法人和其他经济组织的申请条件）申请取得粮食收购资格的法人和其他经济组织，应当具备以下条件：

（一）注册资本50万元以上，并具有良好的资信；

（二）拥有或者租借100万公斤以上的符合国家标准或者行业标准及相关技术规范要求的粮食仓储设施；

（三）具有或者聘用具备粮食质量检验和保管能力的人员；

（四）具有合格的粮食质量检验检测设施和计量工具。

第六条　（个体工商户的申请条件）申请取得粮食收购资格的个体工商户，应当具备以下条件：

（一）具备筹措经营资金3万元以上的能力；

（二）拥有或者租借5万公斤以上的粮食仓储设施。

第七条　（申请的提出）尚未登记的新设法人、其他经济组织和个体工商户从事粮食收购活动，应当向办理工商登记的部门同级的粮食行政管理部门申请取得粮食收购资格，依法进行工商登记，并在经营范围中注明粮食收购。

已办理工商登记的法人、其他经济组织和个体工商户从事粮食收购活动，应当向办理工商登记的部门同级的粮食行政管理部门申请取得粮食收购资格，依法办理变更经营范围登记，并在经营范围中注明粮食收购。

本省行政区域内的中央直属企业从事粮食收购活动，应当到与其办理工商登记的部门同级的粮食行政管理部门申请取得粮食收购资格。

第八条 （主管部门公示许可材料要求）粮食行政管理部门应当在其办公场所或者其他公开场所公布申请粮食收购资格所需的全部申请材料，公示申请和审查程序及期限等有关要求，提供有关申请材料的示范文本；不得要求申请人提供与粮食收购资格审查无关的材料。

申请人对粮食行政管理部门公示的有关粮食收购资格审查的材料有异议的，有权要求粮食行政管理部门予以说明、解释。

第九条 （申报材料要求）企业和其他经济组织申请取得粮食收购资格，应当向粮食行政管理部门提交下列书面材料：

（一）加盖单位及法定代表人（负责人）印鉴的《安徽省粮食收购资格认定申请表》；

（二）法定代表人（负责人）身份证复印件；

（三）资金验资证明文件；

（四）企业经营场所产权证明或者有效租赁合同；

（五）粮食质量检验、化验仪器、计量工具的证明材料；

（六）检验人员、保管人员的有效证件。

个体工商户申请粮食收购资格，应当向粮食行政管理部门提供身份证复印件、资金及仓储设施证明等材料。

第十条 （主管部门简易审查程序）对属于本部门受理范围内的审查事项，粮食行政管理部门应当及时对申请人提交的材料进行审查。对申请材料齐全，符合法定形式，能够当场作出粮食收购资格许可决定的，应当当场作出书面决定，并发给粮食收购许可证。

第十一条 （主管部门一般审查程序）除可以当场作出粮食收购资格许可决定的外，粮食行政管理部门应当自受理申请之日起15个工作日内完成审查，对符合法定条件的，发给粮食收购许可证；不符合法定条件的，不予发给粮食收购许可证并书面说明理由，告知申请人依法享有申请行政复议或者提起行政诉讼的权利。粮食行政管理部门逾期未完成审查的，视为申请人自动取得粮食收购资格。

第十二条 （粮食收购许可证有效期和印制）粮食收购许可证有效期为3年，并实行定期审核。期满需要延续的，应当在粮食收购许可证有效期满30日前向作出粮食收购资格许可决定的部门提出申请。

粮食收购许可证由省人民政府粮食行政管理部门统一印制。

第十三条 （粮食收购许可证使用效力范围）粮食收购许可证在全国范围内有效。

取得粮食收购许可证的法人、其他经济组织和个体工商户（以下简称粮食收购者）跨行政区域从事粮食收购的，应当持有效粮食收购许可证副本和营业执照副本到收购地县级人民政府粮食行政管理部门和工商行政管理部门备案。

第十四条 （保持库存量要求）粮食收购者在丰年粮食最低库存量不得低于现有仓容量的30%，歉年冬令春荒期间最高库存量不得高于现有仓容量的20%。

第十五条 （上下级主管部门监督检查）上级人民政府粮食行政管理部门应当加强对下级人民政府粮食行政管理部门粮食收购资格许可情况的监督检查，及时纠正粮食收购资格许可中的违法行为。

粮食行政管理部门应当在每季度结束后7日内将本辖区内的上一季度粮食收购资格许可情况报上一级人民政府粮食行政管理部门备案。

第十六条 （行政执法要求）粮食行政管理部门依法对粮食收购者的粮食收购活动进行监督检查时，应当出示行政执法证件，并将监督检查情况和处理结果予以记录后归档。

第十七条 （行政执法内容）粮食行政管理部门依照法律、行政法规规定的职责对下列内容进行监督检查：

（一）粮食收购者是否具备粮食收购条件；

（二）粮食收购者有无涂改、倒卖、出租、出借粮食收购许可证；

（三）粮食收购者是否遵守有关法律、法规和粮食收购政策。

第十八条 （粮食收购者跨辖区收购要求）粮食收购者在粮食收购许可证授予部门辖区外从事粮食收购活动的，应当接受收购活动所在地的粮食行政管理部门的监督检查；收购活动所在地的粮食行政管理部门应当将监督检查情况、处理结果抄告该收购者的粮食收购许可证授予部门。

粮食收购者违法经营，按规定需要取消粮食收购许可证的，由原粮食收购许可证授予部门作出决定。

第十九条 （行政执法部门建立检查通报机制）粮食行政管理部门、工商行政管理部门应当建立粮食收购监督检查通报机制，及时通报监督检查情况。

粮食行政管理部门取消粮食收购许可证的，应当及时告知同级工商行政管理部门，由工商行政管理部门进行工商变更或者注销登记。

第二十条 （社会监督）任何单位和个人发现粮食收购者违法从事粮食收购活动，均有权向收购所在地粮食行政管理部门、工商行政管理部门等有关部门举报。有关部门应当为举报者保密，并及时依法处理；举报人署名举报的，有关部门应当将查处情况书面答复举报人。

第二十一条 （不具备粮食收购条件的处理）取得粮食收购许可证的粮食收购者不具备本办法第五条、第六条规定条件的，由粮食行政管理部门责令限期改正；逾期不改正的，报原粮食收购许可证授予部门取消其粮食收购许可证。

第二十二条 （违反保持库存量要求的处理）粮食收购者违反本办法第十四条规定，丰年粮食最低库存量低于现有仓容量30%的，由粮食行政管理部门责令改正，给予警告；情节严重的，处以不足部分粮食价值1倍以上5倍以下的罚款，并可以取消粮食收购许可证，工商行政管理部门可以吊销营业执照。

粮食收购者违反本办法第十四条规定，歉年冬令春荒期间粮食最高库存量高于现有仓容量 20% 的，由粮食行政管理部门责令改正，给予警告；情节严重的，处以超出部分粮食价值 1 倍以上 5 倍以下的罚款，并可以取消粮食收购许可证，工商行政管理部门可以吊销营业执照。

第二十三条 （工作人员违法行为的处理）粮食行政管理部门工作人员在办理粮食收购资格许可工作中，滥用职权、玩忽职守、徇私舞弊，尚未构成犯罪的，依法给予行政处分；构成犯罪的，依法追究刑事责任。

第二十四条 （已批粮食收购者办理粮食收购许可证时限要求）本办法实施前批准的粮食收购者，应当在本办法实施后的 60 日内向粮食行政管理部门申请取得粮食收购许可证，经审查未取得粮食收购许可证的，不得继续从事粮食收购活动。

第二十五条 （施行日期）本办法自公布之日起施行。

安徽省陈化粮处理实施细则

省粮食局　省财政厅　省工商局　省农发行
（2002 年 12 月 2 日　皖粮调联〔2002〕190）

根据国家计划委员会、财政部、国家工商行政管理总局、国家粮食局、中国农业发展银行《关于印发陈化粮处理若干规定的通知》（计综合〔2002〕1345 号）精神，结合我省实际，特制定本实施细则。

第一条　为加强我省对陈化粮处理的监督，制止陈化粮倒卖，必须对陈化粮销售、加工实行封闭锁定运行的机制，建立陈化粮从销售到使用各个环节的监管责任制，明确各部门职责，强化监管措施，加大监管和打击倒卖陈化粮的力度。

第二条　凡与陈化粮处理活动相关的单位和个人必须遵守本实施细则。

第三条　本实施细则所称陈化粮，是指经全国清仓查库统一组织鉴定后确认的 2001 年 3 月底的库存陈化粮。

第四条　陈化粮的用途。按照国务院有关文件规定执行，目前主要用于生产酒精、饲料等。如用于其他用途，需报经国务院批准。

第五条　陈化粮的销售处理工作实行严格计划管理。陈化粮销售处理计划由省粮食局会同财政厅、工商局、农发行共同下达。各地必须严格执行。未经许可，不得擅自销售处理陈化粮，也不准超计划销售处理。如遇异常情况，可暂停陈化粮销售处理，各地必须做到令行禁止。

第六条　陈化粮处理实行定向销售，并严格审定陈化粮购买企业的资格。

凡同时具备以下条件的省内企业均可申报购买陈化粮：

1.2001 年 12 月 31 日前已在工商部门注册登记的酒精、饲料生产企业；

2. 饲料企业年生产销售饲料在 6000 吨以上，酒精企业年生产销售酒精在 10000 吨以上；

3. 只销售酒精、饲料成品及副产品，不经销原粮；

4. 近两年来生产运营稳定，信用等级高，拥有自己的品牌，企业信誉好。具备上述条件的企业可向所在地县（市、区）粮食局和工商局提出申请，并填报《安徽省陈化粮购买资格申请表》。接到购粮企业申请 5 个工作日内，粮食局会同工商局共同派人到企业实地审核，符合条件的报当地县（市、区）人民政府，由当地县（市、区）人民政府签署意见后，正式行文报市粮食局、工商局审核，市粮食局、工商局审核后，上报省粮食局、工商局核准。省粮食局、工商局对符合条件的企业共同核发《安徽省陈化粮购买资格认定书》。一式三份（注明生产规模、年消化粮食能力、生产运营状况以及购买陈化粮记录），省粮食局、工商局及买方单位各一份。同时通知买方单位所在地的国家税务部门。买方单位凭资格认定书可参与本省或跨地区陈化粮购买。

第七条 严禁企业超量购买陈化粮。为控制企业超量购买陈化粮，企业每次陈化粮购买量不能超过企业半年的粮食消化量，全年购买量不得超过全年粮食消化量。委托组织陈化粮销售的粮食批发市场要在《安徽省陈化粮购买资格认定书》上注明企业每次实际购粮数量，并盖章确认。

获得陈化粮购买资格的企业，要与省粮食局、工商局共同签订《安徽省陈化粮销售处理责任书》，企业承诺严格遵守所购陈化粮只限于本企业生产自用，不转让，不倒卖。如出现企业倒卖陈化粮的情况，立即取消企业今后购买陈化粮资格，并按规定进行严肃查处，直至追究法律责任。属于认定资格有误的，要追究县（市、区）认定部门的责任。

第八条 陈化粮处理实行定向销售。本着公开、公平、公正的原则，采取竞价的方式进行销售。省粮食局委托安徽粮食批发交易市场（以下简称批发市场）统一组织。具有陈化粮购买资格的企业确定为买方（省外购粮企业可凭陈化粮购买资格认定书参与购买）。卖方为省内粮食购销企业，陈化粮销售时，粮食购销企业要提供有资质的质检机构出具的陈化粮鉴定报告，并向批发市场提供样品。

第九条 陈化粮销售价格。由省粮食局、财政厅共同商定竞价销售起拍价格。定价原则要体现以质论价，有利于销售和尽可能减少亏损的要求。竞价交易价格为卖方仓库汽车板价格。

第十条 陈化粮结算单位。由安徽粮食批发交易市场在农业发展银行设立陈化粮结算专户，负责陈化粮销售业务的结算。

第十一条 陈化粮销售过程实行全程监控。陈化粮的销售活动按照国家有关法律、法规和具体规定进行。

1. 确认买卖行为。陈化粮竞价完毕后，由省粮食局、工商局共同组织买卖双方统一使用《粮食买卖合同》示范文本签订陈化粮购销合同（一式四份），省粮食局、工商局、买方、卖方各一份，合同经省粮食局和工商局确认和鉴证后生效。陈化粮购销合同一律不得转让，违者，视同倒卖陈化粮处理。

2. 预收保证金。根据国家规定，对参与陈化粮竞买的企业，必须向省粮食局委托的安徽粮食批发市场预交一定的交易保证金。原则上小麦、玉米每吨 80 元，稻谷每吨 160 元。保证金可抵购粮款。

3. 贷款结算。买方单位可在合同规定的履约期内一次或分次将货款汇入批发市场指定的结算账户。批发市场根据贷款到账情况，预拨部分给卖方企业，并通知企业组织发货。待全部交易结束后，由安徽粮食批发交易市场负责与双方结算货款。

4. 粮食出库。买方企业凭安徽粮食批发交易市场的出库通知书组织发货。农业发展银行要按现行仓单管理办法，监督销售企业按合同规定的仓号和陈化粮鉴定报告出库。

5. 验货。买方单位所购陈化粮运到企业后，要及时向所在地工商局和粮食局报告，工商局和粮食局根据合同到现场验明无误后,由工商局根据购销合同开具陈化粮入库证明。省粮食批发交易市场根据最后一批粮食有效运输凭证、入库单据和当地工商部门开具的证明,将保证金返还给购粮企业。买方在执行合同过程中,必须保证合同中标明的货物到达地与货物实际到达地相一致。凡陈化粮发货后,未能在一个月内运抵合同标明到货地(突发事件除外),一律按倒卖陈化粮处理。

6. 异地加工。企业所购的陈化粮需要进行异地加工的,必须提前将加工地点同时报以下部门备案:(1)发货地的工商局、粮食局;(2)加工地的工商局;(3)购销企业所在地的工商局,由这些地方的工商局加强监管。

7. 出库费用。陈化粮出库费用为每吨 20 元,由批发市场从粮食款中支付给卖方企业。卖方企业要负责将粮食送上仓库汽车板。

8. 加强销售发票监管。卖方单位必须在销售发票上注明是"陈化粮",省粮食局和省工商局对此进行抽查。凡注明"陈化粮"的发票,并取得所在地工商部门的陈化粮生产自用证明,方可抵扣增值税。

9. 具体陈化粮交易规则,由安徽粮食批发交易市场拟定报省粮食局批准。

第十二条　违约处罚

合同期满未履约的,由省粮食批发市场认定责任,属买方违约的,全部扣缴履约保证金;属卖方违约的,按照卖方承诺书的约定,由粮食购销企业按买方履约保证金标准给买方赔付。合同期内,如发生不可抗力因素不能履约的应在 3 个月内向省粮食批发市场提出申请,报省粮食局、工商局共同裁定,合同期满不予受理。

对倒卖陈化粮的行为,由工商行政管理部门没收非法物品,处以非法物品等值 20% 以下的罚款。

第十三条　相关业务的处理。陈化粮销售处理后,粮食购销企业要按照现行粮食统计制度的规定,在相应的报表中按照实际作"销售"处理,并及时核减库存。

第十四条　陈化粮价差亏损处理。陈化粮销售的价差亏损,粮食购销企业周转库存粮食形成的价差亏损,原则上从结余的粮食风险基金弥补;弥补不了的,实行挂账。利息从粮食风险基金列支,本金今后逐步归还。

第十五条　按照粮权归属建立陈化粮销售处理责任追究制。按照国务院关于地方政府对粮食生产和流通全面负责的体制,地方陈化粮的销售处理纳入各级行政首长负责制的工作范围。各市、县人民政府要指定专人负责这些工作,各有关部门要按照上述确定的职责范围切实负起责任,密切合作,形成监督合力。对监督不力的,由监察部门追究有关领导人和责任人的责任。

第十六条　本实施细则自发布之日起施行,由省粮食局会同有关部门负责解释。

安徽省粮食流通监督检查实施细则（试行）

省粮食局　省发展和改革委员会　省财政厅
省卫生厅　省工商行政管理局　省质量技术监督局
（2005 年 8 月 9 日　皖粮检联〔2005〕127 号）

第一章　总　则

第一条　为规范和指导粮食流通监督管理，维护粮食流通秩序，保护粮食生产者的积极性，维护经营者、消费者的合法权益，根据《粮食流通管理条例》、《粮食流通监督检查暂行办法》、《安徽省省级储备粮管理办法》、《安徽省粮食收购资格管理办法》、《安徽省粮食统计制度》等有关法规和规范性文件，制定本实施细则。

第二条　本实施细则适用于在安徽省境内对从事粮食收购、销售、储存、运输、加工等经营活动（以下统称粮食经营活动）的监督检查。

第三条　粮食流通监督检查实行各有关部门分工负责制和分级负责制。

省级粮食行政管理部门负责全省粮食流通监督检查的行政管理和行业指导。

工商行政管理、质量监督、卫生、价格、财政等部门在各自的职责范围内负责与粮食流通监督检查有关的工作。

各相关部门应积极配合，形成统一协调、相互协作的粮食流通监督检查机制。

第四条　省级粮食行政管理部门粮食流通监督检查的职责是：

（一）监督检查全省粮食流通有关法律、法规、规章及各项政策的执行情况；

（二）负责全省范围内重大、复杂监督检查事项的督查；

（三）负责对下级粮食行政管理部门监督检查工作的指导；

（四）执行国家粮食行政管理部门交办的监督检查任务；

（五）负责对市、县粮食行政管理部门粮食流通监督检查人员的培训、考核、粮食监督检查证件的核发和管理工作。

第五条　市级粮食行政管理部门粮食流通监督检查的职责是：

（一）负责辖区内粮食流通监督检查的行政管理和行业指导；

（二）执行上级粮食行政管理部门下达的粮食流通监督检查任务；

（三）负责辖区内重大、复杂监督检查事项的督查；

（四）负责对下级粮食行政管理部门监督检查工作的指导；

第六条　县级粮食行政管理部门粮食流通监督检查职责是：

（一）负责辖区内粮食流通监督检查的行政管理和行业指导；

（二）负责辖区内监督检查事项的检查工作；

（三）执行上级粮食行政管理部门下达的粮食流通监督检查任务。

第七条　粮食流通监督检查应形成省、市、县粮食行政管理部门分级负责、上下配合的工作体系。各级粮食行政管理部门在内设机构中应设立粮食流通监督检查工作机构。

暂时无法设立独立工作机构的,要指定专门机构负责监督检查工作。暂属事业编制的地方粮食局,应由地方政府专门给予行政执法授权。

第八条　各级粮食行政管理部门要充实加强监督检查工作队伍。

从事粮食流通监督检查工作的人员,应具有相关法律和专业知识,并定期接受培训和考核。

第九条　粮食流通监督检查实行持证检查制度。粮食行政管理部门的监督检查人员在执行任务时应出示具有法定效力的《粮食监督检查证》。《粮食监督检查证》由国家粮食行政管理部门统一监制,市、县级粮食行政管理部门监督检查人员《粮食监督检查证》由省级粮食行政管理部门统一核发。

其他部门在执行粮食监督检查任务时,也要出示有法律效力的监督检查证。

第十条　严格执行"收支两条线"的有关规定。罚没收入应及时足额上缴同级国库。任何单位和个人不得挤占、截留、挪用。粮食流通监督检查所需经费按有关规定和程序申请、管理和使用。

第二章　监督检查的内容

第十一条　粮食收购许可的监督检查

（一）粮食收购者是否具备粮食收购资格；

（二）有无伪造材料申报收购许可资格的行为；

（三）《粮食收购许可证》所登记的内容有无重大变化；

（四）有无涂改、倒卖、出租、出借《粮食收购许可证》的行为；

（五）是否遵守国家有关法律、法规和粮食收购政策；

（六）《粮食收购资格审核管理暂行办法》和《安徽省粮食收购资格管理办法》规定的其他行为。

第十二条　粮食经营者相关经营活动的监督检查

（一）粮食经营者使用的仓储设施、设备是否符合有关标准和技术规范；

（二）粮食经营者在粮食收购、储存活动中,是否按规定执行了国家粮食质量标准和国家有关粮食仓储的技术标准和规范,其收购、储存的原粮是否符合国家有关标准和规定；

（三）粮食经营者是否执行了国家粮食运输的技术标准和规范；

（四）粮食储存企业是否建立并执行了粮食销售出库质量检验制度；

（五）从事粮食收购、加工、销售的经营者是否执行了省级人民政府制定的最低和最高库存量的规定。

第十三条 陈化粮销售处理的监督检查

（一）有无未经许可擅自处理陈化粮或超计划销售陈化粮的行为；

（二）有无以新充陈、弄虚作假行为；

（三）有无未经拍卖私自成交行为；

（四）有无违反陈化粮未经检验直接出库的行为；

（五）有无弄虚作假申请陈化粮购买资格的行为；

（六）有无私自转让、倒卖陈化粮行为；

（七）有无超量购买陈化粮的行为；

（八）有无未经批准擅自改变陈化粮用途的行为；

（九）有无未经报告异地加工陈化粮的行为；

（十）违反陈化粮销售处理政策规定的其他行为。

第十四条 省级储备粮的监督检查

（一）有无擅自动用省级储备粮的行为；

（二）有无虚报、瞒报省级储备粮的数量的行为；

（三）有无在省级储备粮中掺杂使假、以次充好的行为；

（四）有无擅自串换省级储备粮的品种、变更省级储备粮的储存地点的行为；

（五）有无因延误或管理不善造成省级储备粮陈化、霉变的行为；

（六）有无将省级储备粮轮换业务与其他业务混合经营行为；

（七）有无以省级储备粮对外进行担保或者清偿债务的行为；

（八）有无以低价购进高价入账、高价售出低价入账、旧粮顶替新粮、虚增入库成本等手段套取差价，骗取省级储备粮贷款和贷款利息、管理费用和轮换补贴的行为。

第十五条 军粮供应的监督检查

（一）有无将不符合国家质量标准的粮食供应给军队的行为；

（二）军粮供应有无降等、断档、脱销等问题的发生；

（三）有无低价购进高价入账、虚增入库成本行为；

（四）有无挤占、截留和挪用军粮补贴差价款的行为；

（五）违反军粮供应政策规定的其他行为。

第十六条 救灾粮供应的监督检查

（一）有无克扣、倒卖救灾粮食的行为；

（二）有无虚报粮食供应数量，套取现金的行为；

（三）有无将不符合国家质量标准的粮食供应给灾民的行为；

（四）有无挤占、挪用、贪污救灾粮等行为；

（五）违反救灾粮供应、管理政策的其他行为。

第十七条 粮食统计质量的监督检查

（一）经营者是否建立经营台账并如实记录经营活动，按规定年限保存经营台账；

（二）经营者是否按规定及时、准确向粮食行政管理部门报送统计报表，有无虚报、瞒报、弄虚作假情况；

（三）违反《安徽省粮食统计制度》的其他行为。

第十八条 突发粮食事件应急状态下的监督检查

（一）粮食经营者有无借机欺行霸市、囤积居奇、哄抬粮价、掺杂使假等扰乱市场秩序的违法违规行为；

（二）有无非法加工和销售不符合国家卫生质量标准粮食的行为；

（三）有无不执行销售最高限价或停业拒售的行为；

（四）安徽省粮食应急指挥部办公室认定的其他行为。

第十九条 产品质量监督部门依照有关法律、行政法规的规定，对粮食加工活动中掺杂使假、以假充真、以次充好、以不合格产品冒充合格产品、无食品生产许可证进行加工销售等违法行为进行查处。并负责对粮食加工环节中的产品质量进行监督检查。

第二十条 工商行政管理部门依照有关法律、行政法规的规定，对粮食经营活动中的无照经营、超范围经营以及粮食销售活动中的囤积居奇、欺行霸市、强买强卖、掺杂使假、以次充好等扰乱市场秩序和违法违规交易行为进行查处。

第二十一条 卫生部门依照有关法律、行政法规的规定，负责粮食加工、销售单位的卫生许可及与许可相关的监督检查，对成品粮储存中造成腐败变质、被有毒有害物质污染、使用未经批准使用的食品添加剂或添加剂超过允许限量等危害群众健康的行为进行监督检查。

第二十二条 价格主管部门依照有关法律、行政法规的规定，对粮食经营者未按照规定告知、公示粮食收购价格，或采取压级压价，哄抬价格、价格欺诈、垄断或者操纵价格，或不按照规定执行最低收购价，不执行价格干预措施和紧急措施等价格违法行为进行监督检查。

第三章 监督检查的工作要求与程序

第二十三条 粮食流通监督检查可以采取定期监督检查、专项监督检查、抽查和专案调查等方式进行。

（一）市、县级粮食行政管理部门每年应进行一次粮食收购资格的监督检查，省级粮食行政管理部门应对收购资格进行随机抽查；

（二）县级粮食行政管理部门一年内必须组织一次辖区内的粮食统计制度执行情况监督检查，市级粮食行政管理部门可以抽调人员进行互查和抽查，省级粮食行政管理部门随机抽查；

（三）省级粮食行政管理部门每年组织一次省级储备粮监督检查，市、县级粮食行政管理部门承担辖区内存储的省级储备粮监督检查任务；

（四）各级粮食行政管理部门对辖区内发生的重大违反粮食流通法律、法规、规章和政策的事项必须及时进行监督检查；

（五）其他各项监督检查由各地各有关部门根据当地具体情况确定。

第二十四条 粮食流通监督检查程序、粮食行政管理部门在监督检查过程中可以行使的职权、粮食流通监督检查人员在履行监督检查职责时的行为规范和对被检查对象的要求按照《粮食流通监督检查暂行办法》有关规定执行。

第二十五条 各级粮食行政管理部门作出对个体工商户处以1000元以上、对法人或者其他经济组织处以10000元以上罚款和取消经营资格的行政处罚前，应当告知当事人有要求举行听证的权利；当事人要求举行听证的，粮食行政管理部门应当组织听证，当事人不承担听证费用。

第四章 罚 则

第二十六条 按规定应获得粮食行政管理部门许可而未获得许可或者未在工商行政管理部门登记擅自从事粮食收购活动的，由工商行政管理部门没收非法收购的粮食；下列行为属情节严重情形，并处非法收购粮食价值1倍以上5倍以下的罚款。

（一）非法收购粮食50吨以上的；

（二）低价收购粮食，扰乱市场秩序，严重损害农民利益的；

（三）已由工商行政管理部门处罚后仍然擅自从事粮食收购活动的。

第二十七条 以欺骗、贿赂等不正当手段取得粮食收购资格许可的，由粮食行政管理部门取消粮食收购资格；工商行政管理部门依法吊销营业执照，没收违法所得；

粮食收购者有涂改、倒卖、出租、出借《粮食收购许可证》行为的，粮食行政管理部门应当依法给予行政处罚；

粮食行政管理部门工作人员办理粮食收购资格许可，索取或者收受他人财物或者谋取其他利益，依法给予行政处分；

上述行为构成犯罪的，依法追究刑事责任。

第二十八条 粮食收购者未执行国家粮食质量标准，由粮食行政管理部门责令改正，予以警告；警告后仍不改正，并造成农民或其他粮食生产者的利益受到损害的，可以处10万元以下罚款；违规收购粮食50吨以上100吨以下的，可处10万元以上20万元以下罚款。

第二十九条 粮食收购者未执行国家粮食质量标准，下列行为属于情节严重情形，由粮食行政管理部门取消粮食收购资格。

（一）两次警告后拒不改正的；

（二）违规收购数量达 100 吨以上的；

（三）因未执行国家粮食质量标准造成农民或其他粮食生产者的利益受到损害，并造成较为严重的社会后果的。

第三十条　粮食收购者未及时向售粮者支付售粮款，经售粮者举报并查实的，按《粮食流通监督检查暂行办法》第二十三条规定处罚；下列行为属情节严重情形，粮食行政管理部门可以并处暂停或取消粮食收购资格。

（一）欠付售粮款达三个月以上，经两次警告后仍拖欠或拒付售粮款的；

（二）两年内重复出现拖欠或拒付售粮款行为的；

（三）因拖欠售粮款造成较为严重的后果或造成较为恶劣的社会影响的。

第三十一条　粮食收购者违反规定代扣、代缴税费和其他款项的，由粮食行政管理部门责令改正，予以警告，可以并处 20 万元以下的罚款。下列行为属情节严重情形，由粮食行政管理部门暂停或取消粮食收购资格。

（一）经警告后仍违反规定代扣、代缴税费和其他款项的；

（二）两年内重复出现违反规定代扣、代缴税费和其他款项的；

（三）因代扣、代缴税费和其他款项的造成较为严重的后果或造成较为恶劣的社会影响的。

第三十二条　粮食经营者未建立粮食经营台账或粮食经营台账保留不足 3 年，未按规定报送粮食经营基本数据和有关情况的，按《粮食流通监督检查暂行办法》第二十五条处罚；下列行为属情节严重情形，粮食行政管理部门对从事粮食收购的经营者暂停或者取消粮食收购资格。

（一）虚报、瞒报、伪造、篡改统计资料数额占应报数额 50% 以上的；

（二）虚报、瞒报、伪造、篡改或者拒报统计资料，一年内两次发生的；

（三）虚报、瞒报、伪造、篡改、拒报或者屡次迟报统计资料，造成严重后果或者恶劣影响的；

（四）在接受统计检查时，拒绝提供情况、提供虚假情况或者转移、隐匿、毁弃原始统计记录、统计台账、统计报表以及与统计有关的其他资料的；

（五）使用暴力或者威胁的方法阻挠、抗拒统计检查的。

第三十三条　粮食收购、加工、销售经营者不履行保持最高库存量与最低库存量义务的，按照《安徽省粮食收购资格管理办法》实施行政处罚。

第三十四条　违反省级储备粮管理规定的，按照《安徽省省级储备粮管理办法》实施行政处罚。

第三十五条　接受委托从事政策性用粮购销活动的粮食经营者未执行国家有关政策的，由粮食行政管理部门责令改正，予以警告，可以处 20 万元以下罚款；下列行为属情节严重情形，由粮食行政管理部门向委托单位建议取消该粮食经营者从事政策性用粮的委托业务，对从事粮食收购的经营者暂停或者取消其粮食收购资格。

（一）在接受委托从事政策性用粮购销活动中有压价收购或抬价销售行为，扰乱粮食市场秩序的；

（二）在接受委托从事政策性用粮购销活动中不执行国家粮食质量标准，造成严重后果的；

（三）因未执行国家有关政策造成供应断档脱销，后果严重或造成恶劣社会影响的；

（四）在接受委托从事政策性用粮购销活动中损害国家、粮食生产者、消费者利益，后果严重或造成恶劣社会影响的。

第三十六条 对超过正常储存年限的陈粮，出库前未按规定经有资质的粮食质量检验机构进行质量鉴定的，按照《粮食流通监督检查暂行办法》第二十七条的规定处罚。

第三十七条 粮食经营者在粮食应急预案启动后，下列行为属于不履行有关义务的行为，依照国家有关规定处理。

（一）借机欺行霸市、囤积居奇、哄抬粮价、掺杂使假、停业拒售，拒不执行销售最高限价等扰乱市场秩序的行为；

（二）非法加工和销售不符合国家卫生质量标准的粮食的；

（三）突发粮食事件发生后，对调查不予配合，或者采取其他方式阻碍、干涉调查的；

（四）违抗安徽省突发粮食事件应急指挥部命令，拒不承担应急任务的；

（五）拒绝提供征购或征用的社会现有粮食资源的；

（六）安徽省突发粮食事件应急指挥部办公室认定的其他行为。

第三十八条 违反《粮食流通管理条例》第十七条、第十八条规定的，由产品质量监督部门、工商行政管理部门、卫生部门等依照有关法律、行政法规的规定予以处罚。

第五章 附 则

第三十九条 本细则中涉及“以上”的含本数，涉及“以下”的不含本数。涉及粮食价值的，已达成交易的按交易价，其他的按库存成本价计算。

第四十条 县级以上粮食行政管理部门，应该对在监督检查中模范执行国家粮食流通法律、法规、规章、政策，做出突出成绩的执法单位和人员给予表扬或表彰。

第四十一条 本实施细则由安徽省粮食局会同省工商行政管理、质量监督、卫生、价格、财政部门负责解释。

第四十二条 本实施细则自发布之日起施行。

安徽省粮食质量监管实施细则

省粮食局　省发展和改革委员会　省财政厅　省卫生厅
省工商行政管理局　省质量技术监督局
（2005年8月11日　皖粮仓联〔2005〕129号）

第一章　总　则

第一条　为了保障粮食质量安全，维护粮食生产者、经营者和消费者的合法权益，加强对粮食质量的监督管理，根据《粮食流通管理条例》（国务院令第407号）、国家《粮食质量监管实施办法（试行）》（国粮发〔2004〕266号）及本省实际，制定本细则。

第二条　开展粮食收购、销售、储存、运输、加工等经营活动，应当遵守本细则。

第三条　鼓励采用并推行科学的质量管理方法、检验方法和先进技术，不断提高粮食质量管理和检测水平。粮食经营企业应当建立健全质量管理制度。

在粮食经营过程中，严禁短斤少两、掺杂使假、以次充好的行为。任何单位和个人均有权检举粮食质量的违法、违规行为。

第四条　各级粮食行政管理部门应积极宣传贯彻国家有关粮食质量、卫生管理的法律、行政法规和质量、卫生标准，依法履行对粮食收购、储存、运输活动和政策性用粮购销活动中粮食质量及原粮卫生的监管职责，定期对粮食质量监督、监测结果进行通报。

工商行政管理、质量技术监督、卫生、物价、财政等部门依照有关法律、行政法规的规定，在各自的职责范围内负责有关粮食质量管理工作。

第二章　粮食质量安全管理与监督

第五条　从事粮食收购活动的经营者（指法人和其他经济组织，个体工商户除外），应当具备粮食质量检验能力。其基本条件如下：

（一）具有或者聘用经过职业培训，取得粮油质量检验员职业资格证书的人员。

（二）具备与所经营粮食品种国家标准规定的粮食质量检验项目相适应的基本仪器设备。

（三）具有开展粮食质量检验工作的场所。

（四）建立粮食检验原始记录和检验报告档案。

第六条　粮食收购经营者的粮食质量检验能力由县级以上（含县级，下同）粮食行政管理部门认定。粮食质量检验能力认定按以下程序办理：

（一）从事粮食收购活动的经营者，应当按照属地管理原则向县级以上粮食行政管理部门提出书面申请。申请材料包括：

1. 粮食质量检验能力认定申请表；

2. 企业基本情况简介；

3. 企业营业执照复印件；

4. 粮油质量检验员职业资格证复印件。

（二）县级以上粮食行政管理部门可根据企业实际条件和申请材料进行粮食质量检验能力认定审核，并对认定结果负责，必要时应到现场考查。县级以上粮食行政管理部门接到申请材料后，应在15个工作日内完成认定审核工作。

个体工商户从事粮食收购活动，可委托有检验能力的企业进行粮食质量检验。

（三）经审核或鉴定具备粮食质量检验能力的企业，由县级以上粮食行政管理部门出具粮食质量检验能力证明。

从事粮食收购活动的经营者，也可在申报收购资格时，同时提出粮食质量检验能力鉴定申请。

（四）省粮食行政管理部门负责全省粮食质量检验能力认定管理和监督检查工作。粮食质量检验能力证明有效期为3年，并进行定期复审。有效期届满，需要延续的应在有效期届满前30个工作日内提出延续申请。

第七条 粮食收购经营者收购粮食，应当严格执行国家粮食质量、卫生标准和有关规定，按质论价，不得损害农民和其他粮食生产者的利益。

（一）应当按照价格主管部门的规定明码标价，在收购场所的醒目位置公示收购粮食品种、质量标准、计价单位和收购价格等内容。按照国家粮食质量标准对收购的粮食进行检验。

（二）应当及时对收购的粮食进行整理，以降低杂质和水分含量。杂质严重超标、水分超过安全储存和运输技术规范要求的粮食不得销售出库。

（三）不同收获年度的粮食不得混存；霉变粒超过3.0%、病虫害（小麦赤霉病粒超过4.0%）超过标准规定的粮食，应单独存放，并按有关规定销售或销毁处理；带有检疫对象的粮食、黄曲霉毒素B1超标的粮食，应单独存放，并报告省粮食行政管理部门，由省粮食行政管理部门按国家有关规定销售、处理或销毁。

（四）鼓励对不同等级和品质的粮食单收、单存。

（五）粮食仓储设施应当符合粮食储存有关标准和技术规范的要求。粮食不得与可能对粮食产生污染的有害物质混存，储存粮食不得使用国家禁止使用的化学药剂或者超量使用化学药剂，粮库周围不得有有毒有害气体、粉末等污染源。

第八条 实行粮食入库质量检验制度。

（一）粮食收购和储存企业应当按照国家粮食质量标准对入库的粮食进行质量检

验。中央和地方储备粮承储企业还应对粮食储存品质进行检验。

（二）粮食收购、储存企业和其他粮食经营者，应当建立粮食质量档案，内容包括：仓库（货位）号、粮食品种、收获年度、入库时间、质量等级、水分、杂质等项目和指标，属于储备粮的还应标明粮食储存品质指标。

（三）中央和地方储备粮的入库质量应当符合规定的质量等级要求。储备粮承储企业应当建立和完善质量管理制度，加强储备粮的入库检验和质量把关，严格执行日常监测制度，合理安排轮换，确保粮食储存安全、质量良好。

储备粮经营管理企业应当按照有关规定，委托有资质的粮食质量检验机构对储备粮入库质量和储存质量进行定期检查。

第九条　实行粮食销售出库质量检验制度。

（一）粮食收购和储存企业在粮食销售出库时，应当出具质量检验报告，销售粮食的质量应当与检验结果相一致；检验报告中应当标明粮食品种、等级、代表数量、产地和收获年度等；粮食出库检验报告应当随货同行，报告有效期一般为 3 个月；检验报告样式由国家粮食行政管理部门统一制定；检验报告复印件经销售方代表签字、加盖公章有效；开展代储业务的储存企业，应当承担粮食入库索证和出库检验义务。

（二）粮食出库检验项目。正常储存年限内的粮食，检验项目主要为国家粮食质量标准规定的各项质量指标；在储存期间使用过化学药剂并在残效期限内的粮食，应增加磷化铝、氯化苦、马拉硫磷等杀虫药剂残留量检验；色泽、气味明显异常的粮食，应增加黄曲霉毒素 B1 等相关卫生指标检验。省粮食行政管理部门根据气候条件、储粮环境等情况，对辖区内可能受到有毒有害物质污染、真菌感染的粮食，可适时增设相关卫生检验项目。

（三）正常储存年限内的粮食销售出库，可由粮食收购、储存企业自行检验并出具检验报告。

（四）超过以下储存年限的粮食，视为超过正常储存年限（按照收获年度计算），粮食销售出库时应当委托有资质的粮食质量检验机构进行质量鉴定：稻谷 2 年，小麦 3 年，玉米 2 年，大豆 2 年，食用植物油（四级）2 年。

（五）超过正常储存年限的粮食销售出库，应当经过有资质的粮食质量检验机构进行质量鉴定。检验项目：（1）国家质量标准规定的质量指标。（2）粮食储存品质指标。（3）药剂残留量指标（氯化苦、磷化氢或马拉硫磷）。（4）黄曲霉毒素 B1 含量。（5）食用植物油应增加溶剂残留量。

（六）销售出库粮食的杂质应在 2.0% 以下，小麦水分应在 13.0% 以下，早籼稻谷水分应在 14.0% 以下，晚籼稻谷和粳稻谷水分应在 14.5% 以下，玉米水分应在 14.0% 以下，大豆水分应在 14.0% 以下。

检验机构在接受委托检验申请后，一般应在 15 个工作日内完成扦样、检验和出具检验报告。

第十条 运输粮食应当严格执行国家粮食运输的技术规范，不得使用被污染的运输工具或者包装材料运输粮食。粮食在运输过程中，要严防污染、雨湿、霉烂变质等质量事故。

第十一条 陈化变质、不符合食用卫生标准的粮食，严禁流入口粮市场，必须按国家有关规定处理；不符合饲料卫生标准的粮食，不得用作饲料原料。

凡经指定的检验机构鉴定达到陈化标准的粮食，一律定为陈化粮。必须严格执行国家关于陈化粮销售、处理有关规定。对以经营饲料米的名义倒卖、转让陈化粮的，严格按照陈化粮有关管理规定依法查处。

第十二条 在粮食交易过程中，采购方必须向供货方索取粮食质量检验报告，并对入库的粮食进行验收检验；验收检验结果与供货方检验结果的误差在国家标准允许范围内的，应当认可供货方的检验报告。

第十三条 从事食用粮食加工的经营者，应当按照食品安全市场准入制度的要求，具有保证粮食质量和卫生必备的加工条件，不得使用发霉变质的原粮、副产品进行加工，不得违反规定使用添加剂，不得使用不符合质量、卫生标准的包装材料，不得有影响粮食质量、卫生的其他行为。

销售粮食应当严格执行粮食质量标准、卫生标准，不得掺杂使假、以次充好。

销售中的成品粮和食用植物油的包装和标识，应当符合国家食品包装、标签标准和有关规定，注明生产日期、保存条件和保质期。转基因粮油应按国家有关规定标识。

第十四条 采购和供应政策性粮食（包括军粮供应等），必须经有资质的粮食质量检验机构检验合格，不符合规定的质量等级要求的，不得采购和供应。

第十五条 建立粮食质量和原粮卫生的抽查、监测制度。

（一）省粮食行政管理部门每年定期组织有资质的粮食质量检验机构，对省级储备粮和政策性供应粮食质量状况进行定期监督抽查，抽查比例不低于20%。对抽查发现的问题，要及时督促解决；情节严重的，给予通报批评并责成其主管上级进行处理。

储备粮质量抽查的扦样、检验方法，按照国家有关规定执行。

（二）各级粮食行政管理部门应当定期对收购、储存活动中的粮食质量和原粮卫生进行抽查和监测。

省粮食行政管理部门负责制定辖区内粮食质量和原粮卫生抽查、监测工作的年度计划并组织实施。并将年度抽查、监测计划及结果及时报送省人民政府和国家粮食行政管理部门。

市、县（区）粮食行政管理部门，每年应对粮食质量、原粮卫生情况进行一次质量抽查、监测，并将抽查结果报同级政府和省粮食行政管理部门。对抽查中发现的问题，要及时督促整改。

（三）粮食行政管理部门应积极配合工商行政管理、质量技术监督、卫生等部门，对加工、销售中的成品粮食质量、卫生进行监督检查。

第十六条　建立全省粮食收获质量调查和品质测报制度。建立以各级粮食检验机构为依托的粮食质量调查和品质测报体系，由省级粮食行政管理部门负责组织，对当年收获的主要粮食品种进行采样和检测；建立省、市、县各级粮食质量信息数据库，定期发布粮食质量信息。

第十七条　各级粮食行政管理部门依法组织开展的粮食质量和卫生监督抽查与监测、粮食质量调查和品质测报所需的费用，应当列入同级财政预算，不得向抽查和调查对象收取。

粮食检验收费标准应当按照国家有关规定执行。

第三章　粮食质量争议处理

第十八条　粮食质量检验争议按以下原则处理。

（一）粮食经营者之间的争议。粮食经营者对对方检验结果有异议的，可由双方协商通过会检解决，也可共同委托有资质的粮食质量检验机构复检。如对会检或复检结果仍有异议，双方可向省级（含）以上有资质的粮食质量检验机构申请仲裁检验，或通过法律程序解决。

（二）粮食经营企业与检验机构间的争议。粮食经营企业如对检验机构的检验结果有异议，可向原检验机构申请复检，如对复检结果仍有异议，可向省级（含）以上有资质的粮食质量检验机构申请仲裁检验，也可通过法律程序解决。

（三）需要复检或仲裁检验的，应当使用备份样品检验。

第四章　粮食质量监管机构与职责

第十九条　粮食行政管理部门应当建立健全质量监管机构，认真贯彻执行有关粮食质量、卫生法律、行政法规、政策及各项规章制度，履行粮食质量、卫生监管与服务职责。粮食质量监管机构的主要职责：

（一）贯彻执行《粮食流通管理条例》和有关法律、行政法规及政策，负责辖区内粮食质量标准化工作。

（二）制定粮食质量管理规章制度并监督执行。

（三）规划和指导粮食质量监督检验体系建设。

（四）指定鉴定粮食收购检验能力的机构。

（五）制订粮食质量和卫生监督抽查计划并组织实施。

（六）组织粮食收获质量调查和品质测报工作。

（七）组织培训考核检验人员，推行检验人员持证上岗制度。

（八）组织推广有关新方法、新技术、新成果。

（九）承担上级交办的其他任务。

第二十条 建立和完善粮食质量监督检验体系，实现粮食检验机构的合理布局，改善检验机构的设施条件，提高人员技术水平。

承担粮食质量监督检验的机构应当依照国家有关法律、行政法规的有关规定设立并取得授权。

省粮食行政管理部门负责辖区内地方粮食质量监督检验机构的设置与监督管理。

第二十一条 建立并实行粮食检验比对考核制度。省粮食行政管理部门应当定期对粮食质量检验鉴定机构进行检验技术比对考核，并督促比对考核不达标的检验机构及时进行整改。

粮食质量检验机构要规范检验行为，严格执行检验规程和检验方法，依法对检验数据和检验结果承担法律责任。

第二十二条 粮食质量监督检验人员应取得资格证书，持证上岗。省粮食行政管理部门负责市级（含）以下粮食质量监督检验人员的培训、考核和发证。资格证书样本由国家粮食行政管理部门统一制订。

第五章 罚 则

第二十三条 粮食收购者有下列行为之一，未执行国家粮食质量标准的，按《粮食流通管理条例》及《粮食流通监督检查暂行办法》（国粮检〔2004〕230号）（以下简称《监督检查办法》）第二十二条

第二十九条的规定予以处罚：

（一）未告知售粮者或者在收购场所公示粮食品种、质量标准，未按国家粮食质量标准进行检验的。

（二）未对收购的粮食进行及时整理，销售出库时，粮食杂质严重超标、水分超过安全储存、运输要求的。

（三）将不同收获年度的粮食混存的、将霉变及病虫害超过标准规定的粮食与正常粮食混存的、将粮食与有毒有害物质混存的。

（四）储存粮食使用国家禁止使用的化学药剂或者超量使用化学药剂的。

（五）粮食仓储设施、运输工具不符合粮食储存、运输有关标准和技术规范要求的。

（六）粮食销售出库无检验报告或检验报告不符合要求、弄虚作假的。

违反本细则第七条第一款，未按照物价管理部门的规定明码标价的，由物价管理部门依照有关法律、行政法规的规定予以处罚。

第二十四条 从事粮食收购、销售、储存、加工的粮食经营者及饲料、工业用粮企业，未建立粮食收购、进货质量档案的，由粮食行政管理部门责令改正，予以警告。

第二十五条 粮食加工、饲料和工业用粮企业采购粮食未索取检验报告或者未自

行检验合格的，由粮食行政管理部门责令改正，予以警告；情节严重的，移交质量技术监督部门予以处罚。

第二十六条　违反本细则第十三条规定的，由质量技术监督部门、工商行政管理部门、卫生部门等依照有关法律、行政法规的规定予以处罚。

第二十七条　对超过正常储存年限的陈粮，出库前未按规定经有资质的粮食质量检验机构进行质量鉴定的，按《粮食流通管理条例》及《监督检查办法》第二十七条的规定予以处罚。

第二十八条　供应政策性粮食，未经有资质的粮食质量检验机构检验或者供应的粮食质量不符合要求的，按《粮食流通管理条例》及《监督检查办法》第二十六条的规定予以处罚。

第二十九条　罚没收入应纳入预算管理并根据《罚没财物和追回赃款赃物管理办法》（〔86〕财预 228 号）、行政事业性收费和罚没收入“收支两条线”管理规定及财政国库管理制度改革的有关要求上缴国库。任何单位和个人不得挤占、截留、挪用。

第六章　附　则

第三十条　本细则下列用语的含义：

粮食，是指小麦、稻谷、玉米、杂粮及其成品粮。大豆、油料和食用植物油适用于本细则。

原粮，是指除成品粮和食用植物油以外的粮食。

粮食质量安全，是指确保粮食质量符合国家粮食质量标准、卫生标准和有关规定的要求。

第三十一条　本细则实施前批准的粮食收购活动经营者，应当在本细则实施后的 60 日内向当地县以上（含）粮食行政管理部门申请取得粮食质量检验能力认定，经审查未取得粮食质量检验能力证明的，不得继续从事粮食收购活动。

第三十二条　本细则由省粮食行政管理部门会同省工商行政管理、质量技术监督、卫生、物价、财政部门解释。

第三十三条　附件《粮食质量检验能力认定申请表》为本细则的组成部分。

第三十四条　本细则自发布之日起实施。

安徽省粮食经纪人业务规范暂行办法

（2006 年 3 月 17 日　皖粮调〔2006〕85 号）

第一章　总　则

第一条　为规范粮食收购市场秩序，方便农民售粮，加强国有粮食企业与农民的密切联系，加强国有粮食企业和农村粮食经纪人的沟通与合作，促进粮食经纪人队伍健康发展，根据《粮食流通管理条例》和《粮食流通监督检查暂行办法》，结合我省实际，制定本办法。

第二条　本办法所称的粮食经纪人特指以营利为目的，经国有或国有控股（下同）粮食企业聘用，常年活跃在农村市场，直接从生产者手中收购粮食，销售给国有粮食企业的个体粮食经营者。

第三条　粮食经纪人从事经纪活动，应当遵守国家法律法规，遵循平等、自愿、公平和诚实信用的原则。

第四条　粮食经纪人的合法权益受国家法律法规保护，任何单位和个人不得侵犯。

第五条　粮食经纪人队伍建设由县级粮食行政管理部门指导。

第二章　粮食经纪人的相关规定

第六条　粮食经纪人队伍分为松散层经纪人和紧密层经纪人两类。原则上由国有粮食企业根据条件选聘。一经聘用，均由国有粮食企业发给聘用证书，并根据收购需要实行动态管理。

第七条　松散型粮食经纪人的条件

1. 了解国家粮食政策，具备鉴别粮食质量的基本技能；
2. 能自筹收购资金，有存放粮食的场所，保证安全卫生；
3. 诚实可靠，有较好的经营信誉；
4. 具备良好的从事粮食收购的社会基础，有一定的收购量；
5. 知晓成为粮食经纪人享有的权利和承担的义务，遵守本办法的各项规定。

第八条　紧密层粮食经纪人具备的条件：

1. 符合本办法第七条规定的各项条件；
2. 年收购量达到一定规模；
3. 有固定的经营场所，拥有或租借 50 吨以上的仓储设施；

4. 能提供有价值的抵押物以获得国有粮食企业的资金支持。

第九条 粮食经纪人报批程序：

1. 本人提出书面申请；

2. 国有粮食企业组织考查；

3. 符合条件的发给“国有粮食企业粮食经纪人”聘用证书。

第十条 松散型粮食经纪人权利：

1. 可申请成为粮食行业协会会员；

2. 凡符合条件的可由聘用的国有粮食企业代办粮食收购许可证；

3. 按国有粮食企业规定的质量标准和提供的收购指导价收购，减少收购风险；

4. 享受本地国有粮食企业实施的有关结算和奖励政策；

5. 无偿获得国有粮食企业提供的粮食政策、市场信息、业务培训和技术支持。

第十一条 紧密层粮食经纪人的权利：

1. 享有松散型粮食经纪人的各项权利；

2. 经国有粮食企业批准，以国有粮食企业临时收购点的名义挂牌收购（一村最多设一点）；

3. 经考查批准后抵押享受国有粮食企业一定的资金支持。

第十二条 粮食经纪人的义务：

1. 讲道德、懂政策、重承诺、守信用，自觉遵守国家法律法规和粮食收购政策，不克斤扣两，不掺杂使假，不压级压价，不拖欠售粮者售粮款；

2. 在国有粮食企业的指导价范围内收购，不无序竞争，不哄抬粮价，不扰乱粮食收购市场秩序；

3. 按时向委托收购的粮食企业上报收购进度，收购旺季一天一报；

4. 按质按量完成收购任务。在同质同价的情况下，不得违反合同规定，将收购的粮食出售给其他单位；

5. 紧密层粮食经纪人在享受国有粮食企业资金支持的情况下，即使原合同价格低于现行市场价，也不能擅自出售收购的粮食。

第三章 粮食收购经纪营销业务管理

第十三条 粮食收购经纪业务由国有粮食企业和经纪人在自愿、公平、互惠互利的基础上签订购销合同。合同内容应包括代购粮食品种、数量、企业收购指导价格、质量指标和增减价（量）办法、交售时间、结算方式和费用计算标准等内容，同时要明确双方的责任和义务、违约责任及生效及终止条款等。

第十四条 粮食企业与经纪人之间除委托代购外，还可进行多种形式的收购合作，如股份合作、联合经营等。企业可根据实际情况选择可行的合作方式，并签订规范的合同。

第十五条 国有粮食企业应设置“粮食经纪人售粮登记卡”，分笔记载粮食交售情况，同收购凭证一起保管。

第十六条 粮食经纪人违反有关法规、政策，实施以下处理：

1. 对哄抬粮价、扰乱市场或坑农害农、弄虚作假等损害农民或国有粮食企业利益的，依据《粮食流通管理条例》等法律法规给予行政处罚。并由聘用的企业取消其资格，解除购销合同并报县（市、区）粮食行政管理部门收回粮食收购许可证。

2. 在同质同价情况下，擅自把收购的粮食出售给其他单位和个人，发现一次给予警告；发现两次，由国有粮食企业取消聘用资格，解除购销合同。

3. 紧密层经纪人发生以上违规行为，除按以上规定处理外，撤消其国有粮食企业临时收购点资格。

4. 解除聘用关系的粮食经纪人，自解聘之日起不再享受本办法规定的各种奖励措施。

第四章 服务与引导措施

第十七条 粮食经纪人原则上一年一聘。一经聘用，国有粮食企业应及时建立经纪人相关档案，并建立粮食经纪人联系制度。

第十八条 积极吸收粮食经纪人成为粮食行业（专业）协会会员，有条件的地方可成立农村粮食经纪人分会。通过制定、公开行业公约，加强全社会对粮食经纪人的监督、经纪人队伍内部相互监督以及经纪人个人的自我约束，促进粮食经纪人行业逐步形成自律机制。通过协会的各项活动，在粮食经纪人之间架起联络感情、沟通信息的桥梁，促进有序竞争。

第十九条 组织发动粮食经纪人与粮食行政主管部门及国有粮食企业一起深入乡镇村户，签订粮食订单。粮食经纪人可以在收购季节及时和农民联系收购订单粮食，形成订单粮食落实与经纪人队伍建设发展互动双赢的局面。

第二十条 积极引导粮食经纪人参与国有粮食企业的粮食销售工作。制定相关办法和奖励措施，鼓励粮食经纪人在收购时进行品种兑换和成品粮销售，满足农民需要，扩大成品粮农村销售市场份额。

第二十一条 加强对粮食经纪人业务素质和政策水平的培训，增强其执行国家粮食质量标准和收购价格政策的自觉性。

第二十二条 组织粮食经纪人向农民宣传国家粮食政策、粮食产销形势、优质粮食品种等政策市场信息，引导粮食生产和品种调优工作。

第二十三条 在粮食收购前应及时召开经纪人会议，发布粮食购销信息，分析市场行情走势，提出收购指导价格，落实粮食收购合同。

第二十四条 加强与粮食经纪人的通讯联系,随时登门回访。及时了解经纪人的收购数量、质量、价格和有无擅自出售等行为,敦促经纪人及时向粮食企业交售。对经纪人提出的涉及收购的困难和问题,要尽量帮助解决。

第二十五条 国有粮食企业对经纪人售粮可提供装具(抵押出借)、茶水、便餐、装卸等服务。

第二十六条 国有粮食企业每年至少召开一次经纪人联谊会,评选表彰优秀粮食经纪人,兑现奖励承诺,加强交流和业务联系。

第二十七条 对紧密层经纪人设立的临时收购点的经纪业务可参照国有粮食企业的管理办法实施管理。

第五章　附　则

第二十八条 各级粮食行政管理部门可参照本办法,结合本地实际,制定具体的实施细则。

第二十九条 本办法由安徽省粮食局负责解释。

第三十条 本办法自公布之日起实行。

编纂始末

盛世修志是中国历来的传统。第一轮《安徽省志·粮食志》编修历时五载，1991年出版。根据《安徽省志（1986—2005）编纂工作方案》要求，安徽省粮食局承担《安徽省志（1986—2008）》有关“粮食”内容编纂任务，并2008年5月开始组建《安徽省志·粮食志》编纂委员会和编辑室，2011年5月编纂工作正式启动。在省地方志办公室的直接指导，省粮食局党组的高度重视及各相关处室、单位的大力支持和积极参与下，经历拟订篇目、搜集资料、分章编写、反复征求意见、多轮修改完善和专家评审，数易其稿，2013年8月底通过省地方志办公室组织的志稿评议会评审。2016年8月19日通过志书会审会审定。

《安徽省志·粮食志》（1986—2008）的编纂工作经历了四个阶段：

第一阶段（2008年5月至2011年3月），是修志工作的准备阶段。期间，一是建立编委会和编辑室，成立了由局长孙良龙为主任、局领导班子成员为副主任、各处室、直属单位主要负责人为成员的《安徽省志·粮食志》编纂委员会，下设编辑室，明确由局办公室负责牵头。二是设计编纂提纲，我们遵循第一轮修志的体例架构，参考了山东、陕西等省的做法，起草了粮食志书的体例、篇目架构（草案）报省地方志办公室初审。三是着手从省粮食局文书档案室收集相关资料。

第二阶段（从2011年3月至2011年年底），是初稿形成阶段。期间编辑室专门邀请省地方志办公室领导和有关专家对参加修志人员集中进行讲座辅导；经几轮讨论修改并正式行文报省地方志办公室审定，确定粮食志书的体例架构和篇目；采取“三个明确”的办法，即：明确职责，由局办公室牵头，按篇目和内容分块分解到各处室、直属单位，并负责概述部分和统稿工作，各处室、直属单位按职能指定1—2名专人具体收集整理资料、执笔撰写；明确时间，用4个月左右时间集中编纂；明确责任，各处室、直属单位对采编撰写内容的准确性负责。2011年10月由各处室、直属单位负责人审定把关签字的初稿陆续送办公室，着手统稿工作。编辑室在统稿过程中，多次到省地方志办公室登门请教，反复修改，得到省地方志办公室人员的肯定。同时采取互动方式对有关处室编撰的志稿就体例、内容、结构、文字等进行调整充实，有的甚至要求重来。2011年底统稿工作基本完成。

第三阶段（2011年底至2013年7月），是志书文稿征求意见阶段。编辑室统稿后编印成册送省地方志办公室责任编辑审阅修改；根据责任编辑审改意见再次着手统改后，印送编委会成员和18位有代表性的粮食工作老领导、老专家修改。2012年8月，集中3天时间请老领导、老专家和具体执笔撰稿人员一起通篇进行讨论修改；编辑室认真汇综、疏理老领导、老专家提出的意见，分篇章节拿出具体调整修改意见，书面反馈各相关处室补充、调整、修改、完善。在其基础上组织进行第三次修改统稿，送省地方志办公室审阅同意后，形成评议稿。

第四阶段（2013年8月至2016年8月），志书文稿修改评议审定阶段。2013年8月23日，《安徽省志·粮食志》稿评议会在省粮食局召开，省地方志办公室朱文根主任、刘成典副主任、王守亚副巡视员、省志处有关专家和特邀专家省人大法工委办公室主任纪荣荣、省档案局征集利用处处长张敏等出席并提出修改意见。省粮食局主要负责人出席会议并致辞，省粮食局部分厅级老领导和老专家及相关处室主要负责人参加会议。编辑室认真整理各位专家的评议意见，制定修改方案，组织进行再修改再完善，并按要求及时上报送审稿，报省地方志办公室和出版社一并审改。2016年8月19日召开专题会审会，省地方志办公室朱文根主任、省粮食局局长牛向阳等领导出席会议，并组织通篇会审，报经省人民政府验收后出版。

在上述四个阶段的工作中，编辑室坚持"三个始终"：始终把"一个纳入、五个到位"落到实处。省粮食局党组对修编粮食志工作高度重视，多次听取志稿编纂工作进展情况汇报，协调解决编纂工作中难题，并对具体章节、重点内容提出明确修改意见；机关各处室、直属单位予以大力支持，从人员、时间、经费、资料等方面全面提供保障，始终把省地方志办公室的指导意见落到实处。邀请地方志专家对编志人员进行集中培训，组织编志人员学习有关志书编纂方面的专著、文件和简报，掌握地方志书编纂原则、质量标准、资料考证、文风文体、语法特点、编撰技巧及工作程序等方面的业务知识，悉心研究和贯彻省方志办领导和责任编辑在各个阶段提出的指导意见，及时改进工作。始终把征求意见贯穿编纂工作全过程。从拟定纲目到搜集资料，从撰写初稿到编纂成书，从内审修改到提交评议会，先后多次征求意见，认真进行研究，尤其是重视省地方志办公室及相关专家的修改意见，尊重亲历这一历史阶段粮食流通工作的老领导、老同志提出的具体意见。通过不断调整、修改、完善，逐步提高志稿质量。

本志内容，依据省政府统一调整的编修起止年限，始于1986年，止于2008年，其中有些内容涉及1986年之前的历史背景资料，扼要延伸到2008年后之成效，以体现计划经济时期粮食政策的连续性和改革开放以来粮食流通改革发展中的新成果。《粮食志》志稿共有：历史图片、概述、六篇21章、重要文献附录、编纂始末等五大部分组成，其中采用了一定量的表格。

本志编纂框架结构，主要采取篇章节加条目的方式，既注意了逻辑层次，又注意了内容翔实。在篇、章、节、目的联系上，一般以"无标题小序"加以串联，进行综合介绍、阐明沿革过程和因果关系，一方面起承上启下的作用，另一方面有利于"内行看得清，外行看得懂"。在内容设置上，以粮食政策演变为主线，以粮食购、销、调、存、加等业务环节为类别，以“先事后人”为顺序，使重点内容更加集中，行业特色更加鲜明。在记叙表述上，强调源于档案，忠于史实，用统计数据说话，坚持“述而不论”，力求简洁朴实，少加或不加修饰，尽量体现粮食业务工作过程中的原貌。

本志编修过程中，得到省地方志办公室等有关单位部门的精心指导和帮助，尤其是省粮食局部分离退休老领导、老同志的倾情关注和参与，以及安徽大学傅悦，省地方志办公室杨永成等大力支持。在此一并表示诚挚谢意！尽管全体编撰人员付出很大努力，但由于众手成书，编者水平有限，客观上粮食流通政策和流通体制经历多轮较大的改革，机构、人员变化大，一定程度上存在部分资料缺失现象，重复疏漏在所难免，恳请读者指正。

《安徽省志·粮食志》编纂委员会

2016年8月20日